KB046254

성장과 혁신

성장과 혁신

The Innovator's Solution

클레이튼 M. 크리스텐슨 · 마이클 E. 레이너 지음

딜로이트 컨설팅 코리아 옮김

'성장'으로 연결되는
'혁신' 가이드

'성장'과 '혁신'이라는 표현이 나란히 함께 한 이 책의 표제가 무척이나 호기심을 줍니다. 이는 제가 몸담고 있는 포스코의 올해 경영 키워드가 '성장'과 '혁신'이기 때문만은 아니고, 그것들이 오늘날 기업 경영자들이 밤잠을 설치고 고민하는 테마이기 때문입니다.

기업이 생긴 이래 '성장'과 '혁신'이라는 화두는 끊임없이 경영자와 매니저들을 괴롭히는 두통거리입니다. 사실 성공한 기업일수록 이에 대한 고민이 더 큽니다. 우리나라에서 비교적 성공한 기업으로 평가받고 있는 포스코도 예외는 아닙니다.

지금 우리 기업들은 너나 할 것 없이 내부 역량을 혁신하고 성장 동력을 모색하는 데 엄청난 자원을 집중하고 있습니다. 그러나 많은 기업이 자신들의 성장과 혁신에 만족하지 못하고 있는 것 같습니다. 저 역시 글로벌 포스코로의 성장을 위해 혁신 드라이브를 강도 높게 걸고 있지만 성장과 혁신에 배고픔을 느낍니다.

성장과 혁신을 위해 이토록 노력하는데도 정작 성과는 만족스럽지 못한 이유가 무엇일까요? 저는 '성장과 혁신의 관계가 느슨해서 그런 것은 아닌가' 하고 생각해봤습니다.

성장과 혁신은 기업의 영속적인 생존에 꼭 필요한 두 개의 큰 바퀴입니다. 생존을 위해서는 성장을 빠뜨릴 수 없고, 또 이러한 성장을 뒷받침하기 위해 지속적인 혁신이 필수적입니다. 요컨대 혁신 – 성장 – 영속기업으로서의 성공이라는 선순환이 필요한데, 많은 경우 '성장 따로, 혁신 따로' 추진되는 것이 아닌가 하는 의문을 갖는 것입니다.

우리의 성장 전략은 어떻게 혁신활동의 지원을 받는 것이 중요할까? 우리의 혁신활동은 포스코의 성장을 뒷받침할 만한 방향으로 진행되고 있나? 혁신과 성장, 그리고 이를 통한 글로벌 포스코의 비전을 임직원들과 어떻게 나눠야 할까?

저는 이런 의문을 놓고 꽤 오랜 시간 포스코에서 고민했습니다.

저는 이 의문을 풀어나갈 실마리를 이 책 《성장과 혁신》의 저자인 클레이튼 크리스텐슨 교수와 마이클 레이너 박사에게서 듣게 되는 것 같습니다. 두 사람은 제가 궁금했던 성장과 혁신의 메커니즘과 관계를 구체적인 사례를 통해 체계적으로 생각해 볼 수 있는 관점을 제시합니다.

이들은 우리 기업들이 일반적으로 추진하고 있는 많은 혁신활동이 알고 보면 단순히 상대적 경쟁우위를 지키려는 '존속적 · 현상 유지적 혁신 Sustaining Innovation'이라는 점을 지적합니다. 그리고 기존 사고 틀까지 바꿀 수 있는 '관행을 뒤엎는 · 파괴적 혁신 Disruptive Innovation'의 필요성을 제시합니다. 두 저자는 혁신을 통해 새로운 성장의 대안을 발견하려면 기존의 성공 체험을 탈피한 혁신, 즉 기존의 비즈니스 관성과 완전히 결별하는 혁신을 강조하고 있습니다.

혹자는 이렇게 당혹스런 질문을 던질 수도 있습니다. "피땀 흘려 추진해온 무수한 혁신활동이 결국 부처님 손바닥 위의 손오공처럼 기존 게임의 룰 안에서만 맴돌았단 말인가?" 하지만 이 책은 시장과 경쟁자는 냉정하다는 사실을 깨닫게 합니다. 과거의 성공과 비즈니스 방식에 따른 혁신에 안주한 기업들 대부분이 더 이상 성장을 하지 못하고 몰락했음을 분석적으로 보여줍니다.

〈포춘Fortune〉 50대 초우량 기업 중에도 불철주야 혁신의 노력을 다했어도 성장을 멈추고, 그렇게 한번 성장이 멈춘 뒤로 다시 회생하지 못한 사례가 무수합니다. 혁신활동을 하면 회사가 양적·질적으로 성장하고, 곧 또 하나의 성공이 시작될 것이라는 우리 안의 '근거 없는' 미신을 깨우치는 것 같아 가슴이 뜨끔합니다.

이 책은 존속적 혁신이 가치가 없다고 평가절하 하는 것은 아닙니다. 존속적 혁신이 없다면 당장 오늘의 경쟁에서도 살아남을 수 없습니다. 다만 지금껏 축적해 온 자사의 핵심역량에 집중하는 '존속적 혁신'에만 몰두해서는 내일을 보장받을 수 없다는 것입니다. 산업 내 혹은 산업간 경쟁의 원천적인 변화를 초래하는 '파괴적 혁신'을 간과하면 그 기업은 헤어날 수 없는 딜레마Innovator's Dilemma에 빠질 것이라는 경고입니다.

이 책《성장과 혁신》은 그런 의미에서 성장으로 연결되는 혁신, 즉 기업 생태계에서 미래 성장 기회가 될 수 있는 혁신활동을 발견하고 촉진하기 위한 커다란 통찰을 주는 것으로 가르침이 있습니다. 최근 혁신과 성장에 대해 '밥 먹듯이' 임직원들과 이야기해 왔지만, 다시 한 번 깊은 통찰과 숙고가 필요한 숙제임을 깨닫습니다.

이구택 포스코 회장

한국어판 서문

《성장과 혁신》이 처음 발간된 후 기쁘게도 파괴적 혁신이론disruption theory을 활용하고자 하는 수많은 기업과 함께 일할 수 있었다.

우리와 함께 일한 기업들은 혁신과 관련하여 당면했던 어려운 문제를 친절하게 공유해 주었다. 기업 내 최고의 인재들이 수년간 피땀 어린 노력을 했지만 결국 물거품으로 돌아간 문제들을 직접 다룰 수 있는 기회는 우리에게 실로 엄청난 특권이었다.

덕분에 우리는 파괴적 혁신이론을 뜻대로 충분히 적용할 수 있었다. 하지만 우리는 동시에 매우 겸손하고 신중할 수밖에 없었다. 우리가 풀어야 했던 새로운 문제들은 하나같이 무척 어려웠을 뿐 아니라 대부분의 경영자는 탁월한 통찰력을 지니고 있었기 때문이다.

그런데도 우리는 함께 일을 하면 할수록, 파괴적 혁신이론이 모든 조직이 열망하는 고수익 성장으로 나아가는 첫걸음임을 확신하게 되었다. 산업과 조직을 불문하고, 이 이론은 지금껏 불가능하거나 지극히 어렵다고 생각되어온 문제를 해결해 줄 새로운 시각을 제시해주었다.

금융산업에서부터 자동차, 의료, 항공, 음료, 교육, 반도체 그리고 통신산업에 이르기까지 다양한 기업의 사례를 통해 파괴적 혁신이론의 가치가 입증되었다. 실제로 소멸 직전의 제품 라인 부활, 신규 서비스의 출시, 연구개발을 통한 차세대 혁신모델의 결정 등 파괴적 혁신이론으로 뒷받침된 각종 아이디어와 계획은 언제나 투자할 만한 가치가 있음이 증명되었다.

세계 각국의 기업들은 이 책에서 제시하고 있는 혁신의 방법을 통해 크나큰 도움을 얻었다. 이제 한국의 독자들도 그 혜택을 누릴 수 있게 되길 바란다. 우리는 한국의 경영자들이 파괴적 혁신이론의 활용법을 터득하고 한 단계 발전시켜 모든 조직이 지향하는 목표, 즉 지속적이고도 수익성이 높은 성장에 더욱 가까이 접근하게 되리라 확신한다.

또한, 우리는 한국의 수많은 경영자가 파괴적 혁신이론을 성공적으로 활용해야 할 절실한 이유가 있다고 믿는다. 여러 가지 측면에서 한국 경제의 성장은 한국 기업들이 일본, 유럽, 미국의 기업들과의 경쟁에서 파괴적 혁신전략을 성공적으로 실행한 데에 기인한다고 생각한다. 하지만 이제는 중국, 인도 등의 나라가 한국의 선진기업에게 똑같은 전략을 사용할 준비를 하고 있다. 한때 파괴자였던 한국의 기업들이 이젠 거꾸로 파괴당할 위험에 처한 것이다.

파괴적 혁신전략을 반복적으로 성공시키는 것은 파괴적 혁신에 한 번 성공하는 것보다 훨씬 어렵다. 우리는 이 책이 놀랄 만큼 성공적인 한국기업들이 새로운 경쟁자와의 전쟁에서 싸우고 이기는 데에 도움이 되기를 진심으로 바란다.

끝으로 여러분이 파괴적 혁신이론을 연구하고 활용하며 얻게 된 통찰은 언제든지 공유하기를 바란다. 궁극적으로 모든 학습은 협동적인 노력의 과정이다. 모두가 각자의 발견을 공유할 때 누적된 결과는 진정 세상을 바꿀 수 있는 영향력을 가지게 될 것이다.

클레이튼 M. 크리스텐슨, 마이클 E. 레이너

5년 앞을 내다보며 조직 내부의 혁신가를 키워라

마이클 E. 레이너 박사 딜로이트 컨설팅

성공적인 기업의 경영자라면 누구나 성장에 대한 패러독스에 빠지게 마련이다. 그들은 언제나 계속 성공할 수 있을 뿐 아니라 반드시 그래야 한다고 굳게 믿으면서 자신의 기업이 오랜 세월 누려왔던 성장을 지속시킬 방법을 찾느라 여념이 없다. 그러나 안타깝게도 현실은 그러한 확률이 매우 낮다는 것을 보여준다. 예컨대, 10년 이상 성장을 지속한 기업은 1/10에 불과하고, 매출 하락을 경험했던 기업이 다시 성장할 수 있었던 경우는 대략 1/20에 못 미친다.

이러한 수치를 보고도 지속적인 성장에 대한 믿음을 버리지 않는다면, 그러한 경영자들은 현실을 회피하는데 익숙한 유형의 사람이 아닐까?

하지만, 수많은 경영자들이 스스로 이런 황당한 믿음을 갖는 데는 다 이유가 있다. 바로 성공적인 혁신이라는 것이 종잡을 수 없는 경우가 훨씬 많기 때문이다. 실제로 성공적인 혁신에 대한 해법과 설명이 충분한 만큼, 상충되고 모순되는 조언도 차고 넘친다. 그러니 경영진들의 머릿속이 늘 혼란스러운 것도 당연한 일이다.

예컨대, 경영자들은 회사의 핵심적인 비즈니스에 초점을 맞추라는 충고를 듣는가 하면, 한편으로는 무차별적인 '창조적 파괴'와 더불어 총체적인 변화를 추구하라는, 완전히 상반된 얘기를 동시에 듣곤 한다. 또한 그들에게는 조용한 열정과 소리 없는 리더십 사례들이 제시되는가 하면, 강력한 카리스마와 확고한 리더십을 지닌 영웅들의 혁신과 성공사례도 동시에 제공되기도 한다.

통계적으로 지속적인 성공의 확률이 매우 낮고 이를 타개할 뾰족한 해법도 없어 보이는 관계로 끊임없이 성장을 추구한다는 것은 정말 비현실적으로 것으로 보일 수 있다.

하지만 우리의 연구 결과는 이러한 현실이 불변의 진리는 아니라는 것을 보여준다. 또한 성공적인 혁신이 과거보다 훨씬 예측 가능하고 반복적일 수 있다는 사실도 가르쳐준다.

파괴적 혁신전략의 수립 Formulation

우선 이를 위해 제품Product, 고객Customers, 마케팅Marketing, 수익성Profitability, 그리고 지속가능성Sustainability의 다섯 가지의 요소들을 고려하여 "적절한 전략"을 수립하는 것이 매우 중요하다.

1 제품Product : 경쟁사보다 더 나은 제품을 만들려고 고민하지 말라. 파괴적 혁신을 위해서는 오히려 그것보다 못한 것들을 만들라.

어떤 사업을 하든지 피할 수 없는 문제가 있는데, 바로 기존의 강력한 리더 기업들의 견제에 걸려 사업이 풍비박산 나는 것이다. 기존 기업의 가장 수익성 있는 고객을 타깃으로 삼을 경우에는 십중팔구 기존 리더들이 승리할 것이다. 심지어 풍부한 자금력을 갖춘 신참자의 도전도 가볍게 물리치곤 하는 게 현실이다.

예를 들면, 제록스는 핵심 사업인 복사기 시장에서 거인 IBM의 도전을 이겨냈다. 반면 IBM은 컴퓨터 사업에서 GE라는 공룡을 물리쳤다. IBM은 제록스보다 규모가 훨씬 크지만 패했고, GE는 규모 면에서 한참 아래인 IBM에게 망신을 당했다.

이러한 종류의 싸움에서 승리하기 위해 필요한 혁신을 '존속적 혁신

sustaining innovation'이라고 한다. 왜냐하면, 혁신이 일어난다 해도 기존의 사업과 기존의 가치 있는 고객이 알아주는 품질이나 서비스 향상의 트렌드가 고스란히 존속되기 때문이다.

이와 반대로 '파괴적 혁신disruptive innovation'은 기존의 기업들이 기꺼이 무시하거나, 멀리하는 시장에 초점을 맞춘다. 그 이유는 파괴적 혁신은 기존 기업이 보유한 우량고객이 수익 대부분을 창출해주는 영역에서는 성과가 더 나쁘기 때문이다. 오히려 별로 매력이 없거나 혹은 작은 영역에서만 그 위력을 발휘한다.

하지만 이런 보잘것없는 성과는 파괴적 혁신을 지향하는 신상품이나 서비스에 값으로 따질 수 없을 만큼 귀중한 교두보를 제공해 준다. 이를 발판 삼아 점점 더 넓은 영역으로 세력을 넓혀갈 수 있기 때문이다. 종국엔 파괴적 혁신자들이 기존 기업을 따라잡지만 기존 기업들이 반응하기엔 이미 타이밍이 한참 늦었다. 다시 말해, 그들은 파괴당한 것이다.

예를 들어, 종합제철소들은 주요 상품이었던 봉강bar steel 시장을 막 태동한 '미니밀mini mills' 제철소에 기꺼이 넘겨주고 새로운 시장을 개척하였다. 하지만 시간이 지날수록 미니밀 제철소는 번창했고, 얼마 안 가서 그들은 강철 제품 라인 대부분을 종합제철소보다 훨씬 싼 값에 만들어내기 시작했다.

2 고객Customer : 수익성이 높은 고객군에 치중하지 말라. 오히려 전혀 소비하지 않는 잠재고객에 주목하라

신사업에 대한 일반적인 통념은 가장 수익성 높은 고객 집단을 겨냥해야 성공한다는 것이다. 이들은 다시 말해 기존 상품과 서비스를 많이 구매하는, 쉽게 말해 가격에 덜 민감한 부류이다.

하지만, 파괴적 혁신이 가장 효과적으로 성공을 거둘 수 있는 고객 집단은 현재의 상품과 서비스에 대해 덜 민감하거나 구매하지 않는 사람들이다. 이것이 이른바 '非소비와의 경쟁competing with non-consumption'이다.

예를 들어, 소니는 기존에 존재하지 않는 상품을 만들어 새로운 고객을 만들어가는 방법을 쉼 없이 활용하여 세계 전자제품 시장의 거인으로 우뚝 섰다. 트랜지스터 라디오의 출현을 되돌아보자. 시장 기반이 확고한 기존의 라디오 생산업체들은 가구나 장식품 스타일의 진공관 라디오를 판매했고, 모든 가정에서는 그런 기계로 부모 세대가 늘 들어왔던 구식 음악을 들을 수 있었다. 사실 이런 회사들도 트랜지스터에 대해 잘 이해했고 심지어 수많은 돈을 트랜지스터 개발에 투자하여 고도로 세련된 진공관 수준의 음질을 재현하는 데 성공하기까지 했다. 단 때로 부담스럽기까지 한 가구 스타일의 음향기기에 머물렀을 뿐이다.

소니는 반대로 전혀 다른 속성을 탐구했다. 그들이 주목한 것은 트랜지스터의 작은 사이즈를 십분 활용하는 '휴대성'이었다. 소니 라디오의 음질은 확실히 진공관을 쓴 가구 라디오만 못했다. 하지만 값싸고 무엇보다 10대들이 음악을 듣고 싶을 때면 언제 어디서나 들을 수 있었다. 게다가 소니는 서서히 전형적인 파괴적 혁신의 경로를 따라서 휴대용 트랜지스터라디오의 음질을 높였고 종국엔 기존의 진공관 제품들을 능가하게 되었다. 그제야 기존 기업들은 대응에 나섰지만 때는 이미 너무 늦었다. 소니는 기술을 완벽하게 마스터했고 유통 채널까지 장악해버렸다.

3 마케팅Marketing : 인구통계학적인 분석에 매달리지 말라. 오히려 고객이 해결하려는 문제와 환경에 주목하라.

타깃 고객을 확인하는 작업은 주로 마케팅 부서의 몫이다. 인구통계학적인 그리고 심리적인 분석 작업은 인종, 성별, 수입, 가족 구성원 같은 고객의 특징을 포괄적으로 설명해준다. 확실히 이런 설명이 타깃 고객을 분석하는 데 보탬은 된다. 다만 정밀하고 수량적인 분석이 끝없이 이어져서 곤란할 뿐이다. 즉, 정작 중요한 '사람들이 어떻게 구매를 결정하느냐'를 이해하는 데에는 아무런 도움도 주지 못한다.

고객행동에 대한 좀 더 발전된 예측 방법은 제품과 서비스가 사람들의 업무를 얼마나 더욱 효율적으로 그리고 편리하게 해주느냐를 측정한다. 이처럼 업무 수행과 연계하여 제품과 디자인을 기획하고 개선하는 것이 "45~55세 사이의 아이 셋을 둔 백인으로서 3만5천~4만 달러 사이의 수입"에 초점을 두는 분석보다 훨씬 효율적이고 직관적이다.

캐나다의 리서치 인 모션Research in Motion이 개발한 무선 e메일 기기인 블랙베리Blackberry를 예로 들어보자. 지루한 미팅이나 대기해야 하는 공항 라운지, 혹은 딱히 할 일이 없는 지하철에서 이 기기를 활용하는 모습을 쉽게 발견할 수 있다. 사람들은 자투리 시간을 보다 생산적으로 보내려고 이 기계를 쓰고 있음을 알 수 있다.

만약 RIM사가 기존 버전을 쓰는 사람들의 관점에서 차세대 블랙베리를 고민한다면, 그들은 아마도 큰 난관에 봉착하게 될 것이다. 출장을 떠난 영업자, 컨설턴트, 그리고 고위 경영자 등등 온갖 종류의 사람들이 블랙베리를 구입한다. 즉, 인구통계학적 분석에 따르면 갖가지 다양한 니즈를 가진 사람들이 모두 뒤섞여 있는 셈이다. RIM사에게 이런 전통적인 측정 방법은 전혀 도움이 되지 못한다. 만약 RIM이 이러한 분석 방법을 사용했다면 시장의 특정 부분만 신경 쓰게 되거나, 아니면 어설픈 '잡탕'식 제품으로 모든 고객의 불만을 사는 결과를 초래했을 것이다. 반면 좁지만 매우 구체적인 영역에서 생산성을 확실히 높여주겠다는 관점에서 사고한다면, RIM은 기존의 고객 집단을 든든히 지켜냄은 물론이고 더 많은 고객을 확보할 수 있게 될 것이다.

4 **사업영역과 수익성Profitability : 과거의 성공을 가져다 준 핵심역량에 연연하지 말라. 오히려 미래의 가치 창출 원천에 집중하라.**

"혁신을 추진하는 기업들이여, 그대가 가장 잘할 수 있는 것에 초점을 맞추어라!" 아마도 혁신에 관한 한 이보다 더 일반적으로 통용되는 원칙도 없을 것이다. 하지만 불행하게도, 파괴적 잠재력을 가진 아이디어를 실현하는 데 이보다 더 방해되는 원칙도 없을 것이다.

예를 들어, 휴렛 팩커드의 대성공작인 잉크젯 프린터 사업을 생각해 보자. 1981년에 레이저 프린터의 값싼 대용품 정도로 시작됐던 잉크젯은 성공적으로 시장을 형성하더니, 물경 200억 달러 이상의 매출을 올리는 성과를 보였다.

이러한 성공이 핵심에 초점을 둔 결과인가? 대답은 전혀 아니다. 예를 들어 HP의 핵심은 레이저 프린터인 레이저젯 사업이었다. 어설프기 짝이 없는 잉크젯 사업부서는 완전히 새로운 프린팅 기술을 개발하느라 잉크 화학, 플라스틱 소재 개발 등 각종 관련 기술과 프로세스 전반에 걸쳐 온갖 난관을 헤쳐 나가야 했다. 위의 어느 분야에서도 HP는 리더의 위치에 있지 않았다. 뿐만 아니라 각 분야 사이의 상호작용은 복잡하고 미묘하기 그지없어서 외부 공급자와 작업한다는 것은 꿈도 꿀 수 없는 일이었다.

하지만 기술이 점차 안정되어감에 따라 HP는 보다 많은 분야를 아웃소싱할 수 있게 되었고, 진정으로 고객과 연관된 분야에 집중하게 되었다. 당연히 수익은 대부분 HP의 몫이 되었다. 지금이야 이러한 가치사슬의 요소들이 HP의 핵심역량이 되었지만, 시작부터 그러했던 것은 아니다.

5 **범용화와 지속적 경쟁우위**Sustainability : **범용화**commoditization**를 피하라. 그리고 상황에 따라 필요한 가치사슬 영역으로부터 지속적으로 수익을 창출하라.**

흔히들 제아무리 혁신적이고 혁명적인 신상품도 시간이 흐르면 범용품으로 전락할 수밖에 없다고 단정하는 경향이 있다. 즉, 모든 혁신 상품은 가장 낮은 마진율로 가장 오래 살아남는 기업이 대세를 좌우하는 제로섬 zerosum의 전쟁터로 내몰릴 운명을 갖고 태어난다는 일종의 고정관념이다.

그러한 결론이 100퍼센트 맞는 것은 아니다. 성공하는 기존 기업들은 고객이 지갑을 열 수 있다면 어떤 식으로든, 즉 특별한 가치를 덧붙이거나 고객의 입맛에 딱 맞추거나 상관없이 치열한 경쟁을 하게 된다. 고객은 이런 경쟁에서 잘 싸운 기업에게 프리미엄 가격이나 시장 점유율로 보상을 해준다. 고객의 보상을 끌어내는 이런 속성들을 일컬어 우리는 '경쟁의 기반basis of competition'이라고 부른다.

하지만, 경쟁의 물결은 기업들을 더 거세게 몰아붙이는 경향이 있다. 고객과 시장은 예전에 받던 것보다 훨씬 많은 것을 필연적으로 요구하게 마련이다. 이런 식으로 무엇인가 더 주는 양상이 지속되다 보면 시장과 고객의 반응은 점점 시들해진다. 그리고 결국 기존 기업들은 가격 경쟁에 몰리게 되는 것이다. 이러한 현상은 범용화가 대세라는 착각을 초래하게 된다.

예를 들어 인텔도 거의 모든 세대의 마이크로프로세서를 오랫동안 비싼 가격에 팔아왔다. 하지만 최근 들어서는 새롭고 훨씬 강력한 칩인데도 예전만큼 비싼 값을 받지 못하고 있다. 가격 프리미엄을 누리는 기간도 훨씬 짧아졌다. 이는 칩의 발전 속도가 고객이 원하는 것보다 너무 빠르기 때문으로 해석할 수 있다. 다시 말해 마이크로프로세서 칩은 범용화를 목전에 두는 것이다.

해결책은 (마이크로프로세서의 속도 경쟁처럼) 고객이 만족하는 한계선을 억지로 끌어올리는 데 있지 않다. 고객이 더 열망하는 것을 더 많이 제공하는 것이 올바른 방법이다. 인텔의 경우에는, CPU의 속도를 강조하는 펜티엄 경쟁이 아니라 무선통신의 스피드에 초점을 둔 센트리노Centrino 마케팅을 펼치고 있다.

고객은 이제 칩의 속도에 시들한 반응을 보인다. 시장은 기가 헤르츠(GHz)에 더 이상 감동하지 않는다. 유비쿼터스 시대를 목전에 둔 지금은 무선 역량이 경쟁의 토대이다. 인텔은 적절히 그러한 노력을 펼쳐서 성공 흐름을 유지하고 있다.

파괴적 혁신전략의 실행Implementation

올바른 전략이 무엇인지 알았다고 모든 게 끝난 것은 아니다. 오히려 더 중요한 문제는 그 전략의 올바른 실행이다. 그리고 파괴적 혁신에 기초한 성장전략을 실행할 때는 경영Management, 구조Structure, 의사결정 Decisionmaking, 기대설정Setting expectations, 리더십Leadership의 다섯 가지 요소 측면에서 예상되는 문제를 고려해 보는 것이 좋을 것이다.

6 경영진Management : 신사업은 탁월한 '특성attribute'을 보유한 경영진보다 적합한 '경험'을 지닌 경영진을 필요로 한다.

기반이 든든한 기업도 신규사업에 진출했다가 종종 실패하곤 한다. 그 이유는 성격이 전혀 다른 문제에 대해서만 역량을 키워온 사람들을 경영자로 투입했기 때문이다.

예를 들면, 판데식Pandesic은 마이크로프로세서의 선두주자인 인텔과 기업용 소프트웨어의 선두주자인 SAP가 합작해서 설립한 합작 벤처기업이다. 판데식은 원래 기업용 소프트웨어를 중소기업에게 제공하려는 파괴적 혁신을 목표로 설립된 회사다. 회사의 초기 전략에는 파괴적 혁신의 성공 가능성을 높일 법한 특징들이 제법 많았다. 하지만 불행히도 1억 달러 이상의 자금을 들여 4년을 운영했지만 2001년 문을 닫고 말았다.

두 회사에서 선발한 베테랑 경영진들이 함께 뭉쳤는데 도대체 왜 이런 일이 벌어졌을까? 그들은 성공 경험, 전략적인 마인드, 관계를 만드는 능숙한 기술 등 무엇 하나 모자란 것 없이 두루 갖춘 우수한 사람들이었다. 신규 회사의 경영진에 이 이상의 자질은 필요 없지 않을까?

문제는 그들의 자질이 아니라 그런 부류의 문제에 대처해본 경험이 전무 했다는 점이다. 내로라하는 그들도 실상은 이미 탄탄한 기반을 가진 성공기업이 겪는 문제를 해결해왔을 뿐이었다. 파괴적 혁신의 가능성을 모색하는 신규사업에 필요한 문제 해결 능력은 갖추지 못했다는 것이다. 그들은 고객을 만족시키는 데는 탁월하였으나, 고객을 새로 찾는 데에는 그렇지 못했다.

파괴적 혁신에 기초한 사업의 경영자는, 성공적이지는 못했어도 그와 연관된 경험을 많이 겪어본 사람이어야 한다.

7 구조Structure : 파괴적 혁신을 위해 모기업의 자원 및 역량에 지나치게 의존하지 말라. 오히려 파괴적 혁신의 성공을 모기업이 어떤 방식으로 활용하느냐가 중요하다.

흔히 기존의 든든한 기업을 배경으로 설립된 신사업 조직 또는 벤처기업은 탁월한 조직체계의 뒷받침 덕분에 원만하게 운영될 것이라고 믿는다. 실제로 이런 조직 차원의 뒷받침은 신사업 조직이나 벤처기업이 제품의 특징을 보다 구체화하고, 가장 가치 있는 고객 집단을 파악하고 확실한 유통망을 확보하는 데 상당한 보탬이 된다.

따라서 벤처기업과 모기업이 철저히 격리되어야 함에도 자원압박에 시달리는 신사업의 잠재력이 모회사의 지원을 통해 극대화될 수 있다는 선의의 믿음 때문에 종종 흐지부지 되고 만다. 실제로 제품개발, 마케팅, 유통, A/S 등등 하나 같이 신사업을 추진하는 조직 또는 벤처기업들로서는 솔깃한 요소들이긴 하다. 다만 무슨 논리를 대건 상관없이, 이런 생각은 벤처도 망치고 그 기업이 모기업에 장기적으로 기여할 수 없도록 만들 것이다.

마이크로프로세서의 테스트 기기를 제조하는 테라딘Teradyne은 암호명 오로라Aurora라는 신사업에 투자하여 입지가 든든한 기존의 테스트 기기 회사를 파괴하려 했다. 담당 부서는 조직적으로뿐만 아니라, 아예 다른 곳에 둥지를 틀어 확실하게 격리되었다. 그런데 오로라의 경영진은 성장에 발동을 걸기 위해 어떻게든 테라딘의 힘을 빌어보려고 했다. 이 과정에서 불가피하게 나타난 타협은 처음엔 별달리 심각한 것 같지 않았지만, 결국엔 신사업의 효과 자체를 엄청나게 축소시킨 것으로 밝혀졌다.

다행히 오로라는 본래의 취지를 다시 살리고자 했고, 자체 역량만으로 그 영역을 개척해 나갈 수 있었다. 최종적으로 오로라가 마스터한 파괴적인 제품 기술은 테라딘의 주요 제품군에 포함되었고, 그에 따라 전사 차원의 성장에 다시금 불을 지필 수 있었다.

8 의사결정Decision Making : **구체적인 미래 예측 중심의 전략수립은 존속적 혁신에서 필요한 것이다. 파괴적 혁신전략은 급변하는 상황에 유연하게 적응할 수 있는 '발견' 중심의 기획이어야 한다.**

많은 기업은 전략이란 것이 장기적인 계획을 세우고 실현하는 것이라 믿곤 한다. 이런 계획이 현재의, 가장 수익성 있는 고객들의 니즈나 욕망을 한 차원 높게 만족시키기 위한 것이라면 이는 확실히 맞는 이야기일 수 있다.

예를 들어, IBM이 1960년대 초반 System 360의 개발로 컴퓨터 산업의 구도를 재편하고자 할 때, 전략 실행에 장애가 되는 기술적 한계를 극복하기 위해 오랫동안 엄청난 자원을 쏟아부어야만 했었다. 그들의 노력은 대체로 성공적이었다. IBM이 달성해야 할 결과와 타깃 고객이 누구인지를 뚜렷이 알고 있었기 때문이다. 또한 IBM은 자신들이 성공적으로 결과를 내놓으면 고객들이 확실한 반응을 보여줄 것이라는 방대한 근거를 확보하고 있었다.

그러나 파괴적인 혁신은 이와 반대다. 사실 이러한 비전과 열정으로 접근하면 오히려 고생하기 마련이다. 시어스Sears와 IBM은 프로디지Prodigy의 200만 가입자들이 쇼핑보다는 e메일 사용에 열중한다는 사실을 발견했을 때, 신사업 벤처인 프로디지의 전략적 방향을 새롭게 전환하기보다는 고객에게 e메일 사용에 대한 추가 요금을 내게 해서 그 회사를 키우려 했다. 결국 이런 시도는 실패했고, 프로디지의 것이 되었을 인터넷 시대를 규정하는 기업이 될 기회는 AOL에게 돌아갔다.

9 기대관리Setting Expectations : 기업은 성장을 추구하는 과정에서 일정 수준 손실을 감수해야 한다고 믿는다. 그러나 아이러니하게도 성장을 달성하는 최고의 방법은 수익성 강조에 있다.

체계적으로 잘 운영되는 많은 기업의 경우, 의미 있는 성장동력을 창출하자면 필연적으로 수익을 내기까지 장기간의 손실을 감수하는 고통스런 과정을 거쳐야 한다는 믿음을 가지고 있다. 예를 들어, 알코아Alcoa, GE, 알칸Alcan 등 자금력이 풍부한 기존의 기업들은 소재 시장에서 차세대 세라믹 소재로 파괴적 혁신을 모색했다. 하지만 그들 모두는 실패하고 말았다. 하나 같이 계속되는 손해를 무릅쓰고 전략에만 치중했던 결과이다. 이런 회사들의 경영진들도 스스로가 선견지명이 있고 전략적이었다고 생각했지만 결국은 신사업에 대한 의욕을 잃거나 자회사를 유지할 역량 자체를 상실하고야 말았다.

반대로, 혼다는 1960년대 회사의 제한된 자원으로 인해 수익에만 몰두해 미국의 오토바이 시장에 성공적으로 진출하였다. 처음에 혼다는 당시 할리 데이비슨Harley Davidson, 트라이엄프Triumph, 혹은 BSA앤드노튼BSA and Norton 같은 회사들이 지배하고 있는 주류시장에 저렴한 '머슬 바이크muscle bike'를 팔아보려 했다. 하지만 기존 구매자들의 운전 습성은 혼다가 판매하는 저렴한 제품이 통하지 않을 정도로 매우 달랐다. 심지어 가격에 아주 민감한 구매자들마저 심드렁했다. 혼다는 여러 가지 기술적 난제들을 극복하려 했으나 자금 부족과 당시 일본의 외화반출 규제라는 장벽에 부닥쳐야 했다. 혼다로서는 목표 시장에 대한 고집스러운 '전략적' 헌신으로 손실을 감수할 수 있는 상황이 아니었다.

하지만 이런 전략으로부터 완전히 탈피하면서, 혼다는 엄청난 성공의 물결을 타기 시작했다. 기존 업체들이 내놓은 힘 좋고, 빠르고, 운전하기 어려운 오토바이를 살 꿈을 꾸지 못한 사람들이 혼다의 50cc 슈퍼커브Supercub에 열광하기 시작했던 것이다. 혼다는 애초에 할리 데이비슨 같은 제품의 개발에 들어갈 자금을 창출하는 수단 정도로만 슈퍼커브를 생각했었다. 하지만 그 기종은 혼다의 북미시장 사업의 주춧돌이 되었고, 혼다는 이를 기반으로 더욱 매력적인 고객들을 노릴 수 있었으며, 궁극적으로 오토바이 시장 전체의 리더가 되었다.

10 리더십Leadership : CEO의 역할은 비전을 제시하는 것에 그쳐서는 안 된다. 파괴적 혁신을 추구하는 CEO는 과거의 성공적인 프로세스를 과감히 버리고 어떻게 새로운 여건을 조성하느냐를 고민해야 한다.

성공한 기업에서 리더십의 역할은 항상 연구의 대상이었다. 하지만, 그런 연구에도 불구하고 리더십에 대한 명백한 해법은 제대로 밝혀진 것이 없다. 성공하려면 리더가 지배권을 장악해야 한다는 자서전들 옆에 나란히 놓인 연구서들은 하나 같이 명민하면서 악착같이 프로세스에 집중하는 것이 성공의 열쇠라고 말한다.

성공적인 성장은 리더십에 달려 있지만, 이런 리더십은 주변 환경에 결정적으로 좌우된다. 한 조직이 잠재적으로 파괴적 혁신에 기초한 신사업을 추진할 때는 기존의 프로세스가 별 도움이 되지 못할뿐더러 엄청난 장애가 된다. 사실 파괴적 혁신을 달성하는 데 필요한 프로세스는 새로운 조직에는 존재하지 않는다.

결국, 프로세스에 의존하는 것이 아니라 고위 경영자들이 직접 참여하고 개입할 수밖에 없다. 방법은 크게 두 가지다. 첫째로, 파괴적 혁신전략을 침해할 모母 조직의 프로세스를 철저히 뿌리 뽑아야 한다. 잘 나가는 조직의 기획부서가, 기존 시장에서는 별 수익도 못 내주는 고객을 공략할 열등 제품을 개발할 수는 없을 것이다. 신사업을 추진하는 리더는 파괴적 혁신으로 생겨날 성장 기회를 망치는 조직의 적대적 집단을 극복해야만 한다. 기존의 프로세스를 깨뜨리기 위해, 새로운 파괴적 프로세스를 만들기 위해 몸소 달라붙어야 하는 것이다. 그는 각종 요소를 조율 및 조정하고, 조직 내부의 상호작용을 촉진하고, 결정을 내려야 한다. 이렇게 해야, 어설프게 혁신을 시도해봤다가 결국엔 '구관이 명관' 식으로 모 조직의 기존 프로세스로 돌아가는 사태를 막을 수 있다.

예를 들어, 테라딘의 오로라 벤처는 모 회사의 프로세스 때문에 파국을 맞을 뻔했다. 모 회사의 프로세스는 물론 오로라가 자리를 잡는 데 도움이 되었다. 하지만 특색 있는 제품이나 탁월한 기술에 대한 본능적 지향은 이미 성공 가도를 달리고 있는 테라딘에는 약이 되지만 파괴적 혁신을 지향하는 오로라에는 치명적인 독이 될 수밖에 없었다.

오로라는 테라딘의 CEO 알렉스 다벨로프의 활동적인 개입으로 기존의 프로세스를 깨뜨리고 파괴적 혁신전략에 적합한 자신들만의 독특한 프로세스를 확립할 수 있었다.

우리가 위에서 말한 열 가지 원칙들은 모두 다 파괴적 혁신에 매우 중요하다. '하나쯤은 무시해도 괜찮겠지' 하는 타협은 절대 불가하다. 파괴적 혁신에 성공하려면 열 가지 모두를 실천해야만 한다.

아쉽게도 우리가 아는 어떤 기업도 성공적인 성장의 물결을 주도할 파괴적 혁신 역량을 만들어내지는 못했다. 결과적으로 우리는 선례가 아니라 원칙을 제시할 수밖에 없지만, 위의 원칙이 지속적 성장을 추구하는, 그리고 상대적으로 낮은 확률을 극복하고 성공적인 '성장과 혁신'을 이룰 수 있기를 열망하는 기업에 유용한 디딤돌이 되어주기를 진심으로 바란다.

The
Innovator's
Solution

차례

THE INNOVATOR'S SOLUTION

1장

기업의 영원한 과제 : 성장

기업의 영원한 과제 : 성장

금융시장은 경영자들에게 빨리, 더 빨리 성장하라며 끊임없이 압력을 가한다. 과연 이런 요구에 충분히 부응할 가능성이 있을까? 그 성장이 투자자의 요구를 만족시키는 혁신이라도 혹시 그들이 받아들일 수 없는 위험부담이 따르는 건 아닐까? 더 빠른 성장과 위험부담, 이 딜레마에서 벗어날 방도가 있을까?

이 책의 내용은 비즈니스에서 새로운 성장을 창출하는 방식에 관한 것이다. 기업에서 성장이 중요한 이유는 이익을 실현하는 성장을 통해 주주가치를 창출할 수 있기 때문이다. 하지만 기업의 핵심사업이 일단 완성되면 성장을 위한 새로운 방향을 추진하는데 위험이 따르게 된다.

2~3년 이상 주주에게 평균 이상의 수익률을 안겨주면서 성장을 지속하는 기업은 대략 10퍼센트에 불과하다.[1] 반면에 성장을 추구하다가 기업 전체가 몰락한 사례는 부지기수다. 결론적으로 대다수 경영자는 이래저래 성공하기 매우 힘든 상황에 처한 셈이다. 주식시장은 기업의 성장을 요구하지만, 그 비결을 발견하는 것은 절대 쉽지 않다. 더욱이 그릇된 방식으로 성장을 추구하다 보면 아예 성장을 시도하지 않느니만 못한 결과를 낳기 쉽다.

AT&T를 예로 들어보자. 1984년 정부가 명령한 지역 전화통신 서비스의 기업분할에 따라 AT&T는 장거리 원격통신 공급업자가 되었다. 기업분할 협약에 따라 새로운 비즈니스에 대한 투자가 자유로워졌으므로 경영진은 즉각 기업 성장과 성장을 통한 주주가치 증대를 모색하기 시작했다.

첫 번째 시도는 컴퓨터 시스템과 전화 네트워크가 하나로 통합되리라는 폭넓은 공감대에서 출발했다. AT&T는 이 사업을 구체화하기 위해 컴퓨터 사업부를 출범시켰다. 하지만 그 결과는 연간 2억 달러의 손실이었다. 그러자 AT&T는 규모를 더 확장해 1991년 당시 세계 5위 컴퓨터 제조업체였던 NCR를 74억 달러에 인수하기로 결정했다. 그러나 인수 과정에서 20억 달러의 추가손실이 발생했다. 결국 AT&T는 1996년에 성장계획을 포기하고 투자원금의 3분의 1 가격인 34억 달러에 NCR를 매각했다.

그럼에도 기업은 성장해야 한다. AT&T는 NCR 인수 실패에도 불구하고 핵심기술을 통한 성장의 기회를 모색했다. AT&T는 몇몇 계열사들이 지역 전화망 사업에서 성공한 점을 반영해 전국 무선반송 통신 회사인 맥코McCaw Cellular를 매입했다. 당시 맥코는 업계 5위였다. 초기 인수금액은 116억 달러였지만, 최종적으로 무선 서비스 사업에 투입된 금액은 총 150억 달러에 달했다.

월스트리트 분석가들은 고성장 무선 사업과 저성장 유선 기업의 결합이 적절한 가치평가를 받을 수 없을 거라고 쓴소리를 했지만, AT&T는 2000년에 두 회사의 주식을 상장하기로 결정했다. 주식시장은 그 사업을 불과 106억 달러로 평가했다. 이는 AT&T가 모험적으로 시도한 투자금액의 3분의 2에도 못 미치는 금액이었다.

이처럼 성장을 시도했건만 AT&T의 유선사업 주식은 처음 그대로 변동이 없었다. 기업은 또다시 성장을 도모해야만 했다. 1998년 AT&T는 광대역 전송기술을 가진 지역전화망 사업 진입을 위한 전략

수립에 착수했다. AT&T는 TCI와 미디어원Media One을 1,120억 달러에 인수했고, AT&T는 미국 최대의 광대역 케이블 통신사가 되었다. 하지만 그 시행과 통합에서 도저히 감당할 수 없는 난관에 부딪쳤다. 2000년에 AT&T는 케이블 사업 부문 자산을 컴캐스트Comcast에 720억 달러를 받고 매각하는 데 동의했다.[2]

결국 10년 남짓한 기간에 AT&T는 약 500억 달러의 손실을 보았을 뿐만 아니라, 성장을 통한 주주가치 창출은커녕 주주가치에 막대한 손실을 끼쳤다.

유감스러운 사실은 AT&T가 특별한 사례가 아니라는 점이다. 세계적인 카본블랙(탄소가루) 제조업체인 카봇Cabot을 예로 들어보자. 카본블랙은 타이어 같은 제품 생산에 사용된다. 이 사업은 오랫동안 강세를 보였지만 핵심시장은 성장세가 빠르지 않았다. 1980년대 초에 카봇 경영진은 주주가치를 끌어올리기 위해 고급 재료 분야에서 공격적인 성장을 주도하기 시작했다. 그들은 전망이 밝은 특수금속과 첨단 세라믹 사업을 인수했다. 카봇은 자신들이 후원하는 MIT의 연구 성과와 자체 연구소에서 개발한 새로운 공정기술 및 재료기술을 토대로 운영방침을 마련했다.

월스트리트는 이런 투자로 카봇의 성장 속도가 빨라져서 카봇의 주가가 세 배쯤 오를 것으로 예상했다. 하지만 신규사업 투자로 손실이 발생하면서 기업 전체 수익이 악화되자 월스트리트는 주가를 떨어뜨렸다. 1988년부터 1991년 사이에 주식시장은 전체적으로 활황세였지만 카봇의 주가는 절반 이상 곤두박질쳤다. 1990년 초, 수익증대의 압박감을 느끼던 카봇 이사회는 신규사업에서 손을 떼고 핵심분야에 초점을 맞추는 신경영을 도입했다.

물론 문제는 이러한 진로 수정에도 불구하고 새로운 경영진이 예전 경영진과 별로 차이가 없다는 데 있다. 성장 가능성이 매우 낮았음에도 경영자들 역시 저성장기에 도달한 사업을 성장시키기 위해 안간힘

을 다했던 것이다.[3]

핵심사업이 저성장기에 도달한 후에 새로운 성장 방안을 끌어내기 위해 유사한 시도를 하는 기업들의 사례는 허다하다. 그들은 모두 유사한 패턴을 따른다. 핵심사업이 저성장기에 도달해 투자자들이 새로운 성장을 요구할 때면 경영자들은 얼핏 보기에 합리적인 성장전략을 개발한다. 그들은 과감한 투자에 들어가지만 그들의 계획은 신속한 성장을 끌어내는 데 실패한다. 투자자들은 주가를 떨어뜨리고, 경영자들은 해고된다. 하는 수 없이 원상태, 즉 수익은 올리지만 저성장인 핵심사업으로 되돌아왔다는 이유로 월스트리트는 새로운 경영진에 보답한다.[4]

심지어 성장을 이룩한 기업이라도 또 다른 성장 요구에 직면하게 된다. 투자자는 기업의 성장 속도가 아무리 빨라도 흡족하지 않은 법이다. 기업이 미래의 확실한 성장동력을 확보하고 있어도 투자자들은 그 기업의 주가를 현재의 가치로 깎아내리는 경향이 있다. 따라서 어떤 기업의 핵심사업이 활발한 성장세를 보이더라도 경영자들이 시장 평균을 초과하는 미래의 수익률을 주주들에게 전달하는 방법은 오직 주주들의 기대보다 더 빨리 성장하는 것뿐이다.

주가의 변화는 성장의 '방향'에도 영향을 받지만, 그보다는 기업의 수익과 현금흐름의 변화 추세에 나타나는 '예기치 않은' 변화에 훨씬 더 큰 영향을 받는다. 5퍼센트와 25퍼센트 성장을 계획한 두 회사가 각각 그 목표대로 성장을 지속한다면, 두 회사 모두 미래의 투자자들에게 시장의 평균 수익률은 안겨줄 수 있다.[5] 하지만 시장이 설정한 성장 비율을 유지하지 못하면 주가는 떨어진다. 경영진에게는 참으로 무거운 부담이다.[6]

솔직히 말해 현실은 이보다 더 심각하다. 신중한 투자자들은 해당 기업의 기대 성장률을 주식의 현재 가치로 깎아내릴 뿐만 아니라 경영진이 미래에 새롭게 창출할 것으로 기대되는 사업 분야의 성장까지 저

표 1-1

2002년 8월 21일, 신규 투자 대비 기대 수익률에 의한 기업의 시장가치

포춘 500순위	회사명	주가	신규 투자 대비 평가비율	기존 자산 대비 평가비율
53	델 컴퓨터	$28.05	78%	22%
47	존슨 앤 존슨	$56.20	66%	34%
35	프록터 앤 갬블	$90.76	62%	38%
6	제너럴 일렉트릭	$32.80	60%	40%
77	록히드 마틴	$62.16	59%	41%
1	월마트	$53.88	50%	50%
65	인텔	$19.15	49%	51%
49	화이자	$34.92	48%	52%
9	IBM	$81.93	46%	54%
24	머크	$53.80	44%	56%
92	시스코 시스템즈	$15.00	42%	58%
18	홈데포	$33.86	37%	63%
16	보잉	$28.36	30%	70%
11	버라이존	$31.80	21%	79%
22	크로거	$22.20	13%	87%
32	시어스로벅	$36.94	8%	92%
37	AOL 타임워너	$35.00	8%	92%
3	제너럴 모터스	$49.40	5%	95%
81	필립스 페트롤리엄	$35.00	3%	97%

출처: CSFB/HOLT(딜로이트 컨설팅 분석)

평가한다. 근거가 불확실한 성장에 대한 시장의 기대는 일반적으로 그 기업의 과거 실적에 기반을 두게 된다. 만약 어떤 기업이 신규사업 분야를 개발하는 데 탁월한 능력을 보여서 주식시장을 '감동'시켰다면, 그 기업의 주가에는 근거가 불확실한 성장에 기대치가 대폭 반영될 것이다. 반대로 신규 성장사업에 대한 예전의 노력이 결실을 거두지 못

했다면 시장의 평가는 기존 사업의 현금흐름으로 결정될 것이다.

표 1-1은 딜로이트 컨설팅이 〈포춘〉 500대 기업에서 선별한 주가를 2002년 8월 21일을 기점으로 분석한 것이다. 기존 자산에 의해 창출된 금액과 신규 투자에 의해 창출될 것으로 보이는 투자자들의 기대금액을 비교해보자.[7]

이 분석에서 신규 투자를 통해 가장 높은 전체 성장률을 보인 기업은 델 컴퓨터Dell Computer였다. 28.05달러의 주식 시세 중 그 기업의 현 자산에서 파생된 현금은 22퍼센트에 불과했지만, 신규 자산투자에 따른 현금 창출 능력에 대한 투자자들의 신뢰도를 반영할 경우 델 컴퓨터의 주식 평가는 78퍼센트에 달했다. 마찬가지로 시장평가 중 존슨앤 존슨Johnson & Johnson은 66퍼센트, 홈데포Home Depot는 37퍼센트가 신규 투자에 따른 성장 기대가 반영돼 있다. 이 기업들은 투자 기대에서 비교적 높은 수치를 보이고 있다.

반면에 제너럴 모터스 주가에는 미래 투자에 대한 기대치가 불과 5퍼센트만 반영되어 있다. 신규 성장사업에서 제너럴 모터스 경영진의 과거 실적이 미미했기 때문이다. 그러나 이것은 현 경영진이 기업 경영을 좀 더 잘한다면 상당한 주가 상승이 가능함을 의미한다.

기업의 성장을 이끌어내는 데 가장 위압적인 도전은 일단 성장에 실패한 경험이 있는 한 미래의 성장에 성공할 가능성이 희박하다는 것이다. 이는 기업전략위원회Corporate Strategy Board가 1998년에 발표한 유명한 연구서 〈스톨 포인트Stall Point〉의 결론이기도 하다.[8]

이 연구서는 1955년부터 1995년 사이에 〈포춘〉 50대 기업 목록에 올랐던 172개 기업들을 분석한 결과를 담고 있다. 이 기간에 인플레이션을 감안해 6퍼센트 이상의 실질 성장률을 기록한 기업은 단 5퍼센트에 지나지 않았다. 나머지 95퍼센트에 달하는 기업들의 성장 속도는 국민총생산GNP 성장 속도를 밑돌았다. 모든 성장 시장들이 포화상태에 이르렀다는 예상을 감안해 이런 정체는 납득할 만하다. 우려할 점은 성장이 정체된 이런 기업 중 GNP 성장 속도보다 1퍼센트 이상 빨리 성장하는 데 성공한 기업이 4퍼센트에 불과하다는 점이다. 다시 말해 일단 성장이 정체되면 성장을 회복하는 것이 거의 불가능에 가까운 셈이다.

주식시장은 성장이 정체된 기업들에 가혹한 처벌을 내렸다. 이 기업들 중 28퍼센트에 달하는 기업들이 주식시장에서 75퍼센트 이상의 자본을 상실했다. 41퍼센트의 기업은 성장이 정체되었을 때 주가가 50~75퍼센트나 하락하는 것을 속수무책으로 지켜보아야 했다. 26퍼센트의 기업은 주가가 25~50퍼센트 하락했다. 나머지 5퍼센트의 기업들은 주식시장에서 25퍼센트 이하의 자본을 상실했다. 물론 이것은 성장세를 회복하도록 경영진에게 압력을 가하는 계기가 되었다. 하지만 빠른 성장을 도모하자 성공은 더욱 힘들어졌다. 경영자들은 거센 성장 요구를 회피할 수 없다.[9] 그러나 전례에 비추어 보면 성공 가능성은 매우 희박한 편이다.

혁신은 블랙박스인가?

그렇다면 성장을 달성하고 유지하는 것이 왜 그렇게 힘든 건가? 가장 일반적인 반응은 새로운 성장에 대한 실패를 관리자 탓으로 돌리는 것이다. 즉 좀 더 유능하고 선견지명이 있는 경영자라면 성공이 가능했다는 논리다. 만약 새로운 성장에 대한 실패가 다른 요소들과 관계가 없는 별도 사안이라면 유능한 경영자를 찾으면 저절로 해결되는 방안을 신뢰할 수도 있다. 그러나 거듭된 연구 결과, 상장기업 중 약 90퍼센트는 평균 주주 수익률을 웃도는 성장곡선을 2년 이상 지속하지 못하는 것으로 나타났다.[10]

기존 기업들의 경영자들이 열에 아홉은 평균 이하일 거라고 단정하지 않는 한, 훌륭한 관리자들인 그들 대부분이 왜 지속적인 성장에 대한 문제를 해결하지 못하는지 더 근본적인 설명이 필요할 것이다.

과거에 성공했던 기업이 성장을 지속하지 못하는 이유에 대한 두 번째 일반적인 설명은 경영자들이 리스크 회피자로 변했다는 것이다. 하지만 구체적인 사례를 통해 이 설명 역시 반박되고 있다. 기업의 경영진은 종종 수십억 달러에 달하는 혁신적인 사업에 미래를 걸곤 한다. IBM은 시스템360 메인프레임 컴퓨터에 큰 도박을 걸어 성공했다. 반면에 듀폰DuPont은 케블로 타이어 코드 제조공장에 4억 달러를 투자했지만 실패했다. 코닝Corning은 광섬유 사업의 라인 구축에 수십억 달러를 투자하여 눈부신 성공을 거두었다. 최근 들어 코닝은 광통신에 더 많은 투자를 하기 위해 여러 사업부문들을 매각했지만 낭패를 보고 말았다. 이 같은 사례에서 보듯이 지속적인 기업 성장에 실패한 수많은 경영자들도 리스크를 감수하는 데 강한 것으로 나타났다.

성장이 힘든 이유에 대한 일반적인 세 번째 설명은 새로운 성장사업이 예측 불가능하다는 것이다. 이 역시 타당성이 부족한 설명이다. 대다수 일반인은 성공 가능성은 그냥 가능성일 뿐, 그 확률이 높지 않다고 생각한다. 통찰력 있는 많은 경영 사상가들은 성장을 이끌어내는 것이 위험하고 예측 불가능하며, 따라서 경영자들이 이런 예측 불가능성을 적절히 관리할 수 있도록 돕는 것이 자신들의 일이라고 생각한다.

성공 확률을 높이기 위해 수만 가지 사업 아이디어를 시도해보라거나, 실리콘밸리 스타일로 다양한 아이디어들이 생존경쟁을 벌이는 풍토를 기업 내부에 조성하라거나, 역으로 실패를 가속화하라거나, 선택 압력을 재촉하라는 등의 조언들은 성공적인 혁신의 예측 불가능성에 대응하는 다양한 방식들이다.[11]

실제로 벤처자본 산업의 구조는 어떤 신규 성장사업의 성공을 예측할 수 없다는 통념을 입증하고 있다. 일반적으로 열 번 투자해서 두 번은 완전히 실패하고, 여섯 번은 간신히 명맥을 유지하며, 나머지 두 번은 말 그대로 홈런을 날린다. 사업 창출과정이 측정 불가능하다는 이런 믿음 때문에 신규 성장사업이 창출되는 '과정'을 연구하려고 과감히 블랙박스를 열려는 사람들은 극히 드문 편이다.

하지만 향후 성장사업에 대한 성공 가능성이 희박해서 대다수 기업이 성장을 멈춘다는 주장에 우리는 수긍하지 않는다. 과거의 결과들은 일관성 없이 나타나는 것처럼 보일 수 있다. 하지만 이것은 새로운 성장사업의 창출 과정을 제대로 이해하지 못해서 그런 것이다. 이 책에서 우리는 블랙박스를 열고 새로운 성장사업의 성패를 이끄는 과정을 고찰할 것이다.

어떤 결과를 가져오는 과정에 대한 이해가 왜 중요한지 그 이유를 설명하는 사례를 들어보자. 다음과 같은 일련의 숫자들을 가정해보자.

1, 2, 3, 4, 5, 6

1, 3, 39, 43, 46, 110

이 숫자 중 어느 것이 무작위로 고른 것이고, 어느 것이 예측 가능한 것인가? 누구나 첫 번째 숫자의 나열이 예측 가능한 것처럼 보일 것이다. 보나마나 그 다음에 이어지는 두 숫자는 7과 8이다. 하지만 처음에 나열한 숫자들이 로또복권 번호이고, 두 번째 숫자들이 수도권에서 서울로 들어오는 도로 번호라면 어떻게 되겠는가? 지방도로는 길이 좁고 막히니 일정 지점에서 덜 막히는 길로 들어가려고 머릿속으로 도로 번호를 떠올릴 것이다.

결과에만 집착할 경우, 그러한 결과를 창출하는 과정을 예측할 수 있다고 단언하기 쉽다. 중요한 것은 과정 그 자체를 이해하는 것이다.

혁신을 형성하는 요소들

혁신과정을 더욱 예측 가능하게 만드는 방법은 무엇일까? 이것은 개개인의 행위를 예측하는 학습을 필요로 하지 않는다. 그보다는 사업 구축과 관련된 개개인에게 영향을 미치는 요소들—경영자들의 선택 여부에 심대한 영향을 미치는 요소들—에 대한 이해가 우선한다.

새로운 성장사업에 대한 아이디어가 혁신적인 일반 사원의 머리에서 완성되는 경우는 드물다. 아이디어나 통찰이 아무리 논리정연할지라도 기업에서 자금을 확보할 수 있는 사업계획으로 결정되려면 더욱 구체적으로 수정되어야 한다. 이와 동시에 수많은 예측 가능한 요소들도 고려해야 한다.

개인으로서의 경영자는 성격적으로 특이하고 예측불허일 수도 있다. 그러나 궁극적으로 기업이 실행하려는 제품 및 업무계획의 특성에 대한 그들의 행동 메커니즘과 타이밍과 영향력 측면에서 보면 그들은 모두 유사한 요소들에 직면해 있다.[12] 요컨대 이런 요소들에 대한 이해와 관리가 혁신을 더 예측 가능하게 만들 수 있는 것이다.

어떤 아이디어를 사업계획으로 구체화하는 데 이런 요소들의 작용과 영향을 밝힌 것이 빅 아이디어 그룹Big Idea Group(BIG)에 대한 사례연구이다. BIG는 새로운 완구에 대한 아이디어를 확인해서 개발하고 상품화하는 기업이다.[13] 이 사례연구에서는 자산규모가 수십억 달러에 달하는 완구회사에서 수년 동안 새로운 완구에 대한 참신한 아이디어를 개발하지 못했다고 한탄하는 한 중역의 불평을 인용한 후 BIG가 이 문제 혹은 기회에 어떻게 대처했는지를 시간 순서로 기록하고 있다.

BIG는 새로운 완구에 대한 아이디어를 가지고 있는 어머니와 아이들, 완구 제조 기술자들과 퇴직자들을 '빅 아이디어 사냥Big Idea Hunts' 이라는 모임에 초빙했다. 전국에서 초빙된 손님들은 전문가 패널들에게 아이디어를 제시했는데, BIG 경영진은 그들의 직감을 전적으로 신뢰했다. 패널이 좋은 아이디어를 발견하면 BIG는 발명가로부터 이에 대한 특허를 내주고, 몇 개월에 걸쳐 그 아이디어를 기본적인 판매모델로 삼는 사업계획을 구체화했다. 그런 다음 BIG는 완구회사에 그 제품의 특허권을 양도했고, 완구회사는 나름의 경로를 통해 제품을 생산하여 시장에 내놓았다. 결국 BIG는 소비자들의 관심을 끄는 성장 제품을 꾸준히 발견하고, 개발하고, 시판하면서 눈부신 성공을 거둘 수 있었다.

그렇다면 BIG 시스템에서는 신제품의 성공 가능성이 아주 높은 반면 대형 완구회사에서는 성공 가능성이 희박한 것은 무슨 까닭일까? 이 사례에 대해 토의할 때면 학생들은 종종 완구회사의 제품개발자들이 창의적이지 않거나, 혹은 대기업 경영진이 위험요소를 몹시 꺼린다는 점을 지적했다. 그들의 지적이 옳다면 기업은 창의적인 관리자들을 찾아내기만 하면 될 것이다. 하지만 사원들은 완구회사 내에서 순환하기만 할 뿐 누구도 창의적인 아이디어 부족을 해결하는 묘책을 내놓지 못했다. 그 이유가 무엇일까?

해답은 아이디어의 결정 과정이라는 '요소'에 숨어 있다. 중간 관리자들은 기업의 모든 혁신과정에 중추적 역할을 한다. 그들은 아직 다듬어지지 않은 아이디어를 구체적인 사업계획으로 만들어서 경영진으로부터 자금을 확보하려고 애쓴다. 사업 승인을 위해 어떤 아이디어를 상사에게 보고해야 할지 결정하는 당사자도 그들이다. 기업이 중간 관리자들을 중요시하는 이유도 바로 이 때문이다. 중간 관리자들의 업무는 아이디어의 좋고 나쁨을 선별하며, 경영진으로부터 쉽게 자금을 확보할 수 있도록 좋은 아이디어를 잘 다듬는 것이다.

그렇다면 그들은 아이디어를 어떻게 선별하고 다듬는 것일까? 일반적으로 중간 관리자들은 시장성이 불확실한 신제품에 자신의 영향력을 발휘하는 것을 주저한다. 만약 시장이 활성화되지 않는다면 기업은 수백만 달러의 손실을 입을 것이다. 따라서 기업 시스템에서는 중간 관리자들이 각각의 아이디어가 목표로 하는 시장의 규모와 성장 잠재력에 관해 신빙성 있는 자료를 가지고 제안할 것을 주문하고 있다. 이때 주요 고객들의 견해와 반응은 어떤 아이디어에 잠재력이 있다는 주장에 신빙성을 더할 수 있다. 하지만 제품이 완전히 개발되지 않은 시점에서 그 증거를 어디서 구할 것인가? 대개는 과거에 성공을 거둔 유사 제품들의 사례에서 이런 근거를 구하게 된다.

이 과정에서 인적 요소 또한 영향을 미친다. 아이디어가 실패할 경우, 그것을 지지한 관리자들은 승진에 악영향을 받는다는 사실을 잘 알고 있다. 실제로 야심적인 관리자들은 경영진의 승인을 얻기 어려운 아이디어는 제안하기를 꺼리는 편이다. 만약 상관들이 탐탁잖게 여기는 아이디어를 중간 관리자들이 지지할 경우, 경영진은 중간 관리자들의 판단력을 좋지 않게 평가할 수도 있기 때문이다.

게다가 기업의 경영진 양성 프로그램은 능력이 출중한 중간 관리자들을 2년 이상 한자리에 머물도록 내버려 두지도 않는다. 그들의 기술과 경험을 더욱 확대할 수 있는 새로운 업무로 자리를 옮겨버린다. 그래서 결과에 대해 좋은 평판을 듣기 원하는 중간 관리자들은 그들이 그 자리에 머물러 있는 기간 내에 결실을 볼 수 있는 새로운 성장 아이디어만 집중적으로 개발하게 된다.

다시 말해 아이디어를 선별해서 자금 확보가 가능한 사업계획으로 진행하는 과정은 예전에 인정받고 성공을 거둔 아이디어와 유사한 것들로 채워지기 쉽다. 이 과정은 수요가 작은 시장을 목표로 하는 사업 제안들을 솎아내는 과정이나 마찬가지다. 비단 완구뿐만이 아니다. 대개 어느 정도 규모를 갖춘 기업에서 최고 경영진의 승인을 받는 아이디어들은 하부조직에서 샘솟듯이 분출되는 숱한 아이디어들과 전혀 다르다.

새로운 성장사업에 착수하려는 기업에서 뛰어난 아이디어가 부족해서 중대한 문제가 되는 경우는 드물다. 그보다는 아이디어를 결정하는 과정에 문제점이 있다. 혁신적 아이디어로 발전될 잠재성이 있는 새로운 아이디어라도 기존 고객들을 더욱 만족시키기 위해 지나치게 수정되는 것처럼 보일 수도 있다. 하지만 우리는 이런 결정 과정을 거쳐 도출된 수많은 아이디어 즉, 혁신이 손쉽게 파괴적 성장disruptive growth을 창출하는 사업계획으로 발전될 수 있다고 확신하고 있다. 바로 이런 요소들을 이해해서 중요한 정책을 결정할 때, 그것을 이용하는 경영자들은 그 어느 때보다도 새로운 성장사업을 지속적으로 개발할 수 있을 것이다.[14]

예측 가능성의 출처 : 좋은 이론

혁신과 같은 복잡한 시도에서 예측 가능성을 탐색해 보는 것은 비현실적이 아니다. 어느 분야건 예측을 가능케 하는 것은 충실한 조사가 뒷받침된 이론이다. 그런데도 경영진은 종종 경영이론의 가치를 높이 평가하지 않는다. 경영이론이 '비현실적impractical'임을 암시하는 '이론적theoretical'이라는 단어와 관련이 있기 때문이다. 하지만 이론은 그야말로 현실적이다. 예를 들어 중력의 법칙은 하나의 이론이면서 실제로 유용하다. 중력의 법칙 덕분에 절벽에서 발을 헛디디면 추락한다는 사실을 예견하는 것이 가능해진다.[15]

비록 대다수 경영자들은 자신을 이론 추구형이라고 생각하지 않지만 사실은 이론에 대한 탐식가들이다. 경영자들에게는 계획을 수립하거나 조치할 때마다 그런 행동이 바람직한 결과를 가져올 것이라는 고정관념이 있다.[16] 문제는 경영자들이 자기가 이용하는 그 이론을 제대로 이해하지 못하고 있다는 점이다. 그래서 종종 상황에 맞지 않는 이론을 이용하기도 한다. 이는 무계획적일 것 같은 신규사업을 전개해서 성공했을 때 그 원인과 결과를 설명해주는 확실한 이론을 갖추지 못했기 때문이다.

경영진이 사업을 구축하면서 지침용으로 읽는 경영서적이나 논문들의 참고사항을 신뢰할 수 있는지 판단하는 데 도움을 주기 위해 우리는 좋은 이론이 어떻게 만들어지고 실무에 적용되는지 상세히 설명할 것이다. 반대로 나쁜 이론이 어떻게 과거의 실패 원인이 되었으며, 좋은 이론을 사용해서 어떻게 수많은 실패 원인을 제거할 수 있었는지도 거듭 고찰할 것이다.[17]

• 이론은 어떻게 만들어지는가?

견실한 이론 형성과정은 몇몇 학문 분야에서 연구되고 있다. 대체로 학자들은 이 과정이 세 단계로 진행된다는 데 동의하고 있다. 첫 단계는 우리가 이해하고자 하는 현상에 대한 설명에서부터 시작된다. 물리학에서, 현상은 고에너지 입자들의 활동으로 볼 수 있다. 그런가 하면 새로운 사업을 구축할 때 이해관계의 현상은 혁신자들이 성공을 위해 행동하는 것들이며, 이런 행동의 결과라고 할 수 있다. 나쁜 경영이론은 연구자들이 조급하게 한두 가지 사례만 관찰하고도 그것으로 충분하다고 판단하는 결과를 낳는다.

현상의 특성에 대한 철저한 분석이 이루어져야 연구자들은 두 번째 단계를 시작할 수 있다. 이 단계에서는 현상을 범주로 분류한다. 예를 들면 의학에서 청소년 당뇨병 발병 대 성인 당뇨병 발병의 분류 같은 것들이다. 수직적 통합과 수평적 통합은 기업 다각화의 범주에 해당한다. 연구자들은 복잡한 현상에서 가장 의미 있는 차이점이 두드러지도록 범주화할 필요가 있다.

세 번째 단계에서는 무엇이, 어떤 이유로 현상을 일으키는지 설명하는 이론을 명확히 제시해야 한다. 또한 같은 인과 메커니즘임에도 불구하고 왜 범주나 상황에 따라 다른 결과가 나타나는지도 밝혀야 한다. 이론 형성과정이 반복적이듯이 연구자와 경영자들은 이 세 단계를

꾸준히 반복함으로써 어떤 행위가 어떤 환경에서 어떤 결과를 낳는지 예측하는 능력을 개발할 수 있다.[18]

• 올바른 범주 정하기

가운데 단계인 올바른 범주 정하기는 유용한 이론개발의 핵심이다. 예를 들어 어떤 특정한 증상을 치료하기 위해 의사를 찾아갔다고 치자. 어디가 어떻게 아픈지 설명하기도 전에 의사가 처방전을 주면서 "여기 적힌 두 가지 처방에 따라 약을 드시고 내일 아침에 전화를 주세요."라고 했다고 가정해보자. 그러면 당신은 의사에게 이렇게 물을 것이다.

"아니 이 처방이 내게 도움이 될지 어떻게 알죠? 내 몸 어디에 이상이 있는지 말하지도 않았잖아요."

그때 의사가 다시 이렇게 말했다고 치자.

"당연히 효과가 있을 겁니다. 예전에 환자 두 명을 이 처방으로 치료한 적이 있습니다."

정신이 멀쩡한 환자라면 이런 처방을 내리는 의사를 신뢰하지 않을 것이다. 그러나 학자와 컨설턴트와 경영진들은 경영상의 문제에 대해 관행적으로 이런 식의 해법을 받아들인다. 어떤 처방이 몇몇 '우수' 기업에서 효과를 볼 경우 그들은 손쉽게 다른 기업에게도 동일한 처방을 조언한다. 혁신의 결과가 무계획적인 것처럼 보이는 한 가지 이유는 기업전략과 경영에 관해 글을 쓰는 많은 사람이 범주화를 무시하기 때문이다. 그들은 소수의 성공적인 기업을 관찰한 후 성공을 원하는 다른 관리자들에게 같은 조치를 권하는 책을 쓴다. 하지만 그들은 그것이 올바른 해법이라도 어떤 환경에서는 바람직하지 않은 아이디어일 수 있다는 사실을 간과한다.[19]

30년 전에 많은 저술가들은 IBM의 눈부신 성공을 이끈 원동력이 '수직적 통합'이라고 주장했다. 그런데 1990년대 말에는 시스코나 델 같은 아웃소싱 기업들의 성공을 비非수직적 통합의 결과라고 설명하고 있다. '최선의 처방'을 내린 저술가들은 앞에서 언급한 의사들과 별 차이가 없다. 다음은 이런 연구자들이 해결해야 할 주요한 질문이다.

"수직통합이 중요시되는 환경은 무엇인가? 제휴와 아웃소싱 전략이 언제쯤 성공을 거둘 것 같은가?"

충실한 이론을 만드는 학자들은 상황에 적절하고 관련성 있는 범주를 정의하려고 애쓴다. 그 때문에 그들은 상황을 정의하느라 많은 시간을 들이곤 한다. 초기 연구에서는 항상 조사자들의 관찰을 현상 자체의 '특성attributes'에 의해 정의되는 범주로 분류했다. 이런 점에서 결과를 이끄는 행위나 사건에 관한 그들의 주장은 인과관계가 아니라 특성과 결과의 상관관계에 관한 진술일 수밖에 없었다. 그나마 초기 이론 형성과정에서는 이런 노력이 최선이었다.

여기서 인류의 비행飛行 역사를 살펴보자. 초기 연구자들은 비행 능력과 깃털이나 날개를 몸에 지니는 것 간의 상관관계를 관찰했다. 날개와 깃털을 소유하는 것은 비행 능력과 높은 상관관계를 가지고 있다. 그래서 인간은 가장 성공적인 비행자, 즉 하늘을 나는 새의 '베스트 프랙티스best practices'를 본받아 팔에 깃털 달린 날개를 둘둘 감고 절벽에서 뛰어내려 죽을힘을 다해 날갯짓했다.

하지만 결과는 실패였다. 상관관계는 높았지만 특정 동물의 비행을 가능하게 해주는 기본 인과관계의 메커니즘에 대해 비행사가 무지했기 때문이다. 인류의 비행을 가능케 하는 메커니즘은 유체역학에 관한 베르누이Bernoulli의 연구였다. 하지만 메커니즘 자체에 대한 이해만으로는 완벽히 예측 가능한 비행이 불가능했다. 다양한 조건에서의 신중한 시험과 측정이 수반된 추가 조사를 통해 메커니즘이 바람직한 결과를 낳는 환경을 확인해야 했기 때문이다.

메커니즘이 성공적인 비행의 결과를 낳지 못하자 연구자들은 신중하게 그 이유를 밝혀야 했다. 예기치 않은 결과로 실패를 초래한 환경에 관한 연구가 그것이었다. 일단 비행사들이 직접적으로 파악할 수 있는 다양한 유형의 환경을 기준으로 범주가 정해지자 그들은 비행이 가능한 조건을 예측할 수 있게 되었다. 이를 토대로 그들은 비행이 가능한 환경에서 성공적인 비행을 위한 기술이나 기교까지 개발할 수 있었다. 뿐만 아니라 환경이 변하는 시점을 어떻게 인식할 수 있는지, 그럼으로써 대처방식을 어떻게 변화시킬 수 있는지를 비행사들에게 가르칠 수도 있었다. 원인과 이유를 밝히는 메커니즘에 대해 완벽한 이해가 이루어지자 드디어 비행이 가능해졌으며, 환경의 범주에 관한 이해는 비행을 예측 가능하게 만들었다.[20]

그렇다면 항공 연구자들은 환경의 범주들 사이에 명확한 경계가 있다는 사실을 어떻게 알아냈을까? 상황의 변화가 조종사의 비행술 변화를 요구하지 않는 한 상황의 경계는 문제가 되지 않았다. 하지만 성공적인 비행을 계속 유지하기 위한 비행 기술이 근본적으로 변화할 경우에는 환경의 경계가 중요한 문제로 부각되었다.

이와 마찬가지로 경영연구 분야의 비약적 발전은 새로운 성장사업 창출의 예측 가능성을 높이고 있다. 이 분야의 연구자들은 대기업들은 혁신 속도가 느리다는 둥 성공기업들은 기업 내부에서 승진한 CEO에 의해 운영되고 있다는 둥 결과에 대한 상관관계를 주장하는 대신 성공이라는 현상의 배후에서 작용하는 근본적인 인과관계의 메커니즘을 밝히는 데 몰두하고 있다.

그들은 성공기업들의 특성을 모방하는 '날개와 깃털'의 사고방식을 초월하여 적절한 '해답'을 찾고 있다. 예측 가능성은 동일한 인과관계 메커니즘이 예기치 않은 결과를 가져온다는 사실을 연구자들이 발견할 때만 비로소 그 토대를 확보할 수 있다. 여기서 연구자들은 같은 메커니즘이 다른 결과를 가져오는 상황을 정의하려고 힘쓰게 된다.

그렇다면 올바른 범주를 어떻게 구별할 수 있을까? 비행의 경우에서처럼 환경 간의 경계는 경영자들이 근본적으로 상이한 경영기법을 사용함으로써 서로 다른 환경에서 성공을 거둘 때에 두드러진다. 만약 인과관계의 논리가 서로 다른 두 환경에서 결과가 똑같아진다면 이 환경 간의 차이점은 결과에 대한 예측에 별 도움이 되지 않을 것이다.

자신이 어떤 환경에 속해 있는지 확실히 알고자 한다면 경영자들은 자신이 어떤 환경에 속해 있지 않은지도 반드시 파악하고 있어야 한다. 환경의 범주categories of circumstances가 집단적·개별적으로 명확히 정의될 때 상황은 예측 가능해진다. 이런 경우라야 원인과 이유를 설명할 수 있으며, 환경에 따라 인과관계가 어떻게 다양하게 나타날 수 있는지 예측할 수 있다. 환경의 범주를 토대로 형성된 이론은 기업들이 쉽게 실행에 옮길 수 있다. 경영자들은 작업 '특성'이 아닌 작업 '환경' 속에서 생활하고 일하기 때문이다.[21]

경영자들이 "이것이 우리 산업에 적용되고 있는가?" 또는 "그것이 제조업뿐만 아니라 서비스업에서도 적용되고 있는가?" 하는 질문을 던진다면 그들은 진정 환경에 대한 이해를 모색한다고 할 수 있을 것이다. 연구를 진행하면서 우리는 산업 기반의 범주 체계 또는 제조업·서비스업 기반의 범주 체계가 신뢰성 있는 이론을 위한 유용한 토대가 될 수 없음을 깨닫게 되었다.

예를 들어 《성공기업의 딜레마》에서는 디스크 드라이브와 컴퓨터 산업의 신생기업들이 기존의 선도기업들을 휘청거리게 했던 것과 동일한 메커니즘이 굴삭기, 철강, 소매, 오토바이, 회계 소프트웨어, 모터 조정장치 분야에 그대로 적용되고 있음을 밝히고 있다.[22]

문제가 되는 환경은 당신이 어떤 산업에 속해 있느냐가 아니라 자원 할당 과정의 메커니즘 차이에 있었다. 기존의 리더들은 혁신이 자신의 사업모델에서 재정적으로 승산이 있을 때 이런 메커니즘을 이용하여 경쟁 기업들과의 싸움에서 승리했다. 하지만 기존의 리더들이 파괴적 혁신기업들로부터 공격을 받았을 때는 동일한 메커니즘이 오히려 그들을 무력하게 만들었다.

'성공을 이끄는 어떤 행위들이 기업환경의 변화에 따라 어떻게 다양하게 변화할 것인가를 논리적으로 설명할 때만 우리는 그 이론을 신뢰할 수 있다.'[23] 혁신을 시도한 결과가 무계획적인 것처럼 보이는 주된 이유가 바로 이것이다. 조잡한 범주화는 만병통치약 같은 처방으로 이끈다. 그리고 이것은 대부분 환경에서 잘못된 결과를 초래한다.[24] 실제로 우발적인 상황을 염두에 두는 방식으로 생각하고 행동하는 능력이 우리의 삶을 예측 가능하게 해준다.

우리는 종종 성장사업에서 성공한 기업가들의 직관에 찬사를 보내곤 한다. 그들이 어떤 행위가 바람직한 결과를 낳을 것이라는 직관을 발휘했다면 사실상 그들은 다양한 환경에서 감각적으로 올바른 선택을 가능케 하는 이론을 전개했다고 할 수 있다. 이런 이론을 습득하는 것은 선천적으로 타고나는 것이 아니다. 풍부한 경험과 인생의 스승들을 통해 자연스레 배우는 것이다.

만약 어떤 사람들이 이른바 '직감'이라 불리는 이론을 배웠다면 이 이론을 다른 사람에게 가르칠 수도 있다는 것이 우리의 생각이다. 이 책에서 우리가 진정으로 바라는 것도 바로 이것이다. 우리는 경영자들이 새로운 성장사업을 개발하고자 할 때 우리가 수집한 연구내용을 그들이 원하는 결과를 위해 특정 환경에서 어떤 행동을 취하면 되는지 배우는 데 활용하기를 바란다. 모쪼록 독자들이 이런 이론들을 담고 있는 사고의 과정을 반복함으로써 그것이 그들의 직관의 일부가 되길 바란다.

이 책은 기업의 건전성과 지속성을 책임지는 주요 경영자들의 관점에서 기술되었다. 우리의 아이디어는 독립 기업가나 신생기업 또는 벤처 투자자들에게도 유익하리라 믿는다. 간결한 표현을 위해 기업이 제조하거나 제공하는 것을 기술할 때는 '생산품product'이라는 용어를 사용했다. 제조업과 서비스업을 모두 망라하기 위해서이며, 이 책에 등장하는 개념들이 두 분야에 모두 적용되고 있기 때문이다.

이 책의 개요

《성공기업의 딜레마》에서는 특정 환경에서 수익 극대화가 자원분배 메커니즘이 잘 운영되던 기업들을 어떻게 몰락시켰는지를 설명하는 이론을 요약했다. 이와 대조적으로 본서에서는 예측 가능한 성공—파괴당하는 기업이 아닌 파괴하는 기업이 되는 것—으로 새로운 사업을 성장시켜야 하며, 결국 기존의 경쟁 기업들을 따돌려야 하는 경영자들을 성공의 길로 안내하는 일련의 이론들이 요약돼 있다. 예측 가능한 성공을 위해 파괴자들은 훌륭한 이론가가 되어야만 한다. 또한 성장사업을 파괴적 혁신 형태로 유도하면서 파괴적 환경과 어울리도록 모든 비판과정과 결정을 조율해야만 한다.

성공적인 성장사업을 구축하는 것은 아주 방대한 과제이기 때문에 이 책에서는 성장을 창출하고자 하는 모든 경영진에게 꼭 필요한 9가지 결정들—혁신의 블랙박스 내부에서 성공을 이끄는 주요한 행위를 나타내는 결정들—에 초점을 맞추고 있다.

각 장에서는 성공 가능성을 대폭 높이는 방식으로 관리자들이 이 9가지 결정 중 하나를 이용할 수 있는 이론을 제공하고 있다. 몇몇 이론들은 우리 자신의 연구성과를 바탕으로 한 것이지만 다른 많은 학자들의 도움을 받았다. 그들의 노고는 사업 구축의 예측 가능성에 상당히 기여했다. 인과관계에 대한 그들의 주장이 환경 기반의 범주를 토대로 하고 있기 때문이다. 경영자들이 결정을 내리면서 이런 이론들을 명시적으로 이용하기 시작하고, 자신이 속해 있는 환경을 감안해 예측 가능성을 신뢰하기 시작한 것도 이런 학자들의 세심한 노고 덕분이라고 우리는 확신한다.

다음 목록들은 각 장별로 우리의 질문을 요약한 것이다.

- 2장 : 가장 강력한 경쟁 기업들을 어떻게 물리칠 수 있는가? 경쟁 기업들이 우리를 죽게 하는 전략들은 무엇인가? 사실상 우리가 우위를 점할 수 있도록 해주는 일련의 조치들은 무엇인가?
- 3장 : 우리는 어떤 제품을 개발해야 하는가? 예전 제품보다 향상된 점에 대해 고객들은 프리미엄 가격으로 보답할 것인가? 또 어떤 측면에 대해 냉담한 반응을 보일 것인가?
- 4장 : 사업 성공의 가시적 기반을 만드는 초기 고객은 누구인가?
- 5장 : 생산품 디자인 · 생산 · 판매 · 유통을 위해 기업이 내부적으로 취해야 할 조치는 무엇인가? 협력업체와 공급업체에 의존해야 하는 것은 무엇인가?
- 6장 : 만족스러운 수익을 낳는 견실한 경쟁력을 어떻게 유지할 수 있는가? 범용품화(commoditization : 일반화되어 특별한 가치가 없어지는 제품이 되어버리는 현상)가 진행되는 시점을 어떻게 구분할 수 있는가? 수익률을 유지하기 위해 무엇을 할 수 있는가?
- 7장 : 벤처기업을 위한 최상의 조직구조는 무엇인가? 어떤 부서와 관리자들이 벤처기업의 성공에 기여하고, 책임져야 하는가?
- 8장 : 성공전략에 대한 상세정보를 어떻게 입수하고 있는가? 융통성이 중요한 시점이 언제인가? 융통성 실패를 초래하는 시점은 또 언제일까?
- 9장 : 누구의 투자자본이 우리의 성공에 이바지할 것인가? 누구의 자본이 죽음의 입맞춤을 할 것인가? 특정한 개발단계에서 어떤 투자자금이 우리에게 도움을 줄 것인가?
- 10장 : 사업 성장을 지속하는데 있어서 CEO의 역할은 무엇인가? CEO들은 새로운 사업에서 언제 손을 떼야 하는가? 또 언제 그 사업에 개입해야 하는가?

이 책의 각 장에서 우리가 다루고 있는 문제들은 매우 중요하다. 그렇다고 해서 그것들이 신규 성장사업 착수와 관련된 모든 질문을 포괄하는 것은 아니다. 다만 우리는 가장 중요한 질문들을 던지고 있을 뿐이다. 요컨대 새로운 성장사업 개발에서 완벽한 리스크 제거는 불가능할지라도 관리자들이 그 방향으로 큰 걸음을 옮길 수 있도록 우리의 연구성과가 보탬이 되길 바란다.

주석

1. 비록 형이상학적 분석을 실행하진 않았지만 최근에 발간된 다음 네 권의 연구서들은 존속적 성장으로 성공한 일부 기업들에 초점을 맞춘 것으로 보인다.

    2001년에 발간된 크리스 주크Chries Zook와 제임스 앨런James Allen의 《핵심에 집중하라Profit from the Core》(Boston : Harvard Business School Press)에 따르면, 사례가 된 1,854개의 기업 중 13퍼센트만이 10년 동안 지속적으로 성장할 수 있었다.

    같은 해에 출간된 리처드 포스터Richard Poster와 사라 캐플런Sarah Kaplan의 《창조적 파괴Creative Destruction》에서는 1962년부터 1998년까지 1,008개의 기업들을 조사했다. 이 기업 중 16퍼센트, 즉 160개사만이 이 기간에 생존했음을 확인한 그들은 영원히 남들보다 경쟁에서 앞서는 기업은 가상의 키메라와 같다는 결론을 내렸다.

    짐 콜린스Jim Collins 역시 2001년에 《좋은 기업을 넘어 위대한 기업으로Good to Great》(New York : HarperBusiness)를 출간했다. 이 책에서 그는 13년 동안(1965~1995년) 1,435개 기업들의 세계를 조사했다. 콜린스는 10년 동안 시장 평균주식보다 더 높은 실적을 올린 기업은 전체 기업의 9퍼센트, 즉 126개사뿐임을 확인했다.

    기업전략위원회의 조사결과인 〈스톨 포인트Stall Point〉(Washington, DC : Corporate Strategy Board, 1988)에 따르면, 포춘 50에 속한 기업들 중 5퍼센트가 성공적인 성장을 유지했으며, 또 다른 4퍼센트가 성장 엔진이 멎은 후에 다시 엔진에 불을 붙일 수 있었다. 이 연구소는 존속적 성장으로 성공한 기업이 10퍼센트 안팎이라는 우리의 주장을 확실히 뒷받침하고 있다.

2. 주식이 포함된 이런 모든 매매 때문에 상이한 거래에 대한 '진정한' 평가는 모호하다. 사실상 거래가 종결될 때 명확한 가치가 정해질 수 있지만, 거래 당시의 암묵적

인 매매가치는 유용할 수 있다. 그것은 관련 상대자가 어떤 지점까지 수용할 용의가 있음을 시사한다. 거래 선언 이후의 주식가격 변화는 종종 거래 자체와 거의 무관한 외생적外生的 사건이 작용한 경우가 있다. 가능한 한 우리는 거래 종결 시점이 아닌 거래 선언 시점에서의 매매 가치를 이용하고자 한다. 이런 다양한 거래에 관한 데이터 출처는 다음과 같다.

- NCR
  - "파멸로 이끄는 흡인Fatal Attraction(NCR를 합병한 AT&T의 실패사례AT&T's Failed Merger with NCR)", 〈이코노미스트The Economist〉, 1996년 3월 23일.
  - "AT&T의 사업 재구축 계획에서 신설 회사의 주식 배분에 대하여NCR Spinoff Completes AT&T Restructure Plan", 〈블룸버그 비즈니스 뉴스Bloomberg Business News〉, 1997년 1월 1일.
  - 맥카우McCaw와 AT&T 무선 판매
  - 〈월스트리트 저널〉, 1994년 9월 21일.
  - "AT&T의 무선사업부문 분할AT&T Splits Off AT&T Wireless", AT&T 보도자료, 2001년 7월 9일.
  - AT&T, TCI, 미디어원MediaOne
  - "TCI 고객에 대한 전화 및 웹 서비스 판매를 위한 AT&T의 계획AT&T Plans Mailing to Sell TCI Customers Phone, Web Services", 〈월스트리트 저널〉, 1999년 3월 10일.
  - "AT&T와 미디어원의 협상 : FCC의 실수 요소The AT&T-MediaOne Deal : What the FCC Missed", 〈비즈니스 위크Business Week〉, 2000년 6월 19일.
  - "AT&T 광대역 사업부 720억 달러에 컴캐스트 인수AT&T Broadband to Merge with Comcast Corporation in $72Billion Transaction", AT&T 보도자료, 2001년 12월 19일.
  - "컴캐스트 케이블 합병을 아직도 의문스러워하는 소비자 그룹Consumer Groups Still Questioning Comcast-AT&T Cable Merger", 연합통신 제공, 2002년 10월 21일.

2. 카봇Cabot의 주가는 1991년에서 1995년 사이에 시장에서 강세를 보였다. 두 가지 이유로 핵심사업에 재집중했기 때문이다. 하나는 수요 측면으로, 자동차 판매가 급성장하면서 아시아와 북미에서 카본블랙(탄소가루) 수요가 증가했고, 이에 따라 타이어의 수요도 증가세를 보였다. 다른 하나는 공급 측면으로, 미국에 근거지를 둔 다른 두 카본블랙 제조업체가 업계에서 발을 뺐다. 그들은 환경관리에 필요한 투자에 나설 의향이 없었다.
그 결과 카봇의 가격 경쟁력은 더욱 강화되었다. 수요증가와 공급감소로 카봇의 기존 카본블랙 공정의 수익성은 크게 향상되었다. 이것은 기업의 주가에 고스란히 반영되었다. 하지만 1996년에서 2000년 사이에 주가는 다시 하락세를 보였다. 불투명한 성장 전망이 반영된 결과였다.

4. 성장 창출에 실패한 투자에 나서는 경향을 보이는 기업들에 관한 주요한 연구로는 마이클 젠슨Michael C. Jensen 교수의 업적이 있다. "현대 산업의 개혁과 돌파구, 그리고 내부조절 시스템의 실패The Modern Industrial Revolution, Exit, and the Failure of Internal Control Systems", 〈파이낸스 저널Journal of Finance〉(1993년 7월호), 831~880쪽을 참조하라. 젠슨 교수는 전미금융협회의 회장 취임 연설에서도 이 논문을 이용했다. 흥미롭게도 생산적인 투자를 이끌어낸 기업으로 젠슨이 인용한 기업들은 대부분 파괴적 혁신기업—이 책의 핵심개념—이었다.

젠슨의 책과 마찬가지로 이 책에서 우리의 분석단위는 자유시장과 자본주의 경제에서 나타나는 대규모 성장 창출 시스템이 아니라 개별기업이다. 조지프 슘페터Joseph Schumpter의 《경제발전 이론Theory of Economic Development》(Cambridge, MA : Harvard University Press, 1934)과 《자본주의·사회주의·민주주의Capitalism, Socialism, and Democracy》(New York : London, Harper&Brothers, 1942)는 기업의 기능 중에서 환경 요소를 밝히는 기념비적 저서들이다. 여기서 우리가 주장하는 것은, 거시적 차원에서 성장을 창출하는 자유시장 경제의 실적과 상관없이 개별기업들의 실적이 형편없다는 것이다. 따라서 우리는 경쟁시장 내에서 기업들의 성과에 도움을 주고 싶다.

5. 이 간단한 이론은 어떤 기업의 성장률에서 예상되는 '페이드(서서히 사라지는 과정)'로 다소 복잡해지고 있다. 경험주의적 분석에 따르면, 시장은 어떤 기업의 영원한 성장이나 생존을 기대하지 않는다. 따라서 예상되는 성장률 저하와 최종적인 기업 해체가 현재의 주식가격 속에 반영될 수 있다. 대부분의 가치평가 모델에서 최종 가치가 중요한 이유가 바로 이것이다.

이런 페이드 기간은 회귀분석으로 평가되고 있으며, 매우 다양한 평가가 진행되고 있다. 엄밀히 따지자면, 40년 동안의 페이드 기간에 5퍼센트 성장이 예상되는 한 기업이 5년 후에도 여전히 5퍼센트의 성장률을 지속하고 있다면 주주에게 경제적 수익을 안겨주는 만큼 주가는 상승할 것이다. 40년 동안의 페이드 기간이 종료되었기 때문이다. 하지만 이런 조건이 5퍼센트 성장률뿐만 아닌 25퍼센트의 성장률을 기록하는 기업에 적용된다 할지라도 우리가 원하는 수준의 변화는 이루어지지 않는다. 즉 시장은 엄격한 감독자이기 때문에 단순히 기대에 부응하는 것만으로는 의미 있는 보답이 이루어질 수 없는 것이다.

6. 물론 오랜 역사를 가진 기업들 중에선 일반적으로 고속 성장하는 기업들이 더 높은 수익률을 올리고 있다. 하지만 과거의 투자자들에게만 고속 성장 기업이 저속성장 기업들보다 더 높은 수익률을 안겨줄 것이다. 만약 시장이 효과적으로 할인된다면

평균보다 높은 수익을 거두는 투자자들은 미래의 성장률이 주가에서 아직 충분히 할인되지 않은 과거에 주식을 구입한 행운아들이 될 것이다.

이 논의에 대한 훌륭한 참고문헌으로 앨프레드 래퍼포트Alfred Rapport와 마이클 모브상Michael J. Mouboussin의 《예상 투자 : 고수익을 위한 주식시세 읽기Expectation Investing : Reading Stock Prices for Better Returns》(Boston : Harvard Business School Press, 2001)가 있다. 래퍼포트와 모브상은 기업 성장에 대한 시장의 예상이 부정확한 시기를 탐지할 수 있는 방법들을 투자자들에게 알려주고 있다.

7. 이것은 2002년 8월 21일, 이들 기업의 일반주식에 대한 최종 시장가격이었다. 특정 날짜는 별 의미가 없다. 단지 분석이 실행된 시기를 나타낼 뿐이다. 크레디트 스위스 퍼스트 보스턴(CSFB)의 한 사업 단위인 HOLT협회에서는 공개적으로 이용 가능한 데이터를 적용시킨 고유 방법론을 사용하여 이런 계산을 수행했다. 퍼센트 퓨처 percent future는 어떤 기업의 현재 주가가 얼마나 현재의 현금흐름에서 기인할 수 있는지, 미래의 성장과 성과에 대한 투자자들의 기대에서 또 얼마나 기인할 수 있는지 측정하는 방식을 말한다. CSFB/HOLT에서는 이를 이렇게 정의하고 있다.

퍼센트 퓨처는 예상되는 기업의 미래투자에 대해 시장이 부여하는 총시장가치의 퍼센티지를 말한다. 퍼센트 퓨처는 기존 자산과 투자의 현재 가치에서 기인하는 부분이 아닌 총시장가치(부채와 순자산액의 합계)로 시작하여 이를 부채와 순자산의 총시장가치로 나눈 것이다.

CSFB/HOLT는 자산 감소와 관련된 현금흐름의 현재 가치 및 가치가 감소하지 않는 활동자산 공개로 기존 자산의 현재 가치를 계산한다. HOLT CFROI(투자자본 이익률) 평가방법론에는 전체 시장의 평균 수익률에 상응하는 40년 동안의 페이드가 포함된다.

퍼센트 퓨처 = 〔총 부채와 순자산(시장) - 기존 자산의 현재 가치〕/〔총 부채와 순자산(시장)〕

표 1-1에 실린 기업들은 〈포춘〉 500 기업들을 순위별로 나열한 것이 아니다. 이 계산에 필요한 데이터 중 일부는 몇몇 기업들이 이용할 수 없기 때문이다. 이 표에 실린 기업들은 순전히 사례를 들기 위한 목적으로 선택한 것이다. 즉, 특정기업 주가의 상승이나 하락을 암시하려고 그들을 선택한 것이 아니다. HOLT가 사용한 방법론에 관한 더 상세한 정보는 〈http://www.holtvalue.com〉을 참조하라.

8. 〈스톨 포인트Stall Points〉(Washington, DC : Corporate Strategy Board, 1998)를 참조하라.
9. 이 책에서 우리는 주식시장이 성장 기업에게 가하는 압력에 관해서만 초점을 맞추었다. 강력한 압력을 행사하는 많은 다른 출처들이 있다. 여기서는 두 가지만 언급한다.

첫째, 기업이 성장할 때면 직원들이 새로운 경영자로 승진할 기회가 많아진다. 따라서 경영책임과 능력에서 성장 잠재력은 정체 기업보다 성장 기업이 훨씬 더 높은 편이다. 성장이 둔화될 때면 경영자들은 직원들의 능력이나 성과가 아니라 고위 경영자들의 은퇴 시기까지 얼마나 많은 시간이 남았느냐에 따라 발전 가능성이 제약된다는 사실을 깨닫게 된다. 이런 상황이 발생하면 유능한 직원들이 대부분 회사를 떠나는 경향을 보이기 때문에 기업의 성장 재생능력에 영향을 미친다.

신기술에 대한 투자도 어려워진다. 성장 기업이 생산능력의 한계로 새로운 공장이나 매장을 신설해야 한다면 최신기술을 이용하는 편이 더 용이할 것이다. 기업이 성장을 멈추어 제조 능력을 초과한다면 신기술 투자를 제안하는 것이 순탄치 않을 것이다. 왜냐하면 신기술 생산에 필요한 총자본비용과 평균생산비용은 완전히 감가상각된 공장에서의 생산에 필요한 한계비용과 비교할 수 없기 때문이다. 그 결과 성장 기업들을 대개 저성장 경쟁 기업들보다 기술적인 우위를 가지고 있다. 하지만 그런 이점은 비전 있는 경영자들의 통찰력이 아니라 성장 대 비성장의 환경에서 기인하는 차이에 그 뿌리를 두고 있다.

10. 이 평가에 대한 상세내용은 주 1을 참조하라.

11. 제임스 브라이언 퀸James Brian Quinn의 《변화를 위한 전략들Strategies for Change : Logical Incrementalism》(Homewood, IL : R.D. Irwin, 1980)을 참조하라.

퀸의 주장에 따르면, 새로운 사업에 착수하는 기업 경영자들에게 필요한 첫 번째 단계는 '천 송이의 꽃을 피우는 것'이다. 가장 유망한 꽃은 활짝 피어날 것이고 나머지는 시들 것이다. 이런 시각에서 보자면 성공적인 혁신의 관건은 올바른 꽃을 선택하는 것이다. 또한 그 결정은 복합적인 육감과 풍부한 경험에 의존해야 한다.

좀 더 최근의 연구서로는 톰 피터스Tom Peters의 《혼돈을 통한 번영Thriving on Chaos : Handbook for a Management Revolution》(New York : Knopf/Random House, 1987)이 있다. 톰은 혁신적인 경영자들에게 '빠른 실패'를 촉구한다. 어떤 아이디어가 실행 가능한지에 대해 신속한 피드백을 얻을 수 있는 소규모의 새로운 사업 아이디어를 추구하기 위해서다. 이런 접근법의 옹호자들은 기업 경영자들에게 실패에 대해 처벌하지 말 것을 주장한다. 오직 반복적인 시행착오를 통해서만 성공적인 새로운 사업이 등장하기 때문이다.

12. 이런 요소들을 소개한 학자로는 하버드 경영대학원 조지프 보어Joseph Bower 교수와 스탠포드 경영대학원 로버트 버겔먼Robert Burgelman 교수가 있다. 우리는 그들의 깊은 통찰력에 빚을 지고 있다. 조지프 보어의 《자원 할당 과정 관리Managing the Resource Allocation Process》(Homewood, IL : Richard D. Irwin, 1970), 로버트 버겔먼과 레오나드 세일스Leonard Sayles의 《기업혁신 내부Inside Corporate Innovation》(New York

: Free Press, 1986), 로버트 버겔먼의 《전략은 운명이다Strategy Is Destine》(New York : Free Press, 2002)를 참조하라.

13. 클레이튼 크리스텐스Clarylon M. Christensen, 스콧 앤소니Scott D. Anthony 공저, "무엇이 최고의 아이디어인가?What's the BIG Idea?" 사례 9-602-105(Boston : Harvard Business School, 2001).

14. 우리는 의식적으로 "성공 잠재력을 증가시켜라"와 같은 구절을 선택했다. 적어도 다음 세 가지 이유로 사업구축에 대한 완벽한 예측 가능성이 불투명해지고 있기 때문이다.

첫 번째 이유는 경쟁시장의 특성에 있다. 그 활동을 완벽히 예측 가능한 기업들은 대체로 경쟁에서 패배하기 쉽다. 따라서 모든 기업은 예측 불가능한 방식으로 움직이는 데 관심을 보여야 한다.

두 번째 이유는 가능한 결과의 시스템과 관련된 컴퓨터 사용의 도전이다. 가령 체스는 완벽하게 규정된 게임이다. 먼저 백이 움직인 후에 흑이 움직여야 한다. 하지만 가능한 게임의 수는 한이 없다. 컴퓨터 사용의 도전은 압도적이다. 그 결과 슈퍼컴퓨터 간의 게임 결과조차 예측 불가능한 것으로 남아 있다.

세 번째 이유는 복잡성 이론으로 제기되고 있다. 이 이론은, 우리의 컴퓨터 사용 능력을 추월하지 않는 완벽히 규정된 시스템조차 무작위 결과를 낳을 수 있다는 논리를 뒷받침하고 있다. 예측 가능한 혁신 결과의 평가, 그리고 나머지 불확실성 또는 예측 불가능성의 중요성은 현실적 함의를 내포한 심오한 이론적 도전으로 남아 있다.

15. 예측 가능성을 높이려는 도전은 특정 자연과학에서 어느 정도 성공을 거두었다. 오늘날에는 많은 과학 분야들이 무미건조해지고 있다. 가령 예측 가능한 인과법칙의 지배를 받는 것이다. 하지만 언제나 그랬던 것은 아니다. 고대와 근대의 과학자들 눈에 비친 자연계의 수많은 상황은 무작위에다 이해할 수 없는 상황으로 여겨졌을 것이다. 하지만 과학적 방법을 준수한 연구는 상당한 진보를 가능케 하는 예측 가능성을 가져왔다.

예를 들어 어떤 점에서 전염병은 무작위로 발생하는 것처럼 보였다. 사람들은 전염병이 발생하는 이유를 알지 못했다. 누가 살아남고 죽을지 예측 불가능해 보였다. 하지만 그 결과가 무작위처럼 보일지라도 그 결과를 이끈 과정은 무작위적이지 않았다. 다만 충분한 이해가 부족했을 뿐이다. 오늘날 수많은 암의 경우, 자본시장에서 신규사업과 마찬가지로 환자들의 생존 가능성을 퍼센티지로만 나타낼 수 있다. 하지만 이것은 결과가 예측 불가능하기 때문이 아니다. 다만 우리가 그 과정을 이해하지 못하고 있을 뿐이다.

16. 피터 셍게Peter Senge는 이론을 '정신적 모델들mental models'이라고 부르고 있다(피터 셍게, 《제5원칙The Fifth Discipline》 New York : Bantam Doubleday, 1990. 참조). 우리 는 이 책에서 '모델'이라는 용어 사용을 고려했지만 그 대신 '이론'이라는 용어를 사 용했다. 그 이유는 진정으로 가치 있는 것에 가치를 부여하도록 실행자들을 자극하 기 위해서였다.

17. 이론 구축과정 및 그 과정에서 경영서 저자와 학계가 기본원칙을 무시하고 어기는 상황에 대한 설명은 클레이튼 크리스텐슨Claryton M. Christensen, 폴 칼리Paul Carlie와 데이비드 선달David Sundahl의 리뷰 〈이론 형성과정The Process of Theory Building〉을 참 조하라. 다음은 이론 구축 모델을 종합하기 위해 우리가 도움을 받은 학자들이다.

- E.H. 카, 《역사란 무엇인가What Is History?》 New York : Vintage Books, 1961.
- 에이젠하트K. M. Eisenhardt, "사례 연구조사 이론 구축론Building Theories from Case Study Research", 〈경영 아카데미 리뷰Academy of Management Review 14〉, no. 4(1989 년), 532~550쪽.
- 글레이저B. Glaser와 스트라우스A. Straus, 《토대 이론 발견The Discovery of Grounded Theory : Strategies of Qualitative Research》 London : Wiedenfeld and Nicholson, 1967.
- 캐플런A. Kaplan, 《탐구 행동The Conduct of Inquiry : Methodology for Behavioral Research》 Scranton, PA : Chandler, 1964.
- R. 캐플런, "원가계산의 경험적 연구The Role for Empirical Research in Management Accounting", 《회계와 조직 그리고 사회Accounting, Organizations and Society 4》, no. 5(1986년), 429~452쪽.
- 쿤T. Kuhn, 《과학혁명의 구조The Structure of Scientific Revolution》 Chicago : University of Chicago Press, 1962.
- 폴M. Poole과 반드밴A. Van de Ven, "경영과 조직의 구축 이론Using Paradox to Build Management and Organization Theories", 〈경영 아카데미 리뷰 14〉, no. 4(1989년), 562~578쪽.
- K. 포퍼Popper, 《과학적 발견의 논리The Logic of Scientic Discovery》 New York : Basic Books, 1959.
- 뢰슬리스버거F. Roethlisberger, 《이해하기 힘든 현상The Elusive Phenomena》 Boston : Harvard Business School Division of Research, 1977.
- 아더 스틴치콤Arthur Stinchcombe, "과학적 추론의 논리The Logic of Science Inference", 《사회적 이론 구성Constructing Social Theories》 New York; Harcourt, Brace & World, 1968. 제2장.
- 앤드류 반데벤, "프로페셔널 학교를 위한 프로페셔널 과학Professional Science for a

Professional School", 《변화의 암호 풀기Breaking the Code of Change》 Boston : Harvard Business School Press, 2000, 마이클 비어Michael Beer와 니틴 노리아Nitin Nohria 공저.

- 칼 윅Karl E. Weick, "훈련된 창의력 구축 이론Theory Construction as Disciplined Imagination", 〈경영 아카데미 리뷰 14〉, no. 4,(1989년), 516~531쪽.
- 인R. Yin, 《사례 연구Case Study Research》 Bevery Hills, CA : Sage Publication, 1984.

18. 우리가 말하고자 하는 것은, 경영자들이 처한 모든 상황에서 결과를 예측할 수 있는 정확성으로 이론의 성공 여부를 평가해야 한다는 것이다. 결과적으로 우리가 추구하는 것은 절대적 의미의 '진리'가 아니다. 어디까지나 우리의 기준은 예측 가능성과 유용성이다. 만약 경영자들이 우리의 도움으로 우리가 바라는 결과를 달성할 수 있다면 우리는 성공한 셈이다. 이런 유용성을 기반으로 하는 이론 성공의 평가는 과학 철학, 특히 논리 실증주의의 존중할 만한 전통이다. 다음을 참조하라.

- 카르납R. Carnap, 《경험론과 의미론 그리고 존재론Empiricism, Semantics and Ontology》 Chicago : University of Chicago Press, 1956.
- 콰인W.V.O. Quine, 《경험론의 두 교리Two Dogmas of Empiricism》 Cambridge, MA : Harvard University Press, 1961.
- 콰인, 《자연 인식론Epistemology Naturalized》 New York : Columbia University Press, 1969.

19. 이것은 대부분의 경영 관련 연구에서 크게 부족한 부분이다. 계량경제학자들은 이런 관행을 '종속변수의 표본 추출'이라고 부른다. 경영이론 저술가들, 그리고 스스로 진지한 학자로 자처하는 많은 사람이 자기 이론의 가치를 입증하는데 열중한 나머지 예외의 발견을 의도적으로 회피하곤 한다. 사례연구에서 이론을 지지하는 사례들을 엄선하는 것도 그 때문이다. 좀 더 격식을 갖춘 학구적 연구의 경우 통계분석에서 예외를 제외하기까지 한다. 이런 관행은 연구의 유용성을 심각하게 제한한다. 따라서 우리에게 필요한 것은 '예외를 탐색하는 연구'이지 '예외를 회피하는 연구'가 아니다.

우리는 박사학위 과정의 수강자들에게 '일시적으로 유행하는' 이론이 효력을 발휘하지 못하는 시점에 대해 질문을 던졌다.

"프로세스 리엔지니어링이 바람직하지 않은 아이디어일 때는 언제입니까?" 또는 "당신의 핵심역량을 아웃소싱하고 싶은가요, 아니면 당신의 핵심역량이 아닌 것을 아웃소싱하고 싶나요?"라고 묻는 식으로 말이다.

이런 질문은 항상 오리지널 이론의 타당성을 증진시킨다. 우리의 이해를 향상시키는 이런 기회를 통해 종종 훌륭한 연구가 이루어지곤 한다. 예를 들어 짐 콜린스의 탁월한 저서 《좋은 기업을 넘어 위대한 기업으로》(New York : HarperBusiness, 2001)에서 중요한 결론은 이런 성공기업의 경영자들이 카리스마적 매력을 지닌 사람들이 아니었다는 것이다. 그들은 타인의 의견을 존중하는 겸손한 사람들이었다. 콜린스의 연구에 대한 타당성을 확인할 수 있는 좋은 기회는 이런 질문을 던지는 것이다. "당신이 실제로 카리스마가 없는 겸손한 CEO를 원하는 상황이 존재합니까?" 우리는 그런 환경이 존재한다고 생각한다. 카리스마와 겸손이 덕목과 악덕으로 나타나는 다른 환경을 정의하는 것이 이사회에 커다란 공헌을 할 수 있다.

20. 우리는 올바른 범주를 정하는 방법을 설명하기 위한 수단으로 비행의 사례를 언급한 보스턴 컨설팅 그룹BCG의 매튜 크리스텐슨Matthew Christensen에게 감사한다. 비행 메커니즘이 성공적인 결과를 낳지 못하는 환경을 연구자들이 발견하는 것이 얼마나 중요한지 주목할 필요가 있다. 이것은 실패에 대한 탐색으로 성공을 가능케 한 사례다.

유감스럽게도 경영학 연구에 종사하는 사람들은 대부분 자신의 이론이 정확히 예상할 수 없는 사례들을 가급적 부각시키지 않으려 애쓰는 듯하다. 그들은 예외 사례을 모색하는 연구보다 예외 사례를 회피하는 연구에 몰두한다. 그 결과 그들은 예측 불가능성의 영구화에 기여한다. 그래서 우리는 이런 문제를 연구하고 집필하는 사람들에게 이런 예측 불가능성에 대한 책임이 있다고 생각한다. 때로는 동일한 문제에 우리도 굴복할지 모른다.

우리는 이 책에 요약된 이론을 개발하고 정의하면서 이론이 예측할 수 없는 예외를 찾기 위해 매우 노력했다. 또 그럼으로써 이론의 수준을 크게 향상시킬 수 있었다. 하지만 예외는 존재하는 법이다. 이런 점을 알고 있기에 우리는 이 책에서 그것들을 밝히려고 애썼다.

21. 예를 들면, 기업들이 기술적 변화에 대처하는 법에 대한 연구에서 초기 연구자들은 점진적 변화 대對 획기적 변화, 제품변화 대 공정변화 같은 속성에 기반에 둔 범주를 주장했다. 각각의 범주화는 신생기업과 기존 기업들이 변화로 어떻게 영향을 받을지에 관한 이론—상관관계에 기초한 이론—을 뒷받침했다. 그리고 그 각각은 앞선 범주화 계획에 대한 예측 능력의 향상을 나타냈다. 하지만 이런 과정에서는 좀처럼 일치된 이론이 등장하지 않는다. 어떤 현상에 대해 지나치게 많은 속성들이 존재하기 때문이다. 이 과정의 학자들은 이론의 혼란이 이론형성에 있어서 중요하면서도 불가피한 단계라고 주장한다.

다음을 참조하라.

• 토머스 쿤, 《과학혁명의 구조》 Chicago : University of Chicago Press 1962.

아울러 경영 및 사회과학 연구로 가장 영향력 있는 저서 중 하나로 바니 글레이저

Barney G. Glazer와 앤샘 스트라우스Ansem L. Strauss 공저, 《기초이론 발견The Discovery of Grounded Theory》(London : Wiedenfeld and Nicholson, 1967)이 있다. 비록 그들은 핵심 개념에 '기초이론'이라는 명칭을 붙였지만 사실상 그들의 저서는 분류에 관한 책이다. 그 과정이 타당한 이론 구축에 집중되어 있기 때문이다. 그들이 사용한 용어인 '실체적 이론substantive theory'은 우리가 사용하는 '속성 기반 분류'와 흡사하다. 그들은 연구자들의 지식형성 공동체가 어떻게 그들의 이해를 '형식이론'으로 탈바꿈시킬 수 있는지에 대해 설명한다. 우리가 사용하는 '환경 기반 분류'가 바로 그것이다.

22. 클레이튼 M. 크리스텐슨Clarayton M. Christensen, 《성공기업의 딜레마The Innovator's Dilemma : When New Technologies Cause Great Firms to Fail》 Boston : Harvard Business School Press, 1997.

23. 경영자들은 이론이 상황에 적용되는지, 그들이 이론을 신뢰하는지 알고 있어야 한다. 이 주제와 관련하여 매우 유용한 저서로는 로버트 인Robert K. Yin의 《사례연구 : 계획과 방법Case Study Research : Design and Method》(Beverly Hills, CA : Sage Publication, 1984)이 있다.

로버트 인의 개념에 따르면, 그가 '외부 타당성external validity'이라고 부르는 이론 적용의 폭은 범주 체계의 견실함으로 정해진다. 이론이 적용되는 곳을 평가함에 달리 대안은 없다. 그 이유를 알기 위해 《성공기업의 딜레마》의 초반에 등장하는 디스크 드라이브 산업에 관한 연구에서 파괴적 혁신모델을 살펴보자. 물론 디스크 드라이브 연구에서 독자들의 관심사는 그 이론이 다른 산업에도 적용될 수 있는지였다. 《성공기업의 딜레마》는 디스크 드라이브의 성공과 실패를 설명하는 것과 동일한 이론이 굴삭기, 철강, 소매업, 모터사이클, 재무회계 소프트웨어, 모터 제어장치, 당뇨병 관리, 컴퓨터 분야에서 벌어졌던 상황을 설명할 수 있음을 보여주려 했다. 그 차이는 이론 적용의 폭을 정하기 위해 선택되었다. 하지만 이것이 모든 궁금증을 해소하는 것은 아니었다. 독자들은 그 이론이 화학제품이나 데이터베이스 소프트웨어 등에도 적용될 수 있는지 계속 궁금해 했다.

다양한 산업에 차례로 이론을 적용한다고 해도 그 적용 가능성이 입증되는 것은 아니다. 경영자들은 이론 적용과정에서 이론을 신뢰할 수 없게 만드는 뭔가 다른 것이 있지 않을까 늘 의구심을 가지고 있다. 몇몇 학구적인 연구자들은 자기 주장이 타당성의 한도를 넘지 않게 시도하면서 그들의 발견에 대한 신빙성을 확보할 수 있는 '한계 조건들boundary conditions'을 명확히 하려고 많은 노력을 하고 있다. 이것은 상당히 바람직한 현상이다. 하지만 그들 자신의 연구에서 '한계 조건들'을 넘어서는 다른 환경의 존재를 정의하려 하지 않는다면 그들은 유용한 이론에 기여할 수 있는 것을 제한하게 될 것이다.

24. 올바른 범주를 정하는 것이 얼마나 중요한지를 보여주는 사례로 최근에 발표된 견실한 두 연구서가 있다. 하지만 이 사례들은 하나의 문제에 대해 정반대의 해법을 제시하고 있다. 어쨌든 각각의 연구자 팀은 동일한 중요 문제—수익성 있는 지속적 성장을 위한 도전을 다루고 있다.

《창조적 파괴Creative Destruction》(New York : Current/Doubleday, 2001)에서 리처드 포스터와 사라 캐플런은, 만약 기업들이 더 넓은 시장에서 지속적인 이익을 창출하고자 한다면 새로운 사업모델을 적극적으로 개발해야 하며, 자본시장의 특징인 혼돈에 과감히 뛰어들어야 한다고 주장한다.

한편 또 다른 훌륭한 연구서《핵심에 집중하라》(Boston : Harvard Business School Press)에서 크리스 주크와 제임스 앨런은 동일한 현상학적 증거—오직 극소수의 기업들만이 상당기간 시장 수익률 이상의 성장을 지속할 수 있다는 증거—를 인용했다. 하지만 그들의 저서는 주식 투자자들의 변덕에 보조를 맞추기 위해 시장과 관련성이 적은 새로운 성장 창출을 모색하는 대신 기업들이 기존 사업에 집중하여 사업향상에 힘쓸 것을 주문하고 있다.

포스터와 캐플런은 현재의 절박한 상황에 비추어 좀 더 철저한 변화를 주장한 반면, 주크와 앨런은 '기존 사업에 초점을 맞추는 것이 성공의 열쇠'라는 입장을 견지하고 있다. 그들의 해법은 상호 배타적이다. 그렇다면 누구의 조언을 따라야 할까? 현재 성장 문제를 놓고 고심하는 경영자들은 저자들의 명성과 책 표지에 실린 추천사를 믿고 어느 하나를 선택할 수밖에 없다.

여기서 해답은, 두 저자가 구축해 놓은 가치 있는 토대가 환경 위주의 연구자들에게 좋은 기회라는 것이다. 이제 필요한 것은 다음과 같은 질문이다. "핵심에 집중하는 것이 수익성 있는 지속적 성장을 창출하는 환경은 무엇인가? 광범위한 창조적 파괴가 성공에 이르는 접근법이 되는 환경은 또 무엇인가?"

THE INNOVATOR'S SOLUTION

2장

경쟁 : 신성장의 묘약,
파괴적 혁신

경쟁 : 신성장의 묘약, 파괴적 혁신

전쟁에 돌입하기 전에 경쟁 기업을 물리칠 수 있는지를 어떻게 미리 알 수 있을까? 현재 강력한 경쟁 기업들이 신생기업들의 공격에 맞서 싸우기보다 회피하게 만드는 매우 효과적인 전략이 '파괴disruption'임이 입증된 이유는 무엇일까? 어떻게 우리의 사업 아이디어를 이러한 파괴적 전략으로 변화시킬 수 있을까? 우리가 혁신적인 성장을 위한 경쟁에서 승리자를 예측할 수 있을까? 승리한다는 것을 알고 매번 경쟁적 대결을 선택할 수 있다면 어떻겠는가? 어떤 성장전략이 성공하고 실패하는지 미리 알고 있다면 어떻겠는가?

경영자들은 경쟁적인 대결 결과를 예측할 수 있는 방식을 오랫동안 모색해왔다. 어떤 사람들은 더 많은 자원을 가진 거대기업들이 중소기업들을 물리칠 것이라고 예단하고서 관련 기업들의 특성에 눈길을 돌렸다. 하지만 자원의 많고 적음이 결과와 무관하다는 증거가 속속 드러나고 있다. 그럼에도 불구하고 자원이 풍부한 거대기업들의 CEO들은 이런 이론에 근거를 둔 전략을 자주 사용하고 있다.

다른 이들은 변화의 특성에 주목했다. 혁신이 점증하면 기존의 선도기업들은 자신의 우월한 지배를 더욱 강화하려는 경향을 보인다. 하지만 신생기업들과 비교하면 획기적인 혁신의 활용 면에서 선도기업들은 보수적이고 비효율적이다.[1] 앞에서 언급했듯이 특성을 중시하는 예측은 신뢰도가 턱없이 낮다.

혁신에 관한 우리의 연구에서는 기존 기업들이 언제 승리를 거둘

지, 신생기업들이 언제 그들을 물리칠지를 이해하는 또 다른 방식을 제안하고 있다. 《성공기업의 딜레마》에서는 두 가지 별개의 범주들을 확인했다. 혁신의 환경에 기초한 존속적sustaining 혁신과 파괴적disruptive 혁신이 그것이다. 파괴적 환경, 즉 가격이 더 싸고, 신규 고객이나 덜 까다로운 고객 집단을 끌어당기는 훨씬 더 간단하고 편리한 제품을 상업화해야 하는 상황에서는 신생기업들이 기존 기업들을 물리칠 가능성이 높다. 성공한 기업들이 빈번하게 무너지는 현상이 바로 이것이다. 물론 신생 주자가 기존 경쟁자들을 공략하는 최상의 방법은 그들을 파괴하는 것이다.

본질적으로 존속적이거나 파괴적 성향인 기술이나 사업 아이디어는 찾아보기 힘들다. 하지만 경영자들이 아이디어를 구체적인 계획으로 다듬어 실행에 옮기면 파괴적 혁신의 충격은 전략으로 굳어진다. 성공적인 새로운 성장 사업가들은 파괴적 혁신전략이 경쟁에서 성공할 확률을 현저하게 높여준다는 사실을 알고 있었다.

이 장의 목적은 성장 사업가들이 경쟁에서 승리하는 전략을 구사할 수 있도록 파괴하는 기업과 파괴당하는 기업 모두의 파괴적 혁신 모델을 고찰하는 것이다. 우리가 원하건 원하지 않건 간에 파괴는 발생하고 있다. 이 장의 분석을 통해 기존 기업의 경영자들은 자신의 기업이 몰락하는 것을 속수무책으로 지켜보는 대신 파괴적 성장의 원리를 파악할 수 있을 것이다.

파괴적 혁신 모델

《성공기업의 딜레마》에서는 그림 2-1에 나타난 것처럼 파괴에 대한 세 가지 중요한 요소들을 구분했다. 첫째, 모든 시장에는 고객들이 이용하거나 수용 가능한 발전 속도가 존재한다. 차트에서 증가세가 완만

그림 2-1

파괴적 혁신 모델

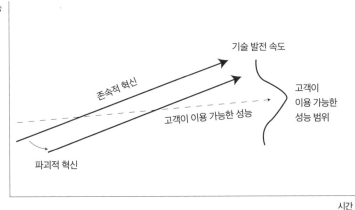

한 점선이 그것이다. 예를 들면 자동화 회사는 성능이 개선된 새로운 형태의 엔진을 출시하지만, 소비자들은 새 엔진의 갖가지 성능을 100퍼센트 활용할 수는 없다. 교통체증, 속도제한, 안전 문제 같은 요소들이 새 엔진의 성능을 제약하기 때문이다.

차트를 단순화하기 위해 우리는 성능향상을 활용하는 고객의 능력을 하나의 선으로 표시했다. 실제로 이 2등분선 주변에 고객층이 분포하고 있다. 시장에는 이런 분포나 고객층이 다양하게 존재한다. 가령 오른쪽에 분포곡선으로 나타나는 범위도 그런 것이다. 최상층 고객들은 최고 성능이라도 그다지 만족하지 않을 것이다. 반면 최하층 고객들은 성능이 조금만 나아져도 아주 만족할지 모른다.[2] 점선은 고객의 욕구를 '충분히 만족시키는' 기술을 나타낸다.

둘째, 모든 시장에서 혁신기업들이 신제품이나 성능이 개선된 제품을 출시할 때면 별도의 발전궤도가 존재하게 된다. 이러한 기술적 발전 속도는 일정한 시장층에서 고객들보다 항상 한 걸음 앞서 나간다.

그림 2-1에서 훨씬 가파른 증가세를 보이는 선이 그것이다. 따라서 현재 주류 고객층의 욕구에 정확히 부합하는 기업이라면 미래의 동일한 고객층이 이용할 수 있는 제품보다 지나치게 앞서갈 공산이 있다. 시장의 수요층에서 아직 만족하지 못한 고객들에게 더 높은 마진으로 판매할 수 있는 개선된 제품개발을 위해 기업들이 계속 노력하고 있기 때문이다.

일례로 사람들이 워드 프로세싱을 위해 개인용 컴퓨터를 처음으로 사용하기 시작한 1983년으로 거슬러 올라가 보자. 이때만 해도 인텔 286칩의 처리 속도보다 타자 속도가 더 빨라서 타자수들은 종종 타이핑을 멈춰야 했다. 그림 2-1의 왼쪽 부분에 나타난 것처럼 기술이 아직 부족했던 것이다. 하지만 오늘날의 프로세서들은 주류 고객층의 능력보다 훨씬 빠른 속도를 제공하고 있다. 물론 더 빠른 칩을 요구하는 소수의 최상층 고객들은 여전히 남아 있다.

이 모델의 세 번째 중요한 요소는 존속적 혁신과 파괴적 혁신의 차이다. 존속적 혁신은 과거보다 더 나은 성능을 원하는 고급 취향의 고객들을 목표로 삼고 있다. 몇몇 존속적 혁신은 해마다 점점 향상된 발전을 보인다. 다른 존속적 혁신은 경쟁제품을 훨씬 능가할 정도로 비약적 발전을 보인다. 하지만 혁신이 기술적으로 얼마나 힘든지는 문제가 되지 않는다. 기존의 경쟁 기업들은 존속적 기술의 전쟁터에서 거의 어김없이 승리를 거두고 있다. 이런 전략에는 최상층 고객들에게 높은 이윤을 받고 팔 수 있는 향상된 제품 생산이 포함되어 있어 기존 경쟁 기업에게는 존속적 기술혁신의 전쟁터에 나가서 싸울 강력한 동기가 있다. 더욱이 승리를 위한 자원도 그들에겐 충분하다.

이와 반대로 파괴적 기술혁신은 기존 시장에서 기존 고객들에게 더 나은 제품을 제공하려 시도하지 않는다. 그 대신 그들은 현재 이용 가능한 제품의 성능에도 미치지 못하는 제품과 서비스를 도입함으로써 그 궤도를 파괴하고 재정의한다. 하지만 파괴적 기술은 다른 이점을 제공한다. 일반적으로 신규 고객이나 덜 까다로운 고객들의 마음을 끌어당기는 간단하고, 편리하고, 저렴한 제품들이 그것이다.[3]

일단 파괴적 혁신 제품이 새로운 시장이나 로우엔드(저가품) 시장에서 자리를 잡으면 발전 사이클이 가동되기 시작한다. 그리고 기술적 발전 속도가 그 기술을 이용하는 고객의 능력을 앞서가기 때문에 과거의 불충분한 기술은 좀 더 까다로운 고객층의 요구를 충족시킬 정도로 발전한다. 이런 상황이 벌어지면 파괴적 혁신 기업들은 궁극적으로 기존 기업들을 몰락시키는 궤도로 올라서게 된다. 이런 차이는 새로운 성장사업 개발을 모색하는 혁신기업들에게 중요하다. 현재의 선도기업들은 존속적 기술혁신의 전투에서 거의 승리를 거두어 왔지만, 성공적인 파괴의 시발점은 대부분 신생기업들의 몫이었다.[4]

파괴는 업계 선도기업에게 마비 효과를 일으킨다. 그들의 자원 할당 과정은 존속적 혁신을 뒷받침하도록 완벽하게 계획되기 때문에 구조적으로 대응이 불가능하다. 그들의 동기는 언제나 상위시장을 지향한다. 새로운 시장이나 로우엔드 시장을 지키기 위해 동기를 부여하는 법이 없다. 하지만 파괴적 혁신기업들은 그런 시장에 관심을 보인다. 우리는 이런 현상을 비대칭적 동기화asymmetric motivation라 부른다. 이것이 바로 혁신기업이 부닥치는 딜레마의 핵심이자 해법의 출발점이다.

파괴적 기술의 적용 : 소규모 제철소들이 어떻게 종합제철소들을 두 손들게 만들었는가?

《성공기업의 딜레마》에서 부분적으로 살펴보았듯이, 미니밀(소규모 제철소)이 종합제철소를 파괴하는 것은 새로운 제품이나 사업 분야에서 파괴적 혁신 조짐이 나타날 때 선도기업들이 왜 쉽게 무너지는지를 보여주는 전형적인 사례이다.

역사적으로 세계 굴지의 철강기업들은 대부분 용광로blast furnace에서 철광석과 코크스, 그리고 석회석이 일으키는 반응에서부터 완제품 생산에 이르기까지 모든 과정을 처리하는 종합제철소에서 유래했다. 오늘날 대규모 종합제철소를 건설하려면 약 80억 달러의 비용이 필요하다. 이와 대조적으로 소형 제철소에서는 전기로electric arc furnace—대략 직경 20m, 높이 10m짜리 원통형 용광로—에서 잡동사니 고철을 녹인다. 미니밀은 좁은 공간에서 효율적인 비용으로 철을 녹일 수 있기 때문에 용광로처럼 대규모 압연공정과 마감공정이 필요 없다. 그들이 미니밀minimill이라 불리는 이유도 그 때문이다. 하지만 무엇보다 중요한 점은 미니밀이 단순한 기술만으로 종합제철소보다 20퍼센트나 적은 비용으로 강철을 생산할 수 있다는 점이다.

강철은 범용품이다. 혹자는 전 세계의 모든 종합제철소가 저렴한 비용의 단순한 소형 제철소 기술을 적극적으로 채택할 거라고 생각할지도 모른다. 하지만 2,000여 개의 종합제철소 중 어느 한 곳도 미니밀에 성공적으로 투자하지 못했다. 심지어 미니밀들이 북미에서 생산되는 철강의 절반 가량을 생산하고 있으며, 다른 시장에서도 상당한 비중을 차지할 정도로 성장했는데도 종합제철소들은 별다른 행보를 보이지 않았다.[5]

그렇다면 종합제철소들이 이런 행보를 보이지 않은 까닭이 무엇일까? 미니밀은 1960년대 중반에 처음으로 기술적인 자생력을 갖기 시작했다. 그들은 전기로에서 화학반응을 이용해 고철을 녹였기 때문에 강철 품질이 조악했다. 실제로 미니밀이 생산한 제품을 수용하는 시장은 콘크리트 철근rebar 시장이 유일했다. 콘크리트 철강의 품질요건은 그리 까다롭지 않다. 따라서 저렴하고 조악한 품질의 철근 제품을 위해서는 이상적인 시장이었다.

미니밀이 콘크리트 철근 시장을 공략하자 종합제철소는 아귀다

틈이 벌어질 정도로 경쟁이 치열한 범용품 사업을 기꺼이 정리했다. 종합제철소와 미니밀 간의 비용구조 차이와 그들이 직면한 투자기회 때문에 그들은 콘크리트 철근 시장을 서로 다른 시각으로 바라보았다. 종합제철소의 경우 콘크리트 철근 생산을 통한 이익률은 7퍼센트 남짓이었으며, 총생산 범주에서 차지하는 비율은 생산 총톤수의 4퍼센트에 불과했다. 이는 성장을 위해 그들이 투자할 수 있는 시장 중에서 가장 후순위에 속했다. 그 결과 미니밀은 콘크리트 철근 시장에서 자연스럽게 입지를 굳힐 수 있었다. 종합제철소들은 수익성이 더 큰 제품을 생산하기 위해 콘크리트 철근 생산라인의 구조를 변경했다.

이와 대조적으로 20퍼센트의 비용 절감 혜택을 누렸던 미니밀은 콘크리트 철근 시장에서 경쟁자인 종합제철소를 따돌릴 수 있었다. 1979년에 이르러 미니밀은 콘크리트 철근 시장에 남아 있던 마지막 종합제철소를 시장에서 내몰았다. 과거 철강가격 통계에 따르면, 콘크리트 철근 가격은 20퍼센트쯤 떨어졌다. 미니밀이 고비용 종합제철소와 경쟁할 수 있는 한 이것은 미니밀에게 절대적으로 유리한 게임이었다. 하지만 얼마 지나지 않아 범용품 시장에서 저비용 미니밀끼리 경쟁하는 상황이 벌어졌다. 그러자 콘크리트 철근 시장에서 미니밀도 만족스러운 수익을 올릴 수 없는 상황이 되었다.[6] 결국 그들은 좀 더 효율적인 생산을 통한 수익을 모색할 수밖에 없었다. 그들은 비용 절감이 곧 생존 수단임을 깨달았다. 하지만 콘크리트 철근 같은 범용품으로는 더 이상 타산이 맞지 않았다.[7]

얼마 후 미니밀은 상위시장으로 눈길을 돌리기 시작했고, 그곳에서 대안을 발견했다. 예상한 대로 여러 층의 소비시장이 존재했기 때문에 더 크고, 더 좋은 품질의 철강—앵글 철강, 두꺼운 봉강棒鋼과 막대강—의 제조법을 찾아낸다면 그들은 돈방석에 앉을 수 있었다.

그림 2-2에 나타난 것처럼 이 시장에서 종합제철소는 12퍼센트 가

량의 이익률을 올리고 있었다. 이것은 콘크리트 철근 시장의 두 배에 달하는 이익률이었다. 시장 규모 역시 콘크리트 철강 시장의 두 배에 달했다. 형강 시장이 총생산 톤수의 8퍼센트를 차지했던 것이다. 미니 밀이 더 나은 철강 제조법을 터득하여 그 시장을 공략하자 종합제철소 는 앵글 철강 시장도 기꺼이 정리했다. 그들의 고수익 제품과 비교하 면 앵글 철강은 아귀다툼이 불가피한 범용품에 속했기 때문이다. 그러 나 미니밀의 입장에서는 저수익 콘크리트 철근 시장과 비교할 때 앵글 철강 시장 진출은 절호의 기회였다. 결국 미니밀이 형강 생산에 나서 자 종합제철소는 고수익 제품 생산을 위해 형강 생산라인을 폐쇄하거 나 그 구조를 변경했다. 하지만 미니밀은 또다시 그 대가를 치러야 했 다. 저비용 미니밀들끼리 서로 경쟁하면서 앵글 철강 가격이 20퍼센트 하락했던 것이다. 그들도 더 이상 만족스러운 수익을 올릴 수 없었다.

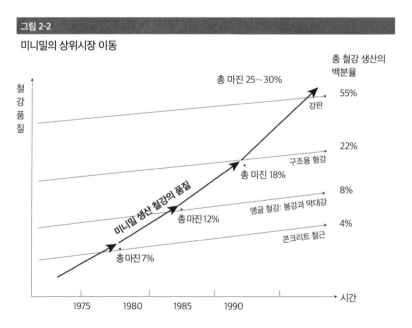

그림 2-2

미니밀의 상위시장 이동

출처: AISI(American Iron and Steel Institute): 기업 경영자들과의 인터뷰.
철강 생산 백분율이 100%를 넘지 않는 이유는 다른 부문들도 있기 때문이다.

이제 그들은 무엇을 할 수 있을까?

구조용 형강이라는 상위시장으로의 이동이 다음 단계의 명확한 해답처럼 보였다. 이 부문의 이익률은 무려 18퍼센트에 이르렀으며, 시장 규모도 앵글 철강 시장의 3배에 달했다. 철강업계 기술자들은 대부분 미니밀이 구조용 형강을 압연할 수 없을 것으로 판단했다. 건물이나 교량 건설에 사용되는 철강의 품질 요건에 부합하는 특성들은 대부분 거대 종합제철소의 압연과정에서 만들어졌다. 미니밀의 단순한 시설에서는 그런 특성의 철강을 얻는 것이 불가능해 보였다.

하지만 기술 전문가들은 이 문제를 해결하기 위해 미니밀이 얼마나 필사적으로 덤벼들 준비가 되어 있는지 고려하지 못했다. 미니밀의 입장에서는 이런 문제 해결이 만족스러운 수익을 올릴 수 있는 유일한 방책이었다. 미니밀은 앵글 철강에서 I-형강으로 사업영역을 확장하면서 매우 독창적인 혁신—아무도 가능하다고 여기지 않았던 채퍼럴 스틸Chaparral Steel의 주형鑄型과 같은 혁신—을 시도했다. 비록 기술적 해결책을 예상하는 것은 무척 힘든 일일지 모르지만 미니밀이 그런 해결책을 마련하려는 강력한 동기를 가졌다는 것은 충분히 예상할 수 있는 일이었다.

미니밀이 구조용 형강 시장에 발을 들여놓기 시작할 무렵 그들이 압연할 수 있는 최대 크기는 6인치 두께의 형강—이동주택을 단단히 고정시키는 용도로 사용되는 철강—이었다. 그들은 구조용 형강 시장의 로우엔드를 공략했다. 그러자 종합제철소는 또다시 그 시장에서 손을 뗐다. 집중투자로 더 많은 수익을 올릴 수 있는 다른 고수익 제품과 비교하면 구조용 형강은 치열한 경쟁이 불가피한 범용품에 지나지 않았던 것이다. 하지만 미니밀 입장에서는 콘크리트 철근이나 앵글 철강보다 훨씬 많은 수익이 보장되는 구조용 형강이 구미를 당기게 하는 제품이었다. 미니밀은 구조용 형강을 압연하는 시설을 확충했다. 그러자 종합제철소는 고수익 강판 제품 생산에 집중하기 위해 구조용 형강

제철소를 폐쇄했다. 20퍼센트의 비용 절감 혜택을 누렸던 미니밀은 종합제철소와 경쟁할 수 있는 한 만족스런 수익을 올릴 수 있었다. 1990대 중반에 마침내 미니밀은 구조용 형강 시장에서 마지막 남은 종합제철소를 몰아내는 데 성공했다. 그러자 가격은 또다시 폭락했다. 다시한 번 승리의 대가로 수익이 바닥을 쳤던 것이다.

선도적인 미니밀인 뉴코어Nucor가 강판 사업을 공략했을 때에도 동일한 과정이 되풀이되었다. 최근 뉴코어의 시장 자본 규모는 미국의최대 종합제철소인 US 스틸을 능가하고 있다. 이 책을 쓰고 있는 현재, 베슬리헬 스틸은 파산절차를 밟고 있다.

이것은 제철기업들의 부실한 경영에 관한 역사가 아니다. 성공기업의 딜레마에 봉착해 있는 합리적 경영자들의 일화일 뿐이다. 만약 우리 사업에서 가장 적은 수익을 올리는 부문을 보호하기 위해 투자한다면 가격에 매우 민감한 뜨내기 고객들이 시장에서 떠나지 않을까? 혹은 우리 사업에서 가장 수익성 높은 분야에 투자를 집중한다면 더 나은 제품에 대해 고객들이 프리미엄 가격으로 보답할까?

이런 딜레마에 봉착한 경영자들의 대응은 천차만별이다. 그들은 망설이거나, 성급하게 덤벼들거나, 논리적으로 분석하거나, 무작정 행동에 나서곤 한다. 어수선한 세상에서 그들의 행동은 예측 불가능해 보일 수 있다. 하지만 기존 거대기업들처럼 그들은 공격받는 상황에서 맞서 싸우기보다는 회피한다는 흐름에 직면해 있다. 어떤 사업 아이디어를 파괴적 혁신으로 변화시키는 것이 기존 경쟁자들을 물리치는 데 효과적인 전략이 될 수 있는 것도 그 때문이다. 파괴적 혁신은 좋은 효과를 발휘한다. 경쟁 기업들이 맞서 싸우기보다 회피하려는 동기를 가지고 있을 때 그들과의 경쟁이 훨씬 쉽기 때문이다.

잘 운영되는 기업들이 상위시장으로 이동하는 추세는 산업계 전반에 걸쳐 모든 기업에서 항상 발생하는 일이다. 신생기업들이 기존의 우수 기업들을 파괴했는지와 상관없이 이런 추세는 대세를 이루고 있다. 이것은 비단 전자공학, 소프트웨어, 광학, 생화학 등과 관련된 '기술기업들'에 국한해서 발생하는 현상이 아니다.

이 책에 사용된 '기술technology'이라는 용어는 어떤 기업이 노동력, 원자재, 자본, 에너지와 정보를 투입하여 더 많은 가치를 산출하는 과정 전반을 의미한다. 만약 예측 가능한 성장 창출을 목적으로 한다면, '첨단 기술high tech'과 '재래 기술low tech'을 차별화하는 것은 세상을 분류하는 올바른 방식이 아닐 것이다. 모든 기업이 기술을 가지고 있다. 그리고 그들은 이런 기본적인 요소의 지배를 받는다.

성장 창출에서 존속적 혁신의 역할

우리는 존속적 기술혁신의 적극적인 추구를 반대하지 않는다는 점을 분명히 밝히고 싶다. 몇몇 통찰력 있는 저서들은 기업들이 존속적 혁신에서 앞서가는 데 도움이 되는 경영 기술을 제공하고 있다. 그들의 기여는 결코 무시할 수 없다.[8] 초창기에는 항상 일단의 유사 기업들이 업계에 뛰어든다. 그 무리에서 한 걸음 앞서는 것이 파괴적 혁신 기회를 성공적으로 활용하는 데 매우 중요하다. 하지만 이것이 딜레마의 신호탄이다. 존속적 혁신은 파괴적 혁신보다 훨씬 더 중요하고 매력적인 혁신처럼 보인다. 존속적 혁신을 추구하는 최고 기업들은 파괴적 기술혁신의 위협과 기회를 의도적으로 무시하고 있다. 그러다가 결국 게임은 그들의 패배로 막을 내린다.

존속적 혁신에는 매력적인 신상품 개발이 필수적이다. 존속적 혁신을 보유한 신생기업을 창립하는 것이 나쁜 아이디어는 아니다. 때로는 특화된 기업들이 대기업보다 훨씬 빠르게 신제품을 개발할 수 있다. 거대집단에서 발생하는 갈등과 혼란을 피할 수 있기 때문이다. 하지만 파괴적 혁신이론에 따르면, 일단 그들이 우수한 제품을 개발하여 자리를 잡으면 존속적 혁신의 궤도에 진입한 기업가들은 방향을 선회하여 후발주자에게 그것을 팔아치워야 한다. 만약 존속적 혁신 궤도에서 앞서 나간 후 혁신제품의 신속한 처분에 성공한다면 곧바로 두둑한 수익을 거둘 수 있을 것이다. 이것은 건강관리 산업에서 흔하게 목격되는 광경이다. 1990년대에 시스코 시스템즈가 존속적 제품개발의 상당 부분을 '아웃소싱(대금지불이 아닌 보통주 발행을 통한 자금조달 방식의 재정조달)'했던 메커니즘도 그런 사례였다.

그러나 존속적 기술전략은 새로운 성장사업을 구축하는 데 실용적인 방식이 아니다. 만약 당신이 기존 경쟁 기업의 최고 고객들을 끌어들이기 위해 더 나은 제품을 기존 시장에 판매하고자 한다면, 경쟁 기업은 회피하기보다 맞서 싸우려 할 것이다.[9] 심지어 신생기업이 기존 기업보다 훨씬 풍족한 자금을 가지고 있을 때에도 그러할 것이다.

예를 들어 전자식 금전등록기는 내셔널 캐쉬 레지스터National Cash Register, NCR가 시장을 지배했던 전동식 금전등록기에 비해 파격적이었지만 존속적 혁신에 속했다. 1970년대에 NCR는 새로운 기술을 도입할 기회를 완전히 놓쳤다. 그로 인해 NCR의 제품매출은 말 그대로 0이 되었다. 전자식 금전등록기의 성능이 월등했기 때문에 골동품을 원하지 않는 한 전동식 금전등록기를 구입할 이유가 전혀 없었다. NCR는 서비스 수익을 통해 1년 이상 생존했지만, 자체적으로 전자식 금전등록기를 도입할 수밖에 없었다. 그러자 매출은 예전의 전동식 금전등록기 수준으로 발빠르게 회복했다.[10]

또 다른 사례로는 1970년대와 1980년대에 고속 사진 복사기 사업에서 IBM과 코닥이 제록스를 따돌리려 했던 시도를 들 수 있다. IBM과 코닥은 훨씬 규모가 컸지만, 존속적 기술혁신 경쟁에서 제록스를 압도하는 데 실패했다. 결국 제록스를 따돌린 기업은 캐논이었는데, 이는 탁상용 복사기를 이용한 파괴적 혁신전략의 성공 덕분이었다.

이와 유사하게 거대기업인 RCA, 제너럴 일렉트릭, AT&T도 메인프레임 컴퓨터 시장에서 존속적 혁신으로 IBM을 따돌리지 못했다. IBM의 공격에 막대한 자본을 퍼부었지만, IBM의 지위에 흠집 하나 낼 수 없었다. 결국 컴퓨터 시장에서 직접적인 존속적 혁신으로 대결해서 IBM에게 승리를 거둔 경쟁 기업들은 대기업이 아니라 파괴적 혁신을 도입한 개인용 컴퓨터 제조업체들이었다.

에어버스Airbus는 상업적 항공기 사업에서 보잉Boeing에 정면으로 맞섰다. 하지만 경쟁하기 위해서는 유럽 정부들로부터 막대한 보조금을 받아야 했다. 아마도 미래의 항공기 사업에서 가장 수익성 높은 성장을 이룩할 기업들은 엠브라에르Embraer나 봄바디어Bombardier's Canadair 같은 파괴적 혁신전략을 가진 기업들일 것이다. 그들의 제트기는 하위시장에서 상위시장으로 급격히 세를 확장하고 있다.[11]

파괴는 상대적 용어다

어떤 사업에서 파괴적 혁신으로 보이는 아이디어라도 다른 사업에서는 존속적 혁신 아이디어가 될 수 있다. 기존 기업들은 존속적 혁신을, 신생기업들은 파괴적 혁신을 선호하는 뚜렷한 경향을 감안해 우리는 엄밀한 기준을 정했다. 만약 제품이나 사업에 대한 아이디어가 기존의 어떤 기업에서는 파괴적 혁신으로 보이지만 다른 기업들에서는 존속적 혁신으로 보일 수 있다면 처음 단계로 되돌아가야 한다. 목표로 하는 시장의 모든 경쟁자들을 상대로 파괴적 성격을 띤 사업 기회를 철저히 정의해야 하며, 이것이 불가능할 경우는 절대로 그 사업에 투자해서는 안 된다. 만약 그것이 주요한 기존 기업의 사업모델에 상대적인 존속적 혁신이라면 승산이 희박한 결투를 하는 것이나 마찬가지다.

일례로 인터넷을 살펴보자. 1990년대 후반에 '파괴적' 혁신의 잠재력을 확신했던 투자자들은 인터넷을 기반으로 하는 기업에 수십억 달러를 쏟아부었다. 하지만 대부분 실패를 맛보았다. 인터넷은 많은 기업들의 사업모델에서 상대적으로 존속적 혁신이었기 때문이다. 가령 인터넷이 등장하기 이전에 델 컴퓨터는 우편과 전화를 이용한 통신판매로 고객들에게 직접 컴퓨터를 판매했다. 이런 종류의 사업은 이미 상당히 진척된 로우엔드(저가품) 파괴적 혁신 사업에 해당되었다. 델의 텔레마케터들은 다양한 종류의 부품 조합을 숙지해서 고객의 주문에 대응하기 위해 고도의 훈련을 받아야 했다. 그리고 나서 그들은 델의 주문 완료 시스템에 직접 손으로 정보를 기재했다.

델의 입장에서 인터넷은 존속적 혁신 기술이었다. 인터넷은 델의 핵심사업 절차를 향상시키고, 체계적인 방식으로 더 많은 수익을 올릴 수 있도록 도움을 주었다. 하지만 인터넷을 통해 고객들에게 직접 판매하는 동일한 전략이 컴팩Compaq의 사업모델에서는 상대적으로 파괴적 혁신에 해당되었다. 컴팩의 비용구조와 사업절차가 점내店內 소매유통을 목표로 삼고 있었기 때문이다.

결론적으로 만약 델이 존재하지 않았다면, 인터넷을 활용한 신생 컴퓨터 소매업자들은 컴팩과 같은 파괴적 혁신 경쟁 기업으로 성공가도를 달렸을지도 모른다. 하지만 인터넷은 영향력 있는 기존 기업들에게 존속적 기술혁신이었기 때문에 신생 인터넷 컴퓨터 소매업자들은 번창할 수 없었다.

파괴적 기술혁신 사업모델은 가치 있는 기업자산이다

로우엔드 시장에서 할인가격으로 만족스러운 수익을 얻을 수 있는 파괴적 혁신 사업모델은 매우 가치 있는 성장자산이다. 파괴적 혁신기업의 경영진이 더 높은 가격으로 판매할 수 있는 고성능 제품 제조를 위해 고가품 사업모델로 옮겨갈 때 그 제품의 가격 이득은 최저선까지 하락한다. 즉 고비용 디스럽티disruptee(파괴당하는 기업)와 디스럽터disruptor(파괴하는 기업)가 마진을 경쟁하면서 꾸준히 고가품 시장으로 옮겨가는 한 가격 이득은 계속 하락하는 것이다. 하지만 어떤 기업이 낮은 가격에 제품을 판매하기 위해 고비용의 저가품 사업모델을 선택하려 한다면 가격 이득은 결코 최저선까지 하락하지 않을 것이다. 그 비용은 간접비로 흡수될 것이다. 차후에 7장에서 논의하겠지만, 파괴적 혁신을 통한 성장을 원하는 기존 기업들이 차상위시장으로 옮겨가려면 될 수 있는 한 여유 있는 비용구조를 가진 사업모델을 추구해야 한다.

안정적인 수익과 주가를 유지하기 위해 모범적인 관리자들이 해야 하는 일은 상위시장의 궤도에 성공적으로 진입하면서 동시에 로우엔드 제품에서 탈피하는 것이다. 현상 유지는 바람직한 선택이 아니다. 정체된 기업은 경쟁 기업들과 차별화되지 않는 제품을 가지고 끝까지 싸워야 하기 때문이다.[12]

궁극적으로 이것은 모든 기업이 나름대로 파괴적 혁신방안을 준비해야 함을 의미한다. 이것이 바로 혁신기업의 딜레마다. 또한 이것은 혁신기업의 해법이기도 하다. 파괴적 혁신은 성공을 보장하진 않지만 분명 성공에 도움이 된다. 《성공기업의 딜레마》에 따르면, 파괴적 기술혁신전략은 성공적인 성장사업의 가능성을 6퍼센트에서 37퍼센트로 끌어올렸다.[13] 기존 기업의 실행방침은 명확히 규정되어 있어 신규 성장사업을 모색하는 경영자들이 취하는 행동도 명확하다. 그들은 기존 기업들이 무시하거나 회피하는 경향을 보이는 제품과 시장을 표적으로 삼는다. 역사적으로 가장 수익성 있는 성장궤도는 대부분 파괴적 혁신을 통해 이루어졌다.

파괴적 혁신 기술의 두 가지 유형

《성공기업의 딜레마》에서는 이해를 돕기 위해 2차원의 도표로 파괴를 표시했다. 실제로 파괴에는 두 가지 다른 유형이 있는데, 그림 2-3처럼 세 번째 좌표축을 도표에 추가하면 훨씬 이해하기 쉽다. 세로축과 가로축은 이전과 마찬가지로 시간과 제품 성능을 나타낸다. 세 번째 좌표축은 새로운 고객과 소비를 위한 새로운 상황을 나타낸다.

처음 두 가지 속성—시간과 성능—은 고객들이 제품이나 서비스를 구입하고 이용하는 특정한 시장에 적용된다. 기하학적으로 정의하면, 이런 응용제품과 일단의 고객은 경쟁과 소비의 평면에 위치한다. 《성공기업의 딜레마》에서는 이를 가치 네트워크value network로 이름 붙였다. 가치 네트워크는 기업이 특정 고객층의 공통된 니즈에 수익성 있게 대응하기 위해 공급업체나 유통 협력업체들과 함께 비용구조와 운영절차 및 작업을 구축하는 전후 관계를 말한다. 가치 네트워크 내에서 각 기업의 경쟁전략, 특히 그 기업의 비용구조와 시장 및 고객 선택은 기술혁신의 경제적 가치에 대한 인식을 정의한다. 그리고 이런 인식은 파괴적 혁신 또는 존속적 혁신을 통해 기업이 경험하게 될 보상과 위협을 결정한다.[14]

도표의 세 번째 속성은 소비와 경쟁의 새로운 상황을 표현한다. 이 것은 새로운 가치 네트워크를 나타낸다. 즉 예전에는 제품을 구입하고 사용하기에 돈이나 기술이 부족했던 새로운 고객층 또는 제품이 사용되는 다른 환경—단순성, 휴대 가능성, 생산 비용의 개선으로 가능해진 환경—을 나타낸다. 이런 새로운 가치 네트워크 각각에 대해 세로축은 그 상황(최초의 가치 네트워크에서 가치 있는 부분과 다른 기준의 상황)에 정의된 대로 제품의 성능을 나타낼 수 있다.

서로 다른 가치 네트워크는 도표의 세 번째 축을 따라 처음 속성과 다른 거리로 표시될 수 있다. 이어질 논의는 신시장 파괴new-market

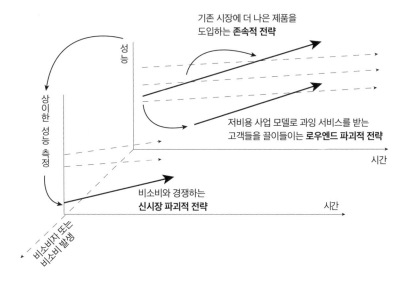

그림 2-3

3차원 파괴적 혁신 모델

성능

상이한 성능 측정

기존 시장에 더 나은 제품을
도입하는 **존속적 전략**

저비용 사업 모델로 과잉 서비스를 받는
고객들을 끌이들이는 **로우엔드 파괴적 전략**

시간

비소비와 경쟁하는
신시장 파괴적 전략

시간

비소비자 또는
비소비 발생

disruption로서 세 번째 축의 새로운 가치 네트워크를 창출하는 파괴적 기술에 대한 설명이다. 이와 대조적으로 로우엔드 파괴low-end disruption는 최초 가치 네트워크의 로우엔드에 위치한 고객층—최소 수익으로 과도한 서비스를 받는 고객들—을 공략하는 파괴적 기술을 말한다.

• 신시장 중심의 파괴적 기술

우리는 신시장new-market 파괴적 기술이 '비소비noncomsumption'와 경쟁한다고 말한다. 신시장 파괴적 혁신제품은 이용하기에 훨씬 부담이 적고 간편하므로 신규 고객층이 더욱 편리한 환경에서 그 제품을 소유하고 사용할 수 있게 해주기 때문이다. 개인용 컴퓨터나 건전지로 작동되는 최초의 소니 포켓용 라디오는 신시장 파괴적 기술혁신 제품이었다.

그런 점에서 그들의 최초 고객은 새로운 고객이었다. 그들은 지나간 세대의 제품과 서비스를 소유하지도 이용하지도 않았다. 캐논의 데스크탑 사진 복사기도 신시장 파괴적 기술혁신 제품에 해당되었다. 덕분에 사진 필름을 기업체의 고속복사센터로 보내 기술자의 작업을 거치는 대신, 자기 사무실에서 사진을 편리하게 복사할 수 있게 되었다. 이처럼 캐논이 매우 편리한 사진 복사를 가능하게 하자 소비자들은 훨씬 더 많은 복사를 하기 시작했다. 신시장 파괴적 기술 제품이 직면한 도전은 새로운 가치 네트워크를 구축하는 것이다. 이때 극복 대상은 기존 기업이 아니라 비소비다.

비록 신시장 파괴적 기술이 처음에는 단일한 가치 네트워크에서 비소비와 경쟁하지만, 성능이 향상됨에 따라 궁극적으로 고객들은 최초의 가치 네트워크에서 새로운 가치 네트워크로 점차 옮겨가게 되었다. 파괴적 기술은 주류 시장을 침범하지 않는다. 그 대신 주류 가치 네트워크에서 새로운 가치 네트워크로 고객들을 유도하고, 고객들은 신제품 사용이 더 편리하다는 사실을 깨닫게 된다.

신시장 파괴적 기술이 비소비와 경쟁하기 때문에 기존의 선도기업들은 파괴적 기술이 최종단계에 이를 때까지 고통이나 위협을 느끼지 않는다. 파괴적 기술이 최초 가치 네트워크의 로우엔드에서 고객을 끌어내면 선도기업들은 오히려 흡족해한다. 그들이 자신 있는 고가품 시장으로 옮겨갈 수 있기 때문이다. 그들은 파괴적 혁신기업들이 빼앗아간 저가품 수익을 존속적 기술혁신을 통한 고가품 수익으로 대체하기에 적절한 시기라고 생각한다.[15]

• 로우엔드 중심의 파괴적 기술

최초 또는 주류 가치 네트워크의 로우엔드에 뿌리내린 파괴적 기술을 우리는 로우엔드 파괴적 기술이라 부른다. 미니밀과 할인소매점 그리고 북미시장에 진출한 한국 자동차업체들과 같은 파괴적 기술은 새로운 시장을 창출하지 않는다는 점에서 순전히 로우엔드 파괴적 기술에 속하지만, 기존 기업에서 가장 충성도가 낮은 고객층을 가로채면서 성장하는 단순한 저가격 사업모델이다.

신시장 파괴적 기술과 단순한 로우엔드 파괴적 기술은 서로 다르지만 둘 다 기존 기업에 골치 아픈 딜레마를 안겨준다. 신시장 파괴적 기술은 기존 기업이 공격자들을 무시하도록, 로우엔드 파괴적 기술은 기존 기업들로 하여금 공격을 회피하도록 유도한다.

로우엔드 파괴적 기술은 소매업체에서 종종 발생했다.[16] 예를 들어 풀서비스를 제공하는 백화점들은 매년 세 차례씩 재고를 정리하는 사업모델을 갖고 있다. 지출 비용 구조상 백화점이 수익을 올리려면 40퍼센트의 매출 총이익을 거둬들여야 한다. 결국 백화점은 매년 세 차례에 걸쳐 40퍼센트의 이익을 남겨서 연간 120퍼센트의 재고투자 자본수익률(ROC II)을 올렸다.

1960년대에 월마트와 K마트 같은 할인점들은 백화점 시장의 로우엔드를 공략했다. 일상적으로 사용되는 페인트, 철물, 주방용품, 장난감, 스포츠용품 같은 전국적 브랜드의 내구재가 그런 시장이었다. 이 시장층에 속하는 고객들은 물품을 구입할 때 잘 훈련된 매장 판매원의 도움이 불필요하다. 따라서 이들은 과잉 서비스를 받는 셈이었다. 할인점의 사업모델은 평균 23퍼센트의 매출 총이익을 거둬들였다. 게다가 적절한 재고정책과 영업 절차를 통해 그들은 연간 5차례 이상 재고를 정리할 수 있었다. 결론적으로 할인점은 해마다 120퍼센트의 ROC II를 달성할 수 있었다. 할인점들은 낮은 수준의 수익을 용납하지 않았다. 할인점의 사업모델은 과거와 전혀 다른 해법을 통해 충분한 수익을 올리는 형태였다.[17]

기존 기업들은 저가격대의 파괴적 혁신기업들을 회피하는 경향이 강하다. 예를 들어 할인점들이 백화점에서 취급하는 브랜드 중 로우엔드 상품들을 공략할 때 풀서비스 백화점 경영진이 취하는 선택을 떠올려보자. 소매업자의 중요한 자원할당 결정은 매장 또는 자기 공간의 활용이다. 백화점 경영진의 한 가지 선택은 고 마진의 화장품과 고급 의류를 위해 더 많은 공간을 할당하는 것이다. 여기서 총 마진은 종종 50퍼센트를 상회했다. 그들의 사업모델은 해마다 세 차례 재고를 정리하는 것이기 때문에 이 선택은 150퍼센트의 ROC II를 전제로 한다.

이에 대한 대안은 브랜드를 보유한 내구재 사업을 보호하는 것이었다. 할인점들은 백화점보다 20퍼센트 저렴한 가격으로 이런 상품들을 공략했다. 할인점과의 이런 경쟁은 곧 마진의 20퍼센트 하락을 뜻했다. 게다가 그들의 사업모델에서 평균 세 차례의 재고정리가 있다는 점을 감안하면 60퍼센트의 ROC II 차이가 생겼다. 따라서 풀서비스 백화점이 할인점을 회피하는 것, 즉 할인점이 침범하려는 시장층에서 발을 빼려는 움직임은 당연한 결과였다.[18]

대부분의 파괴적 기술은 그림 2-3의 세 번째 축의 연속으로 표시된 것처럼 신시장과 로우엔드 접근방식을 결합한 혼합형이다. 사우스웨스트 항공도 사실상 혼합형 파괴적 혁신기업이라고 할 수 있다. 애초에 사우스웨스트는 비행기를 즐겨 타지 않는 고객들—예전에 자동차와 버스에 익숙한 사람들—을 목표로 삼았다. 하지만 사우스웨스트는 메이저 항공사들의 가치 네트워크에서 저가격대로 고객들을 끌어들였다. 찰스 슈왑Charles Schwab도 혼합형 파괴적 혁신기업이다. 찰스 슈왑은 할인가격으로 풀서비스 중개인으로부터 고객들을 빼앗아왔다. 또한 학생처럼 예전에는 주식투자를 하지 않던 사람들로 하여금 주식소유와 거래를 시작하게 함으로써 신시장을 개척했다.[19]

그림 2-4을 보면, 역사적으로 성공적인 파괴적 혁신 기업은 처음부터 신시장에서부터 로우엔드에 이르는 연속선상에 위치해 있음을 알 수 있다. 이 장의 부록에서는 파괴적 혁신 제품이나 기업 각각에 대해

간략한 역사를 설명할 것이다. 물론 이것은 파괴적 혁신기업들을 모두 조사한 것은 아니다. 차트에 나타난 그들의 위치도 근사치일 뿐이다.

하지만 그 배열은 파괴적 혁신이 성장의 주요 원천이라는 우리의 판단을 그대로 전달하고 있다. 예를 들어 1960년대와 1980년대 사이에 소니, 신일본제철, 도요타, 혼다, 캐논 같은 일본 기업들이 번창한 사실과 1990년대에는 일본에서 파괴적 혁신기업이 없었다는 사실이 일본 경기가 침체한 이유에 대해 많은 사실을 알려주고 있다. 가장 영향력 있는 기업 중 대다수는 다른 기업들을 파괴함으로써 극적으로 성장했다. 하지만 일본의 경제 시스템 구조는 파괴적 성장의 새로운 물결을 막았다. 부분적으로 그런 물결이 현 기업에게 위협이 될 수 있었기 때문이다.[20]

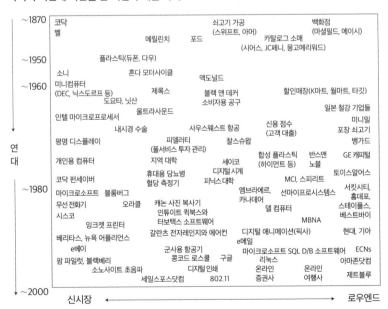

그림 2-4

파괴적 혁신에 기반을 둔 기업과 제품 사례

도표는 또한 파괴가 항상 진행되고 있는 요소임을 나타내고 있다. 즉 한 세대의 디스럽터(파괴하는 기업)가 다음 세대에는 디스럽티(파괴 당하는 기업)가 된다는 의미다. 예를 들어 포드의 모델 T는 자동차업계에서 처음으로 파괴적 성장의 큰 물결을 일으켰다. 그리고 도요타, 닛산, 혼다가 그 다음 물결을, 지금은 한국의 자동차업체인 현대와 기아가 제3의 물결을 일으키고 있다. 웨스턴 유니온Western Union을 파괴한 AT&T의 유선 장거리 사업은 무선 장거리 사업에 의해 파괴당하고 있다. 다우, 듀폰Dupont, 제너럴 일렉트릭 같은 플라스틱 제조업체들은 철강사업을 지속적으로 파괴한다. 하지만 그들의 로우엔드 제품도 하이몬트Himont 같은 브랜드를 보유한 폴리올레핀 플라스틱 공급업체들에 의해 침식당하고 있다.

• 아이디어를 파괴적 혁신으로 만들기 : 세 가지 리트머스 시험지

이 장의 서두에서 우리는 애초에 혁신자의 머릿속에서부터 존속적이거나 파괴적인 몇몇 기술 또는 제품 아이디어를 언급했다. 이러한 기술과 아이디어는 구체화 과정을 거쳐 자금을 확보하기 위한 전략적 기획으로 발전된다. 존속적 혁신에서 출발한 초기 아이디어들은 전부는 아니어도 대부분 훨씬 더 많은 성장 잠재력을 가진 파괴적 혁신의 사업계획으로 쉽게 전환될 수 있다. 하지만 이 과정은 의식적으로 잘 관리되어야 하며, 사업계획을 작성하는 사람의 직감적인 결정에 맡겨서는 안 된다.

경영자들은 어떤 아이디어가 세 가지 질문을 통해 파괴적 혁신의 잠재력을 갖고 있는지에 답해야 한다. 첫 번째 질문군은 아이디어가 신시장 파괴적 기술이 될 수 있는지 모색하는 것들이다. 경영자는 적어도 하나, 가능하다면 두 가지 질문에 대해 긍정적인 답안을 갖고 있어야 한다.

- 자립을 위한 충분한 돈이나 장비 또는 기술이 없으며, 그 결과 그런 장비나 기술 없이 지내거나 이를 위해 전문가에게 돈을 내는 많은 수의 사람들이 있는가?
- 제품이나 서비스를 이용하기 위해 고객들이 불편한 시내 중심지역을 찾아가야 하는가?

만약 과거 부유하고 기술을 가진 사람들이 불편한 시내 중심지역에서 이용하던 것을, 부유하지 못하고 기술이 부족한 대다수 사람들도 소유하고 이용할 수 있는 기술을 개발한다면 아이디어를 신시장 파괴적 혁신으로 전환할 가능성이 열릴 것이다.

두 번째 질문군은 로우엔드 파괴적 기술에 대한 가능성을 모색하는 것이다. 이 두 가지 질문에 대해 긍정적으로 답할 수 있다면 그 기술은 가능할 것이다.

- 가격이 낮다면 성능이 떨어지더라도 기꺼이 그 제품을 구입할 로우엔드 시장의 고객들이 존재하는가?
- 저가격 선호 고객을 위한 할인가격으로 만족스런 수익을 올리는 사업모델을 개발할 수 있는가?

로우엔드 파괴적 기술을 가능케 하는 혁신은 종종 간접비를 줄이는 효과를 낳는다. 그 덕분에 기업은 총 마진이 전보다 낮더라도 만족할 만한 수익을 올릴 수 있으며, 자산회전을 더 빠르게 만드는 제조 또는 운영 절차 개선이라는 공조 효과를 일으킬 수도 있다.

어떤 혁신이 신시장이나 로우엔드 시험을 통과하더라도 긍정적인 답을 이끌어야 하는 세 번째 중요한 질문—리트머스 시험지—은 여전히 주요한 문제로 남아 있다.

• 그 혁신이 현존하는 업계의 주요 기업 모두에게 파괴적 효과가 있는가? 만약 그것이 업계의 어떤 주요 기업에 존속적 혁신처럼 보인다면 신생기업보다는 기존 기업에 더 승산이 있을 것이다.

만약 어떤 아이디어가 리트머스 시험지를 무사히 통과하지 못한다면 그 아이디어는 파괴적 혁신이 될 수 없을 것이다. 어쩌면 그 아이디어는 존속적 기술로서 더 유망할지도 모른다. 그리고 그 아이디어는 신생기업을 위한 새로운 성장사업의 기반이 될 수는 없다.

표 2-1은 새로운 성장사업을 개발하면서 추구하는 세 가지 전략들—존속적 혁신, 로우엔드 파괴적 기술, 신시장 파괴적 혁신—의 특징을 요약하고 비교한 것이다. 즉 표적 제품의 성능이나 특징, 표적 고객이나 시장, 각각의 경로에 수반되는 사업의 영향 등을 비교하고 있다. 우리는 경영자들이 이 도표를 기본모델로 삼아 최종 승인을 받기 위해 제출된 여러 사업계획서의 비중을 분류하고 판단할 수 있기를 바란다.

경영자들은 이런 분류와 리트머스 시험지를 활용하여 경쟁적인 대안 전략의 결과를 예상할 수 있다. 이제 제록스가 잉크젯 프린터 사업에서 휴렛 팩커드Hewlett-Packard를 어떻게 파괴할 수 있었는지, 에어컨에서 어떻게 성장을 이끌어낼 수 있었는지, 왜 인터넷 뱅킹이 파괴적인 신성장사업을 개발할 가능성이 있는지를 고찰해보자.

• 제록스는 휴렛 팩커드를 파괴할 수 있을까?

사실 우리는 여기서 검토하는 유형의 새로운 사업에 대해 제록스가 개발 가능성을 고려하는지는 모른다. 다만 좀 더 생생한 사례를 들기 위해 그 기업의 명칭을 사용할 뿐이다. 우리는 순전히 외부에 공개된 정보만을 토대로 이 가설을 준비했다.

보도에 따르면 제록스는 우수한 잉크젯 프린팅 기술을 개발했다. 그렇다면 그 기술로 무엇을 할 수 있을까? 최고의 잉크젯 프린터를 생산함으로써 시장에서 휴렛 팩커드의 아성을 뛰어넘으려는 시도가 가능할지도 모른다. 하지만 성능이 더 좋은 프린터를 생산한다손 치더라도 제록스는 더 우수한 자원을 가진 기업과 존속적 기술로 치열한 경쟁을 벌여야 할 것이다. 그러면 십중팔구 HP가 승리를 거둘 것이다. 하지만 제록스는 이런 기술에 대해 파괴적 전략을 고안할 수 있지 않을까? 우선 로우엔드 전략 상황부터 살펴보자.

이 전략의 유효성 여부를 결정하려면 제록스 관리자들은 최하위 시장층 고객들이 유행 제품보다 더 저렴하고 '품질 좋은' 프린터를 구입할 용의가 있는지부터 조사해야 한다.[21] 아마 최상위 시장층의 고객들은 더 빠른 시간에 더 선명한 이미지를 출력하는 프린터에 대해 더 많은 돈을 지불할 용의가 있을 것이다. 하지만 덜 까다로운 고객층은 점점 성능에 무관심해지고 있다. 아마 그들은 저비용 대체상품에 관심을 가질 것이다. 따라서 첫 번째 질문은 긍정적인 답변을 얻은 셈이다.

다음 질문은 제록스가 로우엔드 사업을 확보하기 위해 필요한 할인가격으로 만족할 만한 수익을 창출할 수 있는 사업모델을 결정할 수 있느냐 하는 것이다. 그 가능성은 그리 밝아 보이지 않는다. HP뿐만 아니라 다른 프린터 기업들도 이미 하청 생산을 통해 최저가격으로 부품을 조립하고 있다. HP는 잉크 카트리지 판매로 돈을 벌어들인다. 카트리지 생산 역시 저비용 공급업체에 하청을 주고 있다. 제록스는 경쟁업체보다 더 낮은 가격으로 잉크 카트리지를 판매함으로써 시장에 진입할 수 있었다. 하지만 더 빠른 자산회전을 가능케 하는 간접비 구조와 프로세스가 정해지지 않는 한 제록스는 로우엔드 파괴적 기술의 제품전략을 지속할 수 없었다.[22]

이것은 신시장 파괴적 기술—비소비와 경쟁하는 기술—의 가능성을 평가할 필요성이 있음을 의미한다. 프린터를 구입할 만한 돈이나 기술을 가지고 있지 않은 컴퓨터 사용자들이 충분히 존재하는가? 아

표 2-1
새로운 성장사업 창출을 위한 세 가지 접근법

특성	존속적 혁신	로우엔드 파괴적 혁신	신시장 파괴적 혁신
제품 또는 서비스의 목표 성능	가장 까다로운 고객들이 가장 많은 가치를 두는 성능 개선. 성능은 점진적으로 또는 획기적으로 개선될 수 있다.	주류 시장의 기존 로우엔드 제품의 성능 수준. 주류 시장의 로우엔드에 속해 있으며 과잉 서비스를 받는 고객들	'전통적인' 속성에서는 낮은 성능이지만 새로운 속성에서는 향상된 성능—단순성과 편리성
표적 고객 또는 시장 적용	개선된 성능에 돈을 지불할 용의가 있는 주류 시장의 고객들	새로운 공정 또는 재무 접근법으로 활용한다.	비소비 표적: 제품 구입비용이나 이용기술이 부족했던 고객들
필요한 사업 모델(프로세스와 비용 구조)에 미치는 영향	기존 프로세스와 비용 구조를 활용하고, 현재의 경쟁력을 잘 이용해 마진을 높이거나 유지한다.	낮은 총 마진과 높은 자산 활용의 결합을 통해 시장의 로우엔드 사업의 성공에 필요한 할인가격으로 만족스런 수익을 올릴 수 있다.	낮은 판매단가와 소량 생산으로 수익을 올려야 하는 사업모델. 판매단가당 총마진은 상당히 낮은 수준이어야 한다.

마 그렇지 않을 것이다. 휴렛 팩커드는 사용하기 편한 저가 잉크젯 프린터 사업에 착수하면서 이미 성공적으로 비소비와 경쟁했다.

새롭고 더 편리한 특성을 무기로 기존 프린터 소유자들을 끌어들이는 건 어떨까? 이것은 가능성이 있어 보인다. 노트북 컴퓨터에서 자료를 프린트하는 것은 쉽지 않다. 노트북 사용자들은 고정된 프린터를 찾아내 네트워크나 프린터 케이블로 노트북을 연결해야 했다. 아니면 이동 가능한 매체를 이용해 프린터가 연결된 컴퓨터로 파일을 전송해야 했다.

만약 제록스가 노트북 컴퓨터 본체에 합체해 사람들이 필요할 때 들고 다니며 프린트할 수 있는 가볍고 저렴한 프린터를 만든다면, 비록 성능이 고정식 잉크젯 프린터에 못 미치더라도 고객들을 확보할 수 있을 것이다. 이 아이디어가 기술적으로 실행 가능한지를 결정할 수 있는 당사자는 오직 제록스의 엔지니어들뿐이다. 하지만 하나의 전략으로서 이것은 리트머스 시험을 통과할 수 있다.[23]

만약 제록스가 이런 시도를 한다면 HP는 처음부터 이런 신시장 파괴적 기술을 무시할 가능성이 있다. 왜냐하면 그 시장이 고정식 프린터 시장보다 훨씬 규모가 작기 때문이다. HP의 프린터 사업 규모는 어마어마하다. 그들은 지속적인 성장을 위해 막대한 수입원이 필요하다. HP를 성공기업의 딜레마에 빠지게 하려면, 제록스는 자신들에게는 유리하지만, HP를 비롯한 기존의 다른 프린터 기업들에게는 불리한 사업모델을 개발해야 한다. 아마도 노트북 프린터에 삽입되는 잉크 카트리지는 HP의 잉크젯 프린터 사업 경영진이 투자에 비해 시장성이 없다고 판단할 만큼 가격이 낮아야 할 것이다. 그러면 그들은 고비용 고정식 레이저 프린터와 경쟁함으로써 얻을 수 있는 고수익을 찾아 상위시장으로 옮겨갈 것이다.

• 에어컨 시장에서 성장을 위한 조건들

캐리어Carrier와 월풀Whirlpool이 주도하는 창문 설치형 에어컨 시장은 포화상태에 이른 것으로 알려져 있다. 히타치Hitachi 같은 기업이 과연 그들을 뛰어넘을 수 있을까? 만약 히타치가 성능이나 에너지 효율이 더 뛰어나고 소음도 훨씬 적은 제품으로 시장에 진입한다면 경쟁에서 승리할 수 있을 것이다.[24]

로우엔드 파괴적 혁신이 생존할 수 있을까? 기존의 로우엔드 시장에서 오버 서비스(과잉 서비스)를 받는 고객들이 존재한다는 것이 우리의 생각이다. 그들은 가능한 한 가장 저렴한 제품을 선택함으로써 오버 서비스임을 드러낸다. 즉, 자신들이 이용할 수 있는 제품에 프리미엄 가격을 지불할 용의가 없는 것이다. 히타치는 이미 중국에서 생산라인을 증설하여 선진국 수출용 에어컨을 제조하고 있다. 어쩌면 이것은 일시적인 성공에 그칠지도 모른다. 기존 기업들이 중국에 생산 공장을 설립하면 히타치는 가격, 유통, 서비스 인프라 등에서 경쟁력을 가진 기업들과 치열한 경쟁을 해야 할 것이다. 이쯤 되면 표적 고객들은 이미 더 나은 제품에 대해 프리미엄 가격을 지불할 용의를 갖지 않게 될 것이다. 값싼 노동력에 의한 고용전략은 저비용 사업모델을 구축하지만, 그것은 경쟁자들이 동일한 선택을 하기 전까지만 유효한 방식이다.

그렇다면 신시장 파괴적 혁신의 경우는 어떨까? 중국에는 에어컨을 사용하지 않는 소비층이 수억 명에 달한다. 그들이 에어컨을 사용하지 못한 이유는 중국의 평균적인 가족을 기준으로 할 때, 그들이 감당할 수 없을 정도로 에어컨 가격이 비싸기 때문이다. 만약 히타치가 상하이의 좁은 아파트 창문에 손쉽게 삽입해서 10암페어의 전력으로 약 10평방피트(약 2.8평) 공간의 온도와 습도를 낮출 수 있는 49.95달러짜리 에어컨을 설계한다면 상황은 흥미롭게 전개될 것이다.

일단 히타치가 그 가격으로 수익을 올릴 수 있는 사업모델을 확보한다면 나머지 상위시장으로의 진출도 한층 용이해질 것이다. 내친김에 말하자면, 서구 경영자들은 중국에서 저비용 생산이 그들에게 위협이 될 것이라고 우려하지만, 우리는 중국 최대의 경쟁력 있는 자산은 어마어마한 비소비자들이라고 생각한다. 그리고 이것은 다양한 신시장 파괴적 기업에게 비옥한 토양을 제공할 것이다.

• 인터넷 뱅킹의 잠재력

인터넷 뱅킹에 관한 질문을 받는다면, 우리의 결론은 현재 이 기술을 사용하는 파괴적 혁신이 가능하지 않다는 것이다. 우선 은행 계좌를 개설하고 관리할 수 없는 인구가 충분치 않다. 그들은 돈이나 기술이 부족하기 때문이다. 이 시장에 기존 은행들의 진입률도 높은 편이다. 이것은 인터넷 뱅킹에 대한 신시장 파괴적 혁신의 가능성을 원천적으로 가로막고 있다.

둘째, 저렴한 서비스를 위해 혜택이 훨씬 적은 은행 계좌를 기꺼이 받아들인 로우엔드 은행고객들이 존재하는가? 수수료가 무료라는 은행 광고는 이런 고객이 존재한다는 신호와 같다. 하지만 로우엔드 사업을 성사시키는 데 필요한 할인가격으로 파괴적 온라인 은행에 충분한 수익을 안겨주는 사업모델 설계가 가능할까? 여기에는 의문의 여지가 있다. 업무비용은 모든 은행이 엇비슷하다. E·트레이드은행과 소니은행은 저비용 사업모델이 직면한 문제에 대한 해법을 모색하고 있다.

인터넷 뱅킹 아이디어는 신시장 파괴적 혁신이나 로우엔드 파괴적 혁신 모두를 만족시킬 수 없기 때문에 오히려 기존 은행들이 존속적 혁신으로 사용할 가능성이 있다. 또 다른 장애 요소로 상당수 지점을 갖춘 여러 은행과 신용조합 같은 금융회사들이 이미 우편을 통해 상당히 큰 거래를 하고 있다. 모르긴 몰라도 인터넷 뱅킹은 그들의 사업모델에 존속적 혁신의 영향을 미칠 것이다.

파괴적 혁신은 이론이다. 즉 다른 환경에서 경쟁적인 대결 결과를 예측하도록 하는 원인과 결과에 대한 개념적 모델인 것이다. 이 장에 기록된 동기의 불균형은 기업과 관련된 모든 이들에게 항상 영향을 주는 자연스런 경제적 요소들이다. 역사적으로 공격자가 산업의 선두주자들을 이용할 때면 이런 요소들이 항상 그들을 휘청거리게 했다. 파괴적 혁신전략은 최선을 다하는 경쟁자들과 그들의 시급한 관심사─가장 중요한 고객들을 만족시키고, 가장 많은 수익이 보장되는 곳에 투자하는 것─에 근거를 두고 있기 때문이다. 수익을 추구하는 세상에서 이것은 매우 성공 확률이 높은 도박이다.

하지만 혁신적 아이디어라고 해서 모두 파괴적 혁신전략이 될 수 있는 것은 아니다. 필요한 전제조건이 존재하지 않기 때문이다. 이런 상황에서는 시장에서 이미 자리를 잡은 기업에게 좋은 기회가 찾아온다. 간혹 신생기업들은 시장의 선두기업들이 방심하는 틈을 타 존속적 혁신전략으로 성공을 거두기도 한다. 하지만 이런 경우는 매우 드물다. 또 파괴적 혁신이 성공을 보장하는 것도 아니다. 파괴적 혁신은 전반적인 해결책의 중요한 한 요소로서 도움을 줄 뿐이다. 새로운 성장사업을 개발하려는 경영자들은 이제 우리가 검토할 수많은 다른 도전들에 관심을 보여야 한다.

부록 : 그림 2-4에 실린 기업들의 파괴적 전략에 대한 간략한 설명

표 2-2는 그림 2-4에 실린 기업들의 성공 밑거름이 되었던 파괴적 혁신에 대한 우리의 이해를 요약한 것이다. 한정된 지면 때문에 상세한 내용은 생략하였다. 기업들은 연대순이 아니라 알파벳순으로 목록을 만들었다. 우리는 전문적인 비즈니스 역사가가 아니다. 따라서 이 목록은 파괴적 혁신기업 중 일부만 실었을 뿐이다. 아울러 각 기업이 파괴적 전략을 처음 시도한 연도를 확인하는 것은 쉬운 일이 아니다. 몇몇 기업들은 궁극적인 성공을 안겨준 파괴적 전략을 시도하기 전에 오랫동안 다른 사업 분야에서 활동하기도 했다. 어떤 경우에는 각 기업의 이름 목록보다 제품 분류기준으로 파괴적 혁신을 가시화하는 것이 더 쉬울 것이다. 독자들은 도표를 정보 제공으로 여겼으면 한다.

표 2-2
파괴적 혁신전략과 기업

회사명 또는 제품	내용
802.11	고주파수 대역 무선 데이터 전송 표준를 말한다. 지역 유선 네트워크를 파괴하고 있으며, 현재의 한계는 시그널이 장거리를 옮겨갈 수 없다는 것이다.
아마존닷컴	전통적인 서점 대비 로우엔드 파괴적 서점
반즈 앤 노블 Barnes & Noble	주로 과잉재고된 잉여 도서의 지역 판매업체로 시작했지만 인쇄 도서의 주도적인 할인 소매업체로 성장했다.
쇠고기 가공	1880년대에 스위프트와 아머는 냉동 철도차량으로 지역 육류 해체업자들에게 쇠고기를 운송하는 거대한 중앙집중식 도축공정을 시작했다. 이것은 지역 도축공정을 파괴했다.
벨 전화기	웨스턴 유니온은 벨 전화기를 받아들이지 않았다. 웨스턴 유니온에서는 그 전화기를 사용할 수 없었기 때문이다. 벨은 지역통신을 제공하면서 신시장 파괴를 시작했다. 기술이 향상되면서 고객들은 전신의 장거리 가치 네트워크에서 전화기로 옮겨갔다.
블랙 앤 데커 Black & Decker	1960대 이전에 전문가용으로 설계되었던 휴대용 전기도구들은 무겁고 견고하며 매우 고가였다. 블랙 앤 데커는 오직 25시간 내지 30시간만 지속되는 만능 모터를 장착한 플라스틱 용기에 담긴 도구 생산라인을 도입했다. 사실상 이것은 한 달에 두어 개의 구멍만 드릴로 뚫는 DIY(do-it-yourself)족들에 안성맞춤의 도구였다. 오늘날 블랙 앤 데커는 이런 장비의 가격을 150달러에서 20달러로 낮추었다. 덕분에 새로운 소비자들이 자신의 도구를 소유하고 이용할 수 있게 되었다.
합성 플라스틱 하이먼드	같은 기업에서 판매하는 폴리프로필렌처럼 저렴한 폴리올레핀 플라스틱은 다방면으로 최고의 특성을 가진 합성 물질을 창출하고 있다. 이런 제품들은 역사적으로 GE 플라스틱스 같은 기업들이 생산했던 공학 플라스틱 영역의 시장을 빠른 속도로 파괴하고 있다.
블룸버그 LP	블룸버그는 투자 애널리스트와 중개인들에게 기본적인 금융정보를 제공하는 업체에서 발돋움했다. 블룸버그는 데이터 제공과 분석을 점점 발전시키면서 금융 정보서비스 사업으로 옮겨가기 시작했다. 그 결과 그들은 다우존스와 로이터를 파괴하고 있다. 최근에는 증권 거래업체들을 파괴하기 위해 전자 정보센터 네트워크를 개발하고 있다. 공채 발행자들은 블룸버그 시스템을 통해 초기 매물을 경매에 붙일 수 있다. 결국 투자은행들은 파괴되고 있다.

회사명 또는 제품	내용
포장 쇠고기	아이오와 비프팩커스(IBP)의 '포장 쇠고기' 모델은 지역 도축작업의 파괴를 완결했다. 추가 해체를 위해 지역 해체업자들에게 커다란 쇠고기 몸통을 운송하는 대신 IBP는 슈퍼마켓에 직접 진열할 수 있을 정도로 마무리된 크기로 쇠고기를 해체했다.
캐논 사진 복사기	1980년대 초반까지 사진 복사기를 필요로 하는 사람들은 오리지널 사진을 들고 기업의 사진 복사기 센터로 찾아가야 했다. 그 작업은 기술자만 할 수 있었는데, 고속 제록스 기계는 매우 복잡할 뿐 아니라 자주 수리를 해야 했기 때문이다. 캐논과 리코가 카운터톱 사진 복사기는 속도도 느렸고, 해상도도 낮았을 뿐 아니라 확대나 축소 또는 교정이 불가능했다. 하지만 그것은 매우 저렴했으며 사무실 구석에 설치해두고서 사람들이 손쉽게 사용할 수 있었다. 처음에는 사람들이 많은 분량의 작업을 가지고 사진 복사 센터로 찾아갔다. 하지만 캐논은 고해상도 사진 복사가 가능하도록 조금씩 기계 성능을 향상시켰다. 오늘날에는 대부분의 작업장에 이 기계가 설치되어 있다.
카탈로그	소매업체 시어스와 로벅과 몽고메리워드는 카탈로그 소매업체로 자리잡았다. 덕분에 미국의 시골 주민들도 예전에 접근할 수 없었던 물건들을 구입할 수 있게 되었다. 해마다 30퍼센트의 총 마진으로 네 차례 재고를 회전하는 그들의 사업모델은 해마다 세 차례 재고 회전으로 40퍼센트의 총 마진이 필요한 풀서비스 백화점에 비해 파괴적 혁신 사업이었다. 나중에 시어스와 몽고메리워드 소매 매장을 구축하면서 상위시장으로 이동했다.
찰스 슈왑	최초의 할인 중개업체로 1975년에 사업을 시작했다. 1990년대에 슈왑은 온라인 거래 사업을 구축하기 위해 독립 조직을 창설했다. 이것은 눈부신 성공을 거두었다. 회사는 처음 조직을 파괴적 혁신 조직에 편입시켰다.
서킷시티, 베스트 바이	풀서비스 백화점과 할인 백화점의 전자제품 매장을 파괴했다. 그들은 수익이 더 높은 상위 시장인 의류로 옮겨갔다.
시스코	시스코의 루터는 텔레커뮤니케이션 시스템을 통해 정보 흐름을 전달하기 위해 루슨트, 지멘스, 노텔 같은 기존 선도기업들의 서킷 교환기술 대신 패킷 교환기술을 사용하고 있다. 그 기술은 정보를 패킷이라 불리는 가상의 '봉투'로 분리하여 인터넷을 통해 전송한다. 각각의 패킷은 상이한 경로를 통해 주소가 적힌 목적지에 도달할 수 있다. 목적지에 도착한 패킷은 올바른 자리에 배치되어 수령인이 볼 수 있도록 개방된다. 이 과정에는 몇 초간의 대기 딜레이가 발생하기 때문에 패킷 교환방식은 음성 통신용으로 사용할 수 없다. 하지만 새로운 시장—데이터 네트워크—의 출현을 가능케 하는 데는 충분하다. 오늘날 이 기술은 패킷 교환 음성신호의 대기 딜레이가 서킷 교환 신호와 거의 차이가 나지 않을 정도로 향상되었다.

회사명 또는 제품	내용
지역 대학	몇몇 주에서는 명문 4년제 대학 졸업생의 80퍼센트까지 훨씬 저렴한 지역 대학에서 필요한 일반 교육과정을 이수하여 학점을 옮길 수 있다. 몇몇 지역 대학들은 4년제 학위를 제공하고 있다. 이런 대학의 입학이 인기를 모으고 있다.
콩코드 로스쿨	워싱턴포스트컴퍼니의 사업 단위로 카플란에 의해 설립된 이 온라인 로스쿨은 많은 비정규 학생들을 끌어들였다. 이 학교가 인기를 받자 졸업생들은 캘리포니아 변호사 시험을 치를 수 있게 되었다. 졸업생들의 합격율은 많은 다른 로스쿨과 견주어도 손색이 없지만 대부분의 학생들은 변호사가 되려고 등록하지 않는다. 그들은 다른 직업에서 성공하는 데 도움을 얻고자 법을 이해하고 싶어한다.
신용점수	은행 대출 직원의 주관적인 판단을 대신하여 신용도를 결정하는 공식적인 방식이다. 미니애폴리스의 기업 페어아이삭이 개발했다. 처음에는 시어스와 페니의 이스토어 크레디트 카드를 확장하는 용도로 사용되었다. 기술이 향상되면서 일반 신용카드는 물론 자동차, 저당, 소규모 사업 대출에도 사용되었다.
델 컴퓨터	델은 고객들과 직접 연결되는 소매모델과 높은 자산회전 생산모델을 통해 개인용 컴퓨터 업계에서 로우엔드 파괴적 기업으로서 컴팩, IBM, 휴렛팩커드를 앞질러갔다. 로우엔드 소비자인 클레이튼 크리스텐슨은 1991년에 구입한 델 노트북으로 박사 논문을 작성했다. 시장에서 가장 저렴한 휴대용 컴퓨터였기 때문이다. 오늘날 델은 하버드 경영대학원 컴퓨터의 대부분을 공급하고 있다.
백화점	솔트레이크시티의 Z.C.M.I.와 뉴욕의 메이시스 같은 백화점들은 소규모 소매상인들을 파괴하였다. 백화점은 연간 세 차례 재고를 회전시킴으로써 만족스러운 40퍼센트의 총 마진을 올릴 수 있었다. 백화점 판매사원들은 제품에 관한 지식이 아주 부족했기 때문에 처음에 그들은 사용에 익숙한 제품들을 가지고 사업을 시작해야 했다.
디지털 애니메이션	예전에는 장편 애니메이션 영화 제작에 필요한 고정비용과 기술수준이 매우 높았다. 디즈니를 제외하고 아무도 제작에 나설 수 없을 정도였다. 현재 디지털 애니메이션 기술 덕분에 많은 기업(예를 들면 픽사)이 디즈니와 경쟁할 수 있게 되었다.
디지털 인쇄	오프셋 인쇄가 잉크젯 프린터와 레이저젯 프린터의 성능에 의해 파괴당하고 있다. 처음에는 판매 브로셔 같은 응용제품 속에 뿌리를 내렸다.
포드	헨리 포드의 모델 T는 매우 저렴했기 때문에 과거에 자동차를 구입할 여유가 없었던 많은 사람들이 자가용을 구입할 수 있게 되었다.

회사명 또는 제품	내용
할인매장	코벳, K마트, 월마트, 타깃 같은 할인매장들은 풀서비스 백화점을 파괴하였다. 할인매장들은 연간 5차례 재고를 회전시켜 돈을 벌었다. 덕분에 그들은 23퍼센트의 수익을 올릴 수 있었다. 할인매장의 판매사원들은 제품에 관한 지식이 아주 부족했기 때문에 처음에 그들은 사용에 익숙한 제품들을 가지고 사업을 시작해야 했다. 나중에는 의류 같은 섬유잡화를 취급하며 상위시장으로 이동했다.
e베이	1990년대 말 신생 인터넷 기업들은 대부분 인터넷을 존속적 혁신으로 사용하려는 시도를 했다. 하지만 e베이는 예외였다. 그들은 신시장 파괴적 전략을 추구했기 때문이다. 덕분에 수집품 소유자들은 자신에게 불필요한 물건을 팔아치우기 위해 경매회사를 찾아갈 필요가 없게 되었다.
ECNs	주식 구입자와 판매자들은 전자거래네트워크(ECNs)를 이용하여 아주 저렴한 비용으로 컴퓨터를 통해 주식을 거래할 수 있다. 주요한 ECNs 중 하나에서는 NASDAQ의 20퍼센트에 해당하는 거래 분량을 한 대의 워크스테이션으로 처리할 수 있다.
e메일	e메일은 파괴적 우편 서비스다. 편지를 통한 개인통신 분량은 급격히 감소하고 있다. 이제 우편 서비스는 잡지와 청구서와 광고가 주를 이루고 있다.
엠브라에르와 봄바디어	지역 제트기의 수용 정원이 15년동안 30명에서 106명으로 증가하면서 사업은 활황을 이루고 있다. 보잉과 에어버스가 더 크고, 더 빠른 대륙 횡단여행에 심혈을 기울이는 동안 그들의 성장은 정체되었다. 여객기 산업은 합병(록히드와 맥도넬더글라스의 합병)되고 있으며, 성장은 바닥까지 떨어져 있다.
내시경 수술	예전의 외과의사들은 인체조직을 가급적 손상하지 않는 수술을 무시해 왔다. 그 기술로는 가장 간단한 시술밖에 할 수 없었다. 하지만 현재는 복잡한 심장수술이 가능한 수준으로 기술이 향상되었다. 파괴적 혁신은 주로 장비 제조업체와 병원들에 영향을 미치고 있다.
피델러티매니지먼트	피델러티는 뮤추얼 펀드, 401K 회계, 보험 상품 등의 손쉬운 구입을 통해 '셀프서비스' 개인금융 경영을 창출했다. 그들은 2차 세계대전 직후에 설립되었지만 1970년대에 파괴적 혁신을 시작했다
평면 디스플레이 (샤프 등)	일반적으로 파괴적 기술들은 저가격대로 간주된다. 따라서 많은 사람들은 평면 디스플레이가 어떻게 파괴적 기술이 될 수 있는지 의아해한다. 평면 디스플레이는 하이엔드 제품이 아니던가? 하지만 실상은 그렇지 않다. 평면 LCD 디스플레이는 디지털시계에서 시작하여 차례로 계산기, 노트북컴퓨터와 소형 휴대용 텔레비전으로 이동했다. 이것들은 예전에 전자 디스플레이를 전혀 갖추지 못했던 응용제품들이다. 게다가 LCD 디스플레이는 이런 응용제품들에 화상을 전송하는 수단으로서 다른 대안들.

회사명 또는 제품	내용
	에 비해 훨씬 저렴하다. 현재 평면 스크린은 컴퓨터 모니터와 가정용 텔레비전 스크린 시장을 잠식하면서 브라운관을 파괴하였다. 그들의 2차원적 특성 덕분에 평면 스크린은 프리미엄 가격대를 지속할 수 있다.
갈란츠 Galantz	1990년대에 중국의 갈란츠는 전 세계 전자레인지 시장의 약 40퍼센트를 점유했다. 이 회사는 로우엔드 파괴적 전략—수출용 가전제품을 만들기 위해 저임금 중국 노동력을 활용하는 전략—을 따를 수 있었지만, 대신 신시장 파괴적 기업이 되는 선택을 했다. 즉 그들은 비좁은 중국인 아파트에 어울리는 저렴한 소형 저전력 전자레인지를 제조했다. 일단 중국 국내시장에서 수익을 올릴 수 있는 사업모델을 구축하자 다른 국가들로의 진출은 식은 죽 먹기가 되었다.
GE 캐피털	GE 캐피털은 주로 로우엔드 파괴적 전략을 통해 시중 은행 시장을 잠식했다.
구글	구글과 다른 인터넷 검색엔진들은 옐로페이지를 포함하여 다양한 부문들을 파괴하고 있다.
혼다 모터사이클	1950년대 후반에 도입된 혼다의 슈퍼커브는 할리 데이비슨, 트라이엄프, BMW 같은 대형 모터사이클 제조업체들을 파괴하였다. 처음에는 오프로드용 레크리에이션 오토바이로 자리잡았다가 나중에 성능이 향상되었다. 혼다는 야마하, 가와사키, 스즈키와 합병했다.
잉크젯 프린터	잉크젯 프린터는 레이저젯 프린터에 대해서는 파괴적 기술, 도트매트릭스 프린터에 대해서는 존속적 기술이다. 우리는 잉크젯 프린터를 파괴적 스펙트럼의 신시장 끝에 위치시켰다. 소형 사이즈와 가벼운 무게, 그리고 저렴한 초기 비용으로 모든 새로운 컴퓨터 사용자들이 개별적으로 프린터를 소유하고 사용할 수 있게 되었기 때문이다. 비록 처음에 잉크젯 프린터는 느린 속도에 이미지도 선명치 않았지만 지금은 시장에서 주류가 되어 레이저젯 프린터를 하이엔드로 밀어내고 있다. 휴렛 팩커드는 레이저젯 프린터 사업부와 경쟁하는 독립적인 잉크젯 사업부를 구축해 이 업계의 선두주자로 남아 있다.
인텔 마이크로프로세서	1971년에 개발된 인텔 최초의 마이크로프로세서는 4칙 계산기의 두뇌 역할만 할 수 있었다. 마이크로프로세서 기반의 논리회로를 가진 컴퓨터 제조업체들은 프린트 배선 기판 기반의 논리회로를 가진 메인프레임 컴퓨터와 미니컴퓨터 제조업체들을 파괴하고 있다.
제록스	사진 복사는 오프셋 인쇄와 비교하여 신시장 파괴적 기술이다. 덕분에 프린터를 소유하지 못했던 사람들이 자신이 일터에서 쉽게 사진을 복사할 수 있게 되었다. 처음에 제록스의 기계들은 매우 비싸고 복잡했다. 이 때문에 그 제품들은 기술자들이 배치되어 있는 기업 사진 복사 센터에 설치되었다.

회사명 또는 제품	내용
인튜이트Intuit의 퀵북스	재무회계 소프트웨어 재무회계 소프트웨어 분야에서 기존 선두기업들은 소기업 경영자들이 분석 목적의 온갖 복잡한 보고서들을 운영할 수 있도록 했다. 반면 인튜이트의 개인 재무 소프트웨어 제품인 퀵큰Quicken의 파생 제품인 퀵북스Quickbooks는 기본적으로 그들이 현금흐름을 좇아갈 수 있도록 도움을 주었다. 퀵북스는 과거 컴퓨터를 통해 장부관리를 하지 않았던 소기업(대개 종업원 5인 이하의 기업) 사장들 사이에서 거대한 신시장을 창출했다. 사업 시작 2년 만에 인튜이트는 소기업용 재무회계 소프트웨어 시장의 85퍼센트를 점유했다. 나중에는 퀵북스의 성능이 향상되면서 기존 기업들의 고객을 잠식하기 시작했다.
인튜이트의 터보택스	PC 기반의 재무회계 소프트웨어가 H&R 블록 같은 개별 세금 준비 서비스 사업을 파괴하고 있다.
제트블루 JetBlue	일본의 제강업체들 일본제철, 일본강판, 고배제강과 가와사키스틸 같은 기업들은 1950년대 후반부터 매우 낮은 품질의 철강을 서구에 수출하면서 성장을 시작했다. 그들의 고객들(도요타 같은 파괴적 일본 자동차업체)이 성장함에 따라 일본 철강산업도 생산력을 크게 높이며 신기술도 도입할 수 있었다. 이것이 그들의 상위시장으로의 이동을 가속화시켰다. 초기에 사우스웨스트항공이 신시장 파괴전략을 따르는 동안 제트블루는 로우엔드 파괴 접근법을 시도했다. 제트블루의 장기적인 생존 가능성은, 종합제철소와 풀서비스 백화점처럼 공격으로부터 회피하려는 주요 항공사들의 동기에 달려 있다.
코닥	1800년대 후반까지 사진술은 매우 복잡했다. 오직 전문가들만이 고가의 장비를 소유하고 작동할 수 있었다. 그러다가 조지 이스트먼의 간단한 브라우니 카메라 덕분에 소비자들은 스스로 사진을 찍을 수 있게 되었다. 사진을 찍고 나서 그들은 우편으로 코닥에 필름을 보냈고, 코닥은 필름을 현상한 후 우편으로 사진을 보내주었다.
코닥 펀세이버	일회용 카메라인 코닥의 펀세이버 브랜드는 코닥 내부에서 진통을 겪은 후 출시되었다. 그 제품의 수익모델과 총 마진이 코닥이 롤 필름으로 벌어들이는 수익보다 낮았기 때문이다. 게다가 고품질 35mm 카메라로 찍은 사진보다 화질도 좋지 않았다. 하지만 코닥은 다른 사업부를 통해 그 제품을 상업화했다. 펀세이버는 카메라를 가지고 있지 않기 때문에 필름을 구입할 수 없는 사람들에게 주로 판매되었다. 펀세이버는 '맥스'라는 새로운 브랜드로 상위시장으로 옮겨가고 전통적인 카메라를 상대로 시장점유율을 높일 수 있는 잠재력을 가지고 있으나, 코닥이 이러한 움직임을 멈추고 있는 게 아닌지 우려된다.
한국 자동차 제조업체들 (현대와 기아)	1990년대에 한국의 자동차업체들은 다른 국가의 자동차 제조업체들보다 세계시장 점유율이 더 높았다. 하지만 기존 기업들은 그다지 염려하지 않았다. 기존 기업들 입장에서 한국 자동차 제조업체들의 수익성은 시장에서 가장 낮은 수준이었기 때문이다.

회사명 또는 제품	내용
리눅스	현재 리눅스 운영제제의 파괴성은 시장에서 상대적인 개념으로만 이해될 수 있다. 서버 운영체계를 위한 시장 내에서 가장 성공적인 활동을 하고 있는 그들은 하이엔드 유닉스 체계와 마이크로소프트 Windows NT 운영체제(한동안 유닉스와의 경쟁을 피해 상위시장으로 이동한 운영체제) 사이에 끼여 있는 상태다. 리눅스는 선마이크로시스템즈의 솔라리스 같은 유닉스 운영체제와 경쟁하며 상당한 시장점유율을 차지하고 있다. 실제로 리눅스의 위치는 마이크로소프트의 NT가 한 단계 더 높은 상위시장으로 옮겨가는 것을 막을지도 모른다. 리눅스는 핸드헬드 장치들의 운영체계 소프트웨어를 위한 시장에서도 파괴를 시작하고 있다.
MBNA	앞서 언급했듯이 신용점수는 대출 신청자의 신용도를 결정하는 공식적인 방법이다. 애초에 이것은 신용평가 비용을 줄이기 위한 존속적 기술로서 시중 은행들에서 시행되었다. 하지만 1990년대에는 MBNA, 캐피탈원, 퍼스트 USA 같은 기업들이 대량의 저비용 '모노라인(은행에 속하지 않은 단독 카드사)' 사업모델에서 신용점수를 이용하고 있다. 현재 실질적으로 수익성 있는 신용카드 사업을 운영하는 주요한 시중 은행은 싱크뱅크뿐이다.
맥도날드	패스트푸드는 혼성형 파괴적 산업으로 자리잡고 있다. 패스트푸드는 저렴하고 먹기 편하기 때문에 외식 산업에서 괄목할 만한 성장을 보였다. 그들의 최초 희생자는 영세한 소규모 식당들이었다. 지난 1990년대에는 옥외 간이 식당가의 도래로 패스트푸드는 상위시장으로 이동했다. 물론 값비싸고 낭만적인 레스토랑 역시 하이엔드에서 번창하고 있다.
MCI, 스피리트	이들 기업은 AT&T의 장거리 전화 사업과 상대적으로 로우엔드 파괴적 기업이었다. 이들은 파괴적 혁신을 시도하는 각별한 기회를 누릴 수 있었다. 왜냐하면 AT&T의 장거리 전화 비율은 지역 거주지 전화 서비스에 보조금을 지급하기 위해 인위적으로 높은 변동률로 정해져 있었기 때문이다.
메릴린치	1912년 찰스 메릴의 슬로건은 "월스트리트를 메인스트리트로 데려가라"였다. 수수료를 주는 대신 봉급을 지급하는 중개인들을 고용함으로써 중산층 미국인들이 주식 투자자가 될 수 있을 정도로 주식거래 비용을 대폭 낮출 수 있었다. 그 후 90년 동안 메릴린치는 더 높은 자기자본을 가진 투자자들을 찾아 상위시장으로 이동했다. 1950년대와 1960년대에 뉴욕증권거래소에 정착했던 수많은 증권회사들이 자취를 감추었다. 메릴린치가 그들을 파괴했기 때문이다.
마이크로소프트	마이크로소프트의 운영체제는 메인프레임 및 미니컴퓨터 제조업체들의 운영체제, UNIX, 애플의 운영체제에 맞지 않았다. 하지만 DOS로부터 Windows NT까지 이동하면서 UNIX를 위협할 정도로 상위시장으로 이동했다. 역으로 마이크로소프트는 리눅스로부터의 위협에 직면해 있다. SQL 참조.

회사명 또는 제품	내용
미니컴퓨터	디지털이큅먼트, 프라임, 왕컴퓨터, 데이터제너럴, 닉스도르프 같은 기업들은 메인프레임 컴퓨터 제조업체들과 상대적으로 신시장 파괴적 기업들이다. 미니컴퓨터의 단순함과 저렴한 가격 덕분에 조직의 각 부서들은 주로 재무 보고서를 위해 최적화된 불편한 중앙집중식 메인프레임 컴퓨터에 의존하는 대신 자체적으로 컴퓨터를 소유할 수 있게 되었다.
온라인 증권사	온라인 증권거래는 아메리트레이드 같은 할인 증권사들의 사업모델과 비교하면 존속적 기술이지만, 메릴린치 같은 풀서비스 증권사와 비교하면 파괴적 기술이다. 처음에는 할인 증권사로 출발했지만 1990년대 중반경에 주류 시장으로 옮겨간 슈왑의 경우, 회사에서 독립적인 부서를 구축해야 할 정도로 온라인 주식거래가 파괴적 사업이었다.
온라인 여행사	전자 발권이 가능해짐에 따라 엑스피디아와 트래블로시티 같은 온라인 여행사들은 아메리칸 익스프레스 같은 기존의 풀서비스 여행사들을 크게 파괴하고 있다.
오라클	오라클의 관계형 데이터베이스 소프트웨어는 컬리넷과 IBM의 소프트웨어—메인프레임 컴퓨터에서 가동되는 계층 또는 거래 데이터베이스 소프트웨어—와 비교하면 파괴적 기술이었다. 관계형 데이터베스 소프트웨어는 미니컴퓨터(나중에는 마이크로프로세서 기반 컴퓨터)에서 가동되었다. 프로그래밍의 전문 지식이 없는 사용자들일지라도 오라클의 모듈식 관계 구조를 이용하여 그들의 고객 보고서와 분석을 쉽게 준비할 수 있었다.
팜 파일럿, RIM	휴대용 이동통신 장치들은 노트북 컴퓨터와 비교하여 신시장 파괴적 제품이다.
개인용 컴퓨터	애플, IBM과 컴팩 같은 기업들이 생산하는 마이크로프로세서 기반의 컴퓨터들은 하이엔드 전문 컴퓨터로 판매되기 전에 수년 동안 고유한 가치 네트워크에서 판매되고 이용되었다는 점에서 신시장 파괴적 제품이다.
플라스틱	플라스틱은 하나의 범주로서 철강과 목재를 파괴하였다. 흔히 플라스틱 부품들은 품질 면에서 목재나 철강에 못 미쳤지만 저렴한 비용과 간단한 생산으로 새로운 응용제품들을 대거 창출했다. 또한 플라스틱은 금속과 목재 가치 네트워크에 속했던 응용제품들을 플라스틱 네트워크로 많이 이동시켰다. 30년 전과 오늘날 자동차에 사용되는 플라스틱을 비교하면 그 파괴성을 확연히 구분할 수 있을 것이다.
휴대용 당뇨병 혈당 계량기	이 계량기는 병원 연구소의 대형 혈당 테스트 기계 제조업체를 파괴하였다. 덕분에 당뇨병 환자들은 스스로 혈당 수치를 측정할 수 있게 되었다.

회사명 또는 제품	내용
세일스포스닷컴	저렴하고 간단한 인터넷 기반 시스템을 갖춘 이 회사는 시벨 시스템스 같은 고객 관계 관리(CRM) 소프트웨어에서 선도적인 기업들을 파괴하고 있다.
세이코 시계	세이코 시계가 싸구려 검은색 플라스틱 시계였던 시절을 기억하는가? 세이코, 시티즌과 텍사스 인스트루먼트는 미국과 유럽의 시계 산업을 파괴하였다.
소노사이트	종래에 고가의 장비와 숙련된 기술자의 도움을 필요로 했던 건강관리 전문가들이 이 기업의 초음파 장비 덕분에 환자의 신체 내부를 들여다보고 더 정확하고 시기에 맞는 진단을 하게 되었다. 소나사이트는 존속적 혁신으로 제품 생산을 시도하면서 한동안 갈팡질팡했다. 하지만 지금은 파괴적 혁신으로 큰 진전을 하고 있는 것처럼 보인다.
소니	소니는 소비자 전자제품에서 트랜지스터 사용을 개척했다. 소니의 휴대용 라디오와 텔레비전은 진공관 기술을 사용하여 대형 텔레비전과 라디오를 제조하던 RCA 같은 기업들을 파괴하였다. 1960년대와 1970년대에 소니는 비디오테이프 플레이어, 핸드헬드 비디오 레코더, 카세트테이프 플레이어, 워크맨과 3.5인치 플로피디스크 플레이어 같은 제품을 가지고 일련의 신시장 파괴를 시작했다.
사우스웨스트 항공	사우스웨스트 항공은 혼성형 파괴적 기업이었다. 최초의 전략은 일반 차량과 경쟁하며, 비주류 공항을 이용하는 것이었다. 아울러 가격이 매우 저렴했기 때문에 기존 항공사들의 시장도 잠식했다. 월마트가 오직 하나의 할인매장만을 지탱할 수 있는 시장을 가진 소도시들에서 수익을 보호하고 있는 것처럼 사우스웨스트의 많은 항로들도 동일한 수익 보호 역할을 하고 있다.
SQL 데이터베이스	소프트웨어 마이크로소프트의 SQL 데이터베이스 소프트웨어 제품은 상위시장인 고가의 통합형 기획 시스템으로 이동한 오라클을 파괴하고 있다. 마찬가지로 마이크로소프트의 액세스 제품은 SQL을 파괴하고 있다.
스테이플스 Staples	오피스맥스와 오피스데포 같은 직접적인 경쟁 기업들과 함께 스테이플스는 소규모 문방구점과 오피스용품 유통업자들을 파괴하고 있다.
미니밀	이 책에서 상술한 것처럼 미니밀은 1960년대 중반 이후로 전 세계 종합제철소들을 파괴하였다.
선 마이크로시스템스 RISC	마이크로프로세서로 자신의 시스템을 구축했던 선과 아폴로(HP) 및 실리콘그래픽스는 원래 미니컴퓨터 제조업체들과 동일한 가치 네트워크에 속해 있으면서 그들을 파괴하였다. 역으로 이들 기업은 현재 컴팩과 델 같은 CISC 마이크로프로세서 기반 컴퓨터 제조업체들에 의해 파괴당하고 있다.

회사명 또는 제품	내용
도요타	도요타는 코로나 같은 저렴한 서브컴팩트 차량을 가지고 미국 시장에 진출했다. 이 차량의 저렴한 가격 덕분에 예전에 신차를 구입할 여유가 없었던 사람들이 자동차를 구입할 수 있게 되었다. 현재 도요타는 렉서스를 생산하고 있다. 닛산은 닷산에서 인피니티 생산으로 옮겨갔으며, 혼다는 소형 CVCC에서 어큐라 생산으로 발전했다.
토이저러스	토이저러스는 풀서비스 백화점과 할인매장에서 장난감 매장들을 파괴하였다. 이 매장들은 마진이 높은 상위시장인 의류로 옮겨갔다.
초음파	초음파는 X-레이 화상과 비교하여 파괴적 기술이다. 휴렛 팩커드와 어큐슨과 ATL은 초음파 촬영으로 수십억 달러의 산업을 창출했다. 제너럴 일렉트릭, 시멘스와 필립스 같은 X-레이 장비 제조업체들은 두 가지 놀라운 존속적 기술―CT 촬영과 MRI―로 선두주자가 되었다. 초음파는 신시장 파괴적 기술이었기 때문에 X-레이 제조업체들은 최근까지 초음파 사업에 뛰어들지 않았다.
피닉스대학	피닉스대학은 4년제 대학과 특정한 전문적 졸업 프로그램들을 파괴하고 있다. 처음에는 비즈니스를 위한 직원 교육과정으로 시작되었다. 그러다가 피닉스대학의 프로그램은 다양한 공개 입학 및 학위 부여 프로그램으로 확대되었다. 오늘날 피닉스대학은 미국에서 가장 규모가 큰 교육 기관 중 하나이자 온라인 교육의 선두주자가 되었다.
무인 항공기	원래 이 항공기는 은폐된 대공시설을 탐지하는 원격조정 무인기로 출발했다. 그 후 정찰 역할을 하는 상위시장으로 옮겨갔다. 2001~2002년 아프가니스탄 전쟁에서는 처음으로 한정된 무기 탑재 역할까지 수행했다.
뱅가드	지표형 뮤추얼 펀드는 관리형 뮤추얼 펀드와 비교하여 로우엔드 파괴적 사업이다. 현재 뱅가드의 자산 규모는 아직 파괴되지 않은 뮤추얼 펀드 선도기업인 피델리티매니지먼트에 필적하고 있다.
베리타스와 네트워크어플라이언스	NAS(network-attached storage)와 IP SAN(storage area network)은 EMC 같은 기업들이 제공하는 중앙집중형 스토리지 시스템과 비교하여 엔터프라이즈 데이터 스토리지에 대한 파괴적 접근법이다. 이런 파괴적 네트워크 스토리지 시스템 중 일부는 증설이 매우 간단하기 때문에 사무실 비서도 네트워크에 추가 스토리지 서버를 간단히 설치할 수 있다.
무선 전화	이동 및 디지털 무선 전화기는 25년 동안 유선 전화기와 상대적으로 파괴적 경로를 밟아왔다. 처음에 무선 전화기는 전력을 많이 소비하는 대형 카폰이었다. 하지만 이동 전화기 사용자의 5분의 1이 유선 전화 서비스를 받지 않을 정도로 성능이 향상되었다. 현재 장거리 유선전화 사업은 위기에 처해 있다.

주석

1. 우리는 1장에서 이론 구축의 초기 단계에 학자들이 할 수 있는 최선은 현상의 속성들에 의해 규정되는 범주를 제시하는 것이라고 언급한 바가 있다. 이런 연구는 발전과정에서 중요한 초석이 된다. 이와 관련하여 중요한 저서로는 리처드 포스터Richard Foster의《혁신 : 공격자 우위Innovation : The Attacker's Advantage》(New York : Summit Books, 1986)가 있다. 또 다른 연구에서는 혁신이 완전히 새로운 기술적 역량을 필요로 할 때 리더들이 실패할 것으로 예견하고 있다. 마이클 터쉬먼Michael L. Tushman과 필립 앤더슨Philip Anderson의 "기술혁신에 의한 단절과 조직환경Technological Discontinuities and Organizational Environments", 〈계간 행정과학Administrative Science Quarterly〉(1986)을 참조하라.

   주요 설계에 대한 MIT 교수 제임스 어터백James M. Utterback과 그의 동료들의 연구가 환경 위주 범주를 향해 이론체계를 옮기는 데 특히 도움이 되었다. 제임스 M. 어터백과 윌리엄 애버네시William J. Abernathy의 "프로세스와 제품혁신에 대한 역동적 모델A Dynamic Model of Process and Product Innovation",《오메가Omega 33》, no. 6(1975년), 639~656쪽과 클레이튼 M. 크리스텐슨, 페르난도 수아레즈Fernando F. Suarez, 제임스 어터백의 "산업의 초고속 변화에서의 생존 전략Strategies for Survival in Fast Changing Industries", 〈경영과학Management Science 44〉, no. 12(2001년), 207~220쪽을 참조하라.

2. 까다로운 고객이란 성능향상—더 빠른 속도, 더 작은 크기, 더 나은 신뢰성 등—에 돈을 지불할 용의가 있는 고객을 말한다. 한편 덜 까다로운 고객 또는 까다롭지 않은 고객이란 달리 취사선택할 방도가 없어서 더 낮은 가격에 맞추어 더 낮은 수준의 성

능—느린 속도, 더 큰 크기, 더 낮은 신뢰성 등—을 받아들이는 고객을 말한다.

우리는 이런 궤도를 직선으로 묘사하고 있다. 도표를 그리면 실제로 직선으로 나타나기 때문이다. 이것은 향상된 성능을 이용하는 우리의 능력이 기술의 진보보다는 느리지만 기하급수적 속도로 증가함을 의미한다.

3. 존속적 기술과 파괴적 기술 간의 차이에 관해 읽고 해석하고 말하는 학생들과 경영자들을 지켜본 후 새로운 개념이나 데이터 또는 새로운 사고방식을 선택하여 기존의 정신구조에 맞추려고 하는 일반적인 성향이 있음을 관찰할 수 있었다. 그 결과 많은 사람들이 '존속적 혁신'이라는 용어를 기존의 '점진적' 혁신의 틀과 동등하게, 그리고 '파괴적 기술'이라는 용어를 '급진성', '독창성' 또는 '차별성'이라는 단어와 동등하게 취급했다. 그런 다음 그들은 파괴적 아이디디어가 훌륭하며 투자할 만한 가치가 있다는 결론을 내렸다.

하지만 우리는 이런 상황을 유감스럽게 생각한다. 왜냐하면 우리의 조사 결과는 이 책에 서술되어 있는 것처럼 파괴성에 대한 매우 세부적인 정의와 관련이 있기 때문이다. 이런 이유로 우리는 이 책에서 '파괴적 기술'이라는 용어를 '파괴적 혁신'이라는 용어로 대신하고 있다. 환경을 분류하는 데 있어서 독자들이 부적절한 방식으로 이 개념을 곡해할 가능성을 최소화하기 위해서다.

4. 《성공기업의 딜레마》에서 파괴적 기술에 직면한 기존 기업들이 업계에서 선도적 위치를 고수할 수 있는 유일한 시기는 그들이 완전히 독립적인 조직을 개발하여 완전히 새로운 사업모델을 가지고 완전히 새로운 사업을 구축할 수 있는 특권을 부여할 때라고 한 점을 주목하라.

그리하여 IBM은 미니컴퓨터가 메인프레임 컴퓨터를 파괴할 때 업계 정상에 남아 있을 수 있었다. 그들이 다른 사업 단위를 가지고 미니컴퓨터 시장에서 경쟁했기 때문이다. 개인용 컴퓨터가 등장하자 IBM은 플로리다에 독립적인 사업 단위를 개발함으로써 파괴에 대처했다. 휴렛 팩커드는 개인용 컴퓨터 프린터에서 업계 정상을 유지할 수 있었다. 그들이 레이저젯 프린터를 생산·판매하던 보이스Boise의 프린터 부서와 전혀 다른 잉크젯 프린터를 생산·판매했기 때문이다.

《성공기업의 딜레마》 출간 이후, 파괴에 직면한 많은 기업이 파괴에 대처할 수 있는 독립적 사업 단위를 개발함으로써 파괴의 물결 속에서도 업계 선두주자가 될 수 있었다. 찰스슈왑은 선도적인 온라인 증권사로 자리잡았다. 반도체 테스트 장비 제조 업체인 테라딘Teradyne은 PC 기반 테스트 장비의 선두업체가 되었다. 인텔은 마이크로프로세서 시장의 로우엔드를 개척한 셀러론칩을 도입했다. 우리는 파괴적 혁신 기회에 직면하여 더 많은 기존 기업들이 독립적인 사업 단위를 통해 파괴에 대처하는 법을 익힘으로써 과거 신생기업들과 그들의 벤처자본 후원자들에게 절대적으로 유리했던 상황이 새로운 성장 기회를 모색하는 기존의 선도기업들에 더 유리한 방향으로 전개되었으면 하는 바람이다.

5. 이 주장에 대한 예외는 일본에서 찾아볼 수 있다. 그곳에서는 종합제철소 두 개사가 기존의 미니밀 기업들을 인수했다.

6. 공급과 수요 곡선의 교차점에서 가격이 결정된다는 경제학자들의 단순한 개념으로 이 현상을 설명할 수 있다. 가격은 대량 수요에 부응하는 공급능력을 갖춘 한계수익 생산업체의 현금비용에 끌려가는 경향을 보인다. 만약 한계수익 생산업체가 고비용 종합제철소라면 미니밀은 콘크리트 철근 시장에서 수익을 올릴 수 있을 것이다. 하지만 한계수익 생산업체가 미니밀이라면 콘크리트 철근 가격은 폭락할 것이다. 이와 동일한 메커니즘이 각각의 후속 시장층에서 미니밀의 일시적인 수익성을 파괴하였다.

7. 비용 절감이 경쟁에서의 우위를 가져다주지 못한다는 사실은 다음을 참조하라.
   • 마이클 포터Michael Porter, "전략이란 무엇인가?What Is Strategy?", 〈하버드 비즈니스 리뷰〉, 1996년 11~12월호, 61~78쪽.

8. 특히 우리는 다음과 같은 저서들을 추천하고 싶다.
   • 스티븐 휠라이트Steven C. Wheelwright, 킴 클라크Kim B. Clark 공저, 《신제품개발 혁명Revolutionizing New Product Development》 New York : The Free Press, 1992.
   • 스테판 톰크Stefan Thomke, 《실험이 중요하다Experimentation Matters : Unlocking the Potential of New Technologies for Innovation》 Boston : Harvard Business Press, 2003.
   • 스테판 톰크Stefan Thomke, 에릭 폰 히펠Eric von Hippel 공저, "혁신자로서의 고객 Customers as Innovators : A New Way to Create Value", 〈하버드 비즈니스 리뷰〉, 2002년 4월호, 74~81쪽.
   • 에릭 폰 히펠, 《혁신의 원천The Sources of Innovation》 New York : Oxford University Press, 1988.

9. 이 모델은 미국의 주요 항공사들의 만성적인 수익성 악화에 대한 이유를 명확히 설명하고 있다. 사우스웨스트 항공은 여객기가 아닌 승용차나 버스를 이용할 수 있는 고객들을 놓고 텍사스주에서 경쟁하면서 신시장 파괴적 기업(3장에서 정의하는 개념)으로 진입했다. 사우스웨스트항공은 메이저 항공사들과의 직접적인 경쟁을 피하면서 비非메이저 항공사로 조심스럽게 성장했다. 그들은 만성적인 수익성 악화를 낳는 이런 산업—제트블루, 에어트랜, 피플익스프레스, 플로리다항공, 르노항공, 미드웨이, 스피리트, 프레지덴셜 등과 같은 항공사들—에 대한 로우엔드 파괴적 기업이었다.

다른 산업에서 대부분의 선도기업들은 로우엔드 파괴적 기업들의 공격을 받을 경우,

상위시장으로 이동하여 한동안 수익성을 유지한다. 종합제철소들은 미니밀을 피해 상위시장으로 옮겨갔다. 풀서비스 백화점들도 할인매장들이 낮은 마진의 철물, 페인트, 완구, 스포츠용품, 주방용품 같은 내구재 브랜드들을 공격하자 의류, 가정용 가구, 화장품 같은 상위시장으로 이동했다. 오늘날에는 타겟과 월마트 같은 할인매장들이 서킷시트, 토이스알어스, 스테이플스, 홈데포, 키친스 등과 같은 내구재 할인점들의 공격을 피해 의류, 가정용 가구, 화장품 같은 상위시장으로 옮겨가고 있다.

항공업계의 고민은 메이저 항공사들이 상위시장으로 옮겨갈 수 없다는 것이다. 그들의 고비용 구조 때문에 로우엔드를 포기하는 것이 불가능하다. 따라서 로우엔드 파괴적 기업들이 손쉽게 시장에 진입하여 공격할 수 있다. 하지만 일단 그들 중 한 업체의 규모가 커지자 메이저 항공사들은 일제히 공격을 선포했다. 지금까지 로우엔드 파괴적 기업들이 2년 이상 생존할 수 없었던 이유가 바로 이것이다. 하지만 새로운 기업들에 의한 로우엔드 파괴는 그 시작이 매우 용이했기 때문에 메이저 항공사들은 만족할 만큼 가격을 올릴 수 없었다.

10. 이 내용은 리처드 로젠블룸Richard S. Rosenbloom의 놀라운 논문, 〈기어에서 칩까지 From Gears to Chips : The Transformation of NCR and Harris in the Digital Era〉, working paper, 실무 보고서, Harvard Business School Business History Seminar, Boston, 1988에 실려 있다.

11. 경쟁을 뛰어넘는 존속적 전략을 가진 새로운 성장 기업을 창출하는 것이 불가능하다고 말하는 것은 어리석은 주장일지 모른다. 성공 확률이 매우 희박하다고 말하는 것이 좀 더 정확한 주장일 듯싶다.

예를 들어 1990년대에 EMC는 IBM과 다른 제품구조로 IBM으로부터 하이엔드 데이터 저장 사업을 접수했다. 하지만 EMC의 제품들은 IBM이 제공하는 애플리케이션에서 IBM보다 성능이 더 좋았다. 휴렛 팩커드의 레이저젯 프린터 사업은 앱손 Epson이 시장을 주도했던 도트매트릭스 프린터와 비교하여 존속적 혁신이었다. 하지만 앱손은 기회를 놓쳤다.

제트엔진은 급진적이지만 피스톤항공엔진과 비교하여 존속적 혁신이었다. 롤스로이스와 프랫앤휘트니Pratt&Whitney, 두 피스톤 제조업체들은 성공적으로 제트기 시장으로 이동했다. 하지만 포드 같은 다른 기업들은 그러지 못했다. 제너럴 일렉트릭은 제트엔진 혁명에서 신생기업이었으며 눈부신 성공을 거두었다. 이것은 파괴적 혁신 이론이 설명할 수 없는 예외에 속한다. 비록 우리는 대부분의 경영자들이 사업 경영에 총력을 쏟고 있으며, 경쟁적인 방식으로 그 사업을 관리한다고 생각하고 있지만, 가끔은 경영자들이 임무를 소홀히 하는 것도 사실이다.

12. 예를 들면, 이것은 부분적으로 델 컴퓨터가 성공적인 파괴적 기업이 된 이유를 말해

준다. 델 컴퓨터는 선마이크로시스템스 같은 고비용 워크스테이션 서버 제조업체들과 경쟁하기 위해 상위시장으로의 이동에 박차를 가했기 때문이다. 그 반대로 게이트웨이는 유사한 초기 사업모델을 갖고 있었음에도 델 컴퓨터만큼 성공하지 못했다. 상위시장으로의 이동에 적극적으로 나서지도 않으면서 차별화되지 않은 가격으로 그저 그런 컴퓨터를 판매하려고 고집을 부렸기 때문이다.

우리는 실행 가능한 두 가지 전략 유형—차별화와 저비용—이 존재한다는 마이크 포터 교수의 초기 개념에 이런 통찰을 추가한다면 유용할 것이라 확신한다(마이클 포터, 《경쟁전략》 New York : Free Press, 1980).

파괴적 혁신에 대한 연구는 포터 교수의 작업에 역동적인 특징을 추가할 수 있을 것이다. 기본적으로 저비용 전략은, 고비용 경쟁 기업들이 상위시장으로 옮겨갈 때만 만족스런 수익을 올릴 수 있다. 그 뒤 저비용 경쟁 기업은 고비용 경쟁 기업들과 다시 경쟁할 수 있는 상위시장으로 옮겨가야 한다. 상위시장으로 옮겨갈 능력이 없다면 저비용 전략은 제 기능을 발휘하지 못할 것이다.

13. 클레이튼 M. 크리스텐슨Clayrton M. Christensen, 《성장 기업의 딜레마》(Boston : Harvard Business School Press, 1997) 130쪽을 참조하라.

14. 가치 네트워크 개념은 클레이튼 크리스텐슨의 《성장 기업의 딜레마》 2장, "가치 네트워크와 혁신의 힘Value Networks and the Impetus to Innovate"에 소개되어 있다. 하버드 경영대학원 리처드 로젤블룸 교수는 크리스텐슨의 초기 연구를 조언하면서 가치 네트워크의 존재를 처음으로 확인했다. 여러 가지 면에서 가치 네트워 크의 상황은 노벨상 수상자 존 내쉬John Nash가 개발한 '내쉬 균형Nash equilibrium'과 조화를 이룬다. 내시 균형에서, A라는 기업이 시스템 내에서 다른 기업들의 이기적인 각각의 전략(이익 극대화)을 이해한다고 가정하면, A라는 기업은 현재 추구하고 있는 전략보다 더 나은 전략을 찾아낼 수 없다. 시스템 내의 다른 기업들도 마찬가지다. 따라서 다른 어떤 기업도 변화의 동기를 갖지 못하며, 그 결과 전체 시스템이 변화에 둔감해진다. 동일 가치 네트워크 내의 기업들이 내쉬 균형에 속해 있는 한, 그것은 고객들이 새로운 혁신을 즉각 활용하는 것을 속박하는 장애물을 만들어낼 것이다.

내쉬 균형을 혁신에 적용한 사례로는 최근에 출간된 바스카르 차크라보르티Bhaskar Chakravorti의 《빠른 변화의 느린 속도The Slow Pace of Fast Change》(Boston : Harvard Business School, 2003)가 있다. 비록 차크라보르티 스스로 연결시킨 것은 아니지만 그의 개념은 파괴적 혁신모델에 관한 두 가지 특징을 가시화하는 데 유용한 수단이 되고 있다. 그의 개념은 기술적 발전 속도가 왜 그 발전을 이용하는 고객들의 능력을 앞서가는가 하는 이유를 설명하고 있다. 또한 비소비와의 경쟁, 즉 완전히 새로운 가치 네트워크를 창출하는 것이 장기적으로 볼 때 기존 시장을 공략하는 데 더 손쉬운 방책인가 하는 이유도 설명하고 있다.

15. 어떤 사람들은 기존 선도기업들이 파괴적 혁신에 의해 바로 무너지지 않으면 파괴가 그 힘을 잃어버리는 바람에 공격자들이 궁지에 몰렸다고 결론 내리곤 한다.(예를 들면, 콘스탄티노스 차리토Charitou의 "전략적인 파괴적 혁신에 대한 반응Responses to Disruptive Strategic Innovation", 〈MIT 슬로안 매니지먼트 리뷰MIT Sloan Management Review〉, 2003년 겨울호, 55쪽을 참조하라.) 이런 결론은 현상에 대한 피상적인 이해를 반영하는 것이다. 왜냐하면 파괴는 결과가 아닌 과정이기 때문이다. 파괴의 힘은 모든 사업에서 항상 작용하고 있다. 어떤 산업에서는 그 힘이 산업 전반에 영향을 미치기까지 수십 년이 걸릴 수도 있고, 다른 경우에는 그 기간이 몇 년에 불과할 수도 있다. 그러나 그 힘—경쟁력과 결합하여 이익을 추구하는 힘—은 항상 작용하고 있다.

마찬가지로 다른 저술가들은 업계 선도기업들이 사실상 파괴에 의해 무너진 것이 아니라 교묘하게 그 흐름을 막고 있다고 주장한다. 그런 다음 그들은 파괴적 혁신이론에 오류가 있다고 결론 짓는다. 물론 이것은 잘못된 논리다. 비행기가 하늘을 난다고 해서 그것이 중력의 법칙의 오류를 입증하는 것은 아니다. 엔지니어들이 물리적 힘을 다루는 법을 이해하고 있는 것과 마찬가지다. 따라서 어떤 기업이 파괴적 혁신에 성공했다면 그 이유는 경영자들이 성공을 촉진하는 힘을 이용하는 방법을 알고 있기 때문이다.

16. 클레이튼 M. 크리스텐슨Claryton M. Christensen의 "소매유통에서의 혁신 유형Patterns of Disruption in Retailing", 〈하버드 비즈니스 리뷰〉, 2000년 12월호, 42~45쪽을 참조하라.

17. 결국 월마트는 K마트보다 더 빨리 자산을 회전시키는 과정을 개발할 수 있었다. 덕분에 수익 총액에서 상대적으로 더 높은 수익률을 달성한 월마트는 더 높은 성장률을 꾸준히 유지할 수 있었다.

18. 풀서비스 백화점의 위치에 있는 기업들이 파괴에 맞서 싸우기보다 손쉽게 회피하는 경향을 보이는 이유는 단기적으로 재고와 자산에 대한 회전을 변화시키는 것이 힘들기 때문이다. 풀서비스 백화점들은 고객들에게 좀 더 광범위한 제품[한 카테고리당 더 많은 단품(SKU)] 선택 기회를 제공한다.

반면에 할인점들은 회전이 빠른 품목으로 한정된 제품들을 제공할 뿐만 아니라 일반적으로 모든 물품을 매장에 보관하는 물리적 인프라를 가지고 있다. 이와 대조적으로 백화점은 종종 SKU(단품)를 판매대에 올려놓을 수 있는 한정된 물량의 특정 품목들을 보충하기 위한 창고를 필요로 한다.

따라서 파괴적 할인점이 저가격대 상품에서부터 하나씩 여러 상품으로 백화점의 상품들을 공략해오면 백화점은 쉽게 마진을 떨어뜨릴 수도, 재고 회전율을 높일 수도 없다. 적절한 마진이 보장되는 상위시장으로 이동하는 것이 좀 더 실행 가능하고 매력적인 대안일 뿐이다.

19. 로우엔드 파괴는 경제학자 조지프 슘페터가 말한 '창조적 파괴'라는 용어의 직접적인 사례다. 로우엔드 파괴는 산업 내부에서 비용 절감을 창출하고 있다. 하지만 기존 기업들을 파괴하는 신생기업들이 이런 결과를 달성하고 있다. 이와 대조적으로 신시장 파괴에는 기존 기업들의 파괴가 일어나기 전에 상당 기간 동안 견고한 창조적 개발—새로운 소비—이 수반된다.

20. 파괴의 거시경제학적 영향에 대한 심층적인 탐구는 다음을 참조하라.

- 클레이튼 M. 크리스텐슨Claryton M. Christensen, 스튜어트 하트Stuart L. Hart, 토머스 크레이그Thomas Craig 공저, "위대한 파괴적 혁신The Great Disruption", 〈포린어페어스Foreign Affairs 80〉, no. 2(2001년 3~4월호).
- 스튜어트 하트, 클레이튼 M. 크리스텐슨 공저, "위대한 도약The Great Leap : Driving Innovation from the Base of the Pyramid", 〈MIT 슬로안 매니지먼트 리뷰〉, 2002년 가을호, 51~56쪽.

〈포린어페어스〉에 실린 논문은 1960~1980년대 일본의 경제기적 원동력이 파괴적 혁신이었다고 주장한다. 다른 기업들과 마찬가지로 이런 파괴적 기업들—소니, 도요타, 일본제철, 캐논, 세이코, 혼다 등—은 하이엔드 시장으로 급성장했으며, 현재 각각의 시장에서 세계 최고 품질의 제품들을 생산하고 있다.

하지만 자신들이 파괴한 미국이나 유럽 기업들과 마찬가지로 일본의 대기업들도 더 이상 성장하지 못하는 하이엔드 시장에 묶여 있다. 미국의 선도기업들이 하이엔드 시장에 묶인 후에도 미국 경제가 상당 기간 침체하지 않았던 이유는 회사를 떠난 직원들이 벤처자본을 끌어모아 새로운 파괴적 성장 물결을 일으킬 수 있었기 때문이다. 이와 대조적으로 일본 경제는 노동시장의 유동성과 이를 가능케 하는 벤처자본 인프라가 부족했다.

과거에 일본은 파괴적 혁신에 성공하여 막대한 수익을 올렸다. 하지만 지금은 정체되어 있다. 사실 일본의 거시경제학적 침체는 미시경제학적 상황에서 기인하는 것처럼 보인다. 〈포린어페어스〉의 논문에 토대를 둔 〈MIT 슬로언〉의 논문에서는 오늘날 파괴적 혁신이 실행 가능한 경제적 발전정책이며 개발도상국들이 파괴적 혁신을 위한 이상적인 초기시장이라고 주장하고 있다.

21. 우리는 이 구절에서 사용되는 단어 선택이 중요하다고 생각한다. 고객들이 가치 있다고 여기는 특성에 대해 각각의 제품들이 차별화되지 않을 경우, 흔히 가격이 고객들의 선택기준이 된다. 하지만 어떤 고객이 최저가격의 제품을 구입한다고 해서 경

쟁의 기본축이 비용이라고 말할 수는 없다.

이 질문에 대한 올바른 답은 '기능성, 신뢰성 또는 편리성 측면에서 개선된 부분에 대해 더 높은 가격을 지불할 용의가 있느냐'의 여부다. 성능개선에 대해 고객들이 더 높은 가격으로 보답하는 한, 그것은 성능개선 속도가 고객들이 이용 가능한 제품을 아직 오버슈팅 상태로 만들지 않았음을 보여주는 증거가 될 수 있다. 하지만 이런 추가적 성능개선에 대한 고객들의 한계 이용률이 제로에 근접한다면 사실상 비용이 경쟁기준이 될 것이다.

22. 우리는 이 대목에서 '제품' 전략이라는 용어를 강조하고자 한다. 이 시장에서 작동하는 두 가지의 또 다른 로우엔드 파괴적 전략의 여지가 있는 것처럼 보이기 때문이다. 그 중 하나는 아마 휴렛 팩커드 브랜드를 파괴한 자사 브랜드 전략이 될 것이다. 그리고 다른 하나는 델 컴퓨터 같은 온라인 소매업체의 저비용 파괴적 전략이 될 것이다.

23. 실제로 이런 상황—휴렛 팩커드와 그들의 하부시스템 공급업체에 판매하기 위해 부품을 제조하는 것—에 대한 평가를 위한 네 번째 전략이 존재한다. 이 전략은 4장과 5장에서 좀 더 상세하게 논의될 것이다.

24. 실제로 마쓰시타는 1990년대에 정확히 이런 유형의 존속적 혁신을 가지고 시장진입을 시도했다. 하지만 마쓰시타의 강력한 파나소닉 브랜드와 세계적 수준의 전자제품 조립능력에도 불구하고 마쓰시타는 출혈을 감수하면서 최소한의 시장점유율을 차지하는 데 만족해야 했다.

3장

시장 : **니즈**가 아니라
행동에 주목하라

시장 : **니즈**가 아니라 **행동**에 주목하라

파괴적 혁신전략을 실행에 옮긴다면 어떤 제품을 개발해야 할까? 어떤 시장에 초점을 맞춰야 할까? 이런 세그먼트에 속한 고객들이 제품의 어떤 특징과 기능에 가치를 부여하는지 어떻게 미리 알 수 있을까? 제품의 장점을 고객에게 어떻게 전해야 할까? 지속적으로 가치를 창출할 수 있는 브랜드 확립 전략은 무엇일까?

모든 기업은 고객이 사고 싶어하는 제품을 개발해야 하는 지속적인 도전에 직면해 있다. 하지만 유능한 인재들이 최선의 노력을 기울이는데도 신제품개발은 대부분 실패로 끝나고 있다. 전체 신제품개발 중에서 60퍼센트는 시장에 발을 내딛기도 전에 물거품이 되는 실정이다. 그나마 햇빛을 보는 40퍼센트 중에서도 수익을 올리지 못해 시장에서 사장되는 비율이 40퍼센트에 이른다. 요약하자면 제품개발에 투입된 자금의 4분의 3이 상업적인 성공을 거두지 못하는 셈이다.[1]

신제품을 개발하는 노력은 성공에 대한 기대감에서 시작된다. 하지만 이런 개발은 예기치 않은 방식으로 번창하거나 주저앉는 듯하다. 다시 한번 실패가 전혀 우연이 아니라는 점을 강조한다. 만약 관리자들이 '이론'의 분류단계를 올바로 설정하기만 한다면 실패는 예측 가능하다. 따라서 얼마든지 피해 갈 수 있다.

사업구축을 위한 여러 가지 형태 중에서, 고객들이 구입한 제품이 기업에 수익성을 가져오도록 제품을 개발하려면 정확한 예측이론이 필요하다. 마케터들이 세그멘테이션segmentation(시장분할)을 요구하는 과정은 이론 구축의 분류단계에 해당된다. 경영자들의 시장 세그먼트와 고객들의 구매결정 상황이 서로 맞는 경우라야 경영자들은 어떤 제품이 고객들과 연결될 수 있는지 정확히 이론화할 수 있다. 경영자들이 시장환경에 맞지 않는 방식으로 시장을 세분화한다면 실패를 자초하게 될 것이다. 경영자들이 실체 없는 표적을 신제품의 목표로 삼기 때문이다.

우선 과거와 차별화되는 시장분할 방식부터 살펴보자. 고객들이 특정 '행동'을 하기 위해 제품을 '돈을 내고 이용한다'는 개념에 기반을 둔 이런 접근법은 고객들의 생활방식을 그대로 반영해 경영자들의 시장분할에 도움을 줄 수 있다. 또한 이렇게 함으로써 파괴적 혁신을 위한 기회의 장도 마련할 수 있다.

그리고 이런 세그멘테이션 개념에 접근하면서, 심지어 일류 경영자들까지 잘못된 시장분할로 이끄는 요소들도 살펴볼 것이다. 사실 대부분의 마케터들은 이 장에서 우리가 주장하는 것을 어떻게 실행에 옮겨야 할지 잘 알고 있다. 문제는 활동 중인 기업에서 예측 가능한 요소들이 비생산적인 방식으로 시장분할을 이끌 수 있다는 것이다.

마지막으로 고객들이 원하는 행동에 따라 분할된 시장이 어떻게 다른 중요한 마케팅 문제들—브랜드 관리나 제품 포지셔닝 같은 문제—을 해결하여 파괴적 혁신사업의 성장에 보탬이 될 수 있는지를 살펴볼 것이다.

요약하면 이런 성찰이 파괴적 혁신과 올바른 고객을 연결하는 방법에 관한 이론을 구축한다는 점이다. 즉 시장에서 우선 파괴적 혁신에 대한 발판을 마련한 후 지속적인 성장궤도를 따라 시장의 지배적 제품과 서비스로 발전하는 것이다.

세그먼트 시장에서의 허식과 환경

대부분의 마케팅 기술은 세그멘테이션—동일한 제품이나 서비스에 모두가 호감을 느끼는 유사한 고객 집단을 도출하는 것—에 집중되어 있다.[2] 마케터들은 종종 제품 유형이나 가격대 혹은 고객 개인이나 소비자와 관련된 기업의 인구통계와 사이코그래픽(시장을 분류할 때 쓰이는 소비자의 생활양식 측정 기술)을 통해 시장을 분할한다.

그렇다면 세그멘테이션에 갖은 노력을 기울였는데도 불구하고 이런 분류 또는 세그멘테이션에 토대를 둔 혁신전략이 실패를 거듭하는 이유가 무엇일까? 그것은 이런 방식이 제품과 고객들의 '특성 attribute'에 의해 정의되기 때문이다. 이 책에서 누누이 설명한 것처럼, 특성 위주 분류를 기초로 하는 이론은 특성과 결과 간의 '상관관계'를 설명하고 있다. 하지만 이것은 마케팅 이론이 타당한 인과관계를 설명할 수 있을 때만, 또 고객들을 구매에 나서게 만드는 제품의 특성·기능·포지셔닝에 대해 경영자들이 자신 있게 말할 수 있는 환경 위주의 분류에 그 이론이 기초를 둘 때만 가능한 설명이다.

예측 가능한 마케팅은 고객들이 물건을 구입하고 이용하는 환경에 대한 이해를 전제로 한다. 특히 고객들—개인과 기업들—이 규칙적으로 시작하고 처리하는 일정한 '행동'을 한다면 더욱 그러하다. 고객들은 생활 속에서 자신이 해야 하는 행동을 인식할 때 이를 위해 '돈을 내고 이용할' 수 있는 제품이나 서비스를 찾게 된다.

이것이 바로 고객들이 생활을 경험하는 방식이다. 그들의 사고 과정은 해야 할 행동에 대한 인식에서 시작한다. 그런 다음 그들은 가능한 효율적이고, 편리하고, 저렴하게 일하는 데 보탬이 되는 물건 또는 사람을 이용하거나 고용한다. 고객행동의 기능적·정서적·사회적 특징이 제품을 구입하는 환경을 구성한다. 다시 말해 고객들이 원하는 행동 또는 그들이 달성하려고 하는 결과가 환경 기반의 시장분류를 구성하는 것이다.[3] '고객' 그 자체가 아니라 고객들이 속해 있는 '환경'을 기반으로 하는 제품을 목표로 삼고 있는 기업들은 성공적인 제품을 출시할 가능성이 높다. 한 마디로 분석의 요체는 '고객customer'이 아니라 '환경circumstance'이다.

그 예로 밀크셰이크 매출과 수익향상을 위해 노력하는 퀵서비스 레스토랑 체인을 살펴보자.[4] 레스토랑 체인의 마케터들은 밀크셰이크를 구매할 가능성이 있는 고객을 분석하기 위해 다양한 심리행동적 특성에 따라 고객들을 세크먼트로 분류했다. 그들은 우선 제품 즉 밀크셰이크를 통해 시장을 조직화한 다음 기존 밀크셰이크 고객들의 특성에 따라 시장을 분할했다. 이것은 모두 특성에 기반을 둔 분류 방식이었다.

그리고 나서 이런 특성을 가진 사람들의 집단에 따라 밀크셰이크를 더 진하게 하거나, 초콜릿을 더 첨가하거나, 값을 더 낮추거나, 양을 더 많게 하는 것 등이 그들을 만족시키는지 여부를 조사했다. 레스토랑 체인은 고객들이 무엇을 원하는지 정확한 정보를 확보했다. 하지만 다각적인 제품개선에도 불구하고 매출이나 수익에는 두드러진 변화가 없었다.

그제야 새로운 조사자들은 고객들이 밀크셰이크를 '이용하면서' 진정으로 무엇을 원하는지 이해하기 시작했다. 이런 접근법 덕분에 체인 관리자들은 전통적인 시장조사가 놓친 부분을 확인할 수 있었다. 조사자들은 고객들이 밀크셰이크를 이용하면서 무엇을 원하는지 알아내기 위해 하루 18시간 동안 누가 밀크셰이크를 구입하는지 꼼꼼히 기록했다.

밀크셰이크를 구입한 시간, 고객들이 구입한 또 다른 제품, 고객들이 혼자인지 여러 명인지, 고객이 구내에서 제품을 소비했는지 등을 모두 기록했다. 이 작업을 통해 밝혀진 놀라운 사실은 거의 절반의 밀크셰이크가 이른 아침에 팔렸다는 것이다. 또 이런 고객들은 대부분 밀크셰이크만을 구입했으며, 레스토랑 밖으로 밀크셰이크를 들고나 갔다.

조사자들은 밀크셰이크를 구입하는 시점에 그들이 무엇을 하는지 알아내기 위해 아침에 밀크셰이크를 구입한 고객들과 인터뷰를 했다. 밀크셰이크를 사지 않은 날에는 어떤 제품을 구입했는지도 물어보았다. 아침에 밀크셰이크를 구입한 고객들은 대부분 그 동기가 비슷했다. 그들은 오랜 시간 지루한 통근에 시달렸으며, 지루함을 떨쳐버릴 뭔가가 필요한 상태였다. 그들은 아직 배가 고프지는 않았지만 당장 뭔가 입에 넣지 않으면 10시쯤 허기를 느끼게 될 터였다. 그런데 그들에겐 제약이 있었다. 바쁘게 움직이는 그들은 대개 근무복 차림이었으며, 자유롭게 쓸 수 있는 손은 하나뿐이었다.

이런 상황에서 그들은 종종 베이글을 구입했다. 그래서 베이글 부스러기 때문에 옷과 차 안이 온통 지저분해졌다. 베이글에 크림치즈나 잼이 있으면 손가락과 운전대가 끈적끈적해졌다. 가끔은 바나나를 구입하기도 했다. 하지만 너무 빨리 먹는 바람에 출근하는 동안 지루함을 덜 수 없었다. 아침 식사용으로 레스토랑에서 파는 소시지나 햄 또는 에그샌드위치는 손가락과 운전대를 미끈거리게 만들었다. 또한 제때 먹지 않으면 샌드위치는 차갑게 식었다. 도넛은 10시쯤 허기를 느낄 때까지 뱃속을 든든하게 채우지 못했다.

결국 가장 적절한 대안은 밀크셰이크였다. 조절만 잘하면 가는 빨대로 끈적한 밀크셰이크를 20분 동안 먹을 수 있었다. 출근하는 동안 지루함을 덜기에는 충분한 시간이었다. 게다가 쏟을 위험 없이 한 손으로도 깨끗하게 먹을 수 있었으며, 다른 음식보다 허기도 덜 느껴졌다. 고객들은 건강 부문에서는 밀크셰이크에 만족하지 않았지만 그것은 문제가 되지 않았다. 건강해지려고 밀크셰이크를 '이용하는' 것이 아니었기 때문이다.[5]

조사자들의 관찰에 따르면, 다른 시간대에는 부모들이 아이들을 위한 군것질거리로 밀크셰이크를 구매했다. 그들은 왜 그랬을까? 부모들은 아이들에게 종일 "안 돼!"라고 소리치느라 감정적으로 기진맥진한 상태였다.

그들에겐 단지 분별 있는 부모라는 기분이 필요했을 뿐이다. 그들은 아이들을 달래고, 자상한 부모라는 느낌을 주기 위한 수단으로서 밀크셰이크를 '돈을 주고 이용했다'. 하지만 조사자들의 관찰에 따르면, 밀크셰이크는 제 역할을 하지 못했다. 그들은 식사를 마친 후 초조하게 기다리는 부모들을 목격했다. 아이들은 가는 빨대로 걸쭉한 밀크셰이크를 빨아먹느라 진땀을 빼고 있었다. 대부분의 경우에 부모들이 레스토랑에서 나가야 할 시간이라고 딱 잘라 말할 때 밀크셰이크는 아직도 절반이나 남아 있었다.

인구통계학 또는 사이코그래픽스 기준의 시장 세그먼트는 개인 고객에 대한 정보를 제공한다.[6] 하지만 아침에는 끈적끈적한 밀크셰이크를 원하는 아버지가 나중에 아이들을 위해서는 전혀 다른 특성의 밀크셰이크를 구매한다. 이처럼 여러 가지 특성을 보이는 고객들에게 조사자들이 밀크셰이크의 어떤 특성을 개선해야 하는지 물었을 때, 또 동일한 인구통계학 또는 사이코그래픽스 세그먼트에서 다른 제품의 특성에 대한 고객들의 반응에 대한 평균치를 구했을 때, 고객들의 구미에 딱 맞는 제품은 찾을 수 없었다.[7]

아침 시간에 퀵서비스 레스토랑은 실제로 누구와 경쟁하는 걸까? 통계자료로는 경쟁 레스토랑 체인과 밀크셰이크 매출을 서로 비교해야 할 것이다. 하지만 고객들 마음속에서 아침에 먹는 밀크셰이크는 지루함, 베이글, 바나나, 도넛 또는 커피 같은 인스턴트 아침 음료와 경쟁한다. 저녁에는 쿠키나 아이스크림과 경쟁한다.

고객이 제품을 돈을 내고 이용하는 이유를 알게 된다면 혁신자는 제품개선을 위한 좀 더 분명한 지침을 손에 쥐게 되는 셈이다. 따라서 그들은 고객의 관점으로 진정한 경쟁에서 승리할 수 있을 것이다. 예를 들어 지루한 통근 문제를 해결하기 위해 작은 과일 조각을 밀크셰이크에 섞을 수 있다. 아마 이것은 출근하는 동안의 지루함을 한결 덜어줄 것이다. 운전자들이 향긋한 과일 조각을 입 안에 넣음으로써 지루한 아침의 일상사에서 우연한 기대감을 가질 수 있기 때문이다.(과일은 건강에 더 좋을 수 있다. 하지만 건강 증진은 밀크셰이크의 주요 역할이 아님을 명심해야 한다.) 레스토랑 체인은 더 오래 먹을 수 있도록 밀크셰이크를 더욱 진하게 만들 수 있을 것이다. 또한 고객들이 선불카드로 신속히 밀크셰이크를 구입할 수 있도록 레스토랑마다 자판기를 설치할 수도 있을 것이다.

저녁에는 전혀 다른 특성을 가진 밀크셰이크가 필요하다. 아이들이 빨리 먹을 수 있도록 덜 끈적거리고, 재미있게 디자인된 작은 용기에 담긴 밀크셰이크가 적당할 것이다. 아이들의 패키지 식사에 저렴한 추가 음식 정도면 괜찮을 듯싶다. 그러면 아이들이 조르더라도 부모들은 순순히 아이들의 요구에 응할 것이다.

만약 레스토랑 체인이 이런 식의 혁신을 실행한다면, 고객이 돈을 내고 제품을 이용할 때의 목적과 동떨어진 개선은 필요 없으며, 그들은 성공의 길로 접어들게 될 것이다. 물론 퀵서비스 체인들이나 메뉴의 다른 제품들과 경쟁하면서 밀크셰이크 매출을 끌어올리려고 애쓸 필요도 없을 것이다. 나아가 고객들이 종종 특정한 행동을 위해 이용하는 다른 부류의 제품들도 제 나름의 몫을 하면서 성장하게 될 것이다. 무엇보다 중요한 것은 제품이 '비소비'에서 새로운 성장 요소를 발견하게 된다는 것이다. 비소비와의 경쟁은 종종 가장 커다란 성장 원천을 제공한다. 이 주제는 4장에서 다시 검토할 것이다.

파괴적 혁신의 발단을 얻기 위한 환경 위주의 세그멘테이션 사용

타깃 고객들이 진정으로 원하는 행동을 검토해야 하는 새로운 성장사업의 기획자들은 가장 먼저 파괴적 혁신의 발판—신시장 파괴를 위한 시발점이 되는 초기 제품 또는 서비스—부터 찾아야 한다. 경영자들이 과거에 제대로 처리하지 못했던 일에 꼭 맞도록 파괴적 혁신 제품을 포지셔닝할 경우 그들은 초기의 플랫폼에 위에 구축된 존속적 혁신을 통해 향후 성장을 위한 도약대를 개발할 것이다.[8]

그렇다면 경영자들은 어떻게 이런 발판이 성장 기회임을 확인할 수 있는 걸까? 처음부터 신시장 파괴적 혁신으로 소개되는 제품의 모든 특성을 파악하는 것은 불가능할 것이다. 하지만 고객이 원하는 행동을 알고 있으면, 궁극적으로 고객들이 그 가치를 발견할 가능성이 높은 초기 제품을 시장에 내놓을 수 있다. 이런 목표에 최대한 근접할 수 있는 방법은 고객들이 자신을 위해 무엇을 성취하고, 그것에 관해 어떤 질문을 하는지 유심히 관찰하면서 가설을 준비하는 것이다.[9]

소니의 창업자 모리타 아키오는 고객들이 어떤 행동을 원하는지 관찰한 후 이런 행동에 도움이 되는 해결책과 자신의 관찰을 결합하는 데 탁월했다.

1950년부터 1982년 사이에 소니는 12개의 서로 다른 신시장 파괴적 성장사업을 성공적으로 구축했다. 소니는 1955년에 최초로 배터리를 사용하는 포켓용 트랜지스터라디오를, 1959년에는 최초의 휴대용 솔리드스테이트 흑백 텔레비전을 출시했다. 비디오카세트 플레이어와 휴대용 비디오 레코더는 물론 1979년에 첫선을 보인 이래 지금은 일반화된 워크맨과 1981년에 출시된 3.5인치 플로피디스크도 이런 사업에 속했다. 그렇다면 소니는 엄청난 성과를 낳은 혁신의 발판을 어떻게 발견했을까?

모든 신제품은 모리타와 5명의 공동경영자가 개인적으로 결정을 내리던 시기에 출시되었다. 그들은 고객들이 진정으로 어떤 행동을 원하는지 유심히 관찰하고 질문을 던지는 방식으로 파괴적 혁신의 발판을 모색했다. 그들은 기기 작동에 서툴고 경제적 여유가 많은 사람들이 좀 더 편리하고 저렴하게 사용할 수 있도록 소형화시킨 솔리드 스테이트 전자기술을 이용했다. 모리타를 비롯한 경영진은 파괴적 혁신을 위한 발판을 발견하는 방식으로 대단한 성과를 거두었다.

그러나 흥미롭게도 1981년에 소니의 파괴적 혁신 모험은 종지부를 찍었다. 그 후 18년 동안 새로운 파괴적 성장사업을 단 하나도 착수하지 않았다. 그들은 꾸준히 혁신을 거듭했지만 그것은 '존속적' 혁신에 속했다. 즉 그들은 기존 시장에서 더 나은 제품을 목표로 삼는 혁신을 추구했다. 예를 들어 소니의 플레이스테이션은 훌륭한 제품이다. 하지만 그것은 소니가 완전히 자리 잡은 시장의 최신 제품이었다. 바이오 노트북 컴퓨터도 훌륭하지만 그 역시 기존 시장의 최신 제품일 뿐이었다.

소니의 혁신전략에서 이처럼 급격한 변화가 발생한 이유가 무엇일까? 1980년대 초반에 모리타는 일본 정계에 진출하기 위해 회사 경영에서 한발 물러났다.[10] 그러자 소니는 그를 대신해 MBA 출신의 마케터들을 고용하여 새로운 성장 기회를 모색하기 시작했다. 그들은 시장분할과 시장 잠재력 평가를 위해 정교하고 계량적이며 특성에 기반을 둔 기술을 도입했다.

이런 방식들은 기존 시장에서 미진했던 존속적 혁신이 발전하는 기회를 찾아냈지만, 직관적 관찰을 통한 통찰력을 이끌어내는 데는 약점이 있었다. 아무튼 신시장 파괴에서 초기 제품의 발판을 모색한다면 고객들이 원하는 행동을 관찰하고 탐구함으로써 그들의 요구에 맞는 제품개발의 가능성을 크게 높일 수 있다.

파괴를 지속시킬 수 있는 혁신들

성장의 교두보를 확보하는 것이 전쟁에서 맨 처음 치러야 할 전투다. 기존 제품을 대체할 정도의 혁신이 이루어질 때 괄목할 만한 성장이 이루어진다. 이것이 초기의 혁신과 비교되는 존속적인 발전이다. 다시 말해 갈수록 수익을 주는 고객들의 요구에 부응하여 발전하는 것이다.

로우엔드 파괴의 경우, 상위시장으로 나아가는 일련의 제품향상을 결정하는 것은 그리 어려운 일이 아니었다. 예를 들어 콘크리트 철근 시장에서 입지를 확보한 이후에 미니밀의 다음 행보는 불 보듯 뻔했다. 앵글 철강과 두꺼운 봉강 및 막대강—콘크리트 철근보다 바로 한 단계 높은 품질의 철강—시장으로의 진입이 그것이었다. 타깃 Target의 경우 고가의 풀서비스 백화점에서만 이용할 수 있었던 제품 구색, 브랜드, 고급스런 주위환경 등을 그대로 모방하는 것이 그들의 목표였다. 로우엔드 파괴적 기업의 마케팅전략은 좀 더 수익성 있는 고객들이 이용하는 제품을 향해 저비용 사업모델을 확장하는 것이다.

이와 대조적으로 신시장 파괴의 경우에는 상위시장으로 나아가는 방안을 찾는 것이 힘든 과제였다. 그 궤도에 진입한 적이 아무도 없었기 때문이다. 상위시장으로 나아가는 파괴적 혁신에서는 적절한 개선사항들을 선택하는 것이 매우 중요하다. 여기서는 고객들의 행동에 기반한 세그멘테이션 논리가 도움이 될 수 있다.

지난 10년 동안 가장 활발한 시장 중 하나였던 핸드헬드 무선 전자장비들을 살펴보자. 캐나다의 리서치 인 모션Research in Motion(RIM)이 개발한 휴대용 무선 e메일 장비 블랙베리BlackBerry는 이 분야의 주요 제품이다. RIM은 파괴적 혁신 도표의 세 번째 축의 새로운 한 지점에서 블랙베리의 파괴적 혁신 발판을 발견했다. 즉 그들은 줄을 서서 기다리거나, 공공장소, 회의실 같은 새로운 환경에서 e메일을 주고

받을 수 있는 기능을 도입함으로써 비소비와 경쟁했다.

그렇다면 그들의 다음 행보는 무엇인가? 블랙베리에 대해 RIM은 제품개선과 성장궤도를 어떻게 지속할 수 있을까? 물론 차세대 블랙베리 개발을 위한 새로운 개선 아이디어들이 경영자들의 사무실에 속속 전달되고 있을 것이다. 그렇다면 RIM은 이런 아이디어 중에서 어떤 것에 투자하고, 어떤 것을 무시해야 하는 걸까? 이것은 빠르게 성장하는 시장에서 수억 달러의 수익을 좌우할 수 있는 중요한 결정이었다.

RIM의 경영진은 무선 휴대장비를 비롯한 제품들로 시장에서 경쟁 중이라고 할 수 있다. 만약 그렇다면 그들은 팜 파일럿Palm Pilot, 핸드스프링Handspiring의 트레오, 소니의 클리에, 노키아·모토롤라·삼성의 모바일 기기들, 그리고 컴팩의 아이팩과 휴렛 팩커드의 조다나 같은 마이크로소프트 포켓 PC 기반 장치들을 블랙베리의 경쟁제품으로 간주할 것이다. 이런 경쟁제품들을 앞지르기 위해 RIM은 경쟁사보다 더 빨리, 더 나은 제품을 개발해야 했다. 가령 소니의 클리에는 디지털 카메라 기능이 있다. 노키아의 전화기는 실시간 대화와 음성 메시지 그리고 짤막한 문자 메시지를 제공하고 있다. 팜 파일럿의 편리한 일람표, 롤로덱스(기록보관), 메모 기능들은 업계 표준이 되고 있다. 그렇다면 컴팩과 휴렛 팩커드가 핵심 기능만을 갖춘 워드와 엑셀 소프트웨어를 제공하고 있는 것과 같은 전례를 따르지 않으면 RIM이 경쟁에서 뒤처지게 된다는 것을 의미하는 것일까?

제품 특성에 의해 시장을 정의하면서 RIM의 관리자들은 경쟁에서 이기기 위해 차세대 블랙베리 장치에 이런 기능들을 추가할 필요가 있다고 생각했다. 물론 RIM의 경쟁 기업들 역시 더 우수한 기능으로 경쟁자들을 압박하고 있었다. 하지만 우리는 표 3-1에 나타난 제품 위주의 시장분할이 실제로 차별성 없는 다기능 제품을 향해 무분별한 경쟁을 낳고 있다는 점을 우려하고 있다. 이런 제품은 고객들이 원하

표 3-1

무선 휴대장비 시장을 어떻게 바라보느냐에 따라 타당성 있는 제품 특성이 결정된다

제품 관점	인구통계학적 관점	고객 행동 관점
시장 정의 무선 휴대장비 시장	**시장 정의** 여행 중인 판매사원	**시장 정의** 자투리 시간을 생산적으로 활용한다.
경쟁자 팜 파일럿, 핸드 스프링 트레오, 소니 클리에, HP 조다나, 컴팩 아이팩, 무선 전화기	**경쟁자** 노트북 컴퓨터, 유·무선 인터넷 접속, 유·무선 전화기	**경쟁자** 무선 전화기, 〈월스트리트 저널〉, CNN 공항 뉴스, 지루한 프레젠테이션 듣기, 휴식
고려해야 할 제품 특성 디지털 카메라 MS 워드 MS 엑셀 MS 아웃룩 음성전화 올가나이저(전자수첩) 필기 인식	**고려해야 할 제품 특성** 무선 인터넷 접속 : 데이터에 맞는 주파수 대역폭 다운로드가 가능한 CMR 데이터/기능성 온라인 여행사 무선 접속 온라인 주식거래 e북과 인터넷 기술 매뉴얼 e메일 음성	**고려해야 할 제품 특성** e메일 음성 메일 음성 전화기 수시로 업데이트되는 헤드라인 뉴스 간단한 1인용 게임 흥미로운 '톱 10' 리스트 상시 연결 always on

는 특정 행동에 별로 도움이 되지 않는다.

이에 대한 대안은 인구통계학적 기준—가령 비즈니스 여행객들을 목표로 삼는 것—으로 시장을 분할해 고객의 입맛에 맞도록 블랙베리의 기능을 개선하는 것이다. 이런 과정을 통해 RIM은 다양한 혁신을 모색할 수 있다. 핵심기능만을 갖춘 고객관계관리(CRM) 소프트웨어는 예상보다 중요할 수 있다. 판매원들이 고객과 접촉하기 전에 금전출납 내역과 주문 현황을 재빨리 검토할 수 있기 때문이다.

다운로드가 가능한 전자책 등의 다양한 파일 자료는 서류 가방에 많은 양의 자료를 가지고 다녀야 하는 부담을 덜어준다. 여행 예약을

변경하고 주식을 거래하며 위성을 통해 식당을 찾을 수 있는 부가기능을 갖춘 무선 인터넷 액세스 장치도 고객들의 관심을 끌 수 있다. 본사에 무선으로 보고서를 전송하는 기능을 갖춘 고가의 리포팅 소프트웨어도 요긴한 수단이 될 수 있다.

혁신 프로젝트를 판단하고 투자결정에 참여하는 경영자들은 이런 문제에 답하는 것이 힘든 일임에 공감할 것이다. 그러니 많은 사람이 혁신을 불확실한 주사위 놀이, 한술 더 떠 러시안룰렛 게임으로 간주하더라도 하등 놀랄 일이 아니다.

하지만 RIM이 고객들이 원하는 행동에 따라 시장 세그먼트를 구성한다면 어떻게 될까? 이에 대해 우리는 깊이 있는 조사를 하지 않았다. 하지만 수시로 블랙베리를 꺼내는 것만 보더라도 고객들이 자칫 낭비하기 쉬운 자투리 시간을 활용하기 위해 그 제품을 사용한다는 것을 한눈에 알 수 있었다. 가령 블랙베리 소유자들은 공항에서 대기하는 동안 e메일을 읽는다. 한 경영자는 회의실 테이블 위에 항상 블랙베리를 올려놓았다. 그녀는 왜 그렇게 했을까? 회의가 다소 느려지거나 지루해지면 남의 눈에 띄지 않게 메시지 몇 개를 훔쳐보기 위해서였다. 그것이 좀 더 생산적이었다. 그러다가 회의가 활기를 띠기 시작하면 그녀는 블랙베리를 치우고 다시 주의를 집중했다.

그렇다면 블랙베리는 과연 누구와 경쟁해야 하는 걸까? 자투리 시간을 활용해야 하는 상황에 블랙베리가 없다면 사람들은 무엇을 이용할까? 그들은 종종 무선 전화기나 〈월스트리트 저널〉을 집어든다. CNN 방송을 멍하니 바라보거나 지루한 시간에 흐리멍덩한 눈빛으로 앉아 있기도 한다. 고객의 입장에서 보면, 이런 것들이 블랙베리의 가장 직접적인 경쟁자들이다.

이런 시장구조에서 블랙베리의 기본적인 무선 e메일 기능이 시사하는 바는 무엇일까? 아마 워드와 엑셀과 CRM 소프트웨어는 경쟁에서 밀려날 것이다. 5분이라는 자투리 시간에 이런 소프트웨어를 사용하는 것은 정말 힘들기 때문이다. 스냅식 디지털 카메라가 이런 역할을 할 것 같지도 않다.

하지만 무선 전화 통신은 RIM이 쉽게 선택하는 방안이다. 음성 메시지를 남기고 답하는 것이 자투리 시간을 활용하는 또 다른 방식이기 때문이다. 금융뉴스 헤드라인과 주식정보로 블랙베리는 〈월스트리트 저널〉과 효과적으로 경쟁할 수 있을 것이다. 또한 일인용 게임이나 자동으로 다운로드되는 유머러스한 글이라면 지루함을 덜 수 있을 것이다. 고객들이 원하는 행동을 기준으로 검토하면서 RIM은 고객들의 실제 생활방식을 반영한 혁신사항들을 정할 수 있을 것이다. RIM 주주들에게 좋은 소식은 블랙베리가 이미 이런 궤도에 진입한 것처럼 보인다는 것이다.[11]

하지만 자투리 시간의 완벽한 활용은 간단한 문제가 아니다. 블랙베리에 음성 전화기를 추가하면 전력 소비가 증가할 것이다. 그런데 전통적으로 이것은 존속적 혁신과 관련된 과제였다. RIM이 직면한 최대 과제는 기술 분야 인재가 부족한 것이 아니라 어떤 종류의 문제 해결을 위해 인재를 배치하느냐의 결정이었다.[12]

팜은 어떻게 하고 있을까? 블랙베리의 경우 카메라는 아무 의미가 없다. 그러나 사람들에 대한 정보를 얻기 위해 이용하는 팜 파일럿 같은 제품이라면 의미가 있지 않을까? 단순히 이름이 적혀 있는 명함을 건네는 대신 디지털 카메라가 있으면 사용자들은 개인 이미지도 저장할 수 있을 것이다. 즉 팜 파일럿 사용자들은 사람들 이름은 물론 얼굴까지 기억함으로써 더욱 철저히 준비할 수 있을 것이다.[13]

2000년대 초 일본의 휴대폰 시장에서는 카메라와 포토뷰어를 장착하고, 저화질 사진을 주고받는 데 필요한 데이터 서비스를 제공하는 J폰과 NTT도코모 같은 휴대폰 공급업체의 전략이 눈부신 성공을 거두었다.

그 성공 이유가 무엇일까? 2년 전에 이런 기업들은 도코모의 I-모드 같은 서비스를 통한 무선 인터넷 액세스를 판매하면서 갑작스런 파괴적 신시장을 이끌어냈다. 그 주요 고객층은 월페이퍼와 신호음을 다운로드하며 친구들과 함께 즐기기 위해 휴대폰으로 인터넷에 접속하는 10대들이었다. 그들의 관점에서 보면 카메라와 포토뷰어 기능을 갖춘 휴대폰은 흥미로웠다. 사진을 주고받는 휴대폰이 젊은 층에게 새롭고 즐거운 재미를 선사했던 것이다.

그렇다면 유럽과 북미의 서비스 및 휴대장비 공급업체들도 자신의 전화기에 이런 기능을 집어넣어서 성공을 모방하는 시도를 해야 하지 않을까? 이 글을 쓰고 있는 현재, 우리는 카메라를 장착한 전화기들이 이 시장에서는 서서히 줄어들 것으로 예상한다. 이 시장에서는 휴대폰 사용자들이 대부분 자투리 시간에 일하거나 정보를 교환하는 성인들이기 때문이다. 카메라와 뷰어 기능은 그들의 행동에 별 도움이 되지 않는다. 만약 이미지 전송으로 10대들이 재미를 느끼도록 한 새로운 방식의 휴대폰과 그러한 서비스를 시장에 내놓을 수 있다면, 제품의 이런 기능이 눈에 띄는 성장을 이끌어낼 것이다. 하지만 여러 가지 작업을 하는 성인들이 비즈니스에 활용하는 고가의 기존 기능성 제품을 계속 선호한다면, 그들은 분명 완만한 성장을 이룰 것이다.

만약 RIM이 사람들이 자투리 시간을 활용할 수 있도록 블랙베리를 발전시킨다면, 팜이 사람들이 더 잘 준비할 수 있도록 팜 파일럿을 발전시킨다면, J폰이 10대의 재미를 극대화시킨다면, 그 제품들은 소비자들의 마음속에서 다양하게 차별화될 것이다. 또한 각각의 제품은 저마다 상당한 시장을 점유할 정도로 성장할 수 있을 것이다. 이런 차별화가 가능한 것은 소비자들의 실생활에서 시간과 공간의 차이가 발생하기 때문이다. 아마도 오랜 시간이 지나면 대다수 소비자는 스위스 군용 나이프처럼 기능성과 단순성, 편리성을 갖춘 다기능 제품보다는 개인의 취향에 맞는 제품을 선택하게 될 것이다.

유감스럽게도 이 분야의 많은 제조업체는 현재 충돌 양상을 보인다. 각 기업은 다른 경쟁 기업들의 기능을 하나의 다목적 장치로 통합하려는 경향을 보인다. 이런 흐름이 지속된다면, 고객들이 원하는 행동과 동떨어진 범용제품이 등장할 것이다. 요컨대 고객들이 원하는 행동기준이 아니라, 제품과 고객 특성을 기준으로 시장이 형성된다면 자멸하는 상황이 벌어질 수 있다.

왜 경영자들은 시장을 비생산적으로 분할하는가?

앞에서 여러 가지 측면에서 설명한 내용은 새로운 것이 아니다. 훌륭한 연구자들은 고객이 원하는 행동의 관점으로 바라보는 것이 장래에 고객이 어떤 제품과 서비스에 가치를 부여하는지, 왜 그렇게 하는지 정확히 판단하는 유일한 방법이라고 설득력 있게 기술하고 있다.[14] 실제로 모든 경영자는 고도로 차별화된 제품으로 시장을 지배하는 것이 소망이라고 말한다. 또한 대다수 마케터들은 고객들이 자신들의 제품으로 어떤 행동을 하는지 이해하는 것이 그들의 궁극적인 목적이라고 주장한다.

하지만 이런 소망과 믿음에도 불구하고 왜 많은 경영자들은 다른 방향, 즉 차별화되지 않은 다기능 제품 위주의 시장으로 돌진하는 것일까? 이런 식으로 경영자들이 고객들의 실제 생활방식과 동떨어진 특성 위주의 시장 세그먼트를 위한 혁신을 목표로 삼는 데는 적어도 네 가지 이유가 있다.

처음 두 가지 이유—집중에 대한 두려움과 명확한 수량화에 대한 요구—는 기업의 자원 할당 과정과 관련이 있다. 세 번째 이유는 많은 소매 채널들의 구조가 제품 특성 위주로 이루어져 있다는 것이다. 네 번째 이유는 광고 경제의 영향으로 기업들이 환경보다 고객 위주의 제품을 목표로 삼는다는 것이다.

• 고객행동에 초점을 맞추는 것에 대한 두려움

고객들이 원하는 행동에 부합하는 제품과 서비스 개발에 어려움을 겪는 한 가지 이유는 고객의 특정 행동에 제품을 집중시킬수록 다른 행동을 할 때 제품에 대한 관심도가 낮아지기 때문이다. 유감스럽게도 제품을 이용하는 행동을 구체화하다 보면 오히려 제품을 이용하지 않는 행동들이 더 명확해지곤 한다. 이처럼 고객행동에 대한 집중은 도움은커녕 해가 되기 쉽다.

이것은, 특히 미래가 불확실해 보이는 RIM, 팜, 노키아, HP 같은 기업들에게 골치 아픈 문제다. 현재 각 기업은 고객들의 특정 행동에 어느 정도 치중하고 있다. RIM의 블랙베리와 노키아는 효율적인 시간 관리, 팜의 파일럿은 사람들의 철저한 업무 준비, HP는 컴퓨터 작업에 대한 기본적인 액세스에 많은 비중을 두고 있다.

만약 그들이 제품 분류기준으로 시장을 정의한다면 다른 기업들이 이미 공략한 적이 있는 고객과 응용제품이 가장 돋보이는 성장 기회가 된다. 가령 RIM은 팜의 고객을 빼앗아오기 위해 전자수첩 소프트웨어를 넘보고 있다. 그런가 하면 팜은 자사의 파일럿을 모바일 e메일 장치로 만들기 위해 고심하고 있다.[15] 이런 기업들이 제품분류로 시장을 형성한다면 다기능 제품개발의 성장 가능성이 높아지게 된다.

이와 대조적으로 환경 분류기준의 성장이론을 따르면 RIM은 다른 휴대장치들의 특성을 모방할 필요가 없다. 신문, 휴대폰, CNN 방송, 권태감 등이 그들의 진정한 경쟁자이기 때문이다. 여기에 놀라운 성장 가능성이 숨겨져 있다. 만약 RIM이 이런 경쟁자들을 따돌릴 수 있는 개선된 제품을 만든다면 그들은 성공 가도를 달리게 될 것이다. 나아가 이런 발전궤도를 추구함으로써 제품 차별화는 물론, 꾸준한 수익을 올릴 수 있을 것이다.

자신이 소유할 수 없는 시장에 등을 돌리는 것일 뿐이라는 사실을 이해하기 전까지 고객행동에 집중하는 것은 두려운 일일 수 있다. 하지만 고객들의 행동에 정확히 집중함으로써 신제품개발의 성공 가능성을 현저히 끌어올릴 수 있다.

• 기회의 계량화를 요구하는 고위 경영자들

일선 경영자들이 자원 할당 과정에서 시장조사를 하는 것은 고객과 시장의 작용을 이해하기 위해서가 아니라 기회의 정도를 파악하기 위해서다.

대다수 기업에서 정보통신기술(IT) 시스템의 역할은 경영자들이 더 나은 결정을 내릴 수 있도록 다양한 방식으로 자료를 수집하고 축적하고 요약하는 것이다. 당연히 기록은 도움이 되지만 시장에서 실패할 새로운 제품과 서비스 개발을 유도할 수도 있다. 거의 모든 기업 IT 보고서들은 세 가지 부문, 즉 제품과 고객과 조직부서 중 하나를 중심으로 작성된다. 데이터는 각 제품이 얼마나 많이 팔리고 있는지, 각 제품의 수익이 어느 정도인지, 어떤 고객들이 그 제품을 구입하는지, 고객 서비스 차원에서 이해득실이 어느 정도인지 경영자들에게 알려준다. IT 시스템은 사업부서들의 이해득실도 알려준다. 이를 근거로 경영자들은 자신이 책임지는 조직의 성공을 가늠할 수 있다.

하지만 성공적인 신제품개발 가능성은 축적된 데이터와 동일한 방식으로 고객들의 세계가 구성되어 있다고 경영자들이 가정하는 시점부터 흔들리기 시작한다. 경영자들이 고객의 행동이 아니라 데이터 중심으로 시장 세그먼트를 정의한다면 제품 아이디어가 주요 고객들의 행동과 연결되는지 예측할 수 없게 될 것이다. 경영자들은 시장 세그먼트를 정의하기 위해 이런 데이터를 이용하면서 실체가 없는 목표를 향한 혁신을 도모하게 될 것이다.

제품 기준으로 고객들의 세계를 규정한다면 혁신기업들은 고객들에게 별 의미 없는 제품 특징과 기능을 확장하는 방식으로 경쟁 기업들과의 무모한 경쟁에 매달리게 될 것이다.[16] 인구통계학적 기준으로 시장을 규정한다면 그들은 고객의 다양한 행동들을 종합하여 다기능 제품개발에 나서게 될 것이다. 그리고 조직경계 기준으로 시장을 규정한다면 고객의 행동에 진정으로 도움이 되는 제품개발을 훨씬 더 제약하게 될 것이다.

시장 조사자들이 고객의 행동에 대해 충분히 이해하더라도 자원 할당 과정에서 언급되는 기회의 본질은 시장의 크기에 국한된다. 마케터들에게 이런 개념을 이해했는지 묻는 것은 문제해결 방식이 아니다. '마케팅 마이오피아marketing myopia(근시안적 마케팅)'이라 불리건, 고객들의 실제 행동으로 불리건, 이런 개념은 이미 널리 알려져 있다.[17] 중요한 것은 절차상의 문제다. 일반적으로 고위 경영자들은 고객에 대한 이해가 아니라 기회의 규모를 수량화할 목적으로 시장조사를 이용한다. 그러므로 자원 할당 과정에서 시장구조에 대한 기업들의 발상이 왜곡되기 쉽다.

결과적으로 기업 IT 시스템과 그것을 관장하는 CIO(최고 정보관리 책임자)들은 혁신의 실패를 몰고 올 가능성이 농후하다. 외부에서 입수한 데이터도 동일한 결과를 낳는다. 그것들은 고객행동이 아닌 제품 특성을 기반으로 작성되었기 때문이다.

문제의 해결책은 신제품개발과정에서 성능평가 목적으로 수집된 자료를 이용하지 않는 것이다. 이런 자료가 계량화되는 것을 막아야 한다. 고객행동에 대해 잘못된 정보를 알려주는 데이터이기 때문이다. 물론 고객행동 위주의 시장 또는 환경 위주의 시장 크기와 특성도 수량화할 수 있다. 하지만 이것은 통상적인 조사과정이나 통계적 방법론과는 다른 방식으로 전개된다.[18]

• 채널구조

대부분의 소매 및 유통 채널은 고객들의 행동이 아니라 제품분류에 따라 조직되고 있다.[19] 이런 채널구조는 고객들의 행동에 초점을 맞추려는 혁신기업의 융통성을 제한한다. 왜냐하면 제품들이 한정된 공간의 제품분류 속에 포함되어야 하기 때문이다.

예를 들어 어떤 공구업체는 숙련공들이 문을 매달면서 최소한 7가지나 되는 도구들을 사용하지만 어떤 도구도 이 작업에 적합하지 않았다고 주장했다. 이런 도구들을 집고 내려놓느라 시간만 허비했다는 것이다. 그 회사는 훨씬 쉽게 문을 매달 수 있도록 특화된 새로운 도구를 개발했다. 하지만 그 제품은 대패, 끌, 드라이버, 드릴, 수준기 또는 망치 그 어디에도 속하지 않았다. 그 회사가 소매 체인점의 공구 구매 담당자에게 제품을 소개하자 그는 이런 반응을 보였다. "여기 판매대에 인쇄되어 있는 목록을 보세요. 저희는 드릴과 샌더와 톱을 구매합니다. 적정가격에 가장 마력이 높은 제품들이 이 공간을 차지합니다. 당신이 소개한 제품은 저희에게 별 도움이 되지 않는군요."

이런 현상 때문에 많은 신시장 중심의 파괴적 혁신기업들은 고객들과 연결되는 새로운 채널을 모색하고 있다. 이 주제는 4장에서 논의할 것이다. 만약 어떤 제품에 기존의 소매 또는 도매 채널을 파괴하는 특성이 있다면 그 채널에서는 그런 제품을 판매하지 않을 것이다. 그 결과 성공적인 파괴적 혁신기업들은 종종 그 제품을 이용하여 상위시장으로 이동하면서 기존 채널을 파괴하는 새로운 부류의 소매업자나 유통업자 또는 2차 중간 유통업자를 찾아 나서곤 한다.[20]

고객행동 중심의 파괴적 제품을 판매하는 새로운 채널을 도입하여 이런 문제를 해결하는 방식은 빠른 성장의 혁신을 원하는 경영자들에게 얼핏 어리석은 짓처럼 보일 수 있다. 혹시 기존의 대형 채널이 양적으로 훨씬 빠른 성장을 보장하는 건 아닐까? 아이러니컬하게도 대부분은 그렇지 않다. 새로운 채널을 찾거나 구축하는 것은 어쨌든 기존 채널을 통해 실현할 수 없었던 수익에 대한 포기를 의미한다.

• 광고경제성과 브랜드 전략

마케팅 경영자들이 제품이나 고객 특성으로 시장을 세그먼트하려는 경향을 보이는 네 번째 이유는 고객들과의 커뮤니케이션을 촉진할 수 있기 때문이다. 만약 소비자 시장이 연령, 성별, 생활양식 또는 제품 종류에 따라 분할되어 있다면 커뮤니케이션 전략을 고안하고 비용면에서 가장 효율적인 마케팅 미디어를 선택하는 것이 한결 쉬워질 것이다. 마케터들이 지리地理, 산업 또는 사업규모별로 상업 시장을 분할하더라도 마찬가지일 것이다. 하지만 커뮤니케이션 전략으로 세그멘테이션 계획을 추진할 경우 표적 고객들의 특성이 제품개발과정을 혼란스럽게 만들 수 있으며, 그로 인해 기업들은 타깃고객들의 행동과 동떨어진 제품개발이 진행될 수 있다.

퀵서비스 레스토랑의 밀크셰이크 사례로 돌아가 보자. 인구통계학적 세그먼트에 속한 한 구성원이 있다고 가정하자. 그는 단것을 좋아하는 어린 두 자녀를 둔 마흔 살의 유부남이다. 그는 지루하고 오랜 통근시간을 보내야 하며, 10시경에 허기를 느낀다.

레스토랑 체인은 이런 고객과 어떤 식으로 커뮤니케이션을 해야 할까? 통근의 지루함을 덜어주는 무언가가 아쉬운 때에 자판기에서 끈끈한 밀크셰이크를 신속하게 구입할 수 있다고 설명한다면, 아이들의 성화에 못 이겨 묽은 밀크셰이크를 구입하려고 다시 찾아온 그에게 또 어떻게 설명해야 할까? 혹은 서둘러 점심을 해결하기 위해 햄버거를 찾는다면 또 어떻게 설명해야 할까?

동일한 고객의 개별적인 각각의 행동에 대해 따로따로 커뮤니케이션을 진행한다면 엄청나게 많은 비용이 들 것이다. 그렇다고 고객들의 모든 행동을 한꺼번에 커뮤니케이션한다면 무척 혼란스러울 것이다. 그렇다면 레스토랑 체인은 어떻게 해야 할까?

해답은 고객이 아니라 환경 중심의 제품을 개발하는 것이다. 즉 레스토랑 체인은 고객이 아니라 '환경과의 커뮤니케이션'을 진행해야 한다. 만약 적절한 브랜드전략을 구사한다면 '브랜드'를 가진 환경과 커뮤니케이션이 가능할 것이다. 그럴 경우 특정 환경에 속해 있는 고객들은 자신의 행동에 적합한 브랜드를 직감적으로 떠올리며 그 제품을 구입할 것이다.

애초에 브랜드는 마케터들이 그 의미를 채우는 공허한 단어들에 지나지 않는다. 만약 브랜드의 의미가 고객들의 행동에 부합한다면 실생활에서 그런 행동이 발생할 때 그들은 브랜드를 기억해내고 제품을 구입할 것이다. 고객들은 자신들의 행동에 꼭 필요한 제품이라면 프리미엄이 붙은 가격이라도 마다하지 않는다.

몇몇 경영자들은 로우엔드 중심의 파괴적 혁신 제품이 기존 브랜드에 피해를 주지 않을까 우려한다. 이런 문제는 자신의 기업 브랜드에 제2의 브랜드를 추가함으로써 해결할 수 있다. 우리는 이를 '목적 purpose' 브랜드라 부른다. 왜냐하면 그것이 환경, 즉 파괴적 제품이 이용되는 환경과 커뮤니케이션을 하기 때문이다. 만약 어떤 고객이 자기 행동에 맞지 않는 파괴적 제품을 구입한다면 그것은 고객을 실망시키고, 결국에는 기업 브랜드의 이미지에 먹칠을 하게 된다.[21] 반면 파괴적 혁신 제품이 고객의 행동에 부합한다면 그것은 고객을 즐겁게 하며, 설령 그 제품의 기능이 핵심제품의 기능에 미치지 못하더라도 기업 브랜드의 이미지를 한층 강화할 것이다. 이는 고객들이 자신이 처한 환경을 기반으로 제품의 품질을 정의하기 때문이다.

일회용 카메라를 개발한 코닥의 사례를 살펴보자. 일회용 카메라는 전형적인 신시장 중심의 파괴적 혁신 제품이었다. 일회용 카메라는 저렴한 플라스틱 렌즈를 사용했기 때문에 35mm 카메라로 찍은 사진에 비해 화질이 떨어졌다. 그 때문에 일회용 카메라 사업 기획안은 코닥의 필름부 내에서 격렬한 반대에 부딪쳤다. 결국 코닥은 완전히 다른 부서에 '목적' 브랜드—코닥 펀세이버Kodak Funsaver—를 가진 일회용 카메라를 개발하는 기회를 주었다. 펀세이버는 재미있는 사건을 사진으로 남기고 싶지만 깜빡 잊고 카메라를 갖고 나오지 못한 고객들을 위한 제품이었다. 펀세이버 카메라는 비소비와 경쟁했다. 사진의 품질이 아니라 사진을 찍을 수 있다는 점이 비교의 기준이 되었던 고객들은 저해상도의 품질에 개의치 않고 즐거워했다. 이렇듯 목적 브랜드 개발은 제품을 차별화하고 그 용도를 명확히 했으며 고객에게 기쁨을 안겨주었다. 또한 코닥의 브랜드 이미지도 더욱 강화했다.

호텔 체인인 메리어트Marriott는 고객들이 일상생활에서 경험하는 다양한 상황에 부합하는 브랜드를 개발함으로써 동일한 효과를 보았다. 이런 구성은 새로운 파괴적 사업을 촉진했을 뿐 아니라 메리어트라는 브랜드를 더욱 강화했다. 사람들은 중요한 비즈니스 모임을 가질 때에는 메리어트 호텔을, 저녁에 일할 수 있는 청결하고 조용한 장소를 구할 때에는 비즈니스 호텔 브랜드인 메리어트의 코트야드를 선택한다. 또 가족과 함께 머물 장소를 구할 때에는 메리어트의 페어필드 인을, 집에서 멀리 떨어진 곳에서 숙박 장소를 찾을 때는 메리어트의 레지던스 인을 이용했다. 이런 다양한 명칭에도 불구하고 메리어트 브랜드는 손상을 입지 않았다. 목적 브랜드가 제 역할을 톡톡히 했기 때문이다.

만약 매리엇 마케터들이 코트야드 호텔을 낮은 가격대로 정의되는 세그먼트에 위치시키는 파괴적 혁신을 시도했다면 메리어트 브랜드는 실제로 손상을 입었을 것이다. 하지만 명확하게 정의되는 목적 브랜드의 도움으로 고객들이 다양한 상황에서 다양한 호텔을 이용할 수 있다면, 또 호텔 체인들이 저마다 제 역할을 다한다면, 그들은 모두 고품질 호텔로 간주될 것이다. 또한 그럼으로써 매리엇 브랜드의 입지는 더욱 강화될 것이다. 고객들이 처한 상황과 그들이 이용하는 제품 간의 관계를 완벽하게 연결하는 브랜드전략은 파괴적 혁신을 훨씬 쉽게 할 수 있다.

고객의 행동변화 요구에 따른 위험요소들

일반적으로 사람들이 생활 속에서 얻으려는 것은 쉽게 변하지 않는다. 우리의 파괴적 혁신 연구에서 특정한 시장층에 속한 고객들이 활용할 수 있는 발전궤도들에 거의 변동이 없는 것도 그 때문이다. 이런 점을 감안하면 고객이 과거에 관심이 없었던 행동을 우선시하도록 요구하는 아이디어는 성공 가능성이 낮다. 고객들은 새로운 제품을 이용할 수 있다는 이유만으로 행동에 변화를 일으키지 않는다. 하지만 고객들이 원하는 행동을 더 효과적으로, 더 편리하게 할 수 있다면 새로운 제품은 성공할 것이다.

여기서 사진필름을 파괴하며 성장하려는 디지털 이미징의 잠재력을 살펴보면서 새로운 제품 아이디어의 실행 가능성을 검토해 보자.

디지털 사진이 등장하기 이전에 우리는 사진필름을 어떻게 이용했을까? 우리는 보기 좋은 사진을 원했기 때문에 똑같은 포즈로 여러 장의 사진을 찍곤 했다. 필름을 현상업자에게 맡길 때면 같은 사진을 이중으로 인화해 달라고 주문했다. 그리고 그중에서 잘 나온 사진이 있으면 친구나 친척에게 보낼 수 있도록 사진을 여러 장 더 인화했다. 사진을 가지고 집에 돌아와서는 덮개를 씌운 후 상자나 서랍에 집어넣었다. 모든 이미지 중 약 98퍼센트는 오직 한 차례만 사람들의 눈길을 받았다. 드물긴 하지만 꼼꼼한 사람들은 가장 좋은 사진들을 앨범에 잘 정리했다. 물론 우리들은 대부분 훌륭한 앨범을 가지고 싶어했고, 그럴 의향도 있었다. 하지만 그보다 먼저 해야 할 일들이 있었다.

몇몇 디지털 이미징 기업들은 흥미로운 제안을 했다. "만약 이 소프트웨어를 익힌다면 인물사진에서 눈동자가 빨갛게 나온 부분(적목현상)을 편집하여 지울 수 있습니다." 또 이런 주장도 했다. "이제 당신은 온라인 포토앨범에 당신의 모든 사진을 깔끔하게 정리할 수 있습니다." 하지만 대다수 디지털 카메라 소유자들은 그들의 설명대로 행동하지 않는 것으로 밝혀졌다. 왜 그럴까? 그것이 우선 결정 사항이 아니라고 생각하기 때문이다. 고객들의 과거 행동에 변화를 주는 혁신은 고객의 우선 사항들과 경쟁할 수밖에 없다. 하지만 이것은 아주 힘겨운 경쟁이다.

디지털 카메라 소유자들은 예전 방식대로 자기 카메라를 이용한다. 예를 들면 우리들은 대부분 현장에서 방금 찍은 사진 상태가 좋은지 나쁜지를 확인하기 위해 디지털 카메라를 이용한다. 이미지가 신통치 않으면 즉시 지우고 다시 사진을 찍는다. 동일한 포즈로 여러 번 셔터를 누르는 것과 같은 이치다. 그런 다음에는 이중으로 인화하는 것보다 훨씬 값싸고 편리하게 인터넷을 통해 많은 사람들에게 디지털 사진을 보낸다(우리에게 이메일로 전송된 사진을 본 후 우리가 어떻게 하는지 관찰한 적이 있는가? 우리는 하드디스크의 어떤 폴더에 그 사진을 집어넣는다).

또 다른 사례로 대학교재 산업을 쇄신하는 새로운 기술—특히 인터넷과 e북—을 응용하기 위해 엄청난 시간을 투입하고 있는 경우를 살펴보자. 혁신기업들은 인터넷으로 다운로드한 e북을 보는 타블렛을 개발해서 판매하려고 한다. 교재가 많기도 하지만 종이책으로는 담을 수 없는 엄청난 양의 정보를 간단히 클릭 한 번으로 손쉽게 얻을 수 있기 때문이다. 그렇다면 이런 투자로 비약적인 성장이 가능할까? 우리의 견해는 부정적이다. 비록 대학생들이 정보를 찾으려고 하지만, 유심히 관찰해보면 대다수 대학생들이 정말 원하는 것은 교재를 전혀 읽지 않고 학점을 따는 것이기 때문이다.

하지만 혁신기업들은 학생들이 원하지 않는데도 정보를 손쉽게 얻을 수 있도록 하기 위해 엄청난 자금을 투자했다. 차라리 이 기술로 크램닷컴Cram.com 같은 서비스를 개발했으면 아마 훨씬 적은 자금이 들어갔을 것이다. 크램닷컴은 쉽고 저렴하게 학생들이 벼락치기로 공부할 수 있도록 도움을 주는 유틸리티 프로그램이다. 이 프로그램은 제법 효과가 있는 듯하다. 벼락공부는 예전부터 학생들이 원하던 것이기 때문이다. 대학 캠퍼스에는 교재를 멀리하는 수많은 학생, 즉 거대한 비소비 시장이 존재한다.

로그온을 하면 크램닷컴은 회원들에게 어떤 과목을 벼락공부할 것인지 묻는다. 교수가 학생들에게 읽도록 한 교재목록도 물을 것이다. 그런 다음 그들이 곤란을 겪는 문제 유형에 클릭하도록 한 후에 개별지도로 회원들에게 접근한다.

다음 해에는 아마 크램닷컴은 더 쉽고, 더 빠른 공부가 가능하도록 더욱 향상된 서비스를 제공할 것이다. 이쯤 되면 비양심적인 학생들뿐만 아니라 일부 성실한 학생들까지 고객이 서서히 증가할 것이다. 이삼 년 후에는 대학 구내서점에서 터무니없이 비싼 책값을 불평하는 학생들의 목소리가 들릴 것이다. "너도 알잖아. 우리 형은 작년에 이 과목을 이수했어. 형은 학점은 잘 받았지만 한 번도 책을 산 적이 없어. 학기 초부터 크램닷컴을 이용했거든. 탁월한 선택이었다니까." 바로 이것이다. 고객에게 도움이 되는 신시장 파괴적 혁신은 예전부터 고객이 원했던 것을 실현하는 것이다.

파괴적 혁신의 발판을 확인하는 것은 사람들―미래의 고객들―이 실생활에서 원하는 특정 행동과의 관련성을 의미한다. 문제는 신제품을 위한 사업을 시도하면서 경영자들이 자신이 지각하는 기회의 수량화를 강요받는다는 것이다. 흔히 이런 경우에 제품의 특성 혹은 특정 소비자층의 인구통계학적·사이코그래픽스적 특성을 기반으로 이용 가능한 데이터가 사전에 준비된다. 하지만 고객들이 정말 필요로 하는 것과 제품개발에서 활용되는 데이터 간의 차이가 대다수 기업의 혁신을 '실체가 없는 목표'로 이끌고 만다. 이렇듯 고객이 원하는 행동을 확인하는 작업이 혁신의 발판을 발견하는 작업보다 훨씬 더 중요하다. 오로지 고객의 특정 행동과 제품개발이 지속적인 관계를 형성할 때만, 고객들이 그 용도를 알고 있는 목적 브랜드를 창출할 때만 파괴적 제품들이 비로소 성장궤도에 머물 수 있기 때문이다.

주석

1. 그 예는 도로시 레오나드Dorothy Leonard가 쓴 《지식의 원천Wellsprings of Knowledge》 (Boston : Harvard Business School Press, 1996) 7장을 참조하라.

2. 일부 연구자들(가령 경영학의 고전 《대량 주문Mass Customization》(Boston; Harvard Business School Press, 1992)의 저자 조 파인Joe Pine은 궁극적으로 세그멘테이션(시장분할)이 중요하지 않을 수 있다고 주장한다. 개인 고객들의 수요는 개별적으로 처리할 수 있기 때문이다.

   비록 이것이 가능하다 할지라도 그러기까지는 어느 정도 시간이 걸릴 것이다. 많은 환경에서 이것이 가능하지 않다는 사실을 5장과 6장에서 살펴볼 것이다. 다시 말해 세그멘테이션은 언제나 중요하다.

3. 우리는 시장구조에 대한 이런 식의 접근법을 소개한 우리의 두 동료에게 많은 도움을 받고 있다. 우선 일리노이주 벤슨빌에 위치한 게이지푸드 CEO 리처드 페디 Richard Pedi가 있다. 리처드는 우리를 위해 "고객이 원하는 행동"이라는 용어를 고안했다.

   다른 한 명은 란사나에서 플로리다주를 활동무대로 하는 스트레티진Stretegyn을 운영하는 앤소니 울윅Anthony Ulwick이다. 앤소니는 자신의 컨설팅 업무에서 "고객들이 찾는 성과"라는 구절을 이용하면서 아주 유사한 개념을 개발했다. 그는 이 개념에 관한 많은 논문을 발표했다("고객을 혁신으로 끌어들여라Turn Customer Input into Innovation", 〈하버드 비즈니스 리뷰〉, 2002년 1월호, 91~98쪽). 앤소니는 자신의 고객인 기업들이 그들 고객이 원하는 행동과 관련된 제품을 개발할 수 있도록 이 개념을 이용하고 있다.

우리는 또한 데이비드 선달David Sundahl에게도 신세를 지고 있다. 그는 크리스텐슨 교수의 연구 조수로서 이 장에 등장하는 많은 초기개념의 체계화에 도움을 주었다.

4. 이 부분에서 여러 가지 상세내용들은 해당 기업의 독점권 보호를 위해 수정되었지만 연구와 그 결말의 기본적인 특징은 그대로 간직하고 있다.

5. 이 구절은 네스티드 시스템nested system을 나타낸다. 무엇보다 가장 중요한 행동 내에 는 완벽한 행동을 위해 달성해야 하는 많은 독특한 결과들이 존재한다. 따라서 세그 멘테이션에 관한 우리의 작업에서 사용되는 '결과outcome'라는 용어는 올바른 작업 을 위해 올바른 행동이 필요한 개별적인 결과를 가리킨다.

6. 이른바 '하나의 시장markets of one'으로 향하는 최근의 마케팅 조류에서 이런 문제를 발견할 수 있다. 하나의 시장은 개인 고객들의 모든 욕구에 부응하는 대량 주문 옵션 을 제공하라고 기업에게 주문한다. 하지만 대량 주문은 상당한 대가를 치른다. 더 나 아가 그것은 종종 고객의 구매 결정에 영향을 미치는 주요한 결과지향 논리에 대한 이해도 제공하지 않는다.

그리고 지오코딩geocoding(지리좌표인 GCP를 이용해 지표면과 영상의 물리적 연결 을 시도하는 과정) 같은 정교한 시장조사 도구들은 사람들의 속성에 관심을 두기 때 문에 고객들—각자가 수행하려고 애쓰는 많은 일을 가지고 있는 고객들—에게 의미 있는 시장분할 계획을 산출할 수 없다. 실제로 특정 계층의 사람들과 기업들 내부에 서 행해지는 작업에는 많은 공통점이 존재한다. 그리고 이것은 하나의 시장을 목표 로 삼는 것이 종종 실행 가능하거나 바람직한 마케팅 목적이 될 수 없음을 시사한다.

7. 필요한 결과를 얻을 수 있는 방식을 찾기 위해 제품 범주product categories 전반에 걸쳐 고객들이 관찰하는 것은 심리학적 연구—우리가 어떤 행동을 위해 물건을 사용하는 지, 물건이 그런 목적을 위해 최적화되어 있는지에 대한 이해에 우리의 인식체계가 맞춰져 있음을 입증하는 연구—에 토대를 두고 있다.

예를 들어 지각知覺 이론 연구자인 제임스 깁슨James J. Gibson은 우리가 말하는 일이 나 결과가 반영된 개념인 '어포던스affordance(환경이 유기체에게 어떤 행동을 해야 하는지, 또는 어떻게 행동하는지 등에 대한 여러 가지 정보를 제공하는 것을 일컫는 용어)'에 관해 기술하고 있다.

깁슨은 우리는 노란색이라든가 또는 용량이 24온스라든가 하는 주된 특성이 아닌 결 과를 기준으로 세상을 바라본다고 주장한다. 즉 대상을 바라보면서 우리가 인식하는 것은 그것의 특성이 아니라 '결과'다. 만약 실험에서 필요하다면 우리는 그 차이가 어느 정도인가는 구별할 수 있다. 하지만 대상이 우리에게 제공하는 것은 일반적으 로 우리가 관심을 기울이는 것이다.

예를 들어 바닥ground이라는 대상과 관련해 중요한 것은 그것이 우리가 서 있거나,

걷거나, 어떤 것을 만드는 토대를 제공한다는 것이다. 우리는 바닥 그 자체의 색조나 습기 함유량을 기준으로 바닥을 '이용하지' 않는다. 깁슨의 기준에 따르면, 제품의 어포던스는 그 제품을 이용하여 사용자가 달성할 수 있는 결과를 말한다. 다음을 참조하라.

- 제임스 J. 깁슨, 《시각적 인식에 대한 생태학적 접근The Ecological Approach to Visual Perception》Boston : Houghton Mifflin, 1979, 127쪽.

8. 래리 다운즈Larry Downs와 춘카 무이Chunka Mui가 《킬러앱 분출Unleashing the Killer App》(Boston : Harvard Business School Press, 1998)에서 그 용어를 대중화시킨 이래로 '킬러앱killer app (등장하자마자 경쟁상품을 몰아내고 완전히 시장을 재편하는 제품이나 서비스를 일컫는 말)'은 혁신자들의 성배聖杯가 되었다.

하지만 유감스럽게도 이 연구와 관련해 기술된 내용은 대부분 과거에 성공을 거둔 킬러앱들에 대한 설명으로만 채워져 있을 뿐이다. 우리는 이런 응용사례에 대한 연구가 그것이 킬러앱으로 자리잡을 수 있었음을 밝혀준다고 생각한다. 즉 그 제품이나 서비스가 소비자들이 진정으로 원하는 것—소비자가 하고자 하는 행동이나 일—을 더 편리하게, 더 잘할 수 있게 도와주었기 때문에 킬러앱이 되었음을 밝히는 것이다.

9. 우리가 주 3에서 언급했던 울윅이 운영하는 회사는 고객행동 기준으로 시장을 분류하고, 시장 규모를 평가하는 독창적인 방법을 가지고 있다.

10. 이 정보는 2000년 7월, 미키 슐로프Mickey Schulhoff와의 인터뷰를 통해 우리에게 알려졌다. 슐로프는 20년 동안 소니 아메리카의 CEO를 역임했으며, 그 기간에 이사회의 일원으로 소니에 기여했다.

11. 우리는 이 장에서 언급된 기업이나 제품들에 대해 어떠한 내부 정보도 가지고 있지 않을 뿐만 아니라, 그 제품이나 업무에 대해 어떤 공식적인 시장조사도 수행한 사실이 없다는 점을 분명히 못 박고 싶다. 그럼에도 이런 글을 쓰는 것은 고객과 연계된 제품들에 대한 환경 위주의 범주를 토대로 구성된 이론이 어떻게 과거에는 무계획적인 혁신사업에 명확성과 예측 가능성을 가져다줄 수 있는지를 보다 확실하게 설명하기 위해서다.

12. 이 책에 기술된 대로 실제로 RIM과 노키아는 RIM의 소프트웨어가 노키아의 전화기로 무선 e메일을 사용할 수 있도록 하는 제휴를 선언했다. 이 거래는 두 기업 모두에게 합리적이다. 여러모로 두 회사의 제품은 같은 작업을 하면서 이용되고 있기 때문이다. 결국 무선 전화기와 경쟁하게 될 블랙베리 생산을 선호하게 될지, 아니면 타기업의 무선 전화기 내부에 소프트웨어를 공급하는 편이 더 나을지는 5장과 6장의 이론이 다룰 문제다.

13. 이런 주장을 하는 데 있어서 우리는 아주 불리한 입장에 처해 있다. 왜냐하면 아직 미래의 상황이 닥치지 않았기 때문이다. 그럼에도 이런 분석을 과감히 내놓은 것은 기본원리에 대한 사례를 들기 위해서다.

   십중팔구 무선 휴대장비 제조업체들은 자사 제품에 모든 경쟁 기업 제품들의 최신 특징을 추가하려는 시도에 매진할 것이다. 그 결과 모든 기능을 고루 갖춘 제품이 일 찌감치 업계의 주류를 형성하는 상황에 도달할 것이다. 하지만 이런 상황이 벌어지 더라도 독자들이 "크리스텐슨과 레이너의 주장이 틀렸다."고 섣불리 결론짓지 말기 를 당부한다.

   단언컨대, 모든 기능들을 서로 모방하는 상황이 필연적으로 발생한다 할지라도 각각 의 제조업체가 고객들의 특정 행동에 적합한 특징과 기능에 집중하는 기간이 길수 록, 또 이런 행동과 관련된 마케팅 기간이 길수록 이런 장치의 공급업체들은 더 빨리 성장하게 될 것이다. 다른 기업들과의 경쟁을 통해서가 아니라 고객들의 특정 행동 을 위해 이용하는 다른 제품이나 서비스와의 경쟁을 통해 시장을 점유할 수 있기 때 문이다. 또한 이런 기업들이 특정 행동과 관련된 성능개선에 집중한다면 그들은 차 별성과 수익성을 더 오래 보존할 수 있을 것이다.

14. 다음을 참조하라.
    - 레오나드, 《지식의 원천Wellsprings of Knowledge》
    - 에릭 폰 히펠, 《혁신의 원천Sources of Innovation》 New York : Oxford University Press, 1988.
    - 스테판 톰크, 《실험이 중요하다Experimentation Matters》 Boston : Harvard Business Press, 2003.

15. 물론 모든 기능을 다 갖춘 작은 장치를 지갑에 넣어 다닐 수 있다면 모든 고객들이 그 제품을 원할 것이다. 하지만 제품에 다양한 기능을 추가하려면 이에 상응하는 기 술이 필요하다. 소프트웨어는 집중된 작업 수행을 위해 단일한 물리적 플랫폼에 들 어가는 비용을 더 저렴하게 만든다.

    하지만 이런 상황에서도 기업은 단일 하드웨어 플랫폼을 사용하여 특정 행동에 최적 화된 특정 제품을 시장에 내놓는 것이 바람직하다. 여러 가지 행동을 동시에 할 수 있도록 다양한 기능을 결합한 전자제품들은 스위스 아미나이프—훌륭한 칼, 엉성한 가위, 허술한 병따개, 조악한 드라이버를 갖춘—와 흡사해질 가능성이 있다. 아무튼 고객들이 필요로 하는 행동이 특정 시간과 공간에서 행해지는 한 우리는 고객들이 다목적 장치들을 계속 가지고 다닐 것으로 예상한다. 아마도 여러 가지 기능을 하나 로 합친 만능제품이 모든 작업을 다 수행할 수 있기 전까지는 그럴 것이다.

16. 이런 상황에 대한 대표적인 사례로는 쿡북스Quickbooks로 재무회계 소프트웨어 시장

을 파괴한 인튜이트Intuit가 있다. 1990년대 초반까지 유일하게 이용 가능한 소프트웨어는 회계사들을 위해 회계사들이 기록한 것뿐이었다. 그들은 제품 기준으로 시장을 정의했기 때문에 다른 재무회계 소프트웨어 제조업체들을 경쟁자로 간주했다. 이런 상황에서 경쟁자들보다 앞서 나가는 방법은 일종의 군비확장 경쟁, 즉 성능강화에 더욱 매진하는 것이었다. 다시 말해 새로운 기록과 분석 형태로 특징과 기능성을 가급적 빨리 추가하는 것이었다. 업계는 차별화되지 않는 만능제품에 점점 집중하기 시작했다. 모든 기업들이 제품 속에 가능한 모든 기능을 추가했던 것이다.

인튜이트의 마케터들은 개인용 재무관리 소프트웨어인 인튜이트의 퀵큰Quicken을 사용하는 고객들이 제품을 사용하는 동안 어떤 행동을 하는지 꾸준히 지켜보았다. 놀랍게도 그 과정에서 그들은 대다수 퀵큰 사용자들이 소기업의 재무정보를 얻기 위해 그들의 제품을 사용한다는 사실을 알게 되었다. 기본적으로 그것은 현금흐름을 파악하는 것이었다. 이런 소기업 사장들은 자기 사업의 세세한 부분까지 훤히 알고 있었으며, 소프트웨어 공급업체들이 그 제품 속에 깔아놓은 모든 재무기록과 분석을 필요로 하지 않았다. 인튜이트는 소기업 사장들이 원하는 작업에 적합한 퀵북스 개발에 착수하여 눈부신 성공을 거두었다. 2년 후 그들은 경쟁제품들보다 기능이 훨씬 단순해진 파괴적 제품을 가지고 시장의 85퍼센트를 점유했다.

17. 테오도르 레빗Theodore Levitt은 마케팅 문제에 관해 연구하고 글을 쓰는 사람들 중에서 이런 관점에 대한 주요한 지지자였다.

크리스텐슨은 MBA 학생 시절에 레빗이 했던 말을 지금도 기억하고 있다. "사람들은 4분의 1인치 '드릴'을 구입하고 싶어하지 않는다. 그들이 원하는 것은 4분의 1인치 크기의 '구멍'이다." 다시 말해 그들에게는 해야 할 일이 있고, 그 일을 하기 위해 돈을 주고 뭔가를 이용한다. 이 원리에 관해 가장 널리 알려진 설명은 테오도르 레빗의 "근시안적 마케팅Marketing Myopia", 〈하버드 비즈니스 리뷰〉, 1975년 9월호(재판 75507)에 실려 있다.

18. 고객행동과 관련된 시장 세그먼트의 규모를 측정하는 방법에 대해서는 다음을 참조하라.
    • 앤소니 W. 울윅, "고객을 혁신으로 끌어들여라Turn Customer Input into Innovation", 〈하버드 비즈니스 리뷰〉, 2002년 1월호, 91~98쪽.

19. 우리는 빅아이디어그룹Big Idea Group의 창업자 겸 CEO인 마이크 콜린스Mike Collins 에게 고마움을 느끼고 있다. 마이크는 이 장의 초고를 검토했다. 그의 통찰력이 우리에게 너무나도 많은 도움을 주었다.

20. 홈데포와 로스Low's 같은 몇몇 파괴적 소매기업들이 기존 소매업체들을 성공적으로 파괴할 수 있었다. 그 기업들은 고객들이 원하는 행동에 중점을 두고 조직되었기

때문이다.

21. 많은 마케터들이 제품에 대한 속성 위주 분류에 따라 시장을 분할하는 경향을 보인다. 유감스럽게도 그 때문에 그들은 종종 제품과 브랜드를 동일하게 취급한다. 때로는 브랜드가 고객들이 원하는 행동과 잘 들어맞지 않는 총괄적인 의미로 사용되기도 한다.

그러나 대부분의 광고업자들은 매우 광범위한 제품들을 수용할 수 있을 정도로 융통성 있는 의미의 브랜드를 원하기 때문에 많은 브랜드들이 고객들이 원하는 행동과의 관련성을 상실하고 있다. 이런 상황이 벌어지면 고객들은 특정환경에서 자신이 원하는 행동을 하기 위해 어떤 제품을 구입해야 할지 혼란을 겪게 된다.

THE INNOVATOR'S SOLUTION

4장

고객 : 소비하지 않는 고객에게 눈을 돌려라

고객 : 소비하지 않는 고객에게 눈을 돌려라

어떤 고객을 목표로 삼아야 할까? 미래의 성장을 위해 가장 가치 있는 고객층은 누구일까? 우리가 최대시장을 목표로 추구한다면 성장 가능성을 최대화할 수 있을까? 경쟁 기업들이 목표로 삼는 고객층을 어떻게 예측할 수 있을까? 우리 제품을 가장 적극적으로 수용할 매출 및 유통 채널은 누구일까? 그들은 시장에서 최대한 빠른 성장에 필요한 자원을 기꺼이 투자할까?

2장의 메시지는 존속적 혁신이 기존 사업 성장에 중요하다 할지라도, 새로운 성장사업을 구축할 때는 파괴적 혁신전략이 성공할 가능성이 더 높다는 것이다. 3장의 메시지는 경영자들이 종종 고객들의 행동이 아니라, 그들이 입수한 데이터를 토대로 시장의 세그먼트를 시도한다는 것이다. 이처럼 결점이 있는 세그멘테이션 계획을 이용하면 고객들이 정말로 원하는 것과 무관한 것을 목표로 삼기 때문에 종종 고객들이 원치 않는 제품을 출시하게 된다.

이 장에서는 후자와 관련이 있는 두 가지 문제를 제기할 것이다. 성공적인 성장사업 구축에 탄탄한 기반이 될 가능성이 가장 높은 초기 고객들은 누구인가? 또 그들과 어떻게 접촉해야 하는가?

로우엔드 중심의 파괴적 혁신을 위한 이성적인 고객을 찾는 것은 그리 어렵지 않다. 그들은 주력제품 사용자들로서 성능이 개선된 제품에 큰 관심이 없어 보인다. 즉 그들은 성능이 개선된 제품을 받아들일 용의는 있지만, 프리미엄 가격을 지불할 생각은 없는 듯하다.[1] 로우엔드 중심의 파괴적 혁신에서 성공의 열쇠는 로우엔드 사업에 필요한 할인가격에서 충분한 수익을 올릴 수 있는 사업모델을 고안하는 것이다.

파괴적 혁신모델의 세 번째 축에서 신시장 고객들(혹은 "비소비자들")을 찾아내는 것은 훨씬 힘든 일이다. 현재 비소비자들이 이 영역에서 소비를 시작할지 아닐지를 어떻게 알 수 있을까? 극히 일부 고객들만 제품을 이용한다면 비소비자들의 일상생활에서 그 제품이 필요하지 않다는 사실을 증명하는 셈이 되고 만다. 신시장 중심의 파괴적 혁신의 실용성에 대해 '고객행동 문제'가 초기에 중요한 기준이 되는 것도 그 때문이다. 비소비자들이 과거에 한 번도 사용해본 적이 없는 제품은 성공할 가능성이 희박하다.

예를 들어 1990년대에 많은 기업은 미국 가정에서 아직 컴퓨터를 소유하지 못한 가구 수가 상당한 비율을 차지한다는 점에서 성장 가능성이 높다고 생각했다. 그들은 이러한 비소비의 원인이 컴퓨터 가격이 비싸기 때문이라고 판단하고 200달러 안팎으로 컴퓨터의 기본 기능과 인터넷 접속이 가능한 응용제품을 개발하자는 결론을 내렸다. 오라클Oracle을 비롯한 많은 유명기업들이 이 시장을 개척하려고 심혈을 기울였다. 하지만 그들의 시도는 실패로 끝났다. 우리는 저렴한 컴퓨터가 해결책인 이러한 비소비층에 대해 적절한 대응이 이루어지지 않았다고 생각했다. 3장에서 살펴보았듯이 이런 환경은 바람직한 성장 기회가 아니다.

한편 제품이 너무 비싸거나 복잡한 탓에 사람들이 제대로 이용할 수 없는 경우에도 비소비가 발생한다. 사람들은 이런 제품을 사용하면서 불편하고 비경제적이며 불만족스럽다는 기분을 느낀다. 하지만 이런 비소비 유형에 성장 기회가 잠재돼 있다. 신시장 파괴적 혁신은 과거에 돈이나 능력 부족으로 어떤 제품을 이용할 수 없었던 사람들이 이제는 그 제품을 구입해 이용하게 되는 혁신을 말한다. 지금부터 우리는 이런 유형의 상황, 즉 어떤 제품을 필요로 하긴 하지만 과거에는 돈이나 능력부족으로 그 제품을 감당할 수 없었던 상황에 대해 '비소비자nonconsumer'와 '비소비nonconsumption'라는 용어를 사용할 것이다.

이제 우리는 신시장 파괴에 대한 세 가지의 간략한 사례연구부터 시작하여 신시장 파괴의 발판이 되는 고객과 응용제품과 채널들을 정형화하는 일반적인 패턴을 검토할 것이다. 또한 역사적으로 왜 극소수 기업들만이 성장을 위한 기반으로 비소비를 조사했는지도 살펴볼 것이다.

신시장 중심의 파괴적 혁신 : 세 가지 사례의 변천사

신시장 중심의 파괴는 파괴가 발생한 시점의 산업이나 시대 유형에 상관없이 놀라우리만치 일관성 있는 패턴을 따르고 있다. 이런 패턴을 종합하기 위해 우리는 세 가지 파괴부터 살펴보고자 한다. 첫 번째는 1950년대부터 시작된 파괴이고, 두 번째는 1980년대부터 현재까지 지속된 파괴이며, 세 번째는 이제 막 시작되고 있는 파괴다. 놀랍게도 우리가 검토한 사례들을 물론 다른 많은 사례들에서도 디스럽티(파괴당한 기업들)들이 세대를 걸쳐 유사한 오류를 반복적으로 범한다는 것을 알 수 있었다. 지금 이 순간에도 수많은 기업들이 예측 가능한 실수를 거듭하면서 디스럽터(파괴하는 기업)들에게 이용당하고 있다.

• 트랜지스터에 의한 진공관의 파괴

AT&T의 벨연구소 과학자들은 1947년에 트랜지스터를 발명했다. 트랜지스터는 예전 기술인 진공관에 비해 파괴적 혁신이었다. 초창기 트랜지스터 업체들은 1950년대 전자제품들—탁상형 라디오, 바닥 설치형 텔레비전, 초기 디지털 컴퓨터, 군사용 및 상업용 통신제품들—에 필요한 전력을 조절할 수 없었다. 그림 4-1의 가치 네트워크에 나타나 있는 것처럼 RCA 같은 진공관 제조업체들은 벨연구소로부터 트랜지스터 사용 허가를 받아 자신의 연구소에 그 기술을 도입했다. 그들은 수억 달러를 투자하여 시장에서 이용 가능한 솔리드스테이트(고체소자) 기술개발에 나섰다.

진공관 제조업체들이 기존 시장을 표적으로 삼아 연구소에서 연구

그림 4-1

진공관과 트랜지스터 가치 네트워크

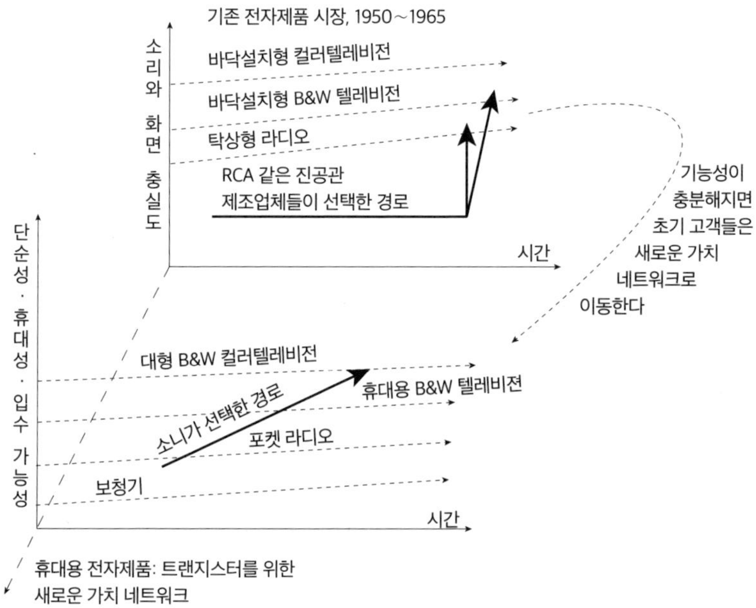

소리와 화면 충실도

기존 전자제품 시장, 1950~1965

바닥설치형 컬러텔레비전

바닥설치형 B&W 텔레비전

탁상형 라디오

RCA 같은 진공관
제조업체들이 선택한 경로

시간

기능성이
충분해지면
초기 고객들은
새로운 가치
네트워크로
이동한다

단순성 · 휴대성 · 입수 가능성

대형 B&W 컬러텔레비전

소니가 선택한 경로

포켓 라디오

휴대용 B&W 텔레비전

보청기

시간

휴대용 전자제품: 트랜지스터를 위한
새로운 가치 네트워크

에 매진하는 사이에 파괴적 혁신 도표의 세 번째 축에 해당하는 새로운 가치 네트워크에 첫 번째 응용제품이 등장했다. 주류 시장의 트랜지스터 업체들을 무색하게 만든 저전력 소비 제품인 게르마늄 트랜지스터 보청기가 그것이다. 그 무렵인 1955년 소니는 세계 최초로 배터리 전력을 이용한 포켓용 트랜지스터 라디오를 출시했다. 이것은 저전력 소비형, 견고성, 압축성 같은 주류 시장과 무관한 특성을 가진 응용제품이었다.

RCA에서 제조한 탁상형 라디오와 비교하면 소니의 포켓용 라디오의 음질은 금속성에다 단조로운 느낌이 들었다. 하지만 소니는 새로운 가치 네트워크에서 '비소비와의 경쟁'을 선택함으로써 성공의 길로 접어들었다. 탁상형 제품을 소유한 소비자들을 대상으로 마케팅에 나서는 대신 소니는 대형 진공관 라디오를 구입할 경제적 여유가 없는 10대들을 표적으로 삼았다. 휴대용 트랜지스터 라디오는 그들이 쉽게 접할 수 없었던 즐거움을 제공했다. 부모의 잔소리가 들리지 않는 새로운 장소에서 친구들과 음악을 들을 수 있는 기회가 생긴 것이다. 10대들은 성능은 좋지 않지만 휴대가 가능한 워크맨 구입에 열을 올렸다. 그들이 원하는 것은 라디오 그 자체가 아니었기 때문이다.

1959년에 그 다음 응용제품이 등장했다. 소니가 도입한 12인치 휴대용 흑백 텔레비전이 그것이다. 소니의 전략은 또다시 비소비와의 경쟁이었다. 이로써 고정형 텔레비전을 설치할 공간이 부족한 작은 아파트에 거주하는 많은 소비자가 이 제품을 이용하게 되었다. 이 고객들은 기존 시장의 대형 TV에 비해 성능이 떨어지는 제품이지만 크게 만족했다. 그들이 원한 것은 텔레비전 그 자체가 아니었기 때문이다.

이처럼 트랜지스터를 이용하는 새로운 시장이 출현했지만, 전통적인 진공관 제품 제조업체들은 별다른 아픔을 느끼지 않았다. 소니가 그들의 고객과 경쟁하지 않았기 때문이다. 더욱이 연구소에서 반도체를 이용한 전자제품개발에 적극적으로 나섰던 진공관 제조업체들은 미래를 위한 작업이라며 자위하고 있었다. 마침내 반도체를 이용한 전자제품들이 대형 텔레비전과 라디오에 필요한 전력을 조절할 수 있을 정도로 성능이 우수해졌다. 그러자 소니와 소매업자들은 그림 4-1에 나타난 것처럼 최초의 사분면에서 고객들을 빼앗아 갔다. 몇 년 후 취약한 RCA 같은 진공관 기반 기업들은 시장에서 사라졌다.

소니가 비소비자를 표적으로 삼은 것은 두 가지 측면에서 놀라운 효과를 발휘했다. 첫째, 고객들의 평가 기준점이 텔레비전이나 라디오 그 자체가 아니었기 때문에 그들은 단순한 기능의 저렴한 제품에도 크게 만족했다. 따라서 소니가 극복해야 할 성능 문제는 그리 어렵지 않았다. 상업화 이전의 연구개발 투자비도 진공관 제조업체들에 비해 훨씬 적은 수준이었다. 기존 시장에서는 성능 면에서 극복해야 할 장벽이 매우 높았다. 반도체를 이용한 전자제품들이 진공관보다 성능 면에서 우수할 때만 고객들이 그 제품을 받아들였기 때문이다.[2]

둘째, 소니의 매출은 RCA를 비롯한 경쟁 기업들이 위협을 감지하기 전에 이미 상당한 수준으로 성장했다. 심지어 로우엔드 진공관 제품과 경쟁할 정도로 성능이 향상된 이후에도 소니의 공격에 대해 무감각하게 반응했다. 소니가 최초의 가치 네트워크에서 새로운 가치 네트워크로 고객들을 끌어오기 시작하자 진공관 응용제품 제조업체들은 최저 마진 제품을 구입하는 고객들이 떨어져 나간 것을 오히려 달갑게 여기는 듯했다. 그들은 상위시장인 컬러텔레비전에 적극적으로 매진했다. 컬러텔레비전은 최초의 가치 네트워크에서 만족스러운 수익을 안겨주는 크고 복잡한 기계였다. 그 결과 파괴당하고 있는 와중에도 진공관 기업들의 마진은 실제로 좋아지고 있었다. 소니에 반격을 가해야 할 정도의 위기 상황이 아니었던 것이다.

그런데 막상 위기가 닥치자 진공관 제품 제조업체들은 새로운 기술로 전환하여 고객들을 과거의 사업모델로 되돌릴 수 없었다. 그들의 사업모델과 유통 및 판매 채널의 비용구조가 경쟁력이 없었기 때문이다. 그들이 고객을 다시 확보할 수 있는 유일한 방안은 새로운 가치 네트워크에 자신의 기업을 재배치하는 것이었다. 거기에는 전혀 다른 유통 채널로 옮겨가는 구조조정이 수반되었다.

진공관 기반 응용제품들은 가전제품점에서 주로 판매되었는데, 그들은 이미 팔린 제품에서 타버린 진공관을 교체하는 일로 큰 수익을 올리고 있었다. 가전제품점은 반도체를 이용한 텔레비전이나 라디오 판매를 통해 수익을 올릴 수 없었다. 타버리는 진공관이 없었기 때문이다. 그래서 소니를 비롯한 여타 트랜지스터 기반 제조업체들은 새로운 가치 네트워크에 속한 새로운 채널을 개발해야 했다. F.W.울워스 같은 체인점과 코르벳과 K마크 같은 할인점이 그것이었다. 예전에 그들이 라디오와 텔레비전을 판매하지 않은 것은 진공관을 A/S할 능력이 없었기 때문이었다. 뒤늦게 RCA와 동종 기업들이 반도체를 이용한 제품을 생산하기 시작하면서 할인유통 채널을 찾아 나섰지만, 매장에는 이미 그들을 위한 여유 공간이 없었다.

물론 RCA와 동종 기업들이 새로운 기술에 적극적인 투자를 하지 않았기 때문에 몰락한 것은 아니다. 그들이 몰락한 이유는 가장 규모가 크고 명확한 시장—기존 제품보다 더 비싸거나 더 나은 성능의 제품을 판매함으로써 확보할 수 있는 고객들로 가득 찬 시장—에서 억지로 파괴적 혁신을 시도했기 때문이다.

• 풍선확장술 : 심장질환에서의 파괴

좁아진 혈관에 시술하는 풍선확장술은 현재 진행 중인 신시장 파괴의 또 다른 사례다. 1980년대 초반 이전에는 사망 확률이 높은 심장질환 환자들만이 중재요법을 받을 수 있었다. 이 시장에는 많은 비소비층이 있었다. 심장질환으로 고통받는 사람들은 대부분 이렇다 할 치료를 받지 못하고 있었다. 하지만 풍선확장술 덕분에 새로운 집단의 공급업자들—심장병 전문의들—은 예전에 치료가 불가능했던 막힌 동맥 속으로 카테터(도관)를 삽입하고 풍선을 부풀려 관상동맥 질환을 치료할 수 있게 되었다.

하지만 이 방법은 종종 비효율적이었다. 일 년도 되지 않아 환자의 절반이 동맥이 다시 막히는 재발 협착증으로 고통을 받았기 때문이다. 하지만 절차가 간단하고 저렴했기 때문에 부분적으로 동맥이 막힌 환자들이 많이 치료받기 시작했다. 심장병 전문의들도 혜택을 받았다. 구태여 심장병 수술을 권할 필요 없이 두둑한 치료비를 챙길 수 있었기 때문이다. 그 결과 풍선확장술은 심장의료 분야에서 새롭게 성장한 거대한 시장이 되었다.

만약 풍선확장술 개발자들이 존속적 기술—바이패스 수술(관상동맥 우회수술)보다 더 나은 대안 기술—로서 풍선확장술을 시장화하려는 시도했다면 효과를 보지 못했을 것이다. 풍선확장술은 처음부터 혈관이 막히는 까다로운 문제를 해결할 수 없었다. 심장병 의사들이 바이패스 수술 대신 풍선확장술을 선택할 정도로 기술을 향상시키려는 노력에는 엄청난 비용과 시간이 수반될 것이기 때문이다.

풍선확장술 개발자들은 로우엔드 파괴적 혁신—경증 환자 치료를 위한 더 저렴한 방식의 심장수술—으로서 그 기술을 상업화할 수 없었을까? 답은 그럴 수 없다는 것이다. 환자들과 의사들은 바이패스 수술의 효능이 아직 유효하다고 생각했다.

성공적인 파괴적 혁신자들은 세 번째 접근법을 선택했다. 증상이 경미한 환자들은 대안보다 더 나은 치료를 받을 수 있고, 심장병 전문의들은 그런 환자들을 수익성 있는 자신의 영업으로 끌어들일 수 있는 방식이었다. 예전에 이런 환자들은 병이 깊어질 때까지 기다렸다가 비용이 더 많이 드는 전문가들로부터 치료를 받아야 했다.

그림 4-2는 이런 파괴적 혁신이 초대한 성장을 보여주고 있다. 홍미롭게도 아주 오랜 기간 심장병 바이패스 수술은 꾸준히 성장했다.

그림 4-2

풍선확장술과 바이패스 수술의 시술 횟수(단위: 천 회)

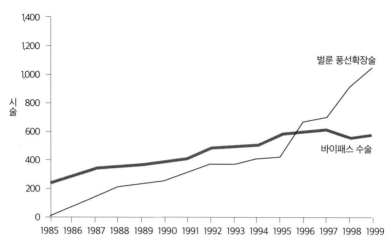

참고: 외래환자 및 종합병원이 아닌 곳에서 행해진 시술은 포함되지 않았음.
출처: 전미심장협회

심지어 풍선확장술이 새로운 가치 네트워크에서 번창하기 시작할 때도 성장세를 멈추지 않았다. 부분적으로 혈관이 막힌 환자들을 치료하려는 시도가 이루어지는 와중에서 혈관이 너무 막혀버린 탓에 풍선확장술로 막힌 혈관을 뚫을 수 없는 많은 환자들——예전에 질병을 진단받지 못한 환자들——이 존재했기 때문이다. 그래서 심장병 외과 환자들은 아무런 위협도 느끼지 않았다. 그들은 대형 종합제철소나 진공관 제조업체들처럼 오랫동안 별문제가 없다고 생각했다.[3]

심장병 전문의들과 장비 공급업체들은 더 나은 제품과 프리미엄 서비스를 통해 더 높은 수익을 도모하는 동안 절개하기 힘든 동맥에도 심혈관 확장용 스텐트를 삽입할 수 있다는 사실을 알게 되었다.(스텐트는 1995년에 시작된 풍선확장술 성장에서 상승세를 유발했다.) 예전 같으면 바이패스 수술이 필요했던 고객들이 지금은 새로운 가치 네트워크로 옮겨가고 있다. 심장병 전문의들은 심장외과 수술 없이 이렇게 할 수 있었다. 이런 파괴적 혁신은 20년 동안 진행되었다. 하지만 외과의사들은 심장 관동맥 수술이 감소세를 보이기 시작한 최근에 이르러서야 비로소 그 위협을 감지하고 있다. 가장 복잡한 시장에서는 앞으로도 오랫동안 심장 절개수술에 대한 수요가 있을 것이다. 그러나 그 시장은 위축될 것이다. 파괴적 혁신이 뚜렷해지고 있는 시점에서 심장외과 수술은 이미 큰 폭으로 감소세를 보이고 있다.

포켓용 라디오와 휴대용 TV처럼 채널들—중재적 심장병 의료가 시행되는 현장—도 파괴되고 있다. 바이패스 수술에는 위험이 수반되기 때문에 병원 시설이 필요하다. 하지만 심장병 전문의들의 진단 및 합병증 예방 기술이 점점 향상되면서 풍선확장술 과정은 주로 심장병 진료실에서 시행되고 있다. 그리고 그 비용으로 풀서비스를 제공하는 병원을 파괴하고 있다.

• 태양에너지 대 기존의 전기에너지

세 번째 사례로 태양에너지를 살펴보자. 태양에너지는 실용적인 기술을 확보하기 위해 수십억 달러를 투자했지만, 수익성 있는 상업화 궤도에 오르지 못했다.

선진국에서 전통적인 전기에너지원源과 경쟁할 때 이것은 과감한 도전이었다. 전 세계 인구의 3분의 2 가량은 중앙발전소에서 전송되는 전기에너지를 이용하고 있다. 선진경제에서 이런 전력은 거의 항상 이용할 수 있고, 비용면에서 매우 효과적인 수단이며, 궂은 날이나 화창한 날이나 하루 24시간 내내 이용할 수 있다. 이것이 태양에너지가 경쟁해야 할 기준 에너지다.

그러나 만약 이런 기술의 개발자들이 비소비자들—전통적으로 발전소에서 생산된 전기를 이용한 경험이 없는 남아시아와 아프리카의 20억 인구—을 표적으로 삼는다면 태양에너지에 대한 전망은 사뭇 다른 양상을 보일 것이다. 이런 잠재고객들의 비교기준은 전기 그 자체가 아니다. 이들 가정에는 전기를 사용하는 기구들이 별로 없다. 따라서 낮에 전력을 비축했다가 밤에 전구에 불을 밝힐 수만 있어도 이 고객들에게는 엄청난 발전일 것이다. 태양에너지는 비용면에서 훨씬 저렴할 뿐만 아니라, 발전소와 인프라 건설에 따르는 골치 아픈 행정당국의 승인과 뒷거래 등 부패 문제에 시달리지 않을 수 있다.

혹자는 태양전지가 너무 고가인 탓에 가난한 주민들에게 판매하기 어렵다고 생각할지 모른다. 하지만 현재의 태양전지 기술에서 기술적 패러다임은 대부분 존속적 혁신의 시도로 개발되고 있다. 즉, 북미와 유럽에서 경쟁하기 위해 최대한 우수한 성능으로 출혈경쟁을 하는 것이다. 하지만 전기를 이용하지 않은 새로운 시장을 목표로 삼는다면 성능의 장벽을 크게 낮출 수 있다. 가령 태양전지를 설치할 때 실리콘 웨이퍼 대신 압연공정으로 생산된 플라스틱판을 사용할 수도 있을 것이다.

과거 사례를 참고하건대, 태양에너지 개발을 위해 정부가 지원하는 연구 프로젝트에서 상업적으로 실용적인 청정에너지 혁신이 가능할 것 같지 않다. 아마도 비소비를 목표로 서서히 상위시장으로 이동하는 파괴적 기업들이 성공적인 혁신을 주도할 것으로 보인다.

• 비소비로부터 성장을 끌어내기 : 종합

우리는 앞에서 살펴본 사례들에서 신시장 파괴 패턴의 4가지 요소를 찾아냈다. 경영자들은 파괴적 혁신을 위한 이상적인 고객을 발견하고 응용제품을 시장화하는데 있어서, 혹은 초기 아이디어를 사업계획으로 구체화하는데 있어서 이 패턴을 활용할 수 있을 것이다. 다음은 이 4가지 요소들이다.

1. 타깃 고객들은 자신이 원하는 행동을 하고 싶어 한다. 하지만 돈

이나 기술 부족 때문에 그들은 간단하고 저렴한 해결책도 감당할 수 없다.

2. 이런 고객들은 파괴적 제품과 비소비를 비교할 것이다. 그 결과 그들은 최초의 가치 네트워크에서 심층적인 전문지식을 갖춘 현재의 사용자들이 고가로 이용할 수 있는 다른 제품들처럼 성능이 좋지 않더라도 기꺼이 파괴적 혁신제품을 구입한다. 신시장 고객들에게 즐거움을 안겨주는 데 필요한 성능 장벽은 그리 높지 않다.

3. 파괴적 혁신을 가능케 하는 기술은 복잡할 수 있다. 하지만 파괴적 혁신기업들은 아주 간단하고 편리한 제품의 구입과 사용에 그 기술을 활용하고 있다. 사람들이 적은 돈으로 소비를 시작하게 함으로써 새로운 성장을 창출하는 것은 '단순함'이다.

4. 파괴적 혁신은 완전히 새로운 가치 네트워크를 창출한다. 일반적으로 신규 소비자들은 새로운 채널을 통해 제품을 구입하며 새로운 현장에서 그 제품을 이용한다.

그림 2-4에 나타난 신시장 파괴적 기업들의 역사는 이런 패턴을 반영하고 있다. 블랙 앤 데커로부터 인텔까지, 마이크로소프트로부터 블룸버그까지, 오라클로부터 시스코까지, 도요타로부터 사우스웨스트항공까지, 퀵북스로부터 세일스포스닷컴에 이르기까지 신시장 파괴적 기업들이 이런 패턴과 일치한다. 이런 과정에서 그들은 주주가치뿐만 아니라 세계경제를 위해 주요한 성장 엔진이 될 수 있었다.

이런 패턴에 적합한 파괴적 혁신은 성공을 거둘 수 있다. 파괴가 진행되면서 기존 경쟁 기업들이 새로운 시장에 등장한 신생기업들을 자신들의 이해관계와 무관한 존재로 여기기 때문이다.[4] 새로운 가치 네트워크에서의 성장은 한동안 주류 시장의 수요에 영향을 미치지 않는다. 오히려 기존 기업들이 파괴로 인해 한동안 번창하기까지 한다. 한 걸음 더 나아가 기존 기업들은 자신들이 위험을 감지하고 이에 잘 대응하고 있다고 자만한다. 하지만 이것은 잘못된 대응이다. 그들은 기존 가치 네트워크에서 고객들의 호감을 사기에 충분할 만큼 기술을 발전시키기 위해 막대한 자금을 투자한다. 그럼으로써 그들은 존속적 기반을 전제로 파괴적 기술과 경쟁한다. 하지만 십중팔구 그들은 실패한다.

이것은 놀라운 일이 아닐 수 없다. 이런 패턴은 경영자들에게 꿈이 실현되는 듯한 느낌을 줄 수 있다. 고객들이 쉽게 만족하고, 강력한 경쟁자들이 경쟁을 회피하며, 성장을 향해 기꺼이 손을 맞잡는 채널 협력업자들이 존재하는 이런 상황이야말로 가장 이상적인 상황이 아닐까? 지금부터는 이런 달콤한 꿈이 종종 악몽으로 변하는 이유를 고찰한 다음 이에 대처하는 방안을 살펴보기로 하자.

무엇이 비소비와의 경쟁을 이토록 힘들게 만드는가?

새로운 성장시장 창출을 위해 비소비와 경쟁하는 논리는 얼핏 명확해 보인다. 그럼에도 기존 기업들은 반복적으로 이에 역행하는 행보를 보인다. 그들은 처음부터 비소비와의 경쟁을 선택하며 기존 제품들과 경쟁하기 위해 파괴적 혁신의 범위를 확장하려고 애쓴다. 하지만 그 과정은 막대한 자금을 필요로 하며, 그들의 시도는 번번이 실패로 막을 내린다. 기존 기업들은 앞에서 언급한 성공적인 파괴 패턴으로 자신들의 아이디어를 구체화시키는 대신 이런 과정을 되풀이하기 일쑤이다. 그렇다면 왜 그럴까?

하버드 경영대학원 교수 클라크 길버트Clark Gilbert는 일련의 연구를 통해 기존 경쟁 기업들이 주류 시장에 파괴적 기술을 억지로 밀어넣는 상황에 대한 근본적인 메커니즘을 찾아냈다. 또한 그는 이런 함정을 피하는 방법과 파괴에 의해 창출되는 성장을 포착하는 방법에

대한 지침을 경영자들에게 제공하고 있다.[5]

• 위협 대 기회

연구를 위해 길버트는 노벨상 수상자인 다니엘 카너먼Daniel Kahneman과 아모스 트버스키Amos Tversky로 대표되는 인지 및 사회 심리학 영역으로부터 도움을 받았다.[6] 카너먼와 트버스키는 개인이나 집단이 위험을 어떻게 인식하는지를 고찰했다. 그 과정에서 그들은 개인이나 집단이 어떤 현상을 위협으로 간주할 때 그것이 기회로 간주될 때보다 훨씬 더 강렬한 반응을 불러일으킨다는 사실에 주목했다. 한 걸음 더 나아가 몇몇 연구자들은 사람들이 심각한 위협과 마주칠 때면 이른바 '위협 경직threat rigidity'이 시작된다고 주장했다. 위협 경직으로 인한 본능적 행동은 융통성 대신 점점 더 '명령과 통제' 성향을 보이게 되는 것을 말한다. 즉 생존을 위한 위협을 제거하는 데 모든 것을 집중하게 된다.[7]

신시장 파괴를 경험한 기존 기업들 사이에서 나타나는 움직임이 바로 이것이다. 파괴는 기존 기업들의 핵심사업이 활기를 띠는 시기에 시작돼 주목을 끌지 않기 때문에, 기존 기업은 신시장 파괴를 새로운 기회로 받아들이는 것에 관심을 보이지 않는다. 다시 말해 현재의 사업이 순조롭게 진행되는 시기에 새로운 성장사업에 투자하는 것이 별 의미가 없는 것처럼 느껴지는 것이다.

통찰력 있는 경영자들과 기술자들은 점점 더 가까이 다가오는 파괴적 혁신을 바라보면서 그것을 위협으로 간주한다. 만약 이런 혁신 기술들이 성공한다면 자신의 기업에 재앙이 될 수 있음을 알고 있기 때문이다. 파괴적 혁신을 기회가 아닌 위협으로 바라보면서 기존 기업들은 그 기술을 본격적으로 검토하기 위해 자원할당을 이끌어낸다. 하지만 그들은 직감적으로 파괴를 위협으로 규정하기 때문에, 자신의 고객과 기존 사업을 보호하는 데 초점을 맞춘다. 그들은 현재의 자사

고객을 빼앗기지 않기 위해 신기술로 전환해야만 하는 시점에 그러한 신기술이 준비되어 있기를 원한다. 하지만 그런 전략은 성장 기회를 놓치는 것뿐만 아니라, 결국은 조직 자체가 붕괴되는 결론에 도달한다. 비소비에 이미 뿌리를 내린 파괴적 혁신기업들이 결국 그들의 숨통을 조일 것이기 때문이다. 따라서 기존 기업들은 딜레마를 극복할 수 있는 다른 방안을 도출함으로써 생존의 길을 모색해야 할 것이다.

• 위임성과 융통성을 얻는 법

다행히 길버트의 연구는 성공기업의 딜레마뿐만 아니라 그 해법도 제시하고 있다. 그 해법은 두 가지다. 첫째, 기업의 각종 자원 할당 과정에서 혁신을 위협으로 인식시킴으로써 최고 경영진의 위임을 이끌어낸다. 둘째, 혁신을 기회로 전환하는 독자적인 조직에 프로젝트 수행에 따른 권한과 책임을 부여한다.

주요 대도시 신문사들이 온라인의 위협 또는 기회에 어떻게 반응했는지에 관한 연구에서 길버트는 이렇게 주장했다. 혁신을 위협으로 받아들이는 초기에 파괴적 혁신을 검토하는 프로젝트는 '언제나' 주류 조직의 예산과 전략적 책임한도 내에서 진행되었다. 다른 방도가 없었기 때문이다. 신문사 혁신의 경우 인터넷 신문 창설이 수반되었다. 인터넷 신문의 광고주와 독자는 종이 신문과 똑같다. 신문사들은 진공관 생산업체와 태양에너지 기업들과 동일한 수순을 밟았다. 구독자들이 기존 종이 신문 대신 인터넷 신문을 이용할 수 있을 정도로 파괴적 혁신 기술을 높이려 했던 것이다.

언뜻 보기에 이런 시장목표는 무의미한 것처럼 보인다. 제살 깎아먹기 식의 경쟁이 불 보듯 뻔하기 때문이다. 하지만 이런 위협은 역설적이다. 현재의 고객들이 그 기업의 생명줄인 탓에 어떤 희생을 치르고라도 그들을 보호해야만 하는 것이다. "실제로 우리 고객들을 빼앗아 갈 만큼 그 기술이 향상된다면 우리는 새로운 기술을 수용하면서 우리 자신을 보호할 준비를 할 것이다."

　기득권자인 기존 기업에게는 당면한 딜레마이지만, 이와 대조적으로 신생기업들에게는 골치 아픈 문제가 아니다. 그들에게 파괴적 혁신은 순수한 기회일 뿐이다. 기존 기업들은 파괴적 기술을 억지로 주류 시장에 편입시키려는 반면, 신생기업들은 신시장에서 기회를 모색한다. 하지만 이런 인식 차이에 대한 이해가 해법의 실마리가 된다. 일단 최고 경영자들이 파괴를 검토하기 위해 명확한 권한과 책임을 부여하게 되면, 파괴적 혁신을 '순수한 기회'로 간주하는 독립된 조직이 그것의 상업화를 책임질 필요가 있다.

　길버트는 자신의 신문사 연구에서 이 부분에 주목했다. 혁신이 위

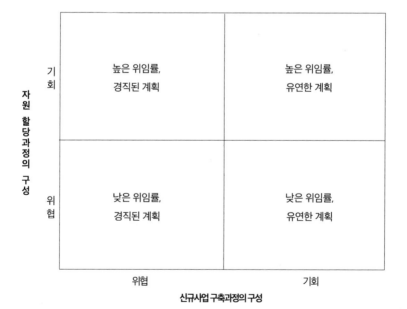

그림 4-3

파괴적 성장 기회에서 자원 위임 사항들을 입수하고 그것들을 목표로 정하는 방법

출처: 클락 길버트, "경쟁 틀이 존재하는가? Can Competing Frames Coexist? The Paradox of Threatened Response", Working paper 02-056, Harvard Business School, Boston, 2002

협으로 간주되는 초기에 최고 경영진으로부터 권한과 책임, 각종 지원을 할당받은 직후에 신문사들은 독자적으로 운영되는 온라인 부서를 신설했다. 이런 상황이 전개되자 새롭게 독립된 부서의 구성원들은 방향을 전환하여 파괴적 혁신의 위협을 상당한 성장 잠재력을 가진 기회로 간주하기 시작했다.

그들은 종이 신문을 온라인으로 복제하는 수준에서 벗어나 빠른 속도로 발전하기 시작했다. 그들은 색다른 서비스를 실시했고, 새로운 공급업자를 발견했으며, 주류 신문과는 다른 광고로 수익을 올렸다. 이와 대조적으로 주류 신문 조직 내에서 온라인을 책임지고 있던 신문사들은 핵심사업을 보호하는 온라인 신문을 제공하면서 자기 파괴적 경쟁을 계속하고 있었다.

길버트의 주장은 그림 4-3에 요약되어 있다. 파괴는 적절한 자원을 확보하기 위해 자원 할당 과정 내에서는 위협으로 구성되어 있다. 하지만 일단 투자위임이 이루어지면 신규 투자 사업에 종사한 자들은 그것을 새로운 성장의 기회로 간주할 뿐이다. 그렇지 않다면 그들은 위험할 정도로 융통성이나 위임성이 부족하다고 할 수 있을 것이다.

파괴적 성장사업에 자금을 투자하는 초기 결정이 자원 할당 과정의 끝은 아니다. 수년 동안은 연간 예산액에서 파괴적 혁신 기회를 위해 투입되는 금액은 대단치 않은 것으로 여겨질 것이다. 많은 기업체가 새로운 성장사업의 가치에 대한 이런 도전에 대응하는 방식은 자원할당 대비 미래의 고수익을 약속하는 것이다. 하지만 두 가지 이유에서 이것은 자멸을 초래하는 방식이다. 첫째, 실체화될 수 있는 최대시장은 기존 시장이다. 따라서 경영자들은 한정된 자원에서 확실한 성공을 위해 기존 시장에서 무리하게 존속적 기술에 의한 혁신을 추구하게 된다. 둘째, 결과가 예상 수익에 미치지 못할 경우 고위 경영자들은 종종 잠재시장의 규모가 턱없이 작다는 결론을 내린다. 그 결과 그들은 파괴적 성장사업에 배정된 자원을 삭감한다.

그렇다면 가장 가망성 높은 곳에 투자를 집중하며 자원할당을 운영하는 경영자들의 합리적인 요구를 어떻게 처리해야 할까? 답은 자원 할당 과정에서 이미 검증된 규정을 바꾸지 않는 것이다. 성공한 기업들의 경우 잘 다듬어진 이런 과정이 지속적인 성공궤도에 오르는 데 매우 중요하다. 이 과정에서의 결정은 기본원칙이 될 수 있다. 주변 상황이 명확하기 때문이다.

하지만 신시장 파괴를 통한 성장을 추구하는 기업들은 또 다른 과정, 즉 잠재적으로 시장을 파괴하는 기회와 유사한 과정이 필요하다. 부분적으로 완성된 아이디어는 이러한 과정을 거쳐야만 실행에 옮길 수 있다. 이 과정을 관리하는 실무진들은 부분적으로 완성된 아이디어를 앞에서 언급한 패턴의 4가지 요소들에 부합하는 사업계획 형태로 다듬어야 한다. 이런 과정에서 자원을 할당하는 경영자들은 수치상의 규정이 아닌 패턴의 적합성에 따라 프로젝트 예산을 승인하거나 거부해야 한다. 신시장 파괴의 불확실한 환경 속에서 수치보다 훨씬 더 신뢰성 있는 성공의 지침은 적합성이다. 만약 어떤 프로젝트가 패턴에 적합하다면 경영자들은 '초기상황'이 성공적인 성장에 도움이 된다는 판단에 자신감 있게 그것을 승인할 수 있을 것이다.[8] 물론 궁극적인 성공은 차후에 논의할 관련 조치 및 결정과 어떻게 보조를 맞추느냐에 달려 있다.

신시장 고객들과의 접촉은 파괴적 채널을 필요로 한다

이 장의 말미에서 우리는 성공적인 신시장 파괴의 패턴—파괴적 채널을 통한 시장진출—에 대한 4가지 요소를 부연 설명하고자 한다. 비즈니스에서 '채널channel'은 주로 제품을 유통하고 판매하는 도·소매업체들을 언급하는 용어이다. 하지만 우리는 여기에 더 넓은 의미를 부여하고 있다. 기업의 채널에는 도매 유통업자와 소매점들뿐만 아니라 최종 사용자의 손에 전달되기까지 제품의 가치를 부가하거나 창출하는 모든 것들이 포함된다.

예를 들어 IBM이나 컴팩과 같은 컴퓨터 제조업체들도 인텔의 마이크로프로세서와 마이크로소프트의 운영체제 사용을 최종 고객들에게 전달하는 '채널'이라 할 수 있다. 의사의 진료행위도 환자들을 치료하는 데 필요한 여러 의료 제품의 경우처럼 채널에 해당된다. 또한 기업의 직원들도 모든 제품들이 통과해야 할 중요한 채널이다.

우리가 채널의 정의를 광범위하게 확장한 이유는 최종 소비자에게 제품의 가치를 제공하는 전 과정에 참여하는 모든 주체들에게 똑같은 동기부여를 유발한 필요성이 있기 때문이다. 만약 제품이 이 과정에 참여하는 모든 주체들에게 더 높은 이익이 발생하는 사업으로 발전할 수 있는 동기를 제공하지 못한다면 그 사업은 성공하기 어렵다. 하지만 제품이 채널에 참여하는 모든 주체들에게 이익이 더 높은 사업으로 진전되는 데 '연료'를 제공하는 역할을 할 수 있다면, 채널에 참여하는 모든 주체가 당신의 모험적인 신규사업이 성공할 수 있도록 도울 것이다.

파괴적 혁신은 다른 기업들이 당신의 활동에 무관심해지도록 만든다. 이것이 바로 당신이 경쟁 기업들에게 원하는 바이다. 당신은 경쟁 기업들이 당신을 무시하길 원한다. 하지만 파괴적 혁신이라며 '고객들'—채널의 모든 하부구조 업체 포함—의 구미에도 맞지 않는 제품을 공급한다면 그것은 곧 재앙의 불씨가 될 것이다. 당신의 채널에 속한 기업들은 당신과 함께 일하는 고객으로서 수익을 내서 성장해야만 하기 때문이다.

• 파괴를 통한 성장이 필요한 소매업자와 유통업자들
소매업자와 유통업자들은 2장에서 살펴본 미니밀과 유사한 상황에 직면해 있다. 그들은 꾸준히 상위시장으로 이동해야 한다. 만약 그렇게 하지 못해 비용과 사업모델이 유사한 경쟁 기업들과 동일한 상품을 팔고 있다면 이익은 최저수준으로 낮아질 것이다. 채널에서 상위시장으로 이동하려는 이런 욕구는 강력하고 끊임없는 파괴적 혁신 에너지다. 이 지속적인 에너지를 이용하는 것이야말로 성공을 위해 매우 중요하다.

만약 소매업자나 유통업자가 자신의 사업모델을 이익이 높은 상위시장으로 이동시키면 총이익은 최저수준까지 떨어질 것이다. 따라서 혁신적인 경영자들은 자신의 신제품을 상위시장으로 이동하기 위한 '연료'로 인식하고 적극적으로 지원하는 채널을 찾아야 한다. 파괴적 제품이 채널에서 자신의 경쟁자들을 이길 수 있다면, 혁신기업들은 그 과정에서 채널의 에너지를 그 동력원으로 이용할 수 있을 것이다.

혼다가 작고 저렴한 슈퍼커브Super Cub 오토바이로 북미 오토바이 시장의 파괴를 시작했을 때 할리 데이비슨Harley-Davidson 오토바이 딜러들은 혼다 제품을 취급하지 않고 있었다. 대리점 영업사원들이 혼다 대신 할리 판매를 선택한 것은 수수료를 더 많이 챙길 수 있었기 때문인데, 이것은 나쁜 소식이 아니라 좋은 소식이었다. 혼다의 사업은 오토바이 판매점과 스포츠용품점을 통해 제품을 유통하기 시작하면서 본격적인 궤도에 오르기 시작했다. 그것이 소매업체들에게 고마진 제품라인으로 이동할 수 있는 기회를 제공했던 것이다. 대부분의 성공적인 파괴적 혁신에서 고객과 연결되는 제품과 채널은 일종의 상호 호혜적인 관계를 형성하고 있었다.

이런 이유로 소니도 성공적인 파괴적 혁신기업이 될 수 있었다. 진공관 기반의 전자제품들에 대한 A/S가 불가능했던 K마트 같은 할인점들은 소니의 파괴적 혁신제품들과 비슷한 시기에 등장했다. 반도체를 이용한 라디오와 텔레비전은 가전제품점을 파괴하는 일종의 연료가 되었다. 요컨대 소니는 상위시장을 파괴할 수 있는 잠재력을 가진 채널을 선택함으로써 자사 제품의 판촉 및 배치에 그 채널의 에너지를 이용할 수 있었다.

기업의 채널이 파괴적 혁신기업이 제공하는 연료를 소비한다는 것은 가장 큰 이익을 가져오는 채널에 입점하는 일이 과제임을 의미한다. 이것이 바로 소니에게 벌어진 상황이었다. 할인업체들이 전자제품 시장에서 가전제품점을 몰아내고 제품 판매에 나선 이후로 이런 제품들의 마진은 최저수준에 머물렀다. 전자제품은 할인업체들이 상위시장으로 옮겨가는데 필요한 연료를 더 이상 제공하지 않았다. 그 결과 그들은 전자제품을 등한시하게 되었고, 서킷시티와 베스트바이 같이 비용이 훨씬 저렴한 소매업체들이 제품을 팔기 시작했다. 그러자 할인점들은 의류에 눈길을 돌리기 시작했다. 의류는 그들을 상위시장으로 이동시켜 더 높은 마진의 소매업체들과 경쟁하게 하는 또 다른 연료였다.

부가가치를 얻는 유통업체와 재판매업체들도 소매업체들과 동일한 동기부여 상황에 직면했다. 예를 들어 인텔과 SAP는 1997년에 판데식Pandesic이라는 합작기업을 설립했다. SAP의 전사적 자원관리(ERP) 소프트웨어보다 더 간단하고 저렴한 소프트웨어를 개발해 중소사업체—신시장 파괴—에 판매하기 위해서였다.[9]

전통적으로 SAP의 제품들은 소프트웨어 구입비용으로 수백만 달러를 책정하고, 그 실행에 다시 1,000만 달러에서 2억 달러를 책정하는 거대기업들을 목표로 삼고 있었다. SAP 제품들의 판매 및 실행은 주로 채널 협력업체들—ERP로 놀라운 성장을 이룩한 액센추어Accenture 같은 컨설팅 업체들—을 통해 이루어졌다. 판데식 경영자들은 저렴한 가격에 간단히 실행할 수 있는 ERP 패키지를 동일한 채널 협력업체들을 통해 시장에 내놓기로 결정했다. IT 컨설팅 업체들은 수백만 달러의 SAP 실행 프로젝트를 글로벌 기업에게 판매하거나, 아니면 저렴한 판데식 소프트웨어와 간단한 실행 프로젝트를 소규모 사업체에게 판매하거나, 둘중 하나를 선택해야 했다.

그들은 과연 어디에 전념할까? 당연히 규모와 비용구조에서 두둑한 돈벌이가 되는 고가의 SAP 제품 판매에 매진할 것이다. 판데식이 선택한 채널은 판데식의 파괴적 혁신제품 판매에 공을 들일 이유가 없었다. 결국 합작기업은 실패로 끝났다.

기업의 판매사원들도 같은 방식으로 반응할 것이다. 특히 그들이 성과에 의해 수당을 받는다면 더욱 그럴 것이다. 매일같이 판매사원들은 어떤 고객들을 방문해야 할지를 결정해야 한다. 또한 고객들을 만났을 때 어떤 제품을 판촉하고 판매해야 하는지, 어떤 제품을 언급하지 말아야 하는지도 결정해야 한다. 그들은 수익성을 고려하여 우선 사항들을 결정할 것이다.

하지만 존속적 혁신궤도에 있는 기업의 핵심제품들을 판매하는 직원들은 파괴적 혁신제품 판매에 거의 성공하지 못할 것이다. 파괴적 혁신제품 판매를 독려하기 위해 그들에게 금전적 인센티브를 주는 것은 어리석은 짓이다. 그것이 존속적 혁신궤도에서 가장 수익성 있는 제품들에 대한 중요한 책임을 회피하는 결과를 낳기 때문이다. 파괴적 혁신제품에 필요한 것은 어디까지나 파괴적 채널이다.

• 채널로서의 고객

자재와 부품 제조업체들의 경우 최종소비제품들이 그들의 채널에서 중요한 부분을 구성한다. 이와 유사하게 자신의 서비스를 제공하기 위해 제품을 이용하는 서비스 공급업자들은 최종소비고객에 이르는 제품의 채널이다. 예를 들어 컴팩과 델 컴퓨터 같은 컴퓨터 제조업체들이 구성한 "채널"을 통해 인텔의 마이크로프로세서는 중요한 시장으로 진입하고 있다. 또한 인텔 마이크로스로세서의 성능향상은 데스크탑 컴퓨터 제조업체들이 상위시장으로 옮겨가는 데 필요한 연료

역할을 하고 있다. 덕분에 그들은 선Sun과 같은 고가 컴퓨터 제조업체들과 계속 경쟁할 수 있다.

서비스 사업에서도 동일한 상황이 벌어지고 있다. 성능이 떨어지는 단순한 응용제품들이 파괴에 성공한 것처럼 기술이 부족한 서비스 공급업체들도 자신보다 우수한 공급업체들을 파괴하곤 한다. 인텔과 델의 관계와 유사하게 파괴적 기술을 제공하는 기업들을 위한 채널은 파괴적 서비스 공급업체들일 가능성이 있다.

다시 한번 의료 부문을 검토하면서 파괴적 채널의 중요성을 살펴보자. 오늘날 의료업계에서는 많은 의사가 미니밀과 유사한 경쟁을 하고 있다. 그들은 다른 의사들의 영업 또는 의료비용을 상환하는 기업들과 경쟁하면서 일하고 있다. 한 의료장비업체는 의원급 의료기관이 상위시장으로 옮겨가는 과정, 즉 예전에는 종합병원 외래진료실에서 이루어지던 진료업무로 진입하는 데 도움을 주는 일련의 파괴적 혁신제품개발에 착수하였다.

예를 들어 결장장애의 진단과 치료과정을 살펴보자. 내과의사는 환자의 결장이 손상되거나 종양이 있을 것 같은 의심이 들면 비용이 많이 드는 의료기관이나 병원에서 결장경 검사를 하고 있다. 구불구불한 결장에 내시경을 집어넣으려면 고도로 숙련된 전문가의 기술이 필요하다. 결장경 검사에서 문제점이 발견되면 환자는 비용이 많이 드는 외과의사의 진찰을 받게 될 것이다. 그리고 외과의사는 더 비싼 병원에서 문제점 해결을 위한 시술을 할지도 모른다. 결장 내시경 제조회사는 이용하기 훨씬 쉬울 뿐만 아니라, 상대적으로 전문성이 약한 내과의사도 자기 병원에서 안전하고 효과적으로 이용할 수 있도록 함으로써 예전에는 비용이 훨씬 더 많이 드는 채널에서만 가능했던 부가가치 과정의 비용구조에 진입할 수 있는 기술을 도입하고 있다.

다루기 힘든 기존 내시경에 이미 익숙해진 전문가들에게 이런 장치는 존속적 혁신의 차원에서 판매될 수 있다. 내과의사는 영업사원들에게 이렇게 말할지 모른다. "이게 왜 내게 필요한 거죠? 지금 내가 가지고 있는 내시경보다 더 잘 보이고 기능도 우수한가요? 가격이 더 저렴한가요? 이곳이 잘 끊어지지 않나요?" 물론 이것은 존속적 기술에 관한 대화다.

하지만 전문성이 약한 내과의사들도 자기 사무실에서 이런 과정을 실행에 옮길 수 있는 파괴적 기술로서 이 제품을 마케팅한다면 그들은 아마 이런 질문을 던질 것이다. "이 내시경의 사용법을 익히는 데 시간이 얼마나 걸릴까요?" 물론 이것은 파괴적 기술에 관한 대화다.

어떤 유형의 고객들이 미래의 성장을 위해 가장 탄탄한 기반을 제공할까? 당신은 오랫동안 당신의 제품을 원했지만 당신이 나타날 때까지 그 제품을 손에 넣을 수 없었던 고객들을 원한다. 당신은 이런 고객들에게 쉽게 즐거움을 안겨주고 싶어하고, 그들이 당신을 필요로 하길 원한다. 당신은 당신의 제품에 너무나 만족하여 경쟁자가 나타나더라도 이탈하지 않는 고객들을 원한다. 또한 당신의 가치 네트워크에 속한 모든 사람들이 기회를 모색하는 과정에서 기꺼이 협력을 구할 정도로 매력적인 고객들을 원한다.

이와 같은 고객들을 찾는 것은 비현실적인 탐색이 아니다. 이들은 비소비와 경쟁하는 패턴의 4가지 요소들에 적합한 혁신적인 아이디어를 구체화할 때 당신이 발견할 수 있는 고객들이다.

하지만 이상적으로는 이런 부류의 고객들을 확보하고자 하지만, 대부분의 기업들은 자원 할당 과정에서 억지로 정반대 부류의 고객들을 끌어들이곤 한다. 제품 사용에 이미 익숙해진 고객들을 목표로 삼는 것이다. 이런 딜레마를 피하려면 최고 경영진으로 하여금 파괴를 위협으로 인식하게 함으로써 자원할당을 이끌어내고, 그런 다음 파괴를 성장 기회로 전환시킬 전담조직이 신사업을 수행하도록 일임해야 한다. 이러한 이상적인 고객에 중점을 두면서 이런 과정을 신중하게 진행시킨다면 새로운 성장 기업들은 미래의 성장을 위한 탄탄한 기반을 확보할 수 있을 것이다.

주석

1. 경제학자들은 이 현상에 대해 적당한 용어를 사용하고 있다. 제품 성능이 고객들의 이용능력을 오버슈팅할 경우 고객들은 제품 성능의 개선된 부분에 대한 효용이 점점 줄어드는 것을 경험한다. 시간이 지나면 개선된 성능에 대해 고객들이 돈을 지불할 용의인 한계가격은 개선된 성능에 대한 고객들의 한계효용과 같아질 것이다. 결국 기업이 개선된 제품으로 시장에서 유지할 수 있는 한계가격의 인상분이 제로에 근접한다면 이는 곧 고객들이 그 제품을 이용하면서 얻는 한계효용이 제로에 근접함을 의미하는 것이다.

2. 우리는 앞에서 근본적으로 존속적 또는 파괴적 특징을 가진 기술들은 극히 드물다고 주장했다. 파괴적 혁신은 다양한 기업들의 사업모델과 고객 그리고 다른 기술들과 호응하여 설명될 수 있을 뿐이다. 트랜지스터 사례가 시사하는 점은 거대하고 명확한 시장에서 존속적 혁신으로서 어떤 기술들을 상업화하려는 시도가 아주 값비싼 대가를 치른다는 것이다.

3. 그림 4-2는 전미심장협회American Heart Association National Center에서 제공한 데이터를 토대로 작성되었다. 이 데이터는 병원에서 수행된 시술만 대상으로 측정되었기 때문에 외래환자나 병원이 아닌 다른 곳에서 수행된 풍선확장술 시술은 포함되지 않았다. 따라서 도표상의 풍선확장술 시술 횟수는 실제보다 적다. 그리고 시간이 지날수록 그 차이는 점점 벌어질 것이다.

4. 이와 관련하여 다른 사례들이 많이 있다. 예를 들어 메릴린치 같은 풀서비스 증권사는 순이익이 더 높은 고객층을 향해 최초 가치 네트워크에서 상위시장으로 꾸준히 이동하고 있다. 또 그런 과정에서 그들의 수익도 향상되고 있다. 언제가 온라인 할인

증권사들이 한층 나은 서비스를 제공하는 법을 발견하게 될 것이다. 하지만 그런 시기에 자신들이 경험하게 될 고통을 그들은 아직 느끼지 못하고 있다.

5. 다음을 참조하라.

- 클라크 길버트Clark Gilbert, 조지프 보위Joseph L. Bower 공저, "파괴성 변화 : 문제점에 더욱 노력할 때Disruptive Change : When Trying Harder Is Part of the Problem", 〈하버드 비즈니스 리뷰〉, 2002년 5월호, 94~101쪽.
- 클라크 길버트, "경쟁 틀이 공존할 수 있는가?Can Competing Frames Co-exist? 위협적 반응의 역설The Paradox of Threatened Response", 실무 보고서 02-056, (Boston, Harvard Business School), 2002.

6. 다니엘 카너먼Daniel Kahneman, 아모스 트버스키Amos Tversky 공저, "선택, 가치, 그리고 조직구조Choice, Values, and Frames", 《아메리칸 사이콜로지스트American Psychologist 39》(1984년), 341~350쪽을 참조하라.

카너먼과 트버스키는 이 문제에 관한 놀라운 사실들을 발표했다. 이 참고자료는 그들의 작업 중 하나의 사례일 뿐이다.

7. 저명한 제인 듀턴Jane Dutton과 그녀의 동료들을 비롯한 많은 학자들이 '위협 경직' 현상을 검토했다.

다음을 참조하라.

- 제인 듀턴Jane Dutton, 수잔 잭슨Susan E. Jackson 공저, "전략적 이슈의 범주화 : 조직화 행위의 연계Categorizing Strategic Issues : Links to Organizational Action", 〈경영 아카데미 리뷰 12〉(1987년), 76~90쪽.
- 제인 듀턴, "조직화 기회-조직화로서의 변화에 대한 설명The Making of Organizational Opportunities-An Interpretive Pathway to Organizational Change", 《조직 행동 연구Research in Organizational Behavior 15》(1992년), 195~226쪽.

8. 아더 스틴치콤Arthur Stinchcombe은 초기의 올바른 조건이 바람직한 후속 결과를 만드는 데 결정적 역할을 한다는 논제를 기술하고 있다.

다음을 참조하라.

- 아더 스틴치콤, "사회적 구조와 조직화Social Structure and Organizations", 《조직 핸드북Handbook of Organization》(Chicago : McNally, 1965), 142~193쪽.

9. 클라크 길버트, "판데식-모험적인 신규사업의 도전Pandesic-The Challenges of a New Business Venture", 사례 9-399-129. Boston : Harvard Business School, 2000.

THE INNOVATOR'S SOLUTION

5장

생산 : **현재**가 아닌
미래의 역량에 집중하라

생산 : 현재가 아닌 **미래의 역량에 집중하라**

새롭게 성장하는 신생기업들은 최대한 빠른 성공을 위해 내부적으로 어떤 활동을 해야 할까? 공급업체나 협력업체에게 무엇을 아웃소싱해야 할까? 최상의 성공이 독점적인 제품구조에 있는 걸까? 아니면 신규사업은 모듈방식의 개방적 표준을 포용해야 하는 걸까? 폐쇄적·독점적 제품구조에서 개방적 제품구조로의 진전을 유발하는 것은 무엇일까? 일단 개방형 표준이 등장하면 기업들은 또다시 독점적 솔루션을 채택해야 할까?

공급업체와 협력업체들로부터의 구입과 조달에 관한 결정은 새로운 성장사업의 성공에 지대한 영향을 미친다. 이런 결정을 위해 널리 이용되는 것이 바로 핵심역량core competence의 범주를 기반으로 구성된 이론이다. 만약 어떤 계획이 기업의 핵심역량에 적합하다면 그것을 내부적으로 실행에 옮겨야 한다. 하지만 기업의 핵심역량에 적절치 않고 다른 기업이 그 계획을 더 훌륭히 실행에 옮길 수 있다면 당신은 그 기업에 의존해야 한다.[1]

이것이 과연 일리 있는 말일까? 가끔은 일리가 있다. 핵심역량의 범주화와 관련하여 중요한 문제는 현재 비非핵심적 활동처럼 보이는 것이 미래에는 독점적인 방식으로 관리되는, 절대적으로 중요한 역량이 될 수 있다는 것이다.

일례로 자사의 PC사업을 위해 마이크로프로세서를 인텔에게 아웃소싱한 IBM의 결정이 있다. 1980년대 초에 IBM은 핵심 부문—컴퓨터 시스템의 설계, 조립, 마케팅—에 집중하기 위해 이런 결정을 내렸다. 그들의 지나온 발자취를 감안하면 이것은 전혀 나무랄 데 없는 결정이었다. 과거에 IBM의 부품 공급업체들은 거의 이윤을 남기지 못한 채 영업했다. 언론들은 PC 부품을 아웃소싱한 IBM의 결정에 찬사를 보냈다. 제품개발과 착수에 필요한 비용과 시간을 크게 줄일 수 있었던 것이다. 하지만 이런 아웃소싱 과정에서 IBM은 향후 업계에서 가장 많은 수익을 올리게 되는 두 기업에게 자신들의 사업을 떠넘겼다.

IBM은 자신들의 합리적 결정이 그토록 값비싼 대가를 치르리라고는 아마 꿈에도 몰랐을 것이다. 1980년대 초에 IBM의 PC부문 영업으로 새로운 성장사업에 착수했던 경영자들 역시 이런 부가가치 활동이 미래의 역량이 되리라는 것을 꿈에도 몰랐을 것이다.[2]

때로는 과거의 경험이 미래를 잘못 인도할 수 있다. 따라서 미래에 대한 정확한 판단을 가능케 하는 유일한 방안은 이론을 활용하는 것이다. 그리고 여기서 말하는 이론은 환경을 기반으로 하는 이론이다. 이 이론의 메커니즘으로 우리는 어떤 활동이 핵심부이고 주변부인지 판단할 수 있다. 5장과 6장에서는 이런 메커니즘과 이론의 사용법에 관한 내용을 다룰 것이다.

통합이냐 아웃소싱이냐?

IBM과 여타 다른 기업들의 사례는 핵심/비핵심 범주가 심각하고 치명적인 실수를 초래할 수 있음을 시사하고 있다. 오늘날의 경영자들은 자신의 기업이 어떤 활동에 가장 뛰어난지 묻는 대신 이런 질문을 해야 한다. "고객들이 중요하게 여기는 제품의 개선과정에서 남보다 앞서가려면 현재 무엇을 가장 잘 수행해야 하며, 또 미래에 무엇을 가장 잘 수행해야 할 것인가?"

해답은 우선 '고객의 행동'에서부터 접근해야 한다. 고객들은 제품이 자신에게 중요한 문제를 해결하지 못하는 한 그 제품을 구입하지 않을 것이다. 하지만 그 해법은 그림 5-1에 나타난 것처럼 크게 두 가지 환경에서 차이를 보인다. 즉 제품의 성능이 충분치 않은 상황에서는 통합이 유리하지만 성능이 충분한 상황에서는 아웃소싱—또는 전문화와 해체—이 유리하다.

이에 대한 설명으로 '상호의존성interdependence'과 '모듈방식modularity'에 대한 공학적 개념과 제품 설계단계에서 그것의 중요성을 검토할 것이다. 그리고 그림 5-1를 통해 파괴적 혁신 도표에서 이런

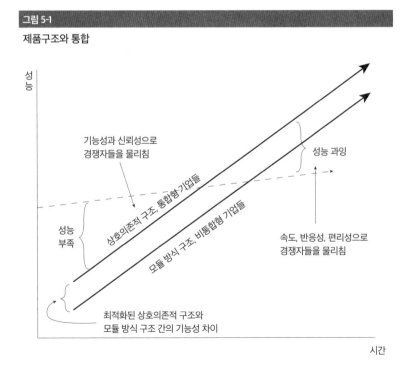

그림 5-1

제품구조와 통합

개념이 어떻게 작용하는지도 살펴볼 것이다.

제품구조와 인터페이스

제품의 '구조architecture'는 구성요소와 하부시스템을 결정하며, 목표성능 달성을 위해 상호작용하는 방식을 정의한다. 두 부문이 결합되는 곳을 '인터페이스interface'라 부른다. 인터페이스는 제품 내부뿐만 아니라 부가가치 사슬의 각 단계 사이에도 존재한다. 예를 들어 설계와 생산 사이에 인터페이스가 존재하며, 생산과 유통 사이에 또 다른 인터페이스가 존재한다.

한 부문이 다른 부문과 독립적이지 않다면, 즉 어떤 제품의 설계와 생산방식이 다른 제품의 설계와 생산에 의존한다면, 그 구조는 인터페이스에서 '상호의존적'이다. 만약 전반적으로 예측 불가능한 상호의존성을 가진 인터페이스가 존재한다면 동일 조직 내에서 두 부문을 동시에 개발해야 한다.

상호의존적 구조는 기능성과 안정성 측면에서 '성능performance'을 최적화한다. 이러한 구조는 '독점적proprietary'이라고 정의할 수 있다. 왜냐하면 각각의 기업이 다른 방식으로 성능의 최적화를 위해 나름의 상호의존성 설계를 개발하기 때문이다. 이 장에서 언급되는 '상호의존적 구조'는 '최적화 구조' 또는 '독점적 구조'와 동일한 의미다.

이와 반대로 '모듈방식'의 인터페이스는 명확하다. 가치사슬의 모든 부분 또는 단계들에 예측 불가능한 상호의존성이 전혀 없기 때문이다. 모듈방식의 부문들은 이해하기 쉽고 명확하게 상호작용한다. '모듈구조'는 모든 구성 부문들의 적합성과 기능성을 완벽하게 규정한다. 따라서 명세서와 일치하는 한, 구성 부문이나 하부시스템을 누가 만드는지는 문제가 되지 않는다. 독립적인 작업 집단이나 근처의 다른 기업들을 통해 모듈방식의 부문들을 개발할 수 있기 때문이다.

모듈구조는 '유연성flexibility'을 최적화한다. 하지만 엄격한 세부사항을 요구하기 때문에 설계를 담당하는 엔지니어들의 재량권은 매우 제한적이다. 따라서 모듈방식의 유연성은 성능을 희생시킨 결과라 해도 과언이 아니다.[3]

완전한 모듈방식과 상호의존적 구조는 스펙트럼의 양 극단에 위치해 있다. 대부분의 제품들은 두 극단 사이의 어딘가에 위치한다. 뒤에서 다시 검토하겠지만 제품구조가 경쟁적인 환경과 조화를 이룰 때 기업의 성공 가능성은 한층 더 높아진다.

제품 성능이 충분치 않은 세계에서 상호의존성 구조와의 경쟁

그림 5-1의 왼쪽 면은 성능 부족—특정 시장층에 속한 고객들의 요구에 비해 제품이 기능성과 안정성이 충분치 않은 상황—이 발생하는 경우 기업들은 가능한 한 최고 성능의 제품으로 경쟁해야 한다는 것을 암시한다. 이런 과정에서 독점적·상호의존적 구조로 제품을 생산하는 기업들은 모듈방식으로 제품을 생산하는 경쟁 기업들에 비해 경쟁에서 상당한 이점을 갖는다. 모듈방식의 고유한 표준화가 엔지니어들의 설계 재량권을 지나치게 제약할 뿐만 아니라 제품의 성능을 최적화할 수도 없기 때문이다.

제품 세대별로 등장하는 신제품의 성능 부족을 만회하려는 시도로 엔지니어들은 좀 더 효율적인 방식으로 시스템의 부분들을 통합하며 이용 가능한 기술로부터 최고의 성능을 뽑아내고 있다. 최고의 제품을 생산해서 경쟁해야 하는 기업들은 단순히 표준화된 부품을 조립하는 수준에 머물 수 없다. 엔지니어 관점에서 보자면, 인터페이스의 표준화(설계상의 제약)로 인해 그들은 기술적으로 가능한 첨단영역에서 점점 멀어지고 있다. 제품 성능이 충분치 않을 때 최선의 방안에서 후퇴하는 것은 경쟁에서 뒤떨어지는 것을 의미한다.

독점적·상호의존적 구조로 경쟁하는 기업들은 통합되어야 한다. 완전한 시스템을 위해 시스템의 모든 주요 부문들의 설계와 생산을 철저히 관리해야 하는 것이다. 가령 메인프레임 컴퓨터 산업의 초창기, 즉 제품의 기능성과 안정성이 주류 고객들의 욕구를 아직 충족시키지 못하던 시절이라면 당신의 기업은 독립적인 메인프레임 컴퓨터의 하청 제조업체로서 존재할 수 없었을 것이다. 기계의 설계방식이 생산에 이용되는 기술에 의존하기 때문이다. 이런 경우 설계와 생산 사이에 명확한 인터페이스가 존재하지 않는다. 기업은 메인프레임 산업에서 운영체제나 핵심 메모리 또는 논리회로의 독립적인 공급업체로 존재할 수도 없을 것이다. 이런 주요 하부시스템 역시 상호의존적·반복적으로 설계되어 있기 때문이다.[4]

미완성의 신기술은 종종 기능이 충분치 않은 상황에서 존속적 혁신으로 사용되곤 한다. 신생기업들이 급진적인 신기술의 상업화에 좀처럼 성공하지 못하는 한 가지 이유는 획기적인 존속적 기술들이 종래의 시스템과 쉽게 호환되지 않기 때문이다.[5] 대개의 경우 신기술을 가진 실용적 제품의 판매 이전에 시스템의 다른 요소들의 변화를 요구하는 것은 예측하기 힘든 여러 가지 상호의존성이 존재한다. 획기적인 기술이 향상된 성능의 기반이 될 때 신제품개발 사이클이 아주 더디게 진행되는 이유가 바로 이 때문이다.

엔진에서 첨단 세라믹 재료 사용, 원격통신 인프라의 '라스트 마일 last mile(광대역 전송신호를 가정이나 회사로 통하는 마지막 1마일 내외의 상대적으로 짧은 구간에 적용하는 것)'에 고광대역 DSL 라인 배치, 함선 추진을 위한 초전도 전기모터 제조, 각종 광통신 네트워크의 아날로그에서 디지털로의 전환 등은 상호의존성을 전반적으로 관리할 수 있는 통합형 기업들만이 할 수 있는 작업이다. 이것은 신생기업에겐 감당하기 힘든 영역이다.

　물론 초기 컴퓨터 산업을 지배했던 IBM만이 통합방식을 취했던 것은 아니다. 통합형 기업의 대표 주자격인 포드와 제너럴 모터스는 자동차 산업 역사에서 성능이 충분치 않던 시기의 지배적인 경쟁 기업이었다. 마찬가지로 RCA, 제록스, AT&T, 스탠더드오일, US스틸도 유사한 단계에서 그들이 속한 산업을 지배했다. 이런 기업들은 거의 독점적인 지배력을 가지고 있었다. 그들의 시장지배는 상호의존성 제품이나 가치사슬 구조, 그리고 수직적 통합을 요구하는 환경의 산물이었다.[6] 하지만 그들의 주도권은 일시적이었다. 최고의 제품을 위한 경쟁에서 남보다 앞섰던 기업들이 결국 성능 과잉 제품을 만들었기 때문이다. 이런 상황이 벌어지자 통합형 기업들의 복잡하게 뒤얽힌 성공 비밀이 밝혀지기 시작했다.

오버슈팅과 모듈화

　제품의 기능성과 안정성이 점점 향상되는 이러한 변화가 진행 중임을 알려주는 한 가지 조짐은 사무실로 돌아온 영업사원이 거래처에 대해 다음과 같은 불만을 표출할 때이다. "왜 그들은 우리 제품이 경쟁사 제품보다 월등하다는 것을 못 알아보는 거지? 우리 제품을 범용품처럼 취급하잖아!" 이것이 바로 오버슈팅(도에 지나쳐 실패하는 것)의 증거다. 이들은 그림 5-1의 오른쪽에 위치한 성능 과잉에 해당하는 기업들이다. 고객들은 성능이 향상된 제품들을 기꺼이 받아들이기는 하지만, 그것을 구입하기 위해 프리미엄 가격을 지불할 용의는 없다.[7]

　오버슈팅은 고객들이 성능향상에 더 이상 돈을 지불하지 않는다는 의미가 아니다. 다만 그들이 프리미엄 가격을 지불하는 성능개선의 '유형'이 변하고 있음을 의미한다. 일단 기능성과 안정성에 대한 소비자들의 요구사항이 충족되면 고객은 충분치 못한 성능을 재정의하게 될 것이다. 성능이 충분치 않다는 것은 고객들이 어떤 제품을 필요로 할 때 그들이 원하는 제품을 쉽게 구할 수 없다는 것을 의미한다. 고객들은 개선 속도, 편리성, 맞춤화의 측면에서 더욱 새롭게 향상된 성능에 기꺼이 프리미엄 가격을 지불할 것이다. 이런 상황이 벌어질 때 우리는 시장에서 '경쟁의 기반'이 변했다고 말한다.

그림 5-1에 나타나 있는 것처럼 새로운 발전궤도를 따르는 경쟁 압력으로 인해 제품구조는 점점 발전하는 양상을 보인다. 제품 성능이 충분치 않은 시기에 유리한 상호의존적·독점적 구조에서 멀어지는 반면, 성능 과잉 시기에 유리한 모듈설계로 차츰 옮겨가는 것이다. 모듈구조는 파괴적 혁신 도표의 오른쪽 낮은 곳에서 주요 특성을 놓고 경쟁하는 기업들에게 도움이 된다. 이럴 경우 기업들은 신제품을 더 빨리 출시할 수 있다. 모든 것을 재설계하는 대신 개별적인 하부시스템의 업그레이드만으로 충분하기 때문이다. 비록 표준 인터페이스들은 시스템 성능에서 변함없는 표준화를 위한 통합성을 강요하지만, 고객들은 성능에 대해 까다롭게 굴지 않는다. 기능성이 충분하기 때문이다.

모듈방식은 산업구조에 심대한 영향을 미쳤다. 모듈방식 덕분에 독립적인 비통합 조직들은 부품과 하부시스템을 팔고, 사고, 조립할 수 있었다.[8] 상호의존적 세계에서는 제품생산을 위해 시스템의 모든 주요 요소들을 갖추어야 한다. 하지만 모듈방식 세계에서는 각각의 구성요소를 아웃소싱하거나 공급함으로써 성공에 이를 수 있다. 궁극적으로 모듈 인터페이스를 위한 명세서들이 산업표준으로 통합될 것이다. 이런 상황이 전개되면 기업들은 개인고객들의 특정한 욕구에 손쉽게 반응하기 위해 최상의 공급업체로부터 부품을 납품받아 조립할 수 있을 것이다.

그림 5-1에 나타나 있는 것처럼 이런 비통합형 경쟁 기업들이 통합

형 선도기업을 파괴한다. 비록 도표는 간단히 두 가지 특징만으로 작성되었지만, 기술적으로 말하자면 그들은 혼합형 파괴적 혁신기업이다. 왜냐하면 파괴적 혁신 도표의 세로축에서 수정된 성능 평가기준으로 그들이 경쟁하기 때문이다. 이런 점에서 그들은 고객 개개인의 욕구를 신속하고 정확하게 충족시키려고 애쓰고 있다. 하지만 비통합형 구조에 힘입어 간접비를 낮추기 때문에 그들은 할인가격으로도 로우엔드 고객들로부터 타산을 맞출 수 있다.

상호의존성 설계부터 모듈 설계까지

통합에서 모듈화로의 발전은 고객들의 요구사항을 오버슈팅할 정도로 제품이 향상될 때까지 반복된다.[9] 잇단 파괴의 물결들이 산업 전체를 휩쓸고 지나갈 때 이런 발전은 각각의 물결 속에서 반복된다. 예를 들어 컴퓨터 산업 태동기의 메인프레임 가치 네트워크에서 IBM은 상호의존성 구조와 수직적 통합으로 초기 10년 동안 확고한 지배력을 행사했다.

하지만 1964년에 IBM은 비용, 복잡성, 시장 접근시간의 압력에 대응하기 위해 시스템 360이라는 더 모듈화된 설계를 개발했다. 모듈화로 인해 IBM은 기능성의 최첨단 부문으로부터 한 걸음 뒤로 물러났다. 즉 그림 5-1의 성능향상의 왼쪽 궤도에서 오른쪽 궤도로 이동한 것이다. 그러자 컨트롤데이터Control Data와 크레이리서치Cray Research 같은 경쟁 기업들을 위한 하이엔드 영역에 빈 곳이 생겨났다. 상호의존성 구조를 가진 그들은 치열한 출혈경쟁을 계속했다.

자사 제품의 구조를 개방한 것이 IBM의 실수는 아니었다. 경쟁의 경제학이 이런 단계를 강요했을 뿐이다. 사실 모듈방식은 개발비용과 생산비용을 떨어뜨리는 효과가 있을 뿐만 아니라 IBM은 고객 개개인에게 고객 맞춤형 시스템을 제공할 수 있었다. 모듈방식은 산업에서 새로운 성장의 물결을 창출했다. 하지만 모듈화의 또 다른 효과는 비통합형 기업들이 효율적인 경쟁에 돌입하게 되었다는 것이다. 디스크 드라이브, 프린터, 데이터 입력장치 같은 호환성 부품 및 하부시스템을 제공하던 많은 비통합형 제공업체들이 낮은 간접비의 혜택을 누리며 한꺼번에 IBM을 파괴하기 시작했다.[10]

미니컴퓨터가 메인프레임 컴퓨터의 신시장 파괴를 시작했을 때 이런 순환이 다시 반복되었다. 미니컴퓨터의 성능이 아직 충분치 않을 때 디지털이큅먼트Digital Equipment는 독점적 구조를 가지고 처음 그 산업을 지배했다. 성능 극대화를 위해 하드웨어와 운영체제 소프트웨어는 상호의존형으로 설계되었다. 하지만 기능성이 어느 정도 충분해지자 데이터제너럴Data General, 왕컴퓨터Wang Laboratories, 프라임컴퓨터Prime Computer 같은 기업은 매우 빠른 속도로 상당한 시장점유율을 차지하기 시작했다.[11] 메인프레임 컴퓨터의 사례와 마찬가지로 미니컴퓨터 시장은 갑작스런 호황을 맞이했다. 치열한 경쟁으로 더 우수하고 더 저렴한 제품이 생산되었던 것이다.

파괴의 물결은 개인용 컴퓨터에서도 똑같은 현상을 발생시켰다. 컴퓨터 산업 초창기의 애플 컴퓨터—독점적 구조를 가진 최고의 통합형 기업—는 최상의 데스크탑 컴퓨터를 생산했다. 애플컴퓨터는 모듈 구성으로 생산된 컴퓨터에 비해 더 편리하고 내구력도 강했다. 하지만 데스크탑 컴퓨터의 기능성이 충분해지자 IBM의 모듈과 개방형 표준구조가 지배력을 갖게 되었다. 제품 성능이 충분치 않은 환경에서 경쟁의 강점으로 작용했던 애플의 독점적 구조가 제품 성능이 충분한 환경으로 변하자 오히려 경쟁의 짐이 되었던 것이다. 그 결과 모듈 장치를 갖춘 비통합 공급업체들이 개인용 컴퓨터의 폭발적 성장을 주도할 무렵 애플은 틈새시장이나 노리는 위치로 전락하고 말았다.

머지않아 파괴적 컴퓨터 제품의 두 물결—노트북 컴퓨터와 휴대용 무선장치—에서 동일한 변화가 발생할 것이다. 초기에 가장 성공한 기업들은 최적화된 상호의존성 구조를 가진 기업들이다. 경쟁에서 성능이 우선시되는 초창기에 모듈방식의 전략을 구사한다면 고전을 면치 못할 것이다. 아직 시기상조이기 때문이다. 하지만 향후 산업구조는 개방과 해체의 방향으로 발전할 것이다.

개인용 컴퓨터 산업의 변천사를 간단히 요약한 그림 5-2는 성능이 충분치 않은 산업 초창기에 가장 강세를 보이는 독점적 시스템과 수직적 통합형 기업들이 나중에 수평적 구조의 비통합형 기업들에 어떻게 잠식당하는지를 보여주고 있다. 산업에 속한 가치 네트워크 각각에 대한 도표는 유사해 보인다. 각각의 경우에서 모듈화와 해체의 원동력은 시간의 경과나 산업의 '성숙 정도'가 아니다.[12] 그보다는 다음과 같은 예측 가능한 인과관계의 연속이다.

1. 기술적 진보의 속도는 그것을 이용하는 고객들의 능력보다 앞선다. 그 때문에 어떤 시점에 충분치 않던 제품의 기능성과 안정성이 나중에는 그 제품을 활용하는 고객들의 능력을 넘어선다.

2. 경쟁 기반이 변하면 기업들은 어쩔 수 없이 다른 방식으로 경쟁한다. 기능성과 안정성의 향상에 대해 프리미엄 가격으로 보상하고자 하는 고객들은 점점 줄어든다. 그 결과 고객들이 필요로 하는 바로 그 시점에 원하는 제품을 편리하게 제공할 수 있는 공급업체들이 만족스러운 마진을 올릴 수 있다.

3. 경쟁 압박으로 인해 가능한 빨리 대응해야 하는 기업들은 독점적·상호의존적 방식에서 모듈방식으로 제품구조를 발전적으로 변화시킴으로써 이런 문제를 해결할 수 있다.

4. 모듈방식 덕분에 산업의 해체dis-integration가 가능하다. 현재 많은 비통합형 기업들이 예전에 산업을 지배했던 통합형 기업들을 경쟁에서 밀어내고 있다. 어떤 시점에서는 통합이 경쟁의 강점

그림 5-2

마이크로프로세서 기반 컴퓨터 산업의 수직적 구조로부터 수평적 구조로의 이동

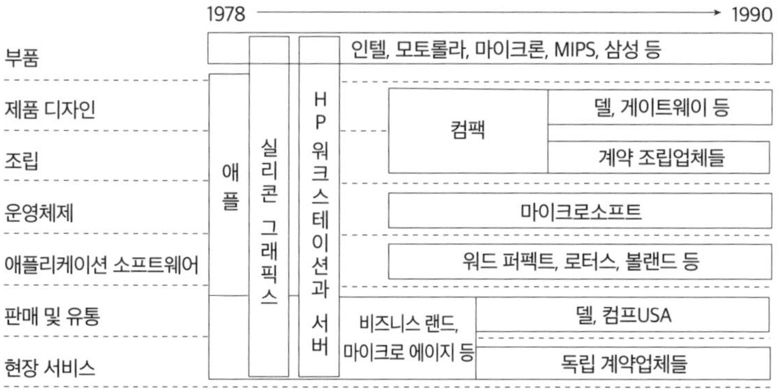

이 되지만 나중에는 그것이 경쟁의 약점이 된다.[13]

그림 5-2에 나타나 있는 것처럼 통합형 사업모델은 하루아침에 사라지지 않는다. 성능향상의 발전궤도가 각 시장층을 지나가면서 통합형 사업모델은 서서히 지배력을 잃어간다. 반면 모듈방식 모델은 차츰 지배력을 얻기 시작한다.

여기서 강조하고 싶은 점은 성능 부족과 성능 과잉을 낳는 '환경'이 이런 구조 및 통합전략의 적합성을 좌우한다는 것이다. 환경이 변하면 전략적 접근방식 또한 변해야 함은 물론이다. 실제로 1990년 이후에 컴퓨터 산업에서 몇몇 재통합 사례들이 있었다. 6장에서 재통합을 유도하는 요소를 살펴볼 것이다.

재통합의 원동력

일반적으로 기술적 개선 궤도는 그 제품을 이용하는 특정 시장층에 속한 고객들의 능력보다 앞서가기 때문에 전반적인 흐름은 상호의존적 구조와 통합형 기업으로부터 모듈식 구조와 비통합형 기업으로 이동한다. 하지만 고객들의 욕구 또한 변한다는 사실을 명심해야 한다. 흔히 이런 상황은 파괴적 혁신 도표의 점선처럼 느린 속도로 진행된다. 가끔 고객들이 요구하는 기능성에서 비연속적인 이동이 발생하기도 한다. 그림 5-1의 점선이 위쪽으로 이동하는 것이다. 이 경우 산업은 도표의 왼쪽으로 후퇴하여 성능이 다시금 경쟁의 강점이 되는 시기로 되돌아간다.

예를 들어 1980년대 초에 애플 컴퓨터의 제품들은 소프트웨어 내부와 소프트웨어-하드웨어 인터페이스 전반에 광범위한 상호의존성이 개입된 독점적 구조를 전개하고 있었다. 하지만 1980년대 중반에 접어들자 명확히 규정된 인터페이스를 통해 DOS 운영체제를 연결한 제품들을 생산하는 워드퍼펙트WordPerfect와 로터스Lotus 같은 기업들이 등장했다. 그들은 소프트웨어 시장의 권좌에서 애플을 몰아냈다. 1990년대 초반에 접어들자 PC 소프트웨어에서 고객들이 원하는 기능성에 대한 점선이 상승하는 것처럼 보였다. 고객들의 욕구가 그래픽과 스프레드시트 파일을 이용하는 것에서 문서작성용 워드프로세서를 사용하는 것으로 이동하기 시작한 것이다. 이런 성능상의 차이는 성능부족 상황을 초래했다. 즉 상호의존적 시스템의 결합이 또다시 중요한 경쟁 요소가 되는 성능이 불충분한 세계로 되돌아갔던 것이다.

이에 대응하여 마이크로소프트는 종합 프로그램 제품인 오피스를 윈도우 운영체제 내부에 상호의존적으로 연결했다(나중에는 브라우저도 이런 방식으로 연결했다). 덕분에 그들은 고객들이 원하는 것에 더 가까이 접근할 수 있었다. 그러자 워드퍼펙트와 로터스의 123스프레드시트 같은 비통합형 소프트웨어 기업들이 급속도로 몰락하기 시작했다. 마이크로소프트의 업계 지배는 위법적인 독점행위에 의한 결과가 아니었다. 성능이 부족한 조건에서의 통합형 가치사슬이 동일 조건의 비통합형 경쟁 기업들에 비해 고객들의 욕구에 더 근접한 제품을 양산했던 것이다.[14]

그러나 오늘날은 상황이 다시 반전되는 양상을 보이고 있다. 컴퓨터가 갈수록 인터넷 중심으로 변해감에 따라 모듈구조를 가진 운영체제(리눅스)와 모듈 프로그래밍 언어(자바)가 마이크로소프트와 대조적으로 혼합형 파괴를 이루고 있기 때문이다. 이런 모듈화 덕분에 많은 전문기업이 이 업계에 유입되고 있다.

또 다른 유사한 사례가 있다. 15년 전에 광섬유를 이용하는 주파수 대역폭이 음성통신을 충분히 감당할 수 있는 수준으로 발전되었다. 그 결과 산업구조는 수직적 통합이 아니라 수평적 계층화를 이루게 되었다. 코닝은 광섬유를 만들었고, 시멘스는 케이블을 깔았으며, 다른 기업들은 다중채널이나 증폭기를 생산했다. 그런데 1990년대 후반 들어 대역폭 확장의 요구가 빗발치자 그림 5-1의 점선이 상승하면서 산업은 제품 성능이 불충분한 상황으로 변했다. 예를 들어 코닝은 증폭기를 상호의존적으로 설계하지 않는다면 차세대 제품을 설계할 수 없다는 현실을 자각했다. 경쟁에서 버티려면 인터페이스 전반에서 통합을 전개해야 했다. 하지만 이삼 년 후 차세대 광섬유를 통한 주파수 대역폭이 충분해지자 수직적 통합의 근거가 또다시 사라졌다.

보편적인 법칙은 부가가치의 다음 단계에서 고객들의 욕구에 비해 성능이 충분치 않은 가치사슬에서 전체 인터페이스가 통합될 때 기업이 번창한다는 것이다. 산업의 전체적인 부가가치 사슬에서는 종종 이런 지점이 여러 개 존재한다. 이것은 산업이 웬만해서는 완전히 통합되거나, 비통합될 수 없음을 의미한다. 그 대신 경쟁에서 통합과 비통합이 중요시되는 지점은 시간의 경과와 함께 예측 가능한 방향으로 이동할 것이다.[15] 6장에서 이 개념을 좀 더 상세히 검토할 것이다.

구조전략과 환경의 보조를 맞추어야 한다

모듈방식의 세계에서 부품공급이나 아웃소싱 부품의 조립은 둘 다 적절한 '해법'이다. 반면 불충분한 기능의 상호의존성 세계에서 시스템의 한 부분만 제공하는 것은 문제를 해결할 수 없다. 이런 사실을 알기에 우리는 성장사업의 성패를 예측할 수 있다.

• 기능성이 불충분한 시기에 비통합형 사업의 시도

흔히 모듈방식의 제품에서 어느 한 부분을 공급함으로써 새로운 성장사업에 착수할 수 있다고 착각하기 쉽다. 경영자들은 종종 전체 시스템의 해법을 제시하기보다 손쉬운 방편으로 전문화를 떠올리곤 한다. 전문화 덕분에 비용이 더 적게 들며, 신생기업들이 최고의 성과를 올릴 수 있는 곳에 집중할 수 있기 때문이다. 나머지 해법들은 다른 기업에게 넘길 수 있을 것이다. 이런 방식은 파괴적 혁신 도표의 오른편 낮은 곳의 환경에서 효과가 있다. 하지만 기능성과 안정성이 충분치 않으면 얼핏 협력업체나 아웃소싱 업체들이 제공하는 것처럼 보이는 목표들이 대부분 실체가 없이 많은 신규 성장 기업들을 실패로 이끌기 쉽다. 따라서 파괴의 초기 단계에서는 종종 모듈화가 기술적 또는 경쟁적으로 가능하지 않다.

비통합적인 전문화 전략으로 성공하려면 모듈방식의 세계와 경쟁하고 있음을 명심해야 한다. 한 기업이 공급업체 또는 협력업체로부터 제품을 구입하거나 고객에게 제품을 판매하려면 세 가지 조건을 충족해야만 한다. 첫째, 공급업체와 고객 모두 무엇을 전문화해야 할지 알아야 한다. 즉 제품 구성요소의 어떤 특성이 전체 제품의 작동에 중요한지를 알고 있어야 한다. 둘째, 그들 모두 제품 구성요소의 특성이 요구되는 전문화의 정도에 부합하는지를 평가할 수 있는 능력이 있어야 한다. 그럼으로써 명세 사항들에 부합했음을 확인할 수 있다. 셋째, 고객과 공급업체 간의 인터페이스 전반에 대한 불충분한 이해나 예측 불가능한 상호의존성이 존재해서는 안 된다. 고객들은 하부 시스템이 시스템의 다른 부분의 성능과 어떻게 상호작용하는지 알고 있어야 한다. 그래야 예측 가능한 효과를 기대하며 그 시스템을 이용할 수 있기 때문이다. 이 세 가지 조건들—전문성, 입증 가능성, 예측 가능성—이 효과적인 모듈식 인터페이스를 구성한다.

제품 성능이 충분치 않을 때—경쟁에 대한 부담감 때문에 기업들이 최대한 성능을 개선하는 비표준 제품구조의 신기술을 이용할 때—에는 종종 이 세 가지 조건들이 충족되지 않는다. 만일 시스템에 복합적이고, 서로 호혜적이며, 예측 불가능한 상호의존성이 있다면 단일조직의 영역 내에서 그 인터페이스를 확장해야 한다. 조직영역에서 멀리 떨어져 있다면 상호의존성 문제를 효과적으로 해결할 수 없기 때문이다.[16]

• 상호의존적 환경에서 모듈방식의 실패

1996년에 미국 정부는 지역 원격통신 서비스 경쟁을 활성화하기 위한 법안을 통과시켰다. 기존 전화회사와는 독립된 기업들이 거주자나 비즈니스 고객들에게 서비스를 판매한 후 기존 전화회사들의 교환 인프라에 접속할 수 있도록 하는 내용이 담긴 법안이었다. 이에 노스 포인트 커뮤니케이션스Northpoint Communications 같은 경쟁적인 지역 교환사업자(CLECs)들은 고속 DLS 인터넷 접속을 제공하기 위한 시도를 했다. 기업과 벤처 자본가들은 이들 기업에 수십억 달러를 쏟아 부었다.

CLECs은 대부분 몰락했다. DSL 서비스가 그림 5-1의 상호의존성

영역에 속해 있었기 때문이다. 고객들의 건물 구내에 서비스를 설치하는 CLECs의 작업과 이에 대응하는 전화회사들의 작업 사이에 미묘하고 예측 불가능한 상호의존성이 너무나도 많이 존재했다. 문제는 '기술적' 인터페이스가 아니었다. 예를 들면 전화회사들의 대금 청구 시스템 소프트웨어의 구조가 상호의존적이었다. 즉 CLEC 고객들의 '접속' 비용에 대한 계산과 청구를 매우 어렵게 만든 것이다. 하지만 전화회사들이 이런 상호의존성 인터페이스로 통합되었다는 사실이 기존 전화회사들에게 상당한 이점을 제공했다. 그들은 고유한 네트워크 및 IT 시스템 구조를 이해하고 있었으며, 그 결과 중앙시설의 구조 변경에 따른 예기치 않은 결과에 대해 별걱정 없이 자신의 사업에 전념할 수 있었다.[17]

이와 유사하게 무선 인터넷 접속에 많은 기대를 품었던 대부분의 유럽 및 북미 기업들도 시스템의 일부분을 제공하는 비통합형 전문 기업으로서 시장에 참여하려고 시도했다. 하지만 성급하게도 그들은 핸드셋 장치, 네트워크, 새로운 콘텐츠 간의 인터페이스를 규정한 무선 애플리케이션 프로토콜(WAP) 같은 산업표준에 의존했다. 가치사슬 각각의 링크 내에 속한 기업들은 무선 인터넷 활용에 최선의 방안이 될 수 있는 고유한 장치들을 방치했다. 그 결과 수익은커녕 수십억 달러의 손실이 발생했다. 제휴로 성공한 시스코를 지켜보며 원격 통신 투자자와 기업가들 사이에서 유행했던 '제휴' 이론이 제 효과를 발휘할 수 없는 다른 환경에서 남용되었던 것이다. 그 결과는 비극적이었다.

• 적절한 통합

이와 대조적으로 일본의 NTT 도코모와 J폰은 가치사슬 전반에 더 광범위한 통합을 통해 무선 인터넷의 신시장 파괴적 기회에 접근했다. 이런 성장 기업들은 이미 수천만 명의 고객과 수십억 달러의 매출을 확보하고 있다.[18] 비록 도코모와 J폰은 가치사슬에서 상위 또는 하위의 연결고리를 갖고 있지 않지만, 그들은 콘텐츠 공급업체 및 핸드셋 제조업체들과의 인터페이스를 신중하게 관리하고 있다. 그들은 상호의존성 접근방식에 힘입어 무선 데이터의 기술적 한계를 극복하고 있을 뿐만 아니라, 고객들의 경험을 가능한 한 편리하게 해주는 사용자 인터페이스, 수익모델, 비용청구 인프라 등을 창출하고 있다.[19]

도코모와 J폰의 네트워크는 경쟁적인 독점 시스템으로 구성되어 있다. 혹시 이것이 비효율적이지 않을까? 실제로 경영자와 투자자들은 종종 돈을 투자하기 전에 어떤 표준을 정하려고 애쓰곤 한다. 경쟁을 위한 표준의 소모적인 중복이나 경쟁 기업의 접근법이 산업표준이 될 가능성을 사전에 차단하고 싶은 것이다. 기능성과 안정성 그리고 그 결과로 발생하는 경쟁 조건들이 표준을 허용할 경우 이런 접근법은 효력을 갖는다. 하지만 표준을 확보하지 못했더라도 경쟁적인 독점 시스템이 낭비인 것만은 아니다.[20] 경쟁 원리에 적합하지 않은 구조적 접근법에 막대한 자금이 투입될 때 오히려 훨씬 더 많은 낭비가 발생할 수 있기 때문이다. 궁극적으로 하나의 시스템이 표준을 정할 수는 있다. 하지만 어떤 기업의 표준이 널리 보급되지 않았다면 그 기업은 초기의 반짝 성공 이후 내리막길을 걷거나 틈새시장이나 노리는 처지로 전락할 수 있다. 애덤 스미스와 찰스 다윈은 이런 유형의 경쟁으로부터 영감을 받아 자신의 저서를 집필했다.

또한 우리는 미국의 AT&T 와이어리스와 제휴한 도코모의 사례에 주목하고 있다. 도코모는 산업표준을 채택한 제휴업체의 전략을 따랐다. 그러나 미국과 유럽의 유사 기업들처럼 심하게 휘청거리고 있다. 요컨대 차별화를 가져온 것은 도코모라는 기업이 아니라 적절한 환경에서의 적절한 전략이었던 것이다.

적절한 시기에 적절한 장소에 머물기

앞에서 언급했듯이, 완전한 상호의존성과 모듈방식은 연속선상의 양극단에 있다. 기업들은 특정 시점에 이 스펙트럼 어딘가에 있는 전략을 선택할 수 있다. 설령 경쟁 기반이 기능성과 안정성에 머물러 있는 시기에 어떤 기업의 모듈방식 착수가 시기상조라 할지라도 그들이 무조건 실패하는 것은 아니다. 모르긴 몰라도 그들은 경쟁 기반이 이동하여 모듈방식이 유력한 제품구조가 될 때까지 불리한 경쟁으로 고초를 겪을 것이다. 개인용 컴퓨터 산업의 IBM과 그 모방기업들의 사례가 바로 그것이다. 애플 컴퓨터의 우수한 성능은 IBM의 성공에 걸림돌은 아니었다. 다만 IBM은 성능상 불리한 상황과 맞서 싸웠을 뿐이다. 그들이 선택한 모듈구조는 시기 상조였던 것이다.

그렇다면 독점적 구조의 기반이 되는 성능과 안정성의 많은 이점들이 사라진 후, 즉 초기의 선도기업들이 오버슈팅할 때 그들에게 어떤 상황이 벌어지고 있는가? 해답은 그들이 모듈방식을 채택하고, 그들의 구조를 개방하며, 그들의 하부시스템을 모듈로 다른 기업들—이들의 저비용 조립 능력이 시장의 성장에 보탬이 될 수 있다—에 매각하는 데 적극적으로 나서야 한다는 것이다. 예를 들어 지침으로 활용할 수 있는 좋은 이론이 있다면, 설계를 모듈화하고, 상호의존성 애플리케이션을 가진 운영체제를 다른 컴퓨터 조립업체들에 매각하는 방식으로 애플 컴퓨터의 경영진이 마이크로소프트보다 한발 앞서 윈도우 개발을 선점하지 못할 하등의 이유가 없을 것이다. 오늘날에는 노키아가 동일한 결정에 직면해 있는 것처럼 보인다. 표준 무선 핸드셋에 더 많은 특징과 기능을 첨가하는 것은 덜 까다로운 고객들의 능력을 오버슈팅하는 것이다. 그 결과 심비안Symbian 운영체제를 이용하는 비통합형 핸드셋 산업은 급속도로 발전하고 있다.

6장에서는 파괴적 환경이 독점적 구조를 요구할 때 독점적 구조로 작업을 시작할 수 있는 기업들, 그리고 경쟁 기반이 변할 때 구조를 개방하여 주요 하부시스템을 저비용 조립업체들에게 제공할 수 있는 기업들을 살펴볼 것이다. 만약 이런 과정이 그대로 진행된다면 그 기업은 한편으로는 틈새시장 기업, 다른 한편으로는 차별성 없는 범용품 공급업체로 전락하는 함정을 피할 수 있을 것이다. 아마 그 기업은 위대한 아이스하키 선수 웨인 그레츠키Wayne Gretzky처럼 독보적인 자본주의 기업이 될 수 있을 것이다. 그레츠키에게는 퍽이 현재 움직이는 곳이 아니라 앞으로 진행할 지점으로 이동하는 본능적인 직감이 있었다. 이어지는 6장의 내용은 경영자들에게 과거의 수익사업이 아닌 미래의 수익사업으로 기업을 움직일 수 있도록 도움을 줄 것이다.

고객들의 요구에 부합할 정도로 제품의 기능성과 안전성이 충분치 않은 시기라면 제품구조가 독점적이며 가치사슬에서 성능을 제한하는 인터페이스들이 통합되어 있는 기업들이 경쟁에서 많은 이점을 가질 것이다. 하지만 기능성과 안정성이 적정수준을 넘어서면 속도와 반응성이 경쟁의 주요특징이 된다. 즉 모듈구조와 산업표준을 확보한 여러 비통합형 전문기업들이 유리한 고지에 오르게 되는 것이다.

신시장 중심의 파괴적 혁신의 물결이 밀어닥치는 초기라면 독점구조를 가진 통합형 기업들이 가장 성공적인 기업이 될 것이다. 제품 성능이 아직 충분치 않은 시기이기 때문이다. 하지만 성능향상에 힘입은 성공은 불과 몇 년 동안 지속될 뿐이다. 그 후부터 이런 파괴적 선도기업들은 더 빠르고, 더 유연한 여러 비통합형 기업들의 혼합형 파괴에 영향을 받기 시작한다.

다양한 시장층의 고객들을 상대하는 기업의 경우, 변화의 관리가 여간 까다로운 일이 아니다. 상위층의 불만족스러운 고객들에게 성공적으로 접근하는 데 필요한 전략이나 사업모델이 하위 시장층에서 속도·유연성·저비용과 경쟁하는 데 필요한 전략이나 사업모델과 너무나 다르기 때문이다. 두 가지 모두를 동시에, 또 적절한 방식으로 추구하려면 다각적인 사업 단위들이 요구된다. 이 주제는 6장과 7장에서 검토할 것이다.

주석

1. 이런 결정을 내리는 데 있어서 우리는 핵심역량의 존재 및 역할을 체계화시킨 다음과 같은 연구자들로부터 도움을 받았다.

   • 프라할라드C. K. Prahalad, 게리 해멀Gary Hamel 공저, "기업의 핵심역량The Core Competence of the Corporation", 〈하버드 비즈니스 리뷰〉, 1990년 5~6월호, 79~91쪽.

   • 제프리 무어Geoffrey Moore, 《금지선 위에서 살아가기Living on the Fault Line》, New York : HarperBusiness, 2002.

   사실 프라할라드와 게리 함멜이 처음 고안한 '핵심역량core competence'은 다각적 기업들을 옹호하기 위한 용어였다. 그들은 넓은 의미에서 기존 능력의 활용에 기초한 다각화의 시각을 개발했다. 우리는 그들의 작업이 1959년에 출간된 에디스 펜로우즈Edith Penrose의 《기업 성장 이론The Theory of the Growth of the Firm》(New York : Wiley)의 연구 및 이론개발과 일맥상통한다고 생각한다. 이런 식의 사고는 영향력이 매우 크며 유용하다. 하지만 지금 사용되는 용어인 '핵심역량'은 '집중'과 동의어처럼 쓰이고 있다. 즉 핵심역량의 활용을 모색하는 기업들은 경영을 다각화하지 않는다. 그 대신 그들은 특별히 자신 있는 부분에 사업을 집중한다.

2. 과거에 IBM은 집적회로와 운영체제 설계 및 제조에서 인텔이나 마이크로소프트보다 우수한 기술적 능력을 가지고 있었다. 아마 '역량'보다 '핵심'을 기준으로 판단한다면 이 주장은 더욱 정확할 것이다. IBM의 아웃소싱 필요성은 신규사업 경영자들의 올바른 인식에서 비롯된 것이었다. 그들은 만족스런 수익을 위한 더 낮은 간접비용과 기존의 내부 개발과정보다 훨씬 빠른 신제품개발을 필요로 했다.

3. 지난 십 년 동안 이 개념에 대해 다음과 같은 주요한 연구가 진행되었다. 우리는 이 저서와 논문에서 도움이 되는 내용들을 발견할 수 있었다.

- 레베카 헨더슨Rebacca Henderson, 킴 클라크Kim B. Clark 공저, "조직적 혁신 : 기존 제품 생산기술의 교체와 기존 기업의 실패Architectural Innovation : The Reconfiguration of Existing Product Technologies and the Failure of Established Firms", 〈계간 행정 과학 35〉 (1990년), 930쪽.
- 몬테버드K. Monteverde, "반도체 산업의 수직적 통합을 위한 기술대담Technical Dialog as an Incentive for Vertical Integration in the Semiconductor Industry", 〈경영과학 4〉 1995, 1,624~1,638쪽.
- 칼 울리히Karl Ulrich, "제조업체에서의 제품구축 역할The Role of Product Architecture in the Manufacturing Firm", 〈연구정책Research Policy 24〉 (1995년), 419~440쪽.
- 론 산체스Ron Sanchez, 마호니J. T. Mahoney 공저, "제품 및 조직 디자인에서 지식 경영의 모듈화와 탄력성Modularity, Flexibility and Knowledge Management in Product and Organization Design", 〈전략 경영 저널Strategic Management Journal 17〉, 1996년, 63~76쪽.
- 칼리스 볼드윈Carliss Baldwin, 킴 클라크Kim B. Clark, 《설계 규칙 : 모듈화의 힘Design Rules : The Power of Modularity》(Cambridge, MA : MIT Press, 2000).

4. 여기서 우리가 표현하고 있는 것은 극단적인 상호의존성이다. 극단적인 표현을 선택한 것은 가능한 한 개념을 명확히 하기 위해서다. 복잡한 제품 시스템에서 상호의존성은 시간과 부품에 따라 다양한 차이를 보인다. 또한 상호의존성의 도전은 공급업체와의 관련성을 통해 어느 정도 해결될 수 있다.
다음을 참조하라.

- 제프릴 다이어Jeffrey Dyer, 《협력의 이점 : 모험적인 공급자 네트워크 확장을 통한 승리Collaborative Advantage : Winning Through Extended Enterprise Supplier Network》(New York : Oxford University Press, 2000).

5. 대부분의 독자들은 마음속으로 '파괴적'이라는 용어와 '획기적breakthrough'이라는 용어를 동일한 의미로 생각하고 있다. 하지만 올바른 예측과 이해를 위해 이 두 용어를 혼동하지 않는 것이 매우 중요하다. 우리보다 앞선 필자들은 한결같이 기술적 발전 궤도에서 '존속적'으로 영향을 미친 기술에 '획기적' 기술이라는 용어를 사용했다.
어떤 존속적 혁신들은 해마다 점증적인 성능향상을 통해 존속적 궤도로 진입하고 있다. 그런가 하면 또 어떤 존속적 혁신들은 경쟁에서 앞서는 극적인 도약을 통해 존속적 궤도에 진입하고 있다. 하지만 예측 가능성을 목적으로 할 경우, 점증적 발전 기술과 획기적 발전 기술 간의 차이는 그리 중요하지 않다. 두 유형 모두 존속적 혁신으로 영향을 미치기 때문에 일반적으로 기존 기업들이 성공을 거둔다.

대개의 경우 파괴적 혁신에는 획기적 기술이 수반되지 않는다. 그 대신 파괴적 혁신은 파괴적 사업모델 속에 이용 가능한 기술들을 일괄적으로 포함한다. 연구소에서 개발한 새로운 획기적 기술들은 거의 존속적 혁신의 특징을 가지고 있으며, 제품 내의 다른 하부시스템들과의 상호의존성은 예측 불가능하다. 결국 이런 기술들의 상업화 과정에서 기존 기업들이 강점을 갖는 데는 두 가지 이유가 존재한다.

6. 여러 산업들의 초창기 성장에 수직적 통합이 매우 중요한 역할을 하는 것과 관련된 고전적 연구서로는 앨프레드 챈들러Alfred Chandler 교수의 《보이는 손The Visible Hand》 (Cambridge, MA : Belknap Press, 1977)이 있다.

7. 효용, 즉 고객들이 제품을 구입하여 이용할 때 그들이 얻는 만족감에 대한 경제학자들의 개념은 이런 상황이 발생할 때 산업의 경쟁이 어떻게 변하는지 설명하는 좋은 수단이다.

한계효용성은 더 나은 성능의 제품을 구입하면서 만족도가 점증하는 것을 말한다. 더 나은 제품에 대해 고객들이 지불할 용의가 있는 가격 인상분은 고객들이 제품을 이용하면서 얻는 효용성에 비례할 것이다. 즉, 한계가격 증가는 한계 효용성 증가와 같아질 것이다. 고객들이 더 이상 제품에 향상된 성능을 이용하지 않는다면 한계 효용성은 제로에 육박할 것이다. 그 결과 고객들은 더 나은 성능에 대해 더 높은 가격을 지불할 용의가 없어질 것이다.

8. "제품 및 조직 디자인에서 지식경영의 모듈화와 탄력성Modularity, Flexibility and Knowledge Management in Product and Organization Design"에서 산체스와 마호니도 이 현상에 대해 처음으로 설명했다.

9. 주 3에서 인용한 칼리스 볼드윈 교수와 킴 클라크의 놀라운 작품은 모듈방식의 과정을 설득력 있고 유용한 방식으로 설명하고 있다.

10. IBM 역사를 공부하는 많은 연구생들은 경쟁 압력으로 인해 IBM의 구조가 개방되었다는 우리의 주장에 동조하지 않을 것이다. 대신에 그들은 미국 정부의 독점금지 소송으로 인해 IBM이 제품구조를 개방하게 되었다고 주장할 것이다. 하지만 우리의 주장은 정부의 조치와 상관없이 경쟁과 파괴의 힘에 밀려 IBM의 독점적 지위가 막을 내렸다는 것이다.

11. 퓰리처상 수상작가 트레이시 키더Tracy Kidder의 《새로운 기계의 영혼The Soul of a New Machine》(New York : Avon Books, 1981)에서는 미니컴퓨터 산업에서 경쟁 기반이 변하기 시작할 때의 삶의 모습을 묘사하고 있다.

12. MIT의 찰르 파인Charle Fine 교수도 이 주제에 관한 중요한 저서를 집필했다. 《클락스피드Clock Speed》(Reading, MA : Persue Books, 1998)를 참조하라. 파인은 산업이

일종의 "이중 나선" 사이클에서 통합과 비통합의 사이클을 거친다고 주장했다. 여기서는 이 모델을 개략적으로 설명하고 6장에서 파인의 조사결과를 좀 더 상세히 살펴볼 것이다.

13. 발전하는 대출산업 구조는 이런 요소에 대한 확실한 사례를 제공한다. JP 모건 체이스 같은 대형 은행들은 가장 복잡한 대출 시장층에서 경쟁적인 강점을 가지고 있다. 치밀하고 까다로운 글로벌 고객들을 위해 복잡한 대형 금융 패키지를 준비하는데 있어서 그들의 능력에 결정적 역할을 하는 것이 바로 통합이다. 그들은 정해진 공식이나 평가가 아닌 경험이 풍부한 대출 직원의 직관에 따라 대출결정을 내린다.

한편 신용평가기술과 자산 유동화asset securitization는 더 단순한 대출 시장층을 파괴하고 있다. 이런 시장층에서 대출업자는 채무자들이 대출금을 갚을 수 있을지 여부를 정확히 평가할 수 있어야 한다. 채무자들에 대한 검증 가능한 정보―거주지의 거주 기간, 근무지에서의 근무 기간, 수입 수준, 계산서 연체 유무 등―는 아라비아 숫자에 기초한 대출결정과 결합한다.

신용평가는 1960년대에 백화점들이 자사 신용카드를 발행하기로 결정하면서 가장 단순한 시장층에서 유래했다. 대형 은행 입장에서는 유감스러운 일이지만 파괴적 혁신 집단들은 이익을 좇아 급속도로 상위시장으로 이동하기 시작했다. 처음에는 일반 소비자 신용카드 대출이, 나중에는 자동차 대출과 담보 대출이, 현재는 소기업 대출이 상위시장으로 이동하고 있다. 이런 단순한 시장층에서의 대출 산업은 대부분 비통합형이다. 은행이 아닌 전문기업들이 등장하여 대출산업의 이런 시장층에서 추가 가치를 제공하고 있다. 통합은 가장 복잡한 시장층에선 강점이지만 단순한 시장층에서는 오히려 약점으로 작용한다.

14. 우리의 결론은 스탠 리보위츠Stan Liebowitz와 스티븐 마고리스Stephen E. Margolis의 《승자와 패자 그리고 마이크로소프트 : 하이테크기술에서의 경쟁과 반발Winners and Losers & Microsoft : Competition and Antivirus in High Technology》(Oakland, CA : Independent Institute, 1999)에서 밝힌 주장을 뒷받침한다.

15. 이에 대한 또 다른 훌륭한 사례로 멀티미디어 엔터테인먼트를 찾는 소비자들에게 게이트웨이를 제공하기 위해 애플 컴퓨터가 추진한 시도가 있다. 운영체제와 애플리케이션에서 애플의 상호의존적 통합은 이 시점에서 고객들이 가치를 부여하는 편리성을 창출하고 있다. 고객들이 가치를 부여한 이유는 편리성이 아직 충분치 않기 때문이다.

16. 전문성, 입증 가능성 및 예측 가능성은 인터페이스에서 등장하는 유효한 시장을 위한 '충분한 정보'를 구성한다. 덕분에 조직들은 가까운 위치에서 서로 거래할 수 있게 된다. 자본주의의 기본원리는 시장의 조정 메커니즘으로서 시장경쟁의 보이지 않

는 손이 인위적 감독보다 더 우세하다는 것이다. 모듈식 인터페이스가 정해질 때 그 인터페이스에서 산업이 해체되는 이유가 바로 그 때문이다. 하지만 전문성, 입증 가능성 및 예측 가능성이 존재하지 않을 때 유효한 시장은 제 기능을 할 수 없다. 이런 환경에서는 조정 메커니즘으로서 관리 감독과 협력이 시장경쟁보다 더 나은 역할을 한다.

이것은 타룬 칸나Tarun Khanna 교수와 그의 동료들의 조사 결과를 뒷받침한다. 그들의 연구에 따르면, 개발도상국에서는 다각화된 거대 복합기업들이 집중된 독립기업들보다 더 우수하지만, 선진국에서는 그 반대상황이 전개되고 있다.

다음을 참조하라.

- 타룬 칸나Tarun Khanna, 크리슈나 팔레푸Krishna G. Palepu 공저, "떠오르는 신흥시장에서 왜 실패하기 쉬운 전략에 초점을 맞추었는가?Why Focused Strategies May Be Wrong for Emerging Markets", 〈하버드 비즈니스 리뷰〉, 1997년 7~8월호, 41~51쪽.

- 타룬 칸나Tarun Khanna, 얀 리브킨Jan Rivkin 공저, "Estimating the Performance Effects of Business Groups in Emerging Markets", 〈전략적 경영 저널Strategic Management Journal 22〉 (2001년), 45~74쪽.

모듈 방식의 조건이 부합되지 않을 때 조직통합이 중요한 이유에 대한 기본개념은 거래비용 경제학(TCE)에서 개발되고 있다. TCE는 로널드 코즈Ronald Coase의 저서에서 유래했다[로널드 코즈Ronald Coase, "기업의 본질The Nature of the Firm", 〈에코노메트리카Econometrica 4〉(1937년), 386~405쪽].

코즈는 '너무 비싼 값' 때문에 '독립적인' 당사자들 사이에서 협상과 계약이 불가능해질 때 기업이 창출된다고 주장했다. 좀 더 근래에는 올리버 윌리엄슨Oliver Williamson의 저서가 기업 경계의 결정요소로서 거래비용 탐구에 많은 영향을 미치고 있다.

다음을 참조하라.

- O. E. 윌리엄슨Williamson, 『시장과 계층Markets and Hierarchies》, New York : Free Press, 1975.

- "비용경제학 보고서Transaction Cost Economics", 《자본주의의 경제조직The Economic Institutions of Capitalism》, 윌리엄슨 편집(New York : Free Press, 1985), 15~42쪽.

- 보고서 : 계약관계의 관리Transaction-Cost Economics : The Governance of Contractual Relations", 《조직 경제학Organization Economics》, 바니J. B. Barney와 오우치W.G.Ouichi 편집(San Francisco : Jossey-Bass, 1986).

특히, TEC는 기업들이 활동영역을 확장할 수 있는 다양한 방식들을 설명하기 위해 이용되고 있다.

다음을 참조하라.

- 힐C. W. L. Hill, "결합 또는 단절된 기업에서의 협력과 경쟁구조Cooperative Versus Competitive Structures in Related and Unrelated Diversified Firms", 〈조직과학Organization Science 3〉, no. 4(1992년), 501~521쪽.

다각화와 관련해서는 다음을 참조하라.

- 티스D. J. Teece, "경제영역과 기업의 영역Economic of Scope and the Scope of the Enterprise", 〈경제적 행동 및 조직 저널Journal of Behavior and Organization 3〉, 1982년, 39~63쪽.

수직적 통합과 관련해서는 다음을 참조하라.

- 애로우K. Arrow, 《조직의 한계The Limits of Organization》, New York : W. W. Norton, 1974.
- 클라인B. R. G. Klein, "수직적 통합, 초과이윤, 그리고 경쟁적인 계약과정Vertical Integration, Appropriable Rents and Competitive Contracting Process", 〈법학과 경제학 저널 Journal of Law and Economics 21〉, 1978년, 297~326쪽.
- 해리건K. R. Harrigan, "수직적 통합과 공동 전략Vertical Integration and Corporate Strategy", 〈경영 아카데미 저널 28〉, no. 2(1985년), 397~425쪽.

일반적으로 이런 방향의 연구는 기업 범위의 변화를 설명하기 위한 '시장 실패' 패러 다임으로 알려져 있다.

다음을 참조하라.

- 던다스K. N. M. Dundas, 리처드슨P. R. Richardson 공저, "공동 전략과 시장 실패의 개념Corporate Strategy and the Concept of Market Failure", 〈전략적 경영 저널 1〉, no. 2(1980년) : 177~188쪽.

17. 설령 기존 지역전화사업자(ILEC)들이 CLEC 엔지니어들에 비해 모든 복잡성과 예 기치 않은 결과를 더 잘 이해하지 못한다 할지라도 그들은 어떤 난점을 해결하는데 있어서 훨씬 유리한 위치에 있다. 그들은 번거롭고 불완전한 과거 계약에 의존하는 대신 조직 메커니즘에 호소할 수 있기 때문이다.

18. 제프리 리 펑크Jeffery Lee Funk의 《모바일 인터넷The Mobile Internet : 일본은 어떻 게 서양이 실패한 것을 성공했는가How Japan Dialed Up and the West Disconnected》(Hong Kong : ISI Publication, 2001)를 참조하라.

펑크의 주장에 따르면, 도코모와 제이폰이 일본에서 성공을 거둔 또 다른 주된 이유 가 그들이 이 책 3~4장에서 설명한 패턴을 따르고 있기 때문이다. 애초에 그들은 전 화기에서 인터넷을 사용하지 않는 고객들(10대 소녀들)을 표적으로 삼고 그들의 원 하는 행동에 적합한 제품을 개발했다.

이와 대조적으로 이 시장에 진입한 서구 신생기업들은 현재 휴대폰과 무선 인터넷을 사용하고 있는 고객들에게 판매하기 위한 정교한 제품을 개발했다. 이런 개발에 대한 내부시각은 마리 마쓰나가Mari Matsunag의 《아이모드의 탄생The Birth of I-Mode : 모바일 인터넷의 아날로그형 단골 고객An Analogue Account of the Mobile Internet》 (Singapore : Chuang Yi Publishing, 2001)을 참조하라. 마쓰나가는 도코모에서 아이모드 개발에 핵심적 역할을 했다.

19. 마이클 레이너와 클레이튼 크리스텐슨의 딜로이트 연구서 "혁신을 위해 통합하라 Integrate to Innovate"를 참조하라. 〈http://www.dc.com/vcd〉 또는 delresearch@dc.com 을 통해 이용할 수 있다.

20. 유럽과 미국의 휴대 전화기 산업의 차이에 익숙한 일부 독자들은 이 구절에 이의를 제기할지도 모른다. 일찌감치 유럽에서는 GSM이라 불리는 표준으로 연합했다. 덕분에 휴대 전화기 사용자들은 유럽 전역에서 전화기를 사용할 수 있게 되었다. 휴대 전화기 사용은 미국보다 더 높은 보급률을 보였다. 미국에서는 몇 가지 표준이 치열한 경쟁을 하고 있었다. 많은 분석가는 하나의 표준으로 재빨리 연합한 유럽의 전략으로부터 일반적인 결론을 이끌어내고 있다. 그 표준은 상호 호환성 없는 구조의 경쟁으로 인한 쓸데없는 중복을 피할 수 있다는 점에서 바람직했다. 하지만 우리는 단일표준의 혜택이 대체로 과장되었으며, 상이한 선택을 낳은 미국과 유럽 간의 다른 중요한 차이점들이 간과되고 있다고 생각한다.

첫째, 단일표준은 수요자 측면보다 공급자 측면에서 혜택을 주는 것처럼 보인다. 즉, 단일표준을 명문화함으로써 유럽의 네트워크 장비 및 핸드셋 제조업체들은 북미 시장을 위해 제품을 생산하는 기업들보다 더 큰 규모의 경제를 달성할 수 있었다. 이것이 소비자들에게 더 낮은 가격의 형태로 나타났음은 물론이다.

하지만 상대적으로 비교가 되는 것은 유럽 대 미국 간의 휴대전화 통신가격이 아니다. 이들의 서비스는 서로 경쟁하지 않았다. 상대적으로 비교되는 것은 각각의 시장에서 유선전화 통신과 관련이 있다. 따라서 지역 및 장거리 전화통신 서비스가 북미보다 유럽이 훨씬 더 비싸다는 점은 주목할 만한 가치가 있다. 그 결과 북미보다 유럽에서 무선전화 통신이 유선전화 통신보다 훨씬 매력적인 대체수단이 되었다. 우리가 알고 있는 한, 국가 간 이용으로 추정되는 수요자 측의 혜택은 유럽 소비자들의 이용 패턴으로 나타나지 않았다.

결론적으로 우리가 주장하고자 하는 것은 유럽에서 휴대전화 통신의 상대적 성공의 근본 이유가 스웨덴의 소녀들이 스페인에서 휴가를 보내며 휴대 전화기를 사용할 수 있기 때문이 아니라, 유선전화 통신과 비교하여 휴대전화 통신이 이용과 가격면에서 더 나은 조건을 제공하고 있기 때문이라는 것이다.

둘째, 유럽의 법규는 휴대 전화기 사용자와 관련하여 "발신자 요금부담"을 명시한 반면, 미국의 법규는 "휴대 전화기 사용자 요금부담"을 명시하고 있다. 다시 말해 유럽에서 당신이 누군가의 휴대 전화기로 전화한다면 당신이 전화요금을 지불해야 한다. 물론 전화를 받는 쪽은 공짜다. 한편 북미에서 누군가가 당신의 휴대 전화기로 전화를 건다면 당신이 요금을 지불해야 한다. 그 결과 유럽인들은 자신의 휴대 전화기 전화번호를 나누어주는 데 훨씬 자유롭다. 따라서 그만큼 휴대 전화기 이용 가능성이 높아진다.

이 주제와 관련하여 좀 더 상세한 정보는 다음을 참조하라.

- 스트레티지스 그룹Strategis Group, "발신자 요금부담 사례에 대한 연구분석Calling Party Pays Case Study Analysis; ITU-BDT Telecommunicaton Regulatory Database"; ITU 웹사이트, ⟨http://www.itu.int/ITU-D/ict/statistics⟩.

이런 혜택(GSM 표준, 유선 전화통신과 비교하여 저렴한 가격, 통화자 요금부담 법규)의 효과를 파헤치는 것은 사소한 일이 아니다. 하지만 우리는 단일표준의 효과가 일반적으로 알려진 것보다 그리 대단치 않을 뿐만 아니라 북미보다 높은 유럽의 휴대 전화기 보급률을 설명하는 데 있어서 그것이 핵심적인 요소가 아니라는 점을 분명히 밝히고자 한다.

6장

제품 : 혁신을 통해
범용화의 늪을 탈출하라

제품 : 혁신을 통해 범용화의 늪을 탈출하라

범용화가 일어나는 원인은 무엇일까? 범용화는 경쟁시장에서 모든 기업이 피해갈 수 없는 최종 상태일까? 기업은 발전단계 중 어느 단계에서 조치를 해야 범용화가 일어나는 것을 막을 수 있을까? 범용화의 물결이 한 산업을 휩쓸고 지나가더라도 그 흐름을 독점적이며, 차별화되고, 수익성이 좋은 제품으로 되돌릴 방안은 없는가? 범용화에 어떻게 대응할 수 있을까?

많은 경영자가 아무리 기적적인 혁신을 이룩했더라도 '범용화'는 피할 수 없는 운명이라는 믿음에 순순히 따른다. 이러한 두려움의 원인은 고통스러운 경험이다. 다음은 놀라운 사례이다. 1992년 최초의 1GB 용량의 3.5인치 디스크 드라이브가 세상에 첫선을 보였을 때 제조업체들은 60퍼센트의 총 마진율을 올릴 수 있었다. 그러나 시간이 지나자 그보다 60배나 성능이 더 뛰어난 제품으로도 디스크 드라이브 제조업체들은 고작 15퍼센트의 이윤을 유지하기 위해 안간힘을 쓰게 되었다.

디스크 드라이브가 기계공학과 마이크로전자공학의 경이적인 성과라는 점을 감안하면 이런 현상은 공정하지 못하다. 데이터를 디스크의 표면에서 겨우 0.00008인치 분리된 원형 트랙에 저장하고 검색할 수 있도록 헤드를 기계적으로 배치할 수 있는 이들이 우리 중에 과연 얼마나 있는가? 그런데도 이런 유형의 디스크 드라이브조차 오늘날에는 별로 차별성이 없는 범용품으로 간주된다. 이처럼 정밀하고 복잡한 상품도 범용화될 수 있는데 우리에게 과연 어떤 희망이 있겠는가?

그래도 희망은 있어 보인다. 범용화에 관한 우리의 연구에서 가장 흥미로운 부분은 범용화가 가치사슬의 어딘가에서 작용할 때마다 탈범용화라는 상반된 과정도 가치 네트워크의 어딘가에서 작용한다는 점이다.[1] 범용화가 차별성을 잃어 기업의 수익성을 파괴하는 반면, 탈범용화는 잠재적으로 엄청난 부를 창출할 수 있는 기회를 준다. 이런 과정의 상반성은 파괴의 새로운 물결이 한 산업을 휩쓸고 지나가면서 차별화의 근간이 가치 네트워크에서 꾸준히 변화한다는 의미이다. 아직 성능이 부족한 가치 네트워크의 한 지점에 포지셔닝하는 기업들에게서 주로 이런 상황이 발생한다.

이 장의 목적은 경영자들이 이런 범용화와 탈범용화 과정이 어떻게 일어나는지 이해하여 그것이 언제 어디에서 시작되는지 찾아낼 수 있도록 돕는 것이다. 이런 이해를 통해 새로운 사업을 시작하는 경영자들이 탈범용화의 힘이 작용하는 가치 네트워크상의 한 지점에서 성장사업을 구축하기를 바란다. 또한 기존 사업을 운영하는 경영자들도 그들의 기업을 가치 네트워크에 재설정하여 탈범용화의 물결을 포착할 수 있기를 바란다. 그리고 다시 웨인 그레츠키의 통찰로 돌아가서, 경영자들이 가치 네트워크에서 현재 돈이 벌리는 지점이 아니라 미래에 돈을 벌 수 있는 지점을 포착할 수 있기를 바란다.[2]

범용화 과정과 탈범용화 과정

수익성이 있고 차별화되고 독점적인 제품이 범용품으로 바뀌는 것은 5장에서 설명한 오버슈팅과 모듈화의 과정이다. 파괴적 혁신 도식의 가장 왼쪽에서 가장 성공한 기업들은 성능이 부족한 최종 제품을 설계하고 조립하는 통합기업들이다. 통합기업들은 두 가지 이유에서 만족스런 수익을 올린다. 첫째, 제품의 상호의존적이고 독점적인 구조가 직접적으로 차별성을 만든다. 둘째, 구조적으로 상호의존적인 제품의 설계와 생산에서는 대체로 변동비가 높은 비율을 차지하는데, 이 변동비가 극단적인 규모의 경제를 창출하여 규모가 큰 경쟁 기업들에게 강력한 비용 우위를 부여하는 반면 신입 기업들에게는 강력한 진입장벽을 만든다.

IBM이 메인프레임 컴퓨터 산업에서 고도로 통합된 기업으로서 70퍼센트의 시장점유율을 차지한 상태에서 업계 총수익의 95퍼센트를 차지했던 이유가 바로 이것이다. IBM은 독점제품, 강력한 비용 우위, 높은 진입장벽을 점유하고 있었다. 마찬가지로 제너럴 모터스는 1950년대부터 1970년대까지 미국 자동차 시장에서 불과 50퍼센트의 점유율로 업계 수익의 80퍼센트를 벌어들였다. 이와 대조적으로 IBM과 제너럴 모터스의 부품 제조업체들은 대부분 해를 거듭할수록 생존의 몸부림을 계속해야 했다. 이러한 경험은 전형적이다. 강력한 비용 우위의 고도로 차별화된 제품을 생산하여 막대한 돈을 벌어들이는 것이다.[3]

많은 기업이 이런 최고 경지에 도달하지 못하거나, 또는 그것을 오래 유지하지 못하는 이유는 경쟁 기업들에 비해 강력한 비용 우위를 만드는 독점적 구조의 제품을 제공할 수 있는 환경에 위치해 있지 못하기 때문이다. 하지만 이런 환경이 변화할 때, 즉 독점적이고 수익성 있는 기업들이 주고객이 이용하는 제품을 오버슈팅할 때 기존 방식의 게임은 더 이상 진행되지 않고 순환하게 된다. 고객들은 이미 성능 초과 제품에 프리미엄 가격을 지불하지 않을 것이다. 이어서 모듈방식과 범용화가 시작될 것이다. 제품 성능과 관련된 특성이 당신 기업에 의해서가 아니라 공급업자들로부터 조달받는 인프라에 의해 결정된다면 그동안 많은 돈을 벌어왔던 제품 범주에서 겨우 생존 차원 이상의 수익을 거두는 것조차 힘들어진다. 자신이 속한 업계가 모듈화될 때 당신은 막대한 돈벌이가 가능한 가치 네트워크상의 다른 곳으로 시선을 돌려야 한다.

범용화라는 자연스럽고 피할 수 없는 과정은 다음 여섯 단계로 발생한다.

1. 새로운 시장이 형성되면서 한 기업이 독점적인 제품을 개발한다. 이 제품은 성능이 부족하지만 경쟁사 제품들보다 고객의 욕구를 더 만족시킨다. 이 제품은 독점적 구조를 통해 수익을 올린다.
2. 이 기업은 직접적인 경쟁 기업들을 앞지르기 위해 노력하면서 결국 시장에서 저가층 고객들이 이용할 수 있는 기능성과 안정성을 오버슈팅한다.
3. 이것은 저가층 시장에서 경쟁 기반의 변화가 더 빨리 일어나게 한다.
4. ……모듈구조로의 발전을 촉진한다.
5. ……이 산업의 탈통합을 촉진한다.
6. ……동일한 부품들에 접근할 수 있으며 동일한 기준에 따라 조립하는 경쟁 기업들에 비해 제품의 성능이나 비용의 차별화가 매우 힘들어진다. 이런 상황은 오버슈팅이 먼저 발생한 저가층 시장에서 발생하여 차례로 고가층의 고객에게도 영향을 미치게 된다.

파괴와 범용화 현상을 연결하는 것이 오버슈팅—성능 과잉 환경—이라는 점을 주목해야 한다. 파괴와 범용화는 동전의 양면과 같다. 성능 과잉 환경에 속한 기업은 경쟁에서 승리할 수 없다. 파괴가 시장을 훔쳐가든가, 범용화가 수익을 훔쳐가기 때문이다. 대부분의 기존 기업들은 결국 이 두 가지의 희생자가 된다. 왜냐하면 비록 업계에 따라 속도는 다르지만, 범용화는 피할 수 없는 현상이며 시장변화에 민첩한 신생기업들은 파괴적 발판을 활용할 수 있는 기회를 놓치지 않기 때문이다.

그래도 여전히 주변부에서 번영을 누릴 수 있다. 미래의 수익은 흔히 가치 네트워크상의 어딘가에서, 즉 부가가치의 다른 단계나 다른 층에서 보장받을 수 있다. 그것은 범용화 과정이 탈범용화라는 상반된 과정을 불러오기 때문이다. 역설적으로, 이런 탈범용화는 가치 네트워크상에서 과거에는 수익을 올리기 힘들었던 부분, 즉 예전의 모듈화되고 비차별화된 프로세스, 부품, 또는 하부시스템에서 발생한다.[4]

2장에서 설명한 미니밀 제철소들을 다시 떠올려보자. 철근 시장에서 미니밀은 종합제철소들과 경쟁하면서 많은 돈을 벌었다. 그들은 종합제철소들에 비해 20퍼센트의 비용 우위를 가졌다. 하지만 철근 시장에서 최후의 고비용 경쟁 기업을 몰아내자마자 저비용 미니밀들은 단일 범용품 시장에서 똑같은 처지의 저비용 미니밀 기업들과 경쟁해야 했다. 그리고 그들 간의 피 말리는 경쟁은 가격폭락을 초래했다.

일반적으로 모듈제품 조립업체들은 미니밀 업체들이 시장에서 고비용 경쟁업체들을 몰아내고 독점적 구조를 이루는 데 성공했을 때와 똑같은 승리의 대가를 얻게 된다. 승리한 파괴적 기업들은 공통의 공급 기반에서 조달받는 모듈부품들을 조립하는 동일한 저비용 파괴적 기업들과 경쟁하게 된다. 그러다가 경쟁력의 원천인 차별화 기반이 사라지면 간신히 생존하는 수준의 수익만 올릴 수 있을 뿐이다. 따라서 저비용전략은 고비용 경쟁 기업들이 시장에 남아 있을 때만 유효한 전략이다.[5]

모듈방식의 파괴적 기업들이 꾸준히 견실한 수익을 올릴 수 있는 유일한 방법은 고비용 제조업체의 독점적 제품에 맞서 계속 경쟁할 수 있도록 가능한 한 빨리 그들의 저비용 사업모델을 상위시장으로 이동시키는 것이다. 모듈제품 조립업체들은 최고 성능의 부품과 하부시스템을 찾아내 가능한 한 빨리 자기 회사의 제품에 그것을 통합함으로써 이런 이동을 가능케 한다.[6] 조립업체들은 자신들이 이익을 낼 수 있는 상위시장에서의 경쟁을 위해 최고 성능의 부품이 필요하다. 그 결과 부품의 성능개선에 대한 요구로 부품 공급업체들은 파괴적 혁신 도표에서 성능이 부족한 지점으로 다시 돌아가게 된다.

결국 이런 부품 공급업체들은 하부시스템 내에서 점점 상호의존적이고 독점적인 구조를 강요받게 된다. 따라서 성능 위주의 하부시스템은 최종 제품이 모듈화·범용화되는 결과로 탈범용화된다.

다음은 이런 탈범용화라는 상반된 과정을 단계별로 요약한 것이다.

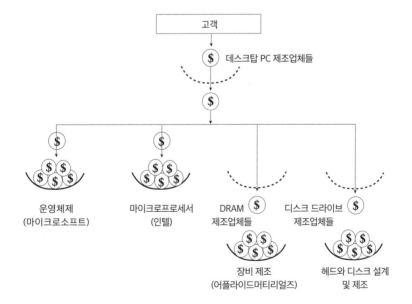

그림 6-1

PC 산업의 제품 가치사슬에서 수익이 발생하는 곳

1. 모듈제품 조립업체들의 저비용전략은 고비용 경쟁업체들과 경쟁하는 동안만 효력을 가진다. 이것은 독점적 제품의 고비용 공급자들을 시장에서 몰아내자마자 지속적으로 만족스러운 수익을 올릴 수 있는 상위시장으로의 이동을 의미한다.

2. 얼마나 빨리 상위시장으로 이동할 수 있느냐를 결정하는 메커니즘은 성능 위주의 하부시스템이다. 이런 메커니즘 때문에 성능 부족이 발생하며, 파괴적 혁신 도표의 왼쪽으로 이동하게 된다.

3. 하부시스템 공급업체들간의 경쟁으로 인해 엔지니어들은 점점 더 독점적이고 상호의존적인 설계를 고안하게 된다. 설령 경쟁업체의 하부시스템을 이용한다 할지라도 그들은 최종 제품에서 고객들에게 더 나은 성능을 제공하기 위해 애쓴다.

4. 따라서 이 하부시스템의 선발 공급업체들은 만족할 만한 수익성을 가진 차별화되고 독점적인 제품 판매에 나서게 된다.

5. 물론 이런 수익성 있고 독점적인 제품개발은 다음 주기의 범용화와 탈범용화의 시작이다.

그림 6-1은 이런 과정이 1990년대 PC 산업의 제품 가치 네트워크에 어떻게 작용했는지를 좀 더 일반적으로 나타낸 것이다. 도표의 정점에서 시작된 돈의 흐름은 고객으로부터 컴퓨터를 설계하고 조립하는 기업들로 이어졌다. 하지만 10년이 지나자 컴퓨터 제조업체들의 잠재수익은 점점 감소했다. 대부분의 수익이 이들 업체를 통해 곧장 공급업체들에게 흘러갔던 것이다.[7]

그 결과 조립업체들이 고객들로부터 벌어들인 막대한 자금이 마이크로소프트로 흘러 들어갔다. 또 다른 막대한 자금은 인텔로 흘러들어갔다. 또한 삼성과 마이크론 같은 DRAM 제조업체들에게도 자금이 흘러 들어갔다. 하지만 수익 형태로서 가치 네트워크상의 DRAM 제조단계에서 머물러 있는 자금은 적었다. 그 자금은 DRAM 업체에게 생산설비를 공급하는 어플라이드머티리얼스mApplied Materials 같은 기업들에게 흘러가 축적되었다. 이와 유사하게 맥스터Maxtor와 퀀텀Quantum 같은 디스크 드라이브 모듈 조립업체에게도 자금이 흘러들어갔는데, 이런 자금은 헤드와 디스크가 생산되는 부가가치 단계로 흘러들게 되었다.

도표에서 돈을 담은 바구니와 돈이 새는 바구니의 차이는 무엇일까? 이 기간에 수익을 축적하여 돈을 가득 담은 바구니들은 가치사슬에서 고객의 욕구에 비해 성능이 충분치 않은 제품들이었다. 따라서 이 제품들의 구조는 상호의존적이고 독점적인 경향을 보였다. 한편 돈이 새는 바구니 같은 기업들은 간신히 생존하는 정도의 수익만 올릴 수 있었다. 그들 제품의 기능성이 성능 과잉의 경향을 보였기 때문이다. 따라서 그들 제품의 구조는 모듈방식이었다.

만일 한 기업이 성능 위주이긴 하지만 아직 고객의 욕구에 비해 성능이 충분치 않은 제품을 공급한다면, 그 제품은 만족스런 수익을 올릴 수 있는 원동력을 가지게 될 것이다. DRAM 산업을 예로 들어보자. 칩의 구조가 모듈방식이었던 기간에 DRAM 제조업체들은 최고의 가용 제조 장비에도 만족할 수 없었다. 성공을 위해 그들은 더 높은 수익률과 더 낮은 비용으로 제품을 만들어야 했다. 이것은 어플라이드머티리얼스 같은 업체들이 만든 장비의 기능성을 충분치 않게 만들었다. 그 결과 이런 장비의 구조는 상호의존적·독점적이 되었으며, 장비 제조업체들은 고객들이 원하는 기능성에 접근하기 위해 애쓰게 되었다.

디스크 드라이브나 DRAM 같은 산업이 근본적으로 수익성이 없는 반면 마이크로프로세서나 반도체 제조장비산업은 근본적으로 수익성이 있다고 함부로 결론짓지 않는 것이 중요하다. '산업'은 일반적으로 부적절한 범주화이다.[8] 한 산업이 충분한 수익을 올리는 것처럼 보이게 하는 것은 해당 기업들이 특정 시간대, 부가가치 사슬의 특정지점에서 그 기업들이 속해 있는 환경이다. 만족스런 수익 보존의 법칙이 늘 작용하기 때문이다(이 장의 부록 참조). 그 이유를 알기 위해 디스크 드라이브 산업을 심도 있게 살펴보자.

1990년대에 데스크탑 PC 생산업체에 공급된 디스크 드라이브를 구입하는 시장층에서는 드라이브의 용량과 이를 구동시키는 데 걸리는 시간이 중요했다. 이에 따라 드라이브 구조는 모듈화되었으며, 데스크탑 PC부문에서 경쟁 가능한 3.5인치 드라이브를 조립하는 비통합형 조립업체들의 총 마진은 12퍼센트쯤 하락했다. 맥스터와 퀀텀 (두 회사의 시장점유율은 90퍼센트를 초과했다.) 같은 비통합형 디스크 드라이브 조립업체들이 이 시장을 지배했다. IBM 같은 통합형 제조사들은 이처럼 낮은 수익률에서 생존할 수 없었다.

드라이브는 적절한 용량을 가졌지만, 조립업체들은 이용 가능한 최상의 헤드와 디스크에도 만족할 수 없었다. 디스크의 데이터 저장 용량을 최대화하려면 드라이브에 훨씬 더 적은 수의 디스크와 헤드를 사용해야 했다. 그런데 이것이 상당한 비용증대 요인이었다. 그 결과 헤드와 디스크는 성능이 충분치 않게 되었으며, 복잡하고 상호의존적인 하위부품으로 변해갔다. 실제로 헤드와 디스크 생산은 수익성이 매우 높았지만, 많은 주요 드라이브 제조업체들은 고유한 헤드와 디스크를 생산하는 방식으로 후퇴하여 통합형 기업이 되었다.[9]

하지만 빠듯한 수익을 올리게 된 것은 디스크 드라이브 산업이 아니라 3.5인치 드라이브 제조업체들이 처하게 된 모듈 환경이었다. 그 증거로 노트북 컴퓨터에 사용되는 더 작은 2.5인치 디스크 드라이브가 있다. 2.5인치 디스크 드라이브는 동일한 시기에 성능이 충분치 않은 제품 특성을 보였다. 그 구조는 상호의존적이었으며, 통합형 기업에서 그 제품을 생산했다. 1990년대 최첨단의 헤드 및 디스크 기술을 보유했던 대표적 통합형 기업인 IBM은 2.5인치 드라이브에서 40퍼센트의 총 마진율을 기록했고 시장의 80퍼센트를 점유했다. 이와 대조적으로 IBM은 데스크탑 PC 시장에서 판매된 드라이브의 시장점유율은 채 3퍼센트에도 미치지 못했다. 그 시장에서는 통합형 구조가 경쟁력을 갖지 못했다.[10]

1999년에 이런 상황을 분석해서 우리가 처음 책으로 출간할 즈음 2.5인치 디스크 드라이브는 노트북 컴퓨터 응용제품에서 성능 과잉 경향을 보이기 시작했다. IBM의 알토란 같은 사업에 범용화라는 불길한 징후가 나타났던 것이다.[11] 우리는 대표적 통합형 드라이브 제조업체인 IBM이 이 카드를 제대로 휘두른다면 실제로 아주 좋은 위치에 있을 수 있다고 판단했다.

IBM은 헤드와 디스크 부문을 디스크 드라이브 설계와 조립사업에서 분리하여 모듈화함으로써 수익성 있는 위치로 나아갈 수 있었다. 만약 IBM이 최첨단 헤드와 디스크를 2.5인치 디스크 드라이브 경쟁기업들—2.5인치 드라이브 조립 모듈사업에 적극적으로 뛰어드는 업체들—에게 매각하기 시작했다면, 최종적으로 드라이브 조립에서 한 걸음 물러나 좀 더 수익성 있는 헤드와 디스크 부품사업에 집중할 수 있었을 것이다. 또 그렇게 함으로써 컴퓨터 업계에서 가장 만족스런 수익률을 지속적으로 기록할 수 있었을 것이다. 다시 말해 파괴적 혁신 도표에서 성능 부족 부문의 경쟁에서 IBM은 승리할 수 있었을 것이다. 하지만 성능 과잉 부문에서 더 나은 전략은 총알을 군사들에게 팔아치우는 것이다.[12]

IBM은 몇 년 전에도 컴퓨터 사업에서 비슷한 움직임을 보였다. 그들은 수직 체인을 분리하고 기술, 부품, 하부시스템을 공개시장에 과감히 매각하는 결정을 내렸다. 동시에 하이엔드에서 컨설팅과 시스템 통합사업을 신설함으로써 컴퓨터의 설계와 조립을 덜 중시하는 방향으로 이동했다. IBM은 복잡하고 비표준적인 통합이 발생하는 부가가치 사슬의 특정지점으로 나아가면서 1990년대에 거대기업으로의 놀라운 변신을 이룩했다.

이런 기본원칙은 반복적으로 나타난다. 성능이 아직 부족한 가치 사슬의 한 지점에 자리한 기업들은 수익을 올릴 것이다. 이런 환경에서 차별화된 제품, 규모를 기반으로 하는 비용 우위, 높은 진입장벽이 발생한다.

IBM 같은 통합형 기업이 사업부를 최종적으로 매각하기보다는 유연하게 합치고 분리할 수 있다면 컴팩 같은 비통합형 기업보다 장기간 수익을 올릴 가능성이 있다. 이것은 범용화와 탈범용화 과정이 지속적으로 작용하면서 수익을 올릴 수 있는 지점을 가치사슬에서 이동시키기 때문이다.

핵심역량과 ROA 극대화에 의한 '죽음의 소용돌이'

범용화되고 있는 기업들은 흔히 범용화와 동시에 일어나는 탈범용화라는 과정을 무시하곤 한다. 이런 기업들은 다른 기업들이 탈범용화로 성장을 이룩하는 동안 미래의 수익이 보장되는 지점으로 이동할 기회를 놓치고 뒤처지거나 심지어 사라져버리기까지 한다. 실제로 투자자들은 총자산 수익률(ROA)을 높이라고 조립업체들을 압박하면서 그들이 수익성 있는 지점으로 나아가지 못하도록 발목을 잡고 있다. 그리고 모듈화되고 범용화되는 환경을 인식하지 못한 기업들은 핵심역량 이론에 눈을 돌려 나중에 후회할 결정을 내린다.

모듈제품을 조립하는 기업들은 총자산 수익률이나 투자자본 수익률을 높이라는 투자자들의 요구를 어떻게 만족시킬 수 있을까? 경쟁기업들보다 더 낮은 비용으로 제품을 생산하거나 제품을 차별화하는 것이 불가능에 가까우므로 모듈제품을 조립하는 기업들은 ROA를 개선할 수 없다. 그들이 택할 수 있는 유일한 대안은 자산을 처분해서 ROA의 분모를 줄이는 것이었다. 즉 총자산을 감소시켜 순이익을 높임으로써 ROA를 개선하는 것이다.

PC 부품 공급업체와 모듈 조립업체 간의 상호작용을 컴포넌츠 Components Corporation와 텍사스컴퓨터TCC라는 두 회사를 가정해 사례를 살펴보자.

컴포넌츠는 TCC에 회로기판을 공급하면서 사업을 시작했다. TCC는 총자산 수익률을 높이라고 압박하는 투자자와 씨름하고 있었다. 그 와중에 컴포넌츠가 솔깃한 제안을 해왔다.

"우리는 귀사를 위해 이런 작은 보드를 생산해 왔습니다. 귀사의 컴퓨터를 위해 마더보드 전체를 공급하게 해주십시오. 그러면 귀사의 내부비용을 쉽게 줄일 수 있을 겁니다."

"그거 기막힌 생각이군요. 어쨌든 회로기판 제조는 우리의 핵심역량이 아닙니다. 게다가 우리는 자산 집중이 아주 심한 편이죠. 귀사의 제안대로라면 우리는 비용을 삭감하고 대차대조표에서 그 자산을 제외할 수 있겠군요."

TCC의 경영자가 대답했다.

그렇게 컴포넌츠는 추가적으로 부가가치 사업을 시작했다. 컴포넌츠의 총수익은 현저히 증가했으며 수익성도 향상되었다. 제조자산을 더 잘 활용할 수 있었기 때문이다. 회사의 주가도 상승했다. 한편 자산을 털어낸 TCC의 매출은 별 영향을 받지 않았다. 하지만 총자산이 줄어들었기 때문에 순이익과 총자산 수익률은 증가했으며, 이에 따라 주가도 상승했다.

얼마 후 컴포넌츠는 다시 TCC의 경영자에게 접근했다.

"아시다시피 마더보드는 사실상 컴퓨터의 핵심 부분입니다. 귀사를 위해 컴퓨터 전체를 조립하게 해주십시오. 어쨌든 컴퓨터 조립은 귀사의 핵심역량이 아닙니다. 우리는 손쉽게 귀사의 내부비용을 줄여줄 수 있습니다."

"그거 좋은 생각이군요. 어쨌든 조립은 우리의 핵심역량이 아닙니다. 귀사가 제품조립을 맡겠다면 우리는 조립과 관련된 제조자산을 전부 우리 대차대조표에서 제외할 수 있겠군요."

TCC의 경영자가 대답했다.

다시 컴포넌츠는 추가적으로 부가가치 사업을 시작했다. 컴포넌츠의 총수익은 현저히 증가했으며 수익성도 향상되었다. 제조자산을 더 잘 활용할 수 있었기 때문이다. 회사의 주가도 상승했다. 한편 자산을 털어낸 TCC의 매출은 별 영향을 받지 않았다. 하지만 마찬가지 이유로 순익과 총자산 수익률은 증가했으며, 이에 따라 주가도 상승했다.

얼마 후 컴포넌츠는 다시 TCC의 경영자에게 접근했다.

"아시다시피 우리 회사에서 귀사의 컴퓨터를 조립하고 있는데, 왜 귀사에서 온갖 시간과 노력을 들여 부품 조달의 내부물류와 고객 출하의 외부물류를 관리하는 일을 처리해야 합니까? 우리가 귀사의 공급업자들과 함께 고객에게 최종 제품을 전달하는 일을 처리하겠습니다. 어쨌든 공급체인 관리는 실제로 귀사의 핵심역량이 아닙니다. 그래서 우리가 손쉽게 귀사의 내부비용을 줄여줄 수 있습니다."

"그거 좋은 생각이군요. 귀사의 제안이 그런 유동자산을 대차대조표에서 제외하는 데 도움이 되겠군요."

TCC 경영자가 대답했다.

컴포넌츠는 추가적으로 부가가치 사업을 시작했다. 컴포넌츠의 총수익은 현저히 증가했으며 수익성도 향상되었다. 제조자산을 더 잘 활용할 수 있었기 때문이다. 회사의 주가도 상승했다. 한편 자산을 털어낸 TCC의 매출은 별 영향을 받지 않았다. 하지만 순익과 총자산 수익률은 증가했으며, 이에 따라 주가도 상승했다.

얼마 후 컴포넌츠는 다시 TCC의 경영자에게 접근했다.

"아시다시피 우리가 귀사의 공급자들과 거래하고 있는데, 귀사를 위해 우리가 직접 컴퓨터 설계를 하는 편이 어떻겠습니까? 어쨌든 모듈제품의 설계는 공급업체 선정 문제에 지나지 않습니다. 게다가 우리가 귀사보다 공급업체들과 더 밀접한 관계를 맺고 있기에 우리가 최초 설계부터 책임질 수 있다면 우리는 더 나은 가격으로 제품을 공급할 수 있을 겁니다."

"그거 좋은 생각이군요. 귀사의 제안은 우리가 고정비와 변동비를 줄이는 데 도움이 되겠군요. 게다가 우리의 강점은 브랜드와 고객 관계에 있지, 제품설계에 있지 않으니까요."

TCC 경영자가 대답했다.

컴포넌츠는 추가적으로 부가가치 사업을 시작했다. 컴포넌츠의 총수익은 현저히 증가했으며 수익성도 향상되었다. 제조자산을 더 잘 활용할 수 있었기 때문이다. 회사의 주가도 상승했다. 한편 자산을 털어낸 TCC의 매출은 별 영향을 받지 않았다. 하지만 분석가들이 게임이 끝났다는 것을 눈치채기 전까지 수익성이 향상되었으며, 주가도 다시 한번 껑충 뛰어올랐다.

아이러니컬하게도 그리스 비극 같은 이 일화에서 컴포넌츠는 이런 소용돌이가 시작되었을 때 TCC의 수준보다 더욱 고도로 통합된 가치사슬에 도달했다. 하지만 재조정된 가격을 가지고 컴포넌츠는 새로운 경쟁 기반, 빠른 시장접근, 세분화된 시장 세그먼트에 속한 고객들에 전달되는 제품을 구성할 수 있는 능력을 갖출 수 있었다.

그런가 하면 TCC는 자산과 프로세스를 컴포넌츠에 처분할 때마다 자신의 '핵심역량' 견지에서 그 결정을 정당화했다. 그것이 컴포넌츠의 핵심역량도 아니라는 점에 대해 TCC의 경영자는 의문을 품지 않았다. 핵심역량이 무엇이냐의 여부는 누가 수익성 있는 지점으로 나아갈 수 있는지를 결정하는 요소가 아니다.

이 일화는 불균형을 이루는 동기의 예를 보여준다. 즉 모듈 조립업체가 벗어나려는 동기를 갖는 부가가치 활동에 대해 거꾸로 부품 조립업체는 끌어들이려는 동기를 갖는다.

이 일화는 경영자의 무능력이 아니라, 완벽하게 이성적이고 이익

극대화를 위한 의사결정에 대한 것이다. 이러한 의사결정으로 인해 ROA 극대화라는 죽음의 소용돌이에서 많은 기업이 성능 과잉을 가져오는 모듈방식의 제품을 조립하고 있다. 동시에 이것은 새로운 성장사업을 창출하는 또 다른 길을 제시할 뿐 아니라 2장에서 설명한 파괴적 성장의 기회도 제공한다. 한편 조립업체들은 자신의 자산을 털어내면서도 총수익을 계속 유지할 수 있다.

모듈 조립업체가 부담스러워하는 백엔드back-end 공정을 외주로 내내기로 결정할 때 흔히 순이익도 일시적으로 개선된다. 이것은 기분 좋은 일이다. 조립업체가 벗어나고 싶은 동기를 갖는 사업을 공급업체가 떠맡는다면 이것 또한 기분 좋은 일이다. 백엔드 공급업체의 총수익·이익·주가가 모두 상승하기 때문이다. 많은 공급업체는 가치사슬의 위로 이동하면서 점점 최적화된 내부구조를 가진 하부시스템을 설계하는 기회를 창출한다.

이런 방식으로 인텔은 마이크로프로세서보다 컴퓨터의 부가가치와 성능에서 훨씬 더 중요한 부분을 구성하는 칩셋과 마더보드의 공급업체가 되었다. 이 책의 뒷부분에서 검토하게 될 나이프로Nypro도 정밀 플라스틱 부품의 주문형 사출기를 생산하다가 유사한 성장전략을 따라 잉크젯 프린터 카트리지, 컴퓨터, 휴대용 무선단말기, 의료용품의 주요 제조업체가 발전하였다. 복잡한 구조물을 정밀하게 본떠 만드는 나이프로의 능력은 조립을 단순화하는 그들의 능력과 함께 상호의존적이다.

블룸버그도 같은 방식으로 월스트리트에서 가치사슬의 상위로 나아갔다. 처음에는 증권 시세에 관한 단순 데이터를 제공하면서 출범한 블룸버그였지만 나중에는 분석 업무의 대부분을 자동화하면서 통합으로 나아갔다. 블룸버그는 예전에 고도로 경험 있는 증권 분석가들만이 이끌어낼 수 있는 통찰에 많은 사람이 접근할 수 있게 했다. 블룸버그는 백엔드로부터 꾸준히 통합했다. 덕분에 포트폴리오 관리자들은 이제 주식 중개인이나 거래소를 거치지 않고 블룸버그 소유의 전자통신 네트워크(ECN)로 블룸버그 단말기에서 대부분의 거래를 실행할 수 있다. 정부 채권의 발행자들도 자신의 채권을 블룸버그의 독점적인 시스템 내에서 기관투자자들에게 경매로 내놓을 수 있다. 퍼스트데이터First Data와 스테이트스트리트State Street 같은 백엔드 공급업체들은 상업적인 시중 은행들과 유사한 지위를 누린다. 취약한 월스트리트 기관들은 파괴되고 공동화되고 있지만 정작 그 사실조차 깨닫지 못하고 있다. 일단 프론트엔드front end가 모듈화되고 범용화되면, 자본집약형의 백엔드를 아웃소싱하는 것은 어쩔 수 없는 선택이 되기 때문이다.

많은 경영자들이 사용하는 핵심역량core competence은 위험하리만치 내부지향적 개념이다. "경쟁력은 기업 입장에서 잘할 수 있는 일을 하는 것이 아니라, 고객이 추구하는 가치를 제공하는 일을 하는 것이다." 그리고 경쟁 기반이 변화하는 와중에 경쟁력을 유지하려면 과거의 영광에 집착하는 대신 새로운 것을 배우는 자발성과 능력을 키워야 한다. 기존 기업들의 과제는 누군가가 새롭고 더 빠른 배를 만드는 동안 배를 해체해 물속에 버리는 것이 아니라 망망대해에서 배를 다시 만드는 것이다.

이 같은 상황에서 성장에 굶주린 경영자들은 무엇을 할 수 있을까? 여러 가지 면에서 이 과정은 피할 수 없다. 모듈제품의 조립업체들은 비용을 줄이는 대신 이익을 늘리기 위해 자산을 털어낸다. 금융시장의 압력이 경영자들에게 뾰족한 대안을 남겨두지 않는 것이다. 하지만 이런 상황이 발생할 가능성을 알고 있다면, 같은 경영자들이라 할지라도 독립된 성장지향 사업체, 즉 가치사슬의 상위로 포지셔닝하는 부품 또는 하부시스템 공급업체로서 기회를 이용할 수 있을 것이다. 이것이 바로 수익이 발생하는 지점으로 나아가는 과정의 본질이다.[13]

충분함과 부족함, 그리고 브랜드 가치

범용화를 피할 길을 찾는 경영자들은 흔히 그들 브랜드의 힘에 의존하여 수익성을 유지하려고 한다. 하지만 브랜드 역시 범용화하고 탈범용화한다. 브랜드는 제품 성능이 아직 충분치 않은 부가가치 사슬에서 제품개발이 이루어질 때 가장 가치가 있다.

제품 성능이 만족스러울지 소비자가 아직 확신하지 못할 때, 공들여 만든 브랜드는 소비자 욕구와 불확실한 명성만으로 공급업체의 제품을 구입했을 때 뒤따르는 막연한 두려움 간의 간격을 좁혀줄 수 있다. 이런 간격을 좁히는 좋은 브랜드의 역할은 분명 그 제품이 행사할 수 있는 가격 프리미엄이다. 하지만 단순한 논리로, 프리미엄 가격을 행사하는 브랜드의 능력은 다수의 공급업체들로부터 조달받는 제품이 성능 과잉 현상을 보일 때 위축되는 경향이 있다.

오버슈팅이 발생할 때 가치 있는 브랜드를 통해 만족스런 수익을 올릴 수 있는 능력은 흔히 부가가치 사슬에서 제품 성능이 아직 충분치 않은 부분으로 이동한다. 그 부분은 대체로 성능을 규정짓는 제품 내부의 하부시스템 또는 제품 성능이 만족스럽지 못할 때 소비자가 원하는 제품개선 속도, 단순함, 편리함에 대한 소매유통망과의 의사소통일 수 있다. 이런 변화들은 브랜딩의 기회로 여겨진다.

예를 들어 컴퓨터 산업의 초기 수십 년 동안 복잡하고 신뢰성 없는 메인프레임 컴퓨터 시스템에 대한 투자는 경영자 대부분의 의욕을 낮추는 일이었다. IBM의 서비스 역량은 독보적이었기 때문에 IBM 브랜드는 경쟁사에 비해 30에서 40퍼센트의 프리미엄 가격을 행사할 힘을 가지고 있었다. 물론 프리미엄 가격으로 IBM을 구매했다고 해고되는 기업의 IT 관리자는 없었다. 휴렛 팩커드 브랜드도 유사한 프리미엄을 행사했다.

그렇다면 1990년대에 인텔과 마이크로소프트 윈도우라는 후속 브랜드는 IBM과 휴렛 팩커드로부터 값진 브랜드 파워를 어떻게 빼앗아 올 수 있었을까? 컴퓨터가 주된 비즈니스 용도로 만족스런 기능성과 안정성을 갖게 되었을 때, 그리고 모듈산업 표준구조가 이 시장을 주도할 때 이런 상황이 발생했다. 바로 이 무렵 마이크로프로세서와 운영체제의 성능이 만족스럽지 않은 상황에 이르렀고, 강력한 브랜드의 중심도 새로운 지점으로 이동했다.

여러 소비자층으로 구성된 시장에서 브랜드 파워의 이동은 하나의 사건이 아니라 과정이다. 따라서 독점적 제품을 가진 기업의 브랜드는 대개 발전궤도의 현 위치에서 위쪽으로, 즉 이용 가능한 최고 제품의 기능과 안정성에 여전히 만족하지 못하는 고객들을 향해 상승하는 가치 궤적을 그린다. 하지만 발전궤도의 현 위치에서 아래로 향한다면, 즉 성능개선 속도·편리성·반응성이 경쟁에서 성공으로 이끄는 모듈제품의 세계로 접근한다면, 수익성 있는 브랜드를 창출하는 힘은 최종 제품으로부터 하부시스템과 채널로 이동할 것이다.[14]

대형 트럭에서 이런 상황이 벌어지고 있다. 가치 있는 브랜드인 맥 Mack이 트럭 자체를 상징하던 시절이 있었다. 트럭 운전자들은 맥을 구입하면서 상당한 프리미엄을 지불했다. 맥은 상호의존적인 구조와 광범위한 수직적 통합을 통해 독보적인 신뢰성을 확보했다. 하지만 대형 트럭의 구조가 모듈화되면서 구매자들은 파카나 나비스타 또는 프레이트라이너에서 트럭을 조립했는지보다 커민스나 캐터필러 엔진이 달려 있는지에 훨씬 더 신경을 쓰게 되었다.

의류업도 브랜드 파워가 부가가치 사슬의 다른 단계로 이동하기 시작한 또 다른 산업이다. 다른 사례들과 마찬가지로 변화된 경쟁 기반이 성능이 충분치 않은 제품을 재정의했기 때문에 이런 상황이 발생하고 있다.

한 세대 전만 해도 가치 있는 브랜드 대부분은 제품에 대한 것이었다. 예를 들어 리바이스 브랜드 진과 갠트 브랜드 셔츠는 수익성 높은 시장점유율을 누렸다. 대부분의 경쟁 기업이 그들 제품만큼 튼튼한 제품을 생산하지 못했기 때문이다. 이런 브랜드 제품들은 백화점에서 판매되었으며, 최고 의류 브랜드라는 독점적 능력을 과시했다.

하지만 지난 15년에 걸쳐 다양한 제조업체들의 의류 품질이 향상되었으며, 저임금 국가들의 제조업체들도 고품질 섬유와 의복을 생산할 수 있는 능력을 키웠다. 그 결과 의류 산업에서 경쟁 기반이 변화했다. 전문 소매업자들은 백화점으로부터 시장의 상당 부분을 빼앗아왔다. 그들이 중점을 둔 상품구성 덕분에 타깃고객들이 더 빠르고 편리하게 원하는 제품을 찾을 수 있었기 때문이다.

의류 산업의 특정 층에서 충분치 않은 부분은 제품의 질에서 구매경험의 단순성과 편리성으로 바뀌었다. 그 결과 가치 있는 브랜드를 창출하고 유지하는 능력은 대부분 제품에서 채널로 이동했다. 현재 아직 충분치 않은 부가가치를 다루는 분야가 바로 채널이기 때문이다.[15]

우리는 탤봇의 드레스, 아베크롬비의 스웨터, 또는 갭과 올드 네이비의 진을 누가 만드는지 전혀 궁금해하지 않는다. 이런 채널에서 팔리는 의류는 대부분 제조업체 브랜드가 아니라 채널 브랜드를 가지고 있다.[16]

이 모델의 렌즈를 통해 내다본 자동차 산업의 미래

범용화와 탈범용화에 대한 우리 사례의 대부분은 과거에서 나온 것이다. 지금부터는 미래에 이 이론이 어떻게 사용될 수 있는지를 살펴볼 것이다. 예를 들면 변화가 진행 중인 자동차 산업이 있다. 미래에 만족스런 수익을 올릴 수 있는 능력은 자동차 제조업체에서 특정한 공급업체로 이동할 것이다. 가치 있는 브랜드를 육성하는 힘도 하부시스템으로 이동할 것이다. 이런 변화가 완성되기까지 아마 10년이나 20년쯤 걸릴 것이다.

많은 자동차의 기능성이 주류 시장의 고객들이 이용할 수 있는 능력을 오버슈팅하고 있다. 렉서스, BMW, 메르세데스, 캐딜락 소유자들은 장래에도 더 추가될 모든 기능을 위해 기꺼이 프리미엄 가격을 지불할 것이다. 하지만 중저가 모델의 시장층에서 자동차 제조업체들은 단순히 시장점유율을 유지하기 위해 더 나은 성능을 추가하고 있다. 그러면서 그들은 이런 향상된 기능에 더 높은 가격을 지불하도록 고객들을 설득하기 위해 안간힘을 쓰고 있다. 도요타의 캠리와 혼다의 어코드 같은 모델들의 신뢰성은 아주 각별하다. 그 때문에 이런 차종들은 유행에 뒤떨어진 후 한참 지나서야 사라진다.

그 결과 자동차 시장의 많은 층에서 경쟁 기반─성능이 충분치 않은 부문─이 변화하고 있다. 무엇보다 빠른 시장진입이 중요하다. 과거에는 신형 자동차 모델을 설계하는 데 5년이 걸렸지만 오늘날에는 2년이면 충분하다. 그런가 하면 소규모 틈새시장에서는 고객의 선호에 따라 맞춤형 특성과 기능이 경쟁하고 있다. 1960년대에는 단일 모델 판매 대수가 연간 100만 대를 넘는 경우가 허다했다. 오늘날에는 자동차 시장이 훨씬 더 분화되어 있다. 적당한 연간 판매대수는 20만 대 수준이다. 현재 몇몇 제조업체들은 고객들이 주문한 차량을 5일 내─대략 델 컴퓨터가 제공하는 대응시간─에 양도하겠다고 약속한다.

경쟁에서 속도와 유연성으로 대처하기 위해 자동차 메이커들은 주력모델들을 모듈구조로 전환하고 있다. 이제 대다수 자동차 제조업체들은 독특한 설계를 하고 수백 개의 공급업체로부터 조달받는 개별 부품들을 조립하는 대신 브레이크, 핸들, 서스펜션, 내부 운전석 하부 시스템을 생산하는 훨씬 좁은 '단일층'의 공급업자로부터 하부시스템을 조달받는다. 공급업자 기반의 이런 통합은 대부분 비용 절감의 기회—예리한 분석력을 가진 컨설팅회사들이 확인하고 계량화했던 기회—에 의해 주도되고 있다.

미국의 통합 자동차 메이커들은 이런 새로운 세계가 요구하는 간접비 절감 비용구조, 속도, 유연성으로 경쟁하기 위해 비통합을 강요받고 있다. 예를 들어 GM은 부품 사업부들을 델파이 오토모티브로 분리·독립시켜 상장하였으며, 포드는 부품 사업부들을 비스테온으로 분리했다. 컴퓨터 산업에서 벌어진 것과 똑같은 상황이 자동차 산업에서 벌어지고 있는 것이다. 오버슈팅은 경쟁 기반의 변화를 촉진하며, 경쟁 기반의 변화는 지배적인 통합기업들을 비통합으로 나아가게 하는 구조상의 변화를 촉진한다.

동시에 이 구조는 대부분 하부시스템에서 더욱더 상호의존적으로 변해가고 있다. 시장에서 저가모델들은 그보다 상위 시장층의 고가모델 및 브랜드와 경쟁하기 위해 하부시스템에서 성능을 개선해야 한다. 기아와 현대가 한국의 저비용 제조 기반을 이용해 소형차 시장을 정복하고 계속 이 시장에 머물러 있게 되면 경쟁으로 인해 수익은 사라질 것이다. 기아와 현대는 상위 시장층으로 이동해야 하며, 구조를 모듈화하여 상위시장으로 이동하기 위한 유일한 방법은 우수한 하부시스템의 도움을 받는 것이다.

많은 하부시스템의 새로운 상호의존적인 구조로 인해 단일층 공급업체들은 외부 인터페이스에서 유연성을 잃고 있다. 자동차 설계자들은 그들의 설계를 하부시스템의 명세서에 순응시킬 필요성이 점점 더 증대하고 있다. 마치 데스크탑 컴퓨터 제조사들이 그들의 컴퓨터를 인텔 마이크로프로세서와 마이크로소프트의 운영체제라는 외부 인터페이스에 따라야 하는 것처럼 말이다. 그 결과 만족스런 수익을 올릴 수 있는 능력은 자동차 조립업체에서 하부시스템 공급업체로 이동할 것으로 예상된다.[17]

5장에서 우리는 IBM이 PC 산업에서 속도와 유연성을 얻기 위해 마이크로세서를 인텔에, 운영체제를 마이크로소프트에 어떻게 아웃소싱했는지 상세히 설명했다. 이 과정에서 IBM은 과거에 수익이 발생했던 부문—컴퓨터 시스템의 설계와 조립—에 매달렸고, 인텔과 마이크로소프트는 미래에 수익이 발생할 수 있는 곳에 자리잡았다. 컨설턴트들과 투자 은행가들의 권유를 받으며 GM과 포드도 동일한 과정을 반복했다. 두 기업은 변화하는 경쟁 기반에 뒤떨어지지 않기 위해 가치사슬에서 수직 단계들을 분리했다. 하지만 그들은 과거에 수익이 발생했던 지점에 머물기 위해 미래 수익이 발생할 수 있는 부가가치 활동을 분리하는 결과를 낳았다.[18]

이런 조사 결과는 새로운 성장사업을 성공적으로 구축하려고 애쓰는 경영자들과 현재의 사업을 튼튼하게 유지하려고 애쓰는 경영자들과 밀접한 관계가 있다. 만족스런 수익을 얻을 수 있는 원동력은 즉각적으로 반응하는 고객들이 이용 가능한 제품의 기능에 만족하지 않는 가치사슬의 지점으로 이동하게 만든다. 바로 이 단계에서 복잡하고 상호의존적인 통합—더 큰 규모의 경제와 더 큰 차별성을 만드는 활동들—이 일어난다. 만족스런 수익은 즉각적으로 반응하는 고객이 만족을 느끼는 활동들로부터 멀어진다. 왜냐하면 바로 그 활동에서 표준화 및 모듈방식의 통합이 발생하기 때문이다.

이 과정을 설명하면서 우리는 경영자들이 독점적인 제품을 통해 수익성 있는 새로운 성장 기회를 좀 더 정확히 예측할 수 있기를 바란다. 이런 변화는 파괴적 기업들이 활동하면서 단계적으로 상위시장으로 나아가는 발전궤도에서 시작된다. 이런 과정을 통해 새로운 기업들은 기회를 창출할 수 있다. 그들은 성능이 충분치 않은 인터페이스를 통합하면서 최종 시스템의 백엔드에서 '상위로 잠식하는' 방식으로 번창하고 성장할 수 있을 것이다. 업계를 선도하는 사업의 경영자들은 사업을 시작하면서 이런 흐름이 나타나는 정확한 지점을 유심히 살펴야 한다. 범용화와 탈범용화의 과정은 모두 핵심부가 아니라 주변부에서 시작되기 때문이다.

부록 : 만족스러운 수익보존의 법칙

제품의 관점에서 범용화와 탈범용화의 주기를 설명하면서 우리는 이제 만족스런 수익보존의 법칙이라 부르는 일반적 현상의 존재에 관해 좀 더 일반적인 설명을 할 수 있다. 우리의 친구이자 텐실리카Tensilica의 CEO인 크리스 로웬은 이 법칙의 존재를 우리에게 지적해 주었다.

이 법칙의 명칭은 물리학의 '에너지 보존의 법칙'과 '질량 보존의 법칙'에서 따온 것이다. 공식적으로 만족스런 수익보존의 법칙은 부족한 제품의 성능을 최적화하기 위해 존재하는, 모듈구조와 상호의존적 구조, 범용화와 탈범용화라는 상반된 과정이 가치사슬에 필수적으로 나란히 존재함을 나타낸다. 이 법칙은 만족스런 수익을 가져오는 모듈화와 범용화가 가치사슬의 한 단계에서 사라지는 시점과 독점적 제품으로 만족스런 수익을 올릴 수 있는 기회가 인접한 단계에서 부상하는 시점을 보여준다.[19]

먼저 컴퓨터 산업에서 최근에 파괴적 혁신 물결을 이루고 있는 블랙베리와 팜파일럿 같은 휴대용 통신 장비들을 검토하면서 이 법칙이 어떻게 작용하는지 살펴보자. 이 제품들의 기능은 아직 충분치 않으며 따라서 그 구조는 상호의존적이다. 특히 매우 효율적인 전력 사용을 요구하는 블랙베리의 '상시 켜짐always on' 같은 기능이 대표적인 사례다. 이 때문에 블랙베리 기술자들은 인텔의 마이크로프로세서를 이 제품에 결합시킬 수 없다. 마이크로프로세서는 필요 이상의 기능을 가지고 있기 때문이다. 그들에게는 오히려 모듈화된 마이크로프로세서 설계—블랙베리을 위해 맞춤화된 단일 칩 시스템—가 필요하다. 그럼으로써 불필요한 기능에 들어가는 공간과 전력과 비용을 낭비하

그림 6-2

PC 산업의 제품 가치사슬에서 수익이 발생하는 곳

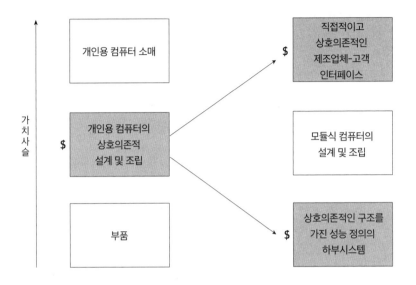

지 않을 수 있기 때문이다.

엔지니어들에게 장치 자체의 부족한 성능을 최적화할 수 있게 하려면 마이크로프로세서의 모듈화와 일치화는 불가피하다. 데스크탑 컴퓨터의 경우는 이와 반대 상황임을 주목해야 한다. 컴퓨터에서 마이크로프로세서는 충분한 성능이 아니다. 컴퓨터의 구조는 엔지니어들이 마이크로프로세서의 성능을 최적화할 수 있게 모듈화되고 일치되어야 한다. 즉 상호의존적 구조를 통해 충분치 않은 성능의 최적화가 가능하도록 어떤 측면의 모듈화와 일치화가 이루어져야 하는 것이다.

유사한 방식으로 마이크로소프트의 윈도우 운영체제에서 작동하도록 만들어진 응용 소프트웨어 프로그램도 윈도우의 외부 인터페이스와 맞아야 한다. 한편 리눅스 운영체제도 그 안에서 구현되는 소프트웨어의 성능 최적화를 위해 모듈화되고 일치화되어야 한다.

우리는 이런 '법칙'이 다양한 산업의 가치사슬에서 수익이 이동하는 곳을 가시화하는 유용한 방법임을 깨달았다. 이것은 클레이튼 크리스텐슨과 스콧 앤서니, 에릭 로스가 쓴 근간 서적 《미래 기업의 조건 Seeing What's Next》(Boston, Harvard Business School Press, 2004)에서 보다 심도 있게 다루어질 것이다.

이 법칙은 또한 상호의존적 서비스와 모듈제품들의 병치를 이해할 수 있도록 도움을 주었다. 제품으로 제공되는 서비스가 범용화와 탈범용화의 유사한 사이클을 통과할 수 있기 때문이다.

앞에서 우리는 제품의 기능성과 신뢰성이 과잉 상태일 때 경쟁 기반이 변한다고 설명했다. 부족해지는 것은 시장진입 속도와 세분화된 시장에서 특정고객들의 요구에 맞게 제품을 배열하는 신속한 대응능력이다. 새로운 경쟁에서 우위를 보이는 이런 능력이 결정되는 지점이 바로 가치사슬에서 고객 인터페이스다.

따라서 고객에 대한 인터페이스 전반에 독점적인 방법으로 통합하는 기업들은 오직 '모듈' 방식의 고객 인터페이스를 가진 기업들보다 더 효율적으로 충분치 않은 성능을 경쟁할 수 있다. 또한 이런 환경에서 고객에 대한 소매 인터페이스 전반을 통합하는 기업들은 평균 이상의 수익을 올릴 수 있다.

그렇다고 델 컴퓨터가 비통합형 기업이라는 말은 아니다. 오히려 델은 고객과의 충분치 않은 인터페이스 전반을 통합하고 있다. 하지만 컴퓨터 내의 부품들 사이의 성능 과잉 모듈 인터페이스에서는 통합을 시도하지 않고 있다. 그림 6-2는 PC업계에서 독점적 통합에 의한 수익성이 발생하는 지점들이 어떻게 이동했는지 요약한 것이다.

도표의 왼쪽은 기능성이 지극히 제한되었던 데스크탑 컴퓨터 산업의 초창기를 나타낸다. 당시 독점적 구조와 통합형 사업모델을 가진 애플 컴퓨터는 가장 성공적이고 만족스런 수익을 올리는 기업으로 손꼽혔다. 반면 애플 컴퓨터에 부품과 재료를 공급하는 기업들과 컴퓨터를 판매하는 독립적인 소매업체들은 변변한 수익을 올리지 못하고 있었다. 그러나 1990년대 말에 범용화와 탈범용화의 과정은 독점적 통합이 고객(델 컴퓨터)과의 소매 인터페이스와 하부시스템(인텔과 마이크로소프트) 내의 인터페이스에 독점적 경쟁우위를 가져오는 변화를 몰고 왔다.

이것이 1990년대 말에 델이 컴팩보다 더 크게 성공할 수 있었던 이유라고 우리는 생각한다. 델은 충분치 않은 인터페이스를 통합한 반면 컴팩은 그렇게 하지 않았다. 우리는 또한 정확한 원가회계를 통해 소매유통으로부터 얻는 델의 수익이 조립에서 얻는 수익보다 훨씬 크다는 사실이 입증되리라 예상한다.

주석

1. 제품이나 서비스의 가치 네트워크를 생각하는 데에는 두 가지 방법이 있다. 가치 네트워크는 프로세스의 관점에서 개념화할 수 있다. 즉 가치 네트워크를 창조하거나 전달하여야 한다. 예를 들어 설계, 부품 제조, 조립, 마케팅, 판매, 유통 등의 프로세스들은 가치 네트워크의 일반적 프로세스이다.

   가치 네트워크는 또한 제품으로 조립되는 부품이나 '자재 명세서bill of material'의 관점에서 생각해볼 수 있다. 예를 들어, 자동차를 이루는 엔진 블록, 섀시, 브레이크 시스템, 전자 재공품들은 자동차 가치 네트워크의 부품들이다.

   가치 네트워크에 관한 이 두 가지 분류를 염두에 두면 도움이 된다. 가치 네트워크는 또한 '프랙탈', 즉 어떤 분석단계에서도 똑같이 복잡하기 때문이다. 특히, 가치 네트워크를 정의하는 프로세스들을 거치는 제품에는 다양한 부품이 사용되어야 한다. 하지만 사용되는 모든 부품이 통과해야 할 제 나름의 프로세스를 갖는다. 제품의 가치 네트워크를 분석하는 것의 복잡함은 본질적으로 바뀔 수 없다. 문제는 중점을 두는 것이 얼마나 복잡한가 하는 정도이다.

2. 이 논의는 마이클 포터 교수의 5가지 요소 분석틀과 가치 네트워크의 특성 설명을 토대로 하고 있다. 마이클 포터의 《경쟁전략Competitive Strategy》(New York : Free Press, 1980)과 《경쟁우위Competitive Advantage》(New York : Free Press, 1985)를 참조하라.

   분석가들은 흔히 포터의 5가지 요소 분석틀을 가치부가 시스템에서 어떤 기업이 수익을 올리는 가장 큰 힘을 발휘할 수 있는지 결정하는 데 사용한다. 여러 가지 면에서, 5장과 6장의 우리 모델은 포터의 5가지 요소 모델과 겹치며, 이 요소들이 시간이 흐르며 변화함을 보여준다. 우리 모델은 업계 수익의 평균 이상을 차지하는 요소들이 어떻게, 이 책에서 설명하는 현상에 대응하여 예측 가능한 방식으로 가치 네트워크의 다른 단계로 이동하는지를 보여준다.

3. 일반적으로 대기업들의 전성기를 분석해보면 그들 제품의 기능성과 안정성이 아직 대부분의 고객을 만족시키지 못하는 시기였다. 그 결과 이 대기업들은 독점적 구조의 제품을 개발했으며, 그 제품을 비용면에서 강력한 경쟁우위를 갖도록 만들었다. 게다가 새롭고 개선된 제품을 출시할 때 그 신제품은 프리미엄 가격을 유지할 수 있었는데, 기능성이 아직 부족하고 신제품이 필요한 것을 충족시키는 단계에 더 근접했기 때문이다. 벨의 전화기, 맥의 트럭, 카터필러의 토목공사 장비, 제록스의 복사기, 노키아와 모토롤라의 휴대전화 핸드셋, 인텔의 마이크로프로세서, 마이크로소프트의 운영체제, 시스코의 라우터, EDS 또는 IBM의 IT컨설팅 사업, 하버드의 경영대학원 등등 다른 많은 기업들이 이런 사례에 속한다.

4. 다음 텍스트에서 하부시스템이라는 용어는 일반적으로 최종 시스템의 운영에 필요한 기능성을 제공하는 부품과 자재의 조립을 의미하는 용어로 사용할 것이다.

5. 다시 한 번, 마이클 포터의 개념에 두 가지 실용적인 '일반' 전략, 즉 차별화와 저비용(2장 주 12 참조)이 있음을 지적해둔다. 우리의 모델은 이런 전략 어느 쪽도 지속 가능하지 않게 하는 메커니즘을 설명한다.

차별성은 모듈화와 비통합으로 이끄는 메커니즘에 의해 파괴된다. 저비용 전략은 저비용 경쟁업체들이 주어진 시장의 고객이 요구하는 것을 공급하는 충분한 능력을 갖지 못하는 상황에서만 실행 가능하다. 가격은 공급곡선과 수요곡선의 교차점—한계 생산자의 현금원가(cash cost : 제조 원가에서 고정비와 감가상각비를 뺀 원가개념)—에서 형성된다.

한계 생산자가 고비용 피被파괴적 기업일 때 저비용 파괴적 기업은 매력적인 수익을 올릴 수 있다. 하지만 고비용 경쟁업체들이 사라지고 시장 전체의 요구를 똑같이 저비용 모듈제품 공급자들이 공급할 때 저비용 전략은 동일비용 전략이 된다.

6. 한 제품의 모든 부품과 하부구조가 고객에 대한 가치라는 특별한 성능 속성에 기여하는 것은 아니다. 제품의 성능을 촉진하는 것은 성능 위주의 부품이나 하부시스템이다. 예를 들어 PC의 경우 마이크로프로세서, 운영체제, 애플리케이션이 오랫동안 성능 위주의 하부시스템을 구성했다.

7. 이 산업의 자금이 컴퓨터 조립업체에게 얼마나 많이 머무는지, 후공정이나 하부시스템 공급업체에게로 얼마나 많이 '새어 나가는지'에 대한 분석가들의 견해는 "컴퓨터 산업의 파괴Deconstructing the Computer Industry", 〈비즈니스 위크Business Week 23〉, 1992년 11월호, 90~96쪽에 요약되어 있다.

이 장의 부록에 나타나 있는 것처럼 델의 수익이 대부분 제품조립이 아닌 직접적인 고객소매 활동에서 발생하고 있다는 점에 우리는 주목하고 있다.

8. 조금만 눈여겨보아도 투자관리 산업이 수익성 및 성장과 관련 없는 산업계열에 함께 분류되는 문제로 고통받는다는 사실을 쉽게 알 수 있다. 이 때문에 그들은 '기술기업 들'에 대한 투자기금과 '의료기업들'에 대한 또 다른 투자기금을 조성한다. 이런 포 트폴리오 내에는 파괴적 기업들, 피被파괴적 기업들, 범용화 단계에 있는 기업들, 탈 범용화 단계에 있는 기업들이 있다.

투자은행 CSFB(Credit Suisse First Boston)의 수석 투자전략가 마이클 모브상Michael Mauboussin은 최근 이 주제에 관한 글을 썼다. 그의 글은 이 책의 도입부에서 요약 한 이론 모델에 기초를 두고 있는데, 투자에 응용할 수 있는 통찰로 가득하다. 마이 클 모브상의 "배경은 없다 : 환경을 기반으로 하는 범주화의 중요성No Context : The Importance of Circumstance-Based Categorization"〈콘실리언트 업저브The Consiliant Observe〉 (New York : Credit Suisse First Boston, 2003년 1월 14일)을 참조하라.

9. 디스크 드라이브 산업에 정통한 독자들은 이 산업의 많은 돈을 헤드와 디스크 제조 업체들이 벌었다는 우리의 설명과 리드라이트Read-Rite와 코맥Komag 같은 선도적인 헤드 및 디스크 메이커들은 성공하지 못했다는 사실 간의 모순을 알아차렸을 것이 다. 그런 업체들은 선도적인 디스크 드라이브 메이커들—특히 시게이트Seagate—이 헤드와 디스크 제조를 통합하여 독립적인 공급업체 대신 수익을 올릴 수 있었기 때 문에 성공하지 못했다.

10. IBM은 3.5인치 드라이브에서 수익을 올렸다. 하지만 그 수익은 용량이 부족해서 제 품설계가 상호의존적이어야 했던 드라이브 시장의 최대용량 층에서 올린 것이었다.

11. 이런 전개과정에 관한 더 완전한 설명은 클레이튼 M. 크리스텐슨Claryton M. Christensen, 맷 버린든Matt Verlinden, 조지 웨스터먼George Westerman이 함께 쓴 "파괴, 그리고 특이성의 낭비와 분산Disruption, Disintegration and the Dissipation of Differentiability"〈산업과 기업의 변화Industrial and Corporate Change〉(no. 11, 2002, 955~993쪽)에 나와 있다. 이런 분석을 요약한 하버드 경영대학원의 최초 논문들은 1998년과 1999년에 작성되어 널리 읽혀졌다.

12. 우리는 이 문장에서 일부러 현재 미래형 동사를 사용했다. 그 이유는 이런 내용을 처음 기술하여 출판사에 제출할 당시에는 이 진술이 예측이었기 때문이다. 나중에 IBM의 2.5인치 디스크 드라이브 사업에서 총 마진율은 이 모델이 예측한 것처럼 현 저히 악화되었다. 하지만 IBM이 디스크 드라이브 사업 전부를 히타치Hitachi에 매 각하는 결정을 내리자 몇몇 다른 기업이 수익성 있고 성능 좋은 제품들을 판매할 수 있는 기회를 맞이하게 되었다.

13. 우리는 하버드 경영대학원이 경영교육에서 이 전략을 시행할 특별한 기회가 있다고

여러 번 언급했다. 하버드에서는 그 구조가 상호의존적인 강좌에서 경영대학원 교수들이 일종의 부품으로 사용할 수 있는 방대한 양의 사례연구와 많은 논문을 저술하고 출판하고 있다.

직무관리 교육과 기업 대학들(모듈방식 강좌의 비통합형 조립업체라 할 수 있다)이 전통적인 MBA 프로그램들을 파괴함에 따라 하버드는 자신의 비즈니스 모델을 자체 출판부를 통해 소개하고 사례연구들과 논문들을 핵심부품으로, 또한 가치부가 하부 시스템들을 모듈로 판매할 수 있는 좋은 기회를 맞이하고 있다.(클레이튼 M. 크리스텐슨과 마이클 E. 레이너와 매튜 버린든의 "돈이 벌릴 곳을 향해 뛰어라Skate to Where the Money Will Be"〈하버드 비즈니스 리뷰〉2001년 11월호 참조)

14. 예를 들어 이것은 휴렛 팩커드의 브랜드 파워가 그 제품이 위치한 성능향상 궤도에서 아직 만족하지 못한 고객을 향해 강하게 상향궤도를 그린다는 의미이다. 또한 HP 브랜드가 인텔과 마이크로소프트에 비교하여 훨씬 약하며, 동일지점에서 과잉 만족의 고객을 향해 하향 궤도를 그린다는 의미이기도 하다.

15. 우리는 크리스텐슨 교수의 하버드 MBA 학생인 앨래나 스티븐스Alana Stevens에게 감사를 표한다. 스티븐스는 "브랜드의 집인가 아니면 브랜드화된 집인가A House of Brands or a Branded House"라는 제목의 연구논문에 많은 통찰을 제시했다. 스티븐스는 브랜드 파워는 제품에서부터 다양한 유통경로로 점차 이동한다는 점에 주목했다.

예를 들어 유니레버Unilever와 프록터 앤 갬블 같은 식품 및 개인관리 제품을 브랜드로 한 제조업체들은 매일 그들의 유통경로로 브랜드 전쟁을 치르고 있다. 그들 제품이 대부분 성능 과잉이기 때문이다. 영국에서 테스코Tesco와 세인스버리Sainsbury 같은 파괴적 유통 브랜드들은 처음에 저가로 시작하여 나중에 상위시장으로 이동하며 이런 싸움에서 결정적으로 승리했다. 미국에서 브랜드 제품은 진열대의 자리를 더 끈질기게 지켜왔지만, 그것은 대체로 과대한 비용 덕분이었다.

과잉 범주에서 브랜드의 이동은 홈 데포와 스테이플 같은 유통경로에서 잘 진행된다. 제품의 기능성과 안정성이 과잉되면 브랜드 파워는 충분하지 못한 구매와 용도의 단순성과 편의성으로, 다시 그 사업모델이 아직 불만족스런 차원으로 전달되는 유통경로로 이동하기 시작한다.

프록터 앤 갬블은 상위시장으로 이동하려는 유통채널의 노력에 필요한 연료를 제공하고 있다. 동시에 제품에 대한 프리미엄 브랜드를 유지시키는 P&G의 힘을 보존하는 일련의 신시장 파괴적 사업을 출범시킨다. 이렇게 함으로써 분별 있는 전략을 추구하는 듯 보인다.

예를 들어 드라이얼 브랜드의 DIY 가정용 드라이클리닝 시스템은 신시장 파괴적 사업이었다. 이 제품은 노임이 비싼 전문가들이 할 수 있었던 일을 고객 개인이 스스로

할 수 있게 해주기 때문이다. DIY 드라이클리닝은 아직 성능이 충분치 않다. 따라서 수익성 있는 브랜드를 구축하는 힘은 당분간 제품에 머물러 있을 것 같다.

또한 소니의 고체 전자공학 제품들이 할인매장 업체들에게 전자제품점들과 경쟁할 수 있게 해주었던 것처럼 P&G의 드라이얼은 월마트에게 상위시장으로 이동하여 세탁소들과 경쟁할 수 있는 도구가 되었다. P&G는 신시장 파괴적 서비스인 크레스트 브랜드의 DIY 치아 미백제를 도입했다. 이는 과거에 전문가들만이 제공할 수 있는 서비스였다. 우리에게 이런 점을 지적해준, 크리스텐슨 교수의 옛 제자 프록터 앤 갬블의 글로벌 브랜드 매니저인 데이비드 딘텐패스에게 감사드린다.

16. 이런 가설들을 학생들과 이야기하고 있을 때, 멋지게 차려입은 일부 학생들은 이것이 또한 구찌 같은 최고의 패션 브랜드들과 화장품 같은 제품 범주에도 적용되는지 물었다. 우리를 아는 사람들은 아마 최신 유행의 브랜드 상품으로 자신을 치장하는 것이 우리가 애써온 일이 아님을 관측했을 것이다. 솔직히 말하자면, 우리는 고급패션의 세계에 대한 직관적 통찰력이 부족하다.

17. 현재 자동차 조립업체들이 우월한 프로세스 위주의 가치 네트워크 수준으로 경쟁력을 유지하려면 그들은 새로운 유통구조—제품 자체의 모듈성을 효과적으로 활용하는 방식으로 공급 네트워크와 고객 인터페이스의 통합—로 이동해야 것 같다.

이것을 실행하는 방법과 그것의 성능 적용은 딜로이트 리서치의 연구 "디지털 로열티 네트워크Digital Loyalty Network"에서 상세하게 다루고 있다. 〈http://www.deloitte.com/research〉또는 delresearch@deloitte.com에서 요청하면 다운로드가 가능하다.

18. 자본시장의 효율성과 포트폴리오를 다양화하는 투자가들의 능력을 믿는 독자들은 이런 결정들로 인한 비극을 목격하지 않을 것이다. 이런 기업분할 후에 두 거대 자동차 기업의 주주들은 자동차를 설계하고 조립하는 기업과 성능 위주의 하부시스템을 공급하는 기업의 주식을 소유하고 있다는 사실을 알게 되었다. 우리가 이런 결정들을 불행으로 규정한 것은 제너럴 모터스와 포드 같은 기업의 경영자들을 위해 이 책을 쓰고 있기 때문이다.

19. 예외(전부는 아니지만 이 법칙을 입증하는 경우가 대부분)가 존재하기 때문에 여기서 '대개의 경우'라는 단어를 사용한다. 예를 들어 이 장의 이 대목에서 DRAM 메모리 칩이 모듈 PC에 적합하듯이 부가가치의 두 모듈단계가 동시에 존재할 수 있다는 점에 우리는 주목하고 있다. 또한 SAP같은 기업들에서 전사적 자원관리(ERP) 소프트웨어를 기업들의 상호의존적인 비즈니스 프로세스로 통합해야 할 때처럼 상호의존적인 구조의 통합이 필요한 경우도 있다.

THE INNOVATOR'S SOLUTIO

7장

조직 : 똑똑한 **인재**보다
적합한 **경험**에 집중하라

조직 : 똑똑한 **인재**보다 적합한 **경험**에 집중하라

누구를 선발하여 새로운 성장사업을 운영하도록 할 것인가? 사내의 어느 조직이 이 특별한 아이디어의 성장사업을 성공적으로 구축하는 작업을 가장 잘 해낼 것인가? 그리고 어느 조직이 그 작업에 실패할 것 같은가? 이런 제품을 개발하고 출시할 팀을 구성하는 최선의 방법은 무엇일까? 자율적인 조직의 창출이 성공을 위해 중요한 시점은 언제이고, 그것이 어리석은 짓이 되는 시점은 또 언제일까? 어떤 조직이 작업을 실행할 수 있는지를 어떻게 정확히 예측할 수 있을까? 우리는 어떻게 새로운 역량을 창출할 수 있을까?

많은 혁신이 치명적인 기술결함이나 시장 미성숙 때문에 실패하지 않는다. 과업 수행 능력이 부족한 경영자나 조직이 이런 사업을 구축하기 때문에 실패하는 것이다. 경영자들이 그런 실수를 하는 존속적 환경에서는 성공을 추진하는 기술이 대부분 파괴적 성장을 위한 최선의 아이디어를 종종 의도적으로 망치게 된다. 한 조직의 능력은 파괴가 진행 중일 때 무능력으로 변해 버린다.[1]

이 장에서는 경영자들이 새로운 성장사업을 성공적으로 구축할 수 있는 조직구조를 만들고, 관리팀을 선발할 때 지침이 되는 이론을 제시할 것이다. 또한 관리자들의 선택과 조직구성이 환경에 따라 어떻게 달라져야 하는지도 개괄적으로 살펴볼 것이다.

자원, 프로세스, 가치

'능력capability'이라는 용어가 진정으로 의미하는 것은 무엇일까? 능력이라는 개념은 어떤 조직이 성취할 수 있는 것을 정의하는 세 가지 요소—자원, 프로세스, 가치—로 간단히 구분할 수 있다. 이제부터 자원Resources, 프로세스Process, 가치Value를 'RPV모델'이라 부를 것이다. 각 용어마다 신중한 정의와 분석을 필요로 하지만, 이들은 파괴적 혁신의 성공 가능성을 한층 높여주는 방식으로 조직의 능력과 무능력을 평가하는 강력한 수단을 제공할 것이다.[2]

• 자원

자원은 RPV모델 가운데 가장 구체적인 요소다. 자원에는 사람, 장비, 기술, 제품 디자인, 브랜드, 정보, 현금, 그리고 공급자·유통업자·고객과의 관계가 포함된다. 자원은 대개 고용하고, 해고하고, 사고팔고, 그 가치를 떨어뜨리고 올릴 수 있는 사람이나 물건이다. 자원 대부분은 눈에 보이며 측정 가능하므로 경영자들은 손쉽게 자원의 가치를 평가할 수 있다.

자원은 매우 탄력적인 경향을 보인다. 자원은 비교적 어떤 체제의 경계를 넘어 이동하기 쉬운 편이다. 기존 대기업에서 귀중한 공헌자인 엔지니어는 신생기업에서도 재빨리 귀중한 공헌자가 될 수 있다. 전자통신을 위해 개발된 기술은 의료분야에서도 매우 유용할 수 있다. 현금 역시 아주 유연한 자원이다.

새로운 성장사업을 성공적으로 만들 때 필요한 자원의 선택과정에서 가장 흔한 실수 중 하나가 관리자 선발이다. 우리는 새로운 성장사업을 창조하는 데 실패한 무수한 사례들을 검토했는데, 사업에 적합하지 않은 사람들을 선택한 경우가 그 사례들의 절반을 차지했다.[3] 그렇다면 핵심적인 관리자원을 위한 선발 과정이 왜 이토록 예측할 수 없는 것일까?

• 왜 필요한 자질을 갖춘 사람이 종종 실수하는 것일까

우리는 기업들이 이른바 '필요한 자질right stuff'이라는 사고방식에 기초하여 어떤 단계의 관리자들—CEO에서 사업 단위 팀장, 프로젝트 매니저까지—을 선발할 때 실수를 범한다고 생각한다. 필요한 자질이란 말은 영화로도 유명해진 톰 울프Tom Wolf의 책《The Right Stuff》(국내에는 영화가 〈필사의 도전〉이란 이름으로 개봉되었다.)에서 빌려온 것이다.[4]

대부분의 인재선발위원회와 인사담당 임원들은 필요한 자질을 기준으로 후보자들을 분류한다. 그들은 성공적인 관리자를 '훌륭한 의사소통', '결과 지향적', '결단성', '원만한 대인관계' 같은 용어들을 사용하여 구별할 수 있다고 생각한다. 그들은 흔히 과거의 연이은 성공실적을 보고 앞으로 더 큰 성공을 예측한다. 기존의 이론으로는 실적이 좋고 필요한 자질을 갖춘 사람을 찾아낸다면 그가 모험적인 신규사업을 성공적으로 관리할 수 있다. 하지만 이 책에 쓰인 필요한 자질이라는 용어는 적절한 범주에 속해 있지 않다.[5]

한 가지 대안으로 모건 맥콜Morgan McCall 교수가 제시한 환경 기반 이론이 있다. 그의 이론은 적임자適材를 적당한 곳適所에 적당한 시기適時에 배치하려는 임원들에게 신뢰할 만한 지침이 될 수 있다.[6] 맥콜은 사원들로 하여금 새로운 과업에 성공할 수 있게 하는 경영기술과 직관은 경력과 과거 작업들의 경험을 통해 형성된다고 주장한다.

사업 단위를 학교로 가정해보자. 경영자들이 학교 내에서 직면하는 문제들은 그 학교에서 제공하는 '커리큘럼'을 이룬다. 그러므로 경영자들이 갖추었다고 예상할 수 있는 기술들은 다양한 학교 경험을 하면서 배우는 '과목'에 크게 의존한다.

하나의 안정된 사업 단위—예를 들어 기계산업에서 표준 대용량

전동기를 제조하는 사업부—에서 일하며 승진 가도를 달려온 경영자들은 이런 맥락에서 성공에 필요한 기술을 획득했을 것이다. 이 학교의 '졸업생들'은 품질 프로그램, 프로세스 개선팀, 비용통제 노력을 관리하는 운영 기술을 정교하게 연마한다. 하지만 이 학교 출신의 생산담당 임원들은 새로운 공장설비를 가동시키는데는 취약할 것이다. 새 공장설비를 가동하는 것은 잘 가동되고 있는 공장설비를 운영하는 것과는 전혀 다른 문제들에 직면하기 때문이다.

서서히 성장하고 있는 기업의 리더들이 회사의 활력을 회복시키기 위해 새로운 성장사업을 결정한다면 그 사업을 이끌 사람으로 누구를 선발해야 할까? 눈부신 실적을 보여준 핵심사업의 유능한 경영자일까? 성공적인 기업을 시작하고 성장시킨 외부인일까? 학교 경험의 관점에서 보면 이런 경영자들을 선택하는 것은 위험하다. 사내의 후보자는 예산 수치를 맞추고, 주요 공급계약을 협상하고, 운영의 효율성과 품질을 개선하는 방법들을 배웠을 것이다. 하지만 과거의 경력에서 신규사업의 시작에 관해 그 어떤 '과목'도 배우지 않았을지도 모른다. 한편 외부에서 영입한 경영자는 급변하는 새로운 조직을 구축하는 일에 대해 알고 있을 것이다. 하지만 자원을 위해 경쟁하거나 효율 지향의 안정된 경영문화 내에서 부적절한 과정을 힘들게 헤쳐 나간 경험은 거의 없었을 것이다.

경영자들이 새로운 과업에서 성공하는 데 필요한 기술을 개발했는지 확인하려면 그들이 과거에 씨름했던 문제들을 검토해야 한다. 경영자들이 문제해결에 성공했는지는 그들이 문제와 씨름하여 다음 도전에 성공적으로 대처하는 기술과 직관을 개발했는지만큼 중요하지 않다. 과거의 성공을 토대로 미래의 성공을 예견하는 데 있어서 한 가지 중요한 점은 경영자들이 과거에 실패해본 경험이 있으므로 성공할 수 있다는 점이다. 우리는 흔히 성공보다 실패에서 훨씬 더 많은 것을 배운다. 실패와 실패를 딛고 재기하는 것은 학교 경험의 중요한 과목이 될 수 있다. 그들이 과거의 실패와 그것을 만회하려는 과정에서 기꺼이 배우고자 하고 또 그런 능력이 있는 한 경영자들은 실수를 통해 성공으로 나아가는 직관을 키울 수 있다.

경영자들의 과거 경험이 얼마나 강력하게 새로운 과업을 수행하는 기술을 만드는지 설명하기 위해 4장에서 설명한 판데식pandesic에 대해 논의해보자. 판데식은 인텔과 SAP 간의 주목받는 합작 기업으로 전사적 자원관리(ERP) 소프트웨어를 소규모 기업에 판매하는 새로운 시장 창출을 위해 1997년에 출범했다. 인텔과 SAP은 각각 사내에서 가장 성공적이고 검증된 임원들을 엄선해 이 사업을 이끌게 했다.

판데식은 여덟 달 동안 100명의 직원을 고용했고 유럽과 아시아에 지사를 설립했다. 1년도 안 되어 이 회사는 컴팩, 휴렛 팩커드, 시티뱅크 같은 40개 기업과 전략적 제휴 관계를 맺었다고 발표했다. 판데식의 임원들은 경쟁 기업들을 소규모 기업시장에서 몰아내려는 경고로 첫 제품 출시를 과감히 앞당겨 발표했다. 그들은 SAP의 대기업 시스템의 유통 파트너로 일해 온 IT 컨설팅회사들과 유통 및 시스템 구축협약을 맺었다. 초기에 단순한 ERP 소프트웨어로 계획된 이 제품은 인터넷을 통해 소규모 기업에 구축되었는데, 완전히 자동화한 엔드투엔드end-to-end 솔루션으로 발전했다. 하지만 판데식은 완벽한 실패작이었다. 그들의 시스템은 거의 팔리지 않았다. 결국 그들은 1억 달러 이상의 손실을 남긴 채 2001년 2월에 문을 닫았다.

소 잃고 외양간 고치는 격일지 모르지만, 이들의 실패를 설명하자면 이렇다. 판데식의 채널 협력업체들은 제품이 자신들의 경제적 모델을 파괴했기 때문에 제품 판매에 적극적으로 나서지 않았다. 판데식은 글로벌 기업으로 자리잡기 위해 급속히 비용을 증가시키면서 빠른 생산량 증대를 희망했지만, 이것은 손익분기점을 맞추기 위해 생산량을 급격히 늘린 것에 지나지 않았다. 그들의 제품은 원래 의도했던 기업용 단순 소프트웨어가 아니라 복잡한 솔루션으로 발전했다.

이렇게 제품의 특성이 전문화되자 예전에 그 제품을 사용했던 구매고객조차 그 제품을 외면하게 된 것이다.

판데식의 경영자들은 분명히 많은 잘못을 범했다. 하지만 진정 의아한 점은 그들이 무엇을 잘못했느냐가 아니다. 인텔과 SAP가 최고 인재들 중에서 선발한 능력 있고 경험 있고 존경받는 경영자들이 어떻게 그런 실수를 한 것일까?

과거에 높은 실적을 올린 경영자들이 사업을 어떻게 잘못 운영할 수 있는지 살펴보기 위해 학교 경험 관점에서 그들의 자질을 검토해 보자. 이것은 세 단계로 설명할 수 있다. 첫째, 당신의 임원들이 파괴적 사업에 착수하기로 합의하던 날 판데식에 있다고 가정해보자. 뒤늦은 처방이 아니라 통찰만으로 당신은 이 사업이 직면할 어떤 도전이나 문제들을 확실하게 예측할 수 있을까? 다음은 우리가 직면하게 될 것으로 예견되는 몇 가지 문제들이다.

- 우리는 우리의 전략이 옳다고 확신하지 못하고 있다. 그렇지만 전략을 이해하고 합의를 도출하여 이를 바탕으로 사업을 구축해야 한다.
- 우리는 이 시장이 어떻게 분화될 것인지 모른다. '소규모 사업'은 아마 아닐 것이며 '수직적 산업'도 아닐 것 같다. 고객이 원하는 행동을 파악한 다음 거기에 적합한 제품과 서비스를 설계해야 한다.
- 우리는 이런 제품 판매의 기회로 활성화될 수 있는 유통채널을 발견하거나 창출해야 한다.
- 우리의 모기업은 간접비, 기획 조건, 예산기획 같은 선물을 우리에게 남길 것이다. 일부는 받아들이고 일부는 배척해야 한다.
- 우리는 수익성을 추구해야 한다. 그리고 모기업이 우리에게 성장에 필요한 자금을 계속 투자하도록 그들의 기대를 잘 관리해

야 한다.

두 번째 단계로 맥콜의 이론을 적용해보자. 판데식의 경영진들이 학교에서 배워야 할 과목들은 이렇게 예견할 수 있는 문제들을 이해하고 관리하는 직관과 기술 개발을 통한 경험들이다. 이런 경험 목록이 최고 경영팀을 선발하는 '고용 조건'이 되어야 한다. 첫 번째 단계에서 일련의 '필요한 자질'의 특성들을 명확히 하는 대신, 관리를 위임받은 새로운 팀이 속한 환경을 명확히 하는 것이다. 두 번째 단계는 새로운 사업의 관리자들이 이미 씨름했던 도전들과 그런 환경에 부합하도록 하는 것이다.

판데식의 사례에서, 과거의 전략이 옳았다고 판단해서 사업을 시작했던 CEO가 그 전략이 적용되지 않음을 깨닫고 선회하길 바란다. 또한 신생 시장이 어떻게 구축되는지 통찰력 있게 이해한 마케팅 담당 임원이 새로운 제품과 서비스를 형성하는 데 기여하기를 바란다.

세 번째 단계는 신규사업을 이끄는 데 필요한 일련의 경험과 통찰을 판데식을 이끈 경영자들의 경험과 비교하는 것이다. 대성공을 거둔 기업들을 경영하면서 눈부신 실적을 올렸음에도 불구하고 이런 신규사업 운영에 뛰어든 경영자 중 누구도 과거에 이런 유형의 문제에 직면한 적이 없었다. 그들이 다녔던 경험의 학교는 잘 분류된 제품군을 가진 기존시장을 상대로 하는 거대하고 복잡하고 세계적인 조직을 어떻게 관리하는지를 그들에게 가르쳤을 뿐이다. 그들 중 누구도 파괴적 제품으로 초기시장의 발판을 구축하기 위해 고민해 본 적이 없었다.[7]

안정된 기업이 신규사업에 착수하여 또다시 성장을 모색하는 와중에 그들이 부딪치게 되는 가장 골치 아픈 딜레마 중 하나는 과거의 교육프로그램에는 파괴적 사업에 착수하는 방법에 대한 내용이 거의 없었다는 것이다. 관리자들은 핵심사업에서 성과를 계속 달성했기 때문에 기업 경영자들로부터 신뢰받고 있었다. 하지만 그들이 새로운 성장사업을 잘 이끌 거라고는 장담할 수 없다.

이런 상황에서 인사담당 임원들은 중요한 책임을 져야 한다. 그들은 기업의 연수원에서 필요한 과목이 만들어지는 곳을 관찰해야 한다. 그리고 새로운 성장사업을 떠맡기 전에 유망한 관리자들이 적절한 교육을 받을 수 있다는 점을 명확히 해야 한다. 필요한 교육을 받은 관리자를 내부에서 찾을 수 없다면 관리팀을 균형 있게 구성하여 그들이 적절한 교육을 통해 필요한 통찰을 얻도록 보장해줘야 한다. 이 장의 끝 부분에서 이런 도전을 다시 설명할 것이다.

적절하게 교육받은 관리자를 발견하는 것은 성공에 필요한 역량을 결집하는 데 있어서 중요한 첫 단계이다. 하지만 그것은 어디까지나 첫 단계일 뿐이다. 조직의 역량은 인적 자원보다는 다른 자원의 기능이며, 자원을 넘어서는 요소들, 즉 프로세스와 가치의 기능이기 때문이다.

• 프로세스

임직원들이 투입 자본—노동, 장비, 기술, 제품 디자인, 브랜드, 정보, 에너지, 현금—을 더욱 가치가 큰 제품과 서비스로 변화시킬 때 조직은 가치를 창출한다. 임직원들이 이런 변화를 수행하는 동안의 상호작용, 협력, 교류, 의사결정 패턴들이 바로 '프로세스processes'다.[8] 프로세스에는 제품개발 및 제조방식, 조달, 시장조사, 예산편성, 종업원 개발과 보상, 자원배분이 수행되는 방식들이 포함된다.

프로세스는 목적 측면뿐 아니라 가시성 측면에서 차이를 보인다. 어떤 프로세스는 명확하게 정의되고 문서화되며 의식적으로 따른다는 면에서 '공식적'이다. 다른 프로세스는 습관적 일과나 시간의 경과와 함께 발전하는 작업방식이라는 점에서 '비공식적'이다. 나아가 오랫동안 효과적이라고 입증된 작업방식과 상호작용방식을 사람들은 무의식적으로 따른다. 그리고 그것들이 조직의 문화를 구성한다. 하지만 그 방식들이 공식적이건 비공식적이건 혹은 문화적이건 간에 프로세스는 어떤 조직이 투입 자본을 더 큰 가치로 변화시키는 방식을 정의한다.[9]

프로세스는 사실상 특정 직무들을 다루도록 정의되거나 전개된다. 관리자들이 직무를 계획대로 수행하기 위해 프로세스를 이용할 때 그것은 효율적으로 수행될 것이다. 하지만 외견상 효율이 똑같은 프로세스가 아주 다른 직무수행에 이용될 때는 종종 관료적이고 비효율적으로 작용할 수 있다. 달리 말해 어떤 직무를 수행하는 데 뛰어난 프로세스가 다른 직무를 수행할 때는 무능력을 보일 가능성도 있는 것이다.[10]

대부분의 자원이 유연한 것과 대조적으로 프로세스는 본래 변화를 의미하지 않는다. 프로세스는 임직원들이 일관성 있는 방식으로 반복되는 직무를 수행할 수 있도록 설정된다. 집중된 조직이 직무수행을 잘하는 한 가지 이유는 그들의 프로세스가 늘 직무와 일치하기 때문이다.[11]

혁신적인 경영자들은 새로운 성장사업을 시작할 때 종종 핵심사업을 효과적으로 운영하기 위해 고안된 프로세스를 이용하려고 애쓴다. 그들은 과거의 게임이 끝나기도 전에 새로운 게임을 시작하기 때문에 이런 유혹에 굴복한다. 일반적으로 파괴적 혁신은 핵심사업이 여전히 정점에서 수행되고 있는 시점에 로우엔드 시장이나 경쟁의 새로운 국면에 뿌리를 내린다. 직무를 위해 모든 부문에 적합한 범용 프로세스를 구축하는 것이 더 간단해 보일 수 있다. 하지만 신규사업의 실패원인은 잘못된 프로세스를 사용했기 때문이다.

일반적으로 가장 중요한 프로세스는 유통, 개발, 생산, 고객 서비스와 관련된 부가가치 프로세스가 아니다. 오히려 투자 결정을 지원하는 백그라운드 프로세스가 더 중요하다. 여기에는 시장조사가 어떻게 습관적으로 행해지는지, 이런 분석이 어떻게 재무계획에 반영되는지, 기획과 예산편성이 어떻게 수행되는지, 그 수치가 어떻게 전달되는지 등이 모두 포함된다. 파괴적 혁신사업을 창출하면서 많은 조직이 가장 심각한 무능력 상태에 접어드는 곳이 바로 이런 프로세스들이다.

이런 프로세스 중 일부는 관찰하기가 쉽지 않다. 따라서 핵심 조직의 프로세스가 새로운 성장사업을 촉진하는지 아니면 방해하는지 판단하는 것도 여간 어려운 일이 아니다. 하지만 당신은 조직이 과거에 비슷한 상황이나 직무를 경험했는지 스스로 질문함으로써 좋은 방안을 떠올릴 수 있다. 어떤 조직이 과거에 같은 직무를 반복적으로 다루지 않았다면 아마 그들은 특정 직무수행을 위한 프로세스를 개발할 수 없을 것이다.

예를 들어 어떤 조직이 기존 시장에서 기존 사업을 위한 전략적 계획을 반복적으로 입안했다면 계획 담당자들이 따르는 프로세스는 하나의 관행적 방식으로 통합될 가능성이 높다. 관리자들도 직감적으로 그 프로세스를 따를 것이다. 하지만 아직 존재하지 않는 시장에서의 경쟁을 위해 그 조직이 반복적으로 계획을 입안하지 않는다면 십중팔구 그런 계획을 위한 프로세스도 존재하지 않을 것이다.[12]

• 가치

조직이 성취하는 것에 영향을 미치는 세 번째 요소는 가치다. 몇몇 기업 가치들은 윤리적 색채를 보인다. 가령 존슨 앤 존슨에서 환자의 안녕을 보장하는 결정을 유도하는 가치 또는 알코아Alcoa에서 발전소의 안전을 유도하는 가치가 그런 것들이다. 하지만 RPV모델에서 '가치'는 더 넓은 의미를 갖는다. 어떤 조직의 가치는 사원들이 우선순위 결정을 내리는 기준, 즉 어떤 주문이 매력적인지 여부, 특정 고객이 다른 고객보다 더 중요한지 아닌지, 신제품을 위한 어떤 아이디어가

관심을 불러일으키는지 등이 기준이 된다.[13]

직급에 관계없이 모든 임직원은 우선순위를 결정한다. 경영진에서는 이런 결정이 신제품, 서비스, 프로세스에 투자할 것인지 아닌지로 나타난다.[14] 영업사원들의 경우에는 어떤 고객들에게 전화를 걸어야 할지, 고객들에게 어떤 제품을 제시해야 할지, 어떤 제품을 강조해야 할지 등에 관해 현장에서 매일 내리는 결정으로 우선순위가 구성된다. 엔지니어가 설계를 선택하거나 생산 일정상 어떤 주문을 다른 주문보다 먼저 처리한다면 그것도 우선순위 결정이 된다.

기업의 규모가 점점 커지고 복잡해질수록 회사의 전략적 방향 및 사업모델과 일치하는 결정을 내리도록 모든 직급의 임직원들을 교육하는 것이 더욱 중요해진다. 그 때문에 성공적인 최고 경영자들은 많은 시간을 들여 모든 조직이 이해할 수 있는 분명하고 일관된 가치를 정립한다. 시간의 경과와 함께 기업 가치는 비용구조나 손익계산서와 보조를 맞추어야 한다. 기업이 생존하려면 회사가 수익을 올리는 데 도움이 되는 사항들에 임직원들이 우선 결정을 내려야 하기 때문이다.

자원과 프로세스는 흔히 어떤 조직이 할 수 있는 것을 정의하는 반면, 가치는 그 조직이 할 수 없는 것을 정의한다. 예를 들어 한 기업의 간접비 구조가 40퍼센트의 총수익 마진율을 필요로 한다면, 효율적인 가치 또는 의사결정 규정은 사원들이 40퍼센트에 미치지 못하는 아이디어를 제안하지 못하도록 하거나 관리자가 그러한 아이디어를 채택하지 않도록 유도한다. 우선순위를 매길 수 없는 노력으로는 성공을 이끌어 내기 어렵기 때문에 이런 조직에서는 이익이 낮은 사업에서 성공하는 것이 불가능해진다. 반면 비용구조가 상이한 다른 조직의 가치는 위와 동일한 프로젝트에 높은 우선순위를 둘 수도 있다. 이런 차이가 파괴하는 기업과 파괴당하는 기업 간에 존재하는 동기의 불균형을 만든다.

성공기업의 가치는 시간이 흐르면서 적어도 두 가지 특성으로 예측 가능한 형태로 발전하는 경향을 보인다. 첫 번째 특성은 수용 가능한 총마진율과 관련 있다. 기업들은 시장의 프리미엄 고객층을 붙잡기 위해 그들의 제품과 서비스를 업그레이드하는 동안 종종 간접비를 추가한다. 그 결과 어떤 지점에서는 아주 만족스러웠던 총 마진이 차후에 다른 지점에서는 만족스럽지 않게 보일 수 있다. 기업의 가치는 상위시장으로 이동하면서 변한다.[15]

가치가 변할 수 있는 두 번째 특성은 사업 규모와 관련이 있다. 한 기업의 주가는 예상수익 흐름의 할인된 현재 가치를 나타낸다. 그 때문에 대부분의 경영자들은 단순히 성장 유지가 아니라 일정한 성장률을 유지해야 한다는 강박관념을 가지고 있다. 4천만 달러짜리 회사가 이듬해에 25퍼센트 성장하기 위해서는 신규사업에서 1천만 달러를 찾아내야 한다. 반면에 400억 달러짜리 회사가 이듬해에 25퍼센트 성장하기 위해서는 신규사업에서 100억 달러를 찾아내야 한다. 어떤 기회가 작은 조직에게는 고무적이더라도 대기업은 시큰둥할 수 있다.

실제로 성공의 달콤쏩쓸한 보상 중 하나는 기업의 규모가 커지면서 소규모 시장에 진입할 능력을 상실한다는 것이다. 대기업의 규모와 성공은 특수한 자원을 임의대로 처리하게 만든다. 하지만 그들은 미래의 대규모 시장이 될 수 있는 현재의 소규모 파괴적 시장에 이런 자원을 사용할 수 없다. 그들의 가치가 그것을 허용하지 않기 때문이다.

비용 절감을 위해 기존의 대기업 간의 대규모 합병을 꾀하는 경영자들과 월스트리트 금융가들은 합병기업의 가치에 미치는 이런 결정의 영향을 계산해야 한다. 비록 합병기업들이 신제품 개발에 더 많은 자원을 투입할 수 있더라도 그들의 상업적 조직은 엄청난 기회에도 흥미를 잃는 경향을 보인다. 하지만 대기업도 작은 사업 단위에서 유연성을 지속적으로 발휘한다면 새로운 기회에 자극을 받는 의사결정자들을 계속 보유할 수 있을 것이다.

역량의 이동

사업의 시작 단계에서 행하는 작업들은 대부분 그 '자원'—특히 인적 자원—에서 기인한다. 핵심 인재의 추가나 이탈은 사업의 성공에 중대한 영향을 미칠 수 있다. 하지만 시간이 경과하면서 조직의 역량은 프로세스와 가치로 이동한다. 사람들이 성공적으로 협력하여 반복성 직무를 처리할 때 프로세스는 정해진다. 그리고 사업모델이 구체화되고 최우선순위를 부여받는 사업유형이 명확해질 때 가치는 통합된다.

실제로 매출이 치솟는 주목받는 신제품을 만드는 많은 기업이 상장된 후 사라지는 한 가지 이유는 핵심 초기 자원—설립팀—이 일련의 새로운 신제품을 따라갈 수 있도록 프로세스나 가치을 구성하는 데 실패했기 때문이다.

혁신역량의 중심이 자원에서 프로세스와 가치로 성공적으로 이동할 때 성공은 손쉽게 유지할 수 있다. 실제로 어떤 사람을 어떤 프로젝트팀에 배치하느냐 하는 문제는 점점 그 중요성을 잃고 있다. 가령 성공적인 경영컨설팅회사에서는 매년 수백 명의 MBA 출신들이 합류하지만 또 그만큼의 인원이 떠나간다. 하지만 그들은 해마다 고품질의 작업을 해낼 수 있다. 그들의 역량이 자원이 아닌 프로세스와 가치에 뿌리를 두고 있기 때문이다.

신생기업의 프로세스와 가치가 형성되는 동안에는 일반적으로 창업자의 행동과 태도가 중대한 영향을 끼친다. 창업자는 종종 사원들이 협력하여 결정을 내리거나 작업하는 방식에 확고한 입장을 견지한다. 이와 유사하게 창업자들은 조직의 우선적인 결정사항에 자신들의 관점을 강요한다.

물론 창업자의 방법에 결함이 있다면 그 회사는 실패할 것이다. 하지만 그들의 방법이 유용하다면 사원들은 집단적으로 창업자의 문제해결 방법론과 의사결정 기준의 타당성을 경험하게 될 것이다. 그들이 반복적인 직무를 처리하기 위해 이런 방법을 성공적으로 사용할 때 프로세스가 정해진다. 마찬가지로 창업자의 우선 결정을 반영하는 기준에 따라 다양한 자원 사용의 우선순위를 결정함으로써 기업이 재무적으로 성공한다면, 기업의 가치가 통합되기 시작할 것이다.

성공기업들이 성숙해짐에 따라 사원들은 자신들이 익힌 우선순위 결정을 점점 당연시하게 된다. 또한 그들이 성공적으로 활용하는 행동 방식과 결정 방법도 올바른 작업방식이 된다. 일단 조직 구성원들이 자신들이 익힌 경험이 당연하다는 가정을 통해 작업방식과 의사결정 기준을 선택하기 시작하면 그런 프로세스와 가치들이 조직의 '문화culture'를 형성하게 된다.[16]

기업이 소수의 사원에서 수백, 수천의 사원을 거느린 조직으로 성장할 때 모든 사원들이 특정 작업과 그 작업방식에 동의하게 만드는 일은 유능한 경영자들에게도 모험이 될 수 있다. 문화는 이런 상황에서 강력한 경영 도구이다. 문화는 사원들의 자율적인 행동을 가능케 하며, 그들의 일관성 있는 행동을 유도한다.

따라서 한 조직의 능력과 무능력을 규정하는 가장 강력한 요소는 시간의 경과와 함께 자원으로부터 가시적이고 의식적인 프로세스와 가치로, 거기서 다시 문화로 이동한다. 조직의 역량이 주로 사람에 달려 있을 때 새로운 문제해결을 위한 변화는 비교적 간단하다. 하지만 그 역량이 프로세스와 가치에 있을 때, 특히 문화에 깊이 스며들었을 때는 변화가 아주 힘들어질 수 있다.

모든 조직의 변화는 자원, 프로세스, 가치의 변화 또는 조합이 수반된다. 이런 각각의 변화 유형을 관리하는 데 필요한 도구는 서로 다르다. 나아가 기존 조직들은 주요 사업이 아직도 수익성이 많이 남아 있는 시기에 새로운 성장사업 창출의 기회를 맞이하고 있다. 다시 논의하겠지만 이것은 많은 경영자가 필요하다고 느끼는 그 이상으로 변화를 관리하는 세밀한 접근법을 필요로 한다.[17]

새로운 파괴적 사업을 위한 적절한 조직의 선택

2장에서 기존의 선도기업들이 존속적 기술경쟁에서는 거의 승리하는 반면 파괴적 기술경쟁에서는 거의 패배한다고 설명했다. 조직의 역량에 대한 RPV모델은 선도기업들의 실적이 이 두 가지 경우에서 아주 극명한 차이를 보이는 이유를 말해준다. 업계 리더들은 존속적 기술을 반복해서 개발하고 도입한다. 《성공기업의 딜레마》의 근거 자료였던 컴퓨터 디스크 드라이브 산업 연구에서 116개의 신기술 중에서 111개가 존속적 기술이었다. 해마다 기존 기업들은 경쟁우위를 확보하기 위해 향상된 신제품을 출시하면서, 새로운 존속적 기술에 대한 고객의 필요성과 기술적 잠재력을 평가하기 위한 가치를 정의했다. 다시 말해 조직들은 그들의 프로세스에 머무는 존속적 혁신을 위한 역량을 개발한다. 존속적 기술 투자는 선도기업들의 가치에도 부합한다. 이런 투자가 향상된 수익률과 발전적인 제품이나 비용 절감 제품을 보장하기 때문이다.[18]

한편 파괴적 혁신은 아주 간헐적으로 발생하기 때문에 어떤 기업도 그것을 다룰 수 있는 실행 프로세스를 가지고 있지 않다. 게다가 파괴적 제품은 판매가격의 단위당 총이익이 낮고, 최고층 고객이 사용할 수 없어 선도기업의 가치에도 부합되지 않는다. 엔지니어, 자본, 기술 같은 '자원'을 가진 기존 기업들은 존속적 기술과 파괴적 기술 모두에서 성공해야 한다. 하지만 선도기업들의 프로세스와 가치는 파괴적 혁신을 성공시키는 데 전혀 쓸모없는 요소들이다.

이와 대조적으로, 규모가 작은 파괴적 기업들은 막 부상하는 성장 시장을 추구하는 데 더 유리하다. 그들은 자원이 부족하지만 제약을 받지는 않는다. 그들의 가치는 작은 시장을 받아들일 수 있으며, 비용구조는 단위당 낮은 이윤의 판매를 수용할 수 있다. 그들의 시장조사와 자원 할당 과정은 비교적 덜 공식적이지만 신중한 조사와 분석에 의존하는 것보다 직관적으로 앞서갈 수 있다. 이런 모든 이점이 엄청난 기회를 의미할지 재난을 의미할지는 판단하기 나름이다. 따라서 새로운 성장사업을 구축 중인 경영자들은 경험의 학교에서 문제점을 해결했던 관리자를 배치하는 것에서 더 나아가야 한다. 신규사업의 성공을 위한 책임은, 프로세스가 필요한 작업을 촉진하며 가치가 활동에 우선 사항을 결정하는 조직에 주어져야 한다. 이 이론은 혁신의 필요조건이 핵심 조직의 프로세스와 가치에 부합해야 한다는 것이다. 그렇지 않으면 혁신은 성공하지 못할 것이다.

여러 가지 면에서 RPV모델은 특정한 변화의 관리를 통해 사고하는 방식이다. 변화는 새로운 자원, 새로운 프로세스, 또는 새로운 가치의 창조를 포함한다. 하지만 이런 차원에서의 대대적인 변화가 기업의 성공을 보장하지는 않는다. 일반적으로 기존의 자원·프로세스·가치가 경영 호조를 보이는 기존 사업을 지원하듯이 새로운 사업을 지원하는 데에는 새로운 자원·프로세스·가치가 필요하기 때문이다. 경영자들이 단 하나의 프로세스와 조직을 잣대로 온갖 유형의 혁신에 적용하는 방침을 그만둔다면 그들의 모험적인 성장사업이 성공할 가능성이 크게 높아질 것이다.

그림 7-1은 경영자들이 현재의 조직역량을 활용할 때, 그리고 새로운 성장사업을 출범하기 위해 새로운 역량을 창조하거나 인수해야 할 때 결정하도록 돕는 분석틀을 보여준다. 그림 7-1의 왼쪽 수직축은

그림 7-1

적절한 조직과 본부 구조를 찾기 위한 분석틀

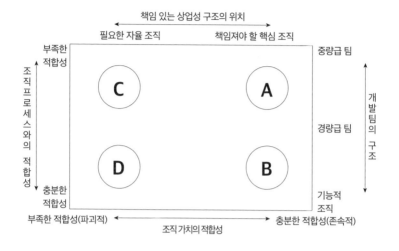

기존 프로세스—현재 조직 내에서 사용되고 있는 상호작용, 의사소통, 협력, 의사결정의 패턴들—가 새로운 작업을 효과적으로 수행하는 프로세스가 될 수 있는 범위를 나타낸다. 적합성이 충분하다면(아래쪽) 프로젝트 관리자는 조직의 기존 프로세스를 활용하고 기존의 직능단위 내에서 작업을 수행할 수 있다. 그렇지 않다면 새로운 프로세스와 새로운 유형의 팀 상호작용이 필요할 것이다.

아래쪽의 수평축은 조직의 가치가 성공에 필요한 자원을 새로운 사안에 할당하는지 경영자에게 평가하게 만든다. 적합성이 부족하다면 핵심 조직의 가치는 그 프로젝트에 낮은 우선순위를 둘 것이다. 즉 그 프로젝트는 사업모델에서 상대적으로 잠재적인 파괴적 경향을 보일 것이다. 위쪽의 수평축은 어떤 조직 단위가 혁신을 시도하는 데 필요한 자율성의 수준을 나타낸다.

\파괴적 혁신에서는 사업개발 및 상업화를 위해 자율적 조직을 구

축하는 것이 사업의 성공에 절대적으로 필요하다. 하지만 다른 존속적 혁신과 밀접한 적합성이 존재한다면 프로젝트가 존속적이기 때문에 핵심 조직의 에너지와 자원이 통합되리라는 것을 경영자들은 예측할 수 있다. 이런 경우 비밀리에 추진하거나 분리할 이유는 없다.

오른쪽 수직축은 기존 프로세스의 활용과 극복에 이용할 수 있는 세 가지 유형의 조직구조를 나타낸다. 시장에 대한 혁신을 담당할 개발팀은 '중량급heavyweight'이나 '경량급lightweight' 팀이 될 수도 있고, 또는 '직능적functional'인 팀이 될 수 있다. 이에 대해서는 이 장의 끝부분에서 정의한다.

그림 7-1의 네 구역은 핵심 조직의 프로세스 및 가치에 의해 적합성이 서로 다른 유형을 처리해야 하는 과제를 나타낸다. A구역은 획기적이지만 존속적 기술 변화에 경영자들이 직면해 있는 상황을 묘사하고 있다. 이 구역은 조직 가치에 부합하지만 해결해야 할 상이한 문제를 가지고 있는 조직, 따라서 그룹과 개인 사이에 새로운 유형의 상호작용과 협력을 필요로 하는 조직을 나타낸다. 이런 환경은 중량급 프로젝트팀을 요구한다.(중량급 프로젝트팀에 대해서는 뒤에서 설명한다.)

프로젝트가 기업의 프로세스뿐만 아니라 가치에 적합성을 보이는 B구역에서는 기존 조직 내의 직능적 경계 간의 협력을 통해 새로운 사업을 쉽게 개발할 수 있다. C구역은 조직의 기존 프로세스나 가치에 적합성을 보이지 않는 파괴적 기술 변화를 나타낸다. 이런 상황에서 성공하려면 경영자들은 자율조직을 창출해야 한다. D구역은 주력과 유사한 제품 또는 서비스가 근본적으로 저비용 사업모델 내에서 판매되어야 하는 프로젝트를 나타낸다. 이런 신규사업은 주력 조직의 물류관리 프로세스를 활용할 수 있지만 전혀 다른 예산편성과 경영방식 및 손익계산서를 필요로 한다.[19]

그림 7-1을 이용하는데 있어서 파괴가 상대적 용어임을 명심하는 것이 중요하다. 어떤 기업에 파괴적인 것이 다른 기업에는 존속적 영

향을 미칠 수 있다. 예를 들어 델 컴퓨터는 전화를 통한 컴퓨터 판매를 시작했다. 델에게 인터넷 판매사업은 '존속적' 혁신이었다. 인터넷 판매는 델이 기존의 구조화된 방식으로 더 큰 수익을 올리는 데 도움이 되었다. 델이 인터넷 소매업을 성공적으로 채택한 것은 전혀 놀랄 일이 아니다. 하지만 컴팩과 휴렛 팩커드와 IBM의 입장에서는 고객들에 대한 델의 다이렉트 마케팅은 명백한 파괴적 혁신이었다. 그것이 그들의 소매유통 협력업체들에 영향을 주었기 때문이다. 그들이 고객들에 대한 다이렉트 마케팅을 통해 선도기업으로 성공할 수 있는 유일한 방법은 자율적인 사업 단위 내에서 가능하다면 새로운 브랜드로 사업을 시작하는 것이었다.

마찬가지로, 인터넷은 랜드엔드처럼 카탈로그를 통해 제품을 판매하는 소매업체에게는 상대적으로 존속적 기술이다. 그래서 우리는 그들이 기존 프로세스에 인터넷을 통합할 수 있을 것으로 예상했다. 하지만 메이시Macy's 같은 기존 소매업체에게는 인터넷이 파괴적 기술이다. 메이시가 진정으로 파괴적 성장을 창출할 수 있는 방식으로 온라인 소매를 이용하려면 자율적인 사업 단위가 필요할 것이다.[20] 또한 아메리트레이드Ameritrade 같은 할인 주식거래 업체에게 인터넷은 존속적 기술이지만, 메릴린치Merrill Lynch 같은 풀서비스 중개업체에게는 파괴적 기술이다.

조직은 스스로를 파괴할 수 없다. 그래서 메릴린치가 핵심 중개조직 내부에서 인터넷을 활용한 주식거래를 실행에 옮겼을 때, 그 효과는 본질적으로 메릴린치의 풀서비스 중개인들이 고수익을 안겨주는 가치가 있는 고객들에게 더 나은 정보를 제공하는 형태로 나타났다. 인터넷 시스템은 다른 기업에게 그럴 가능성이 없겠지만, 상대적으로 메릴린치에게는 존속적 기술이 되었다. 나아가 이것은 메릴린치에게 현명한 선택이었다. 부유한 고객들을 위한 중개료 사업은 정말 꽝장한 사업이고 쏠쏠한 수익이 보장되는 사업이었다. 수익이 너무 많아

걱정해야 할 정도였다.[21]

하지만 메릴린치의 경영자들은 찰스 슈왑이 시도한 온라인 할인 주식거래의 위협과 기회에 충분히 대처할 수 있다는 결론을 내리지 말았어야 했다. 만약 그들이 할인가격으로 만족스런 수익을 올릴 수 있는 가치 또는 비용구조를 가진 자율적 사업 단위를 인수하거나 설립했다면 충분히 그 기회를 이용할 수 있었을 것이다.

4장에서 살펴보았듯이 기존 기업들이 파괴적 아이디어를 주류 시장에 억지로 밀어 넣고서 존속적 기술 기반의 소비자를 놓고 경쟁하는 주된 이유가 바로 이것이다. 이런 파괴적 혁신을 개발하고 상업화하는 전략들이 핵심 조직 내에서 개발되는 한, 우리가 기대할 수 있는 유일한 결과는 이것뿐이다. 그런 조직의 프로세스와 가치는 오직 존속적 혁신만을 실행할 수 있을 뿐이다.

새로운 능력 창출

RPV모델은 현 조직이 새로운 성장사업을 구축하는 데 적합하지 않기 때문에 그보다는 새로운 능력을 창출해야 하는 경영자들에게 유용한 길잡이가 될 수 있다. 이것은 '자체 조달 또는 외부 구입make-or-buy' 식의 의사결정으로 규정지을 수 있다. 이는 관리자를 내부에서 훈련하거나 외부에서 고용하는 것 같은 자원과 관련하여 생각할 수 있다. 하지만 프로세스와 가치 또한 만들거나 구입할 수 있다.

• 관리능력 창출
여러 가지 면에서 일련의 새로운 성장사업 착수에 필요한 경영진을 강화하는 것은 '닭이 먼저냐 달걀이 먼저냐' 식의 문제이다. 성공 가능성을 극대화한다는 것은 새로운 사업을 구축해야 하는 도전에 성공적으로 대처할 수 있는 관리자들을 확보한다는 의미다. 하지만 미래의 관리자들을 개발하려면 장래성 있는 관리자들을 그들이 아직 접해보지 못한 상황과 책임 속에 투입해야 한다. 그것이 성공에 필요한 기술을 배울 수 있는 유일한 방법이다.

사내 경험학교 내에 적당한 커리큘럼을 갖추어 차세대 경영자들을 가르치려면 성공적인 사업을 창출해야 한다. 적임자를 확보하는 것은 이런 성장사업 구축에 선결과제다. 혁신기업 딜레마의 이런 특성에 성공적으로 대처하는 것은 인사담당의 중요한 임무다.

어떤 기업이 상당한 규모에 도달할 즈음, 대부분의 경영자는 미래에 회사가 직면할 상황에서 꼭 필요한 기술을 갖추고 미리 준비하고 있는 잠재력 높은 관리자들을 확인하는 과정을 설정한다. 대부분의 기업들에서는 초기에 드러나는 '필요한 자질' 속성을 기반으로 직원들 중에서 높은 잠재력을 갖춘 관리자들을 선발한다. 이런 기업들은 이미 필요한 자질을 갖춘 소수의 인재를 찾기 위해 많은 사람을 선별하는 과정을 거친다.

하지만 경험학교 이론에 따르면, 잠재력은 타고난 특성이 아니라 미래에 필요한 특성과 기술을 '획득하는' 능력으로 평가된다. 다시 말해 재능은 잠재력이 높은 직원이 미래에 학습해야 할 것을 경험을 통해 배우는 능력이다. 배우는 능력에 초점을 맞춤으로써 당장 중요한 한정된 능력들이 미래에 요구되는 능력이라고 가정하는 함정을 피할 수 있다.

높은 잠재력을 가진 사람들을 발굴하기 위한 수행 능력 평가방식은 기본적인 기술적·인지적 필요조건을 충족하지만, '필요한 자질' 속성 목록에서 높은 우선순위에 있지 않다. 이 방식은 '학습 기회 추구', '피드백 추구 및 활용', '적절한 질문', '새로운 관점의 관찰', '실수를 통한 학습' 같은 학습지향 평가지표에 중점을 둔다. 물론 모범적인 학습자의 몇몇 특성들은 성과로 나타나겠지만 직원들이 새로운 기술을 학습할 용의가 있는지를 결정하는 것은 어디까지나 탐구정신이다.

그러나 사람을 배울 자리에 배치하는 것은 그 자체가 딜레마를 야기한다. 정해진 작업을 처리하는 능력을 충분히 갖춘 것처럼 보이는 '당장 준비된' 사람들은 배움에는 소극적이기 때문이다. 즉 가장 많이 배우는 사람은 정해진 직무에 대해 가장 경험이 없는 사람이다.

맥콜의 지적에 따르면, 그 결과 더 많은 성과에 집중하는 관리자들은 대부분 차세대 관리능력 개발에 최악인 경우가 허다하다. 당장 성과를 가져올 정도로 완벽하게 자질을 갖춘 직원을 활용하는 것에 비해 잠재력은 높지만 좀 더 자질을 개발해야 하는 직원들에게 학습 기회를 주는 것 사이에 균형을 유지하려면 고위 경영자들의 탁월한 원칙과 비전이 필요하다. 그들은 반드시 타협점을 찾아내야 한다.

일부 기업들은 이런 문제를 해결하기 위해 이미 필요한 능력을 갖춘 인재를 찾아 수시로 노동시장으로 눈길을 돌리거나 다른 기업들을 공격한다. 5장과 6장으로 돌아가서, 사내 관리자 교육이 널리 성행하고 있는 이유 중 하나는 관리자들이 작업을 잘 수행하지 못하기 때문이다. 여러 가지 면에서, 사내 관리자 육성과정은 관리자의 기술과 기업의 프로세스 및 가치 간의 최적화된 상호의존적인 인터페이스를 창출할 수 있다. 경영성과가 아직 충분하지 못한 상황에서 '모듈' 관리자들을 외주로 조달하면서 자원과 프로세스 및 가치의 복잡하고 상호의존적인 시스템에 그들을 배치하려는 시도는 신통치 못한 결과를 낳기 쉽다.[22]

일련의 신규 성장사업 개발을 위해 노력하는 기업은 관리자 육성에 유용한 사이클을 구체화할 수 있다. 잇따른 성장사업에 착수하는 것은 차세대 경영자들에게 파괴적 혁신을 이끄는 법을 가르칠 수 있는 학교를 설립하는 격이다. 이와 대조적으로 단지 산발적으로 새로운 성장사업을 창출하려고 하는 기업들은 차세대 경영자들에게 성장 존속에 필요한 과목들을 거의 제공하지 못할 것이다.

• 새로운 프로세스 만들기

그림 7-1의 오른쪽 수직축은 새로운 성장사업에 적합한 프로세스 창출에 필요한 일종의 개발팀을 나타낸다. 다른 프로세스를 창출해야 할 때는 하버드 경영대학원 교수 킴 클라크Kim Clark와 스티븐 휠라이트Steven Wheelwright가 '중량급 팀'이라 부르는 팀을 필요로 한다.[23] 중량급 팀이란 직능조직의 경계를 수시로 넘나들 수 있는 것 이상으로 다른 사안을 놓고 다른 조직 그룹과 다른 속도로 상호작용이 가능한 팀 구조로 구성된 그룹을 말한다. 중량급 팀은 새로운 프로세스나 새로운 협력방식을 창출하는 도구다. 이와 대조적으로 '경량급 팀' 또는 직능 팀은 기존 프로세스를 활용하는 도구다.

중량급 팀을 가시화하고, 그 팀을 창출하는 중요한 시기를 이해하는 데 5장의 상호의존성과 모듈화 개념을 이용할 수 있다. 상이한 두 사람이나 두 조직 그룹의 활동 사이에 명확히 규정된 인터페이스가 존재한다면 그들은 가까이서 접촉할 수 있으며 동일한 팀이어야 할 필요는 없다. 하지만 이런 조건이 충족되지 않는다면 예측 불가능한 모든 상호의존성은 중량급 팀의 경계 내에서 통합되어야 한다. 팀의 외부경계는 모듈방식의 인터페이스가 존재하는 지점에 정해질 수 있다. 새로운 협력방식은 직무를 처리하면서 이런 팀 내부에서 통합될 수 있다. 나아가 팀이 온전하게 유지되며 유사한 직무를 반복적으로 처리한다면 이런 방식은 프로세스로 체계화될 수 있다.[24]

성공하려면 중량급 팀들은 같은 장소에 배치되어야 한다. 팀 구성원들은 그들의 직능적 '전문성'을 그룹에 가져오지만 그들이 직능집단의 '이해'를 대표하는 것은 아니다. 그들의 책임은 프로젝트의 성공을 위해 필요한 작업을 하는 것일 뿐이다. 많은 기업들은 새로운 프로세스를 창출하는 하나의 방식으로 중량급 팀을 성공적으로 활용해왔다.

예를 들어 과거 크라이슬러는 전자 시스템 같은 특정 부품에 대한 제품개발 그룹을 구성했다. 1990년에 초에 이 산업에서 경쟁 기반이 변화하자 크라이슬러는 신형 차량 개발을 앞당겨야 했다. 그들은 기술적 하부시스템 대신 미니밴 같은 플랫폼 개발팀들을 조직했다. 결과적으로 크라이슬러가 조직한 이 중량급 팀들은 부품설계에 초점을 맞추는 데 능숙하지 않았다.

하지만 그들은 완전히 새로운 자동차 설계에서 더 신속하고 효율적인 새로운 프로세스를 연마했다. 이것은 경쟁 기반이 변화하면서 거둬들인 결정적인 성과였다. 심장박동 조율기를 개발한 메드트로닉 Medtronic, 디스크 드라이브를 개발한 IBM, 정신분열증 치료약 자이프렉사를 개발한 엘리릴리Eli Lilly 같은 기업들도 더 빠르고 차별화된 프로세스를 창출하기 위한 수단으로 중량급 팀을 이용했다.[25]

흐름도를 작성한다고 해서 근본적으로 다른 프로세스를 창출하는 것은 아니다. 오히려 경영자들은 조직이 과거에 직면하지 않은 새로운 문제를 중량급 팀의 구성원들에게 제시함으로써 프로세스를 구축해야 한다. 도전을 성공적으로 처리한 후에도 팀은 유사한 문제에 다시 직면해야 한다. 궁극적으로 이런 새로운 작업방식이 팀 내부에 정착할 것이고, 조직 전반에 확산될 것이다.

• 새로운 가치 창출

기업들은 단지 새로운 비용구조의 새로운 사업 단위를 시작하는 것만으로도 새로운 우선순위 기준이나 가치를 창출할 수 있다. 예를 들어 찰스슈왑은 완전히 자율적인 조직으로 파괴적 온라인 주식거래업을 시작했다. 슈왑의 경우, 텔레마케팅 및 사무실에서 중개인을 통해 처리하는 거래는 평균 70달러의 비용이 들었다. 이에 비해 온라인 거래에 부담하는 평균비용은 29.95 달러에 불과했다. 독립적인 사업 단위는 사실상 핵심사업을 파괴하였다. 18개월 만에 독립적인 사업 단위가 급속한 성장세를 보이자 슈왑은 핵심사업을 새로운 파괴적 조직에 통합하기로 결정했다. 요컨대 파괴적 사업이 과거의 조직—그 가치가 파괴적 성장사업을 우선순위에 두는 것이 불가능한 조직—을 대체할 때 슈왑의 기업 가치는 변화했다.

어떤 조직이 스스로를 파괴할 수 없는 이유는 성공한 조직만이 현재의 비용구조보다 높은 수익률을 약속하는 혁신을 자연스럽게 우선순위에 둘 수 있기 때문이다. 따라서 슈왑의 경우 기존 조직에서 비용을 대폭 삭감하는 것보다 훨씬 수월하게 29.95 달러를 수익성 있는 조건으로 간주하는 사업모델을 창출할 수 있었으며, 그 결과 파괴적 가격으로 수익을 올릴 수 있었다. 이것이 바로 가치를 변화시키는 최상의 방법이다. 새로운 파괴적 게임은 기존 사업이 여전히 수익성 높은 존속성 잠재력을 가지고 있는 동안에 항상 시작되어야 하기 때문이다.

'자율'은 무엇을 의미할까? 우리의 연구에 따르면, 핵심사업으로부터의 지리적 분리는 자율의 중요한 특성이 아니다. 소유 구조도 중요한 특성이 아니다. 파괴적 신규사업을 모기업이 전부 소유하지 못할 이유가 없다. 자율의 주요 특성들은 프로세스 및 가치와 관련이 있다. 파괴적 사업은 수익성을 올리기 위해 새로운 프로세스를 창출하고 독특한 비용구조를 구축하는 자유를 가지고 있어야 한다. 새로운 성장사업에서 CEO의 주요한 역할은 신규사업이 받아들여야 하는 핵심사업의 프로세스 및 간접비용에 대한 판단이다. 이 주제는 10장에서 다시 살펴볼 것이다.

자원과 프로세스와 가치의 구입

경영자들은 종종 경쟁력과 재무 능력을 개발하는 대신 인수하는 쪽을 택한다. 유감스럽게도 인수를 통해 새로운 능력을 개발하는 기업의 실적은 놀라우리만치 들쑥날쑥하다. RPV모델은 인수조직의 통합이라는 도전에서 유용한 수단이 될 수 있다.

한 기업이 다른 기업을 인수할 때는 그 기업의 자원, 프로세스, 가치도 함께 구입하게 된다. 따라서 인수 담당자들은 다음과 같은 질문을 해야 한다. "우리가 방금 이 기업을 이토록 비싸게 구입한 이유가 무엇일까? 기업의 '자원'—인력, 제품, 기술, 또는 시장에서의 위치— 때문에 인수가격을 정당화했던 걸까? 아니면 기업의 프로세스와 가치—기업이 고객을 이해하고 만족시키는 데 도움이 되는 작업 및 의사결정 방식, 적시에 새로운 제품을 개발하고 생산하고 인도하는 것, 파괴적 잠재력을 제공하는 비용구조 내에서 그런 활동을 하는 것—를 통해 창출된 가치 때문일까?"

만약 인수된 기업의 프로세스와 가치가 기업 성공의 진정한 원동력이 된다면 인수 담당자가 가장 원하지 않는 것은 아마도 그 기업을 새로운 모조직에 통합하는 것이 아닐까 싶다. 통합은 인수된 기업의 프로세스와 가치의 많은 부분을 증발시킬 것이다. 그 경영자들은 인수기업의 사업방식을 채택해야 하는 요구를 받을 뿐 아니라 그들의 새로운 성장계획도 인수기업의 결정 기준에 따라 평가받기 때문이다. 만약 인수된 기업의 프로세스와 가치가 그들의 과거 성공 이유였다면 인수된 사업을 독립적으로 남겨두고, 모기업의 자원을 그들의 프로세스와 가치에 투입하는 편이 더 나은 전략이 될 것이다. 근본적으로 이런 전략은 진정 새로운 능력을 갖춘 인수를 창출할 것이다.

한편 인수된 기업의 '자원'이 인수의 주된 이유라면 그 기업을 인수기업에 통합하는 것이 합리적일 수 있다. 물론 인수된 인력, 제품,

기술, 고객은 모기업의 기존 능력을 강화하는 방향으로 모기업의 프로세스에 투입해야 한다.

RPV모델로 다임러벤츠의 크라이슬러 인수와 뒤이은 두 조직의 통합 시도를 조명할 수 있다. 크라이슬러는 경쟁사들에 비해 두드러진 자원이 거의 없었다. 1990년대에 크라이슬러가 거둔 성공의 대부분은 프로세스—특히 2년 안에 멋진 새로운 설계를 창출할 수 있는 중량급 팀의 제품설계 프로세스—에 뿌리를 두고 있었다. 또한 다임러 직원의 5분의 1 수준으로 자동차 한 대를 설계하고 생산할 수 있었기 때문에 크라이슬러의 가치도 상당했다.

그렇다면 다임러가 크라이슬러에서 획득한 능력을 활용할 수 있는 최선의 방법은 무엇이었을까? 물론 그것은 크라이슬러를 독립적으로 유지하면서 다임러의 자원을 크라이슬러의 프로세스와 비용구조에 투입하는 것이었다. 하지만 월스트리트에서의 비용 절감 요구가 빗발치자 프로세스는커녕 가치에 대해 무감각한 분석가들은 비용절감을 이유로 다임러 경영진을 압박하여 두 조직을 합병하고 말았다. 두 기업의 통합이 크라이슬러를 매력적인 인수로 만든 많은 프로세스와 가치들을 과연 절충할 수 있을지에 대해 우리는 의구심을 가지고 있다.

이와 대조적으로 시스코 시스템즈의 인수는 매우 효과적이었다. 그것이 올바른 견지에서 자원과 프로세스와 가치를 그대로 보존했기 때문이다. 시스코가 인수한 기업들은 대부분 2년이 채 되지 않은 소기업들이다. 즉 시장가치가 주로 그들의 자원, 특히 엔지니어와 제품에 기반을 두고 있는 초기 단계 조직이었다. 시스코는 이들 기업의 자원을 모기업의 프로세스와 시스템에 투입하는 명확히 정해진 의도적 과정과 인수된 기업의 엔지니어들에게 두둑한 보수를 지불하는 용의주도한 방안을 가지고 있었다.

통합과정에서 시스코는 인수에 수반된 초기의 프로세스와 가치를 모두 폐기했다. 그것은 시스코가 지불한 것이 아니었기 때문이다. 그런가 하면 더 크고 성숙한 기업을 인수했던 두 번의 사례—특히 1996년의 스트라타컴StrataCom 인수—에서 시스코는 통합을 시도하지 않았다. 그 대신 그들은 스트라타컴을 독립적으로 남겨둔 채로 더 빠른 성장에 도움이 될 수 있도록 많은 자원을 스트라타컴에 투입했다.[26]

경영 실패에 소요되는 비용

잠재력이 큰 아이디어를 과업에 맞지 않는 조직에 맡기는 것은 절호의 기회를 놓치고 손실이 발생하는 결과를 낳는다. 대표적인 사례로 1990년대 말 윙스팬은행WingspanBank.com을 설립하려고 했던 뱅크 원Bank One의 시도와 1960년대에 울코Woolco를 선도적인 할인업체로 만들려고 했던 울워스F. W.Woolworth의 시도가 있다. 이 이론의 확대경을 통해 두 사례를 살펴보자.

• 뱅크 원의 윙스팬

뱅크 원의 신용카드 사업부인 퍼스트USA는 1990년대 말에 선도적 경영컨설팅 회사와 합작하여 윙스팬이라는 온라인 은행을 출범시켰다. 그들은 윙스팬을 지분은 전부 소유하되 고객과 브랜드는 완전히 분리된 자율적 조직으로 설정했다. 따라서 윙스팬은 뱅크 원의 사업을 침범하지 않았다. 전략 입안자들은 온라인 뱅킹의 새로움과 파괴적 특성이 독립기업으로서 윙스팬에게 가장 확실한 성공 기회를 가져다 줄 것이라 자신했을 것이다.

하지만 2장의 리트머스 테스트에서 보았듯이 선도적인 소매은행들의 사업모델에서 온라인 뱅킹은 상대적으로 '존속적' 혁신이다. 온라인 은행들은 비소비층을 대상으로 경쟁할 수 없다. 미국의 모든 컴퓨터 보유자들과 이용자들은 이미 은행 계좌를 가지고 있기 때문이다. 따라서 신시장 파괴는 불가능하다. 온라인 뱅킹은 오직 소비층을 대상으로 경쟁할 수 있을 뿐이다. 로우엔드 시장을 공략하는 또 다른 대안을 가지려면 먼저 현재의 금융제품과 서비스의 기능성 및 신뢰성에 의해 과잉 서비스는 일단의 고객들을 발견해야 한다. 또한 가장 까다롭지 않은 시장층 고객들을 대상으로 사업에서 성공하려면, 할인가격으로 수익을 올릴 수 있는 사업모델 창출을 수반해야 한다. 그런데 고객을 끌어들이는데 드는 광고 비용과 자금 비용에도 불구하고 어떠한 이익도 얻지 못한다는 점을 감안하면, 이것 역시 실행 가능성이 없다.[27]

파괴가 불가능하기 때문에 인터넷 뱅킹은 소매금융 모델에서 존속적 기술로만 이용될 수 있었다. 실제로 대다수 최우량 고객들은 편리성을 원하고 있으며, 대부분의 경우 거래당 비용은 지점이나 ATM보다 인터넷을 통할 때 더 저렴하다. 그러므로 뱅크 원은 이런 시도를 분리해야 할 이유가 없었다. 실제로 존속적 경쟁에서는 열에 아홉은 기존 기업이 승리한다.

• F. W. 울워스와 할인판매점

1962년에 세계적 유통업체 F. W. 울워스는 울코를 설립했다. 울워스가 지분을 전부 소유하지만, 울코는 자율적으로 운영되는 독립 사업부였다. 할인판매점은 가치 관점에서 파괴적이었고 근본적으로 다른 운영 프로세스를 필요로 했다. 울워스 잡화점들의 총 마진은 평균 35퍼센트였으며, 연간 평균 재고 회전은 3.4회였다. 한편 할인점들의 총 마진율은 23퍼센트 수준이었다. 따라서 이런 매장들이 만족스런 수익을 올리려면 연간 5회의 재고 회전이 필요했다.[28]

1971년 울워스의 경영자들은 양 사업 전체에 걸친 이런 고정비용을 조정하기 위해 울코의 관리, 구매, 물류 기능을 다시 울워스에 통합하기로 결정했다. 결과는 어떻게 되었을까? 불과 일 년만에 울코의 마진율을 34퍼센트까지 끌어올려야 했지만 울코의 재고회전은 4회로 떨어졌다. 두 가지 모두 F. W. 울워스 매장들의 수익모델을 반영한 결과였다. 결국 울코는 문을 닫았다.

메릴린치의 인터넷 주식거래 사업과 마찬가지로 파괴적 사업의 잠재력을 가진 사업모델이었건만 그들은 단순히 모기업의 프로세스와 가치에 순응했던 것이다. 조직 특성의 일반법칙으로써 가능한 다른 결과는 존재하지 않는다. 조직은 스스로 파괴할 수 없다. 경영자들은 오직 자신이 작업하는 환경을 감안해 스스로 납득이 가는 행동만 할 수 있다. 파괴적 혁신기회로서 울코는 독립적인 상태로 남아 있어야 했다. 반면 존속적 혁신기회로서 인터넷 뱅킹은 뱅크 원의 핵심 조직 내에 통합되어야 했다.

경영자들은 조직이 성장할 기회에서 제일 먼저 성공에 필요한 인적 자원 및 다른 자원의 확보를 결정해야 한다. 그 뒤에 다음과 같은 두 가지 질문을 던져야 한다. 조직에서 관행적으로 수행하는 업무의 프로세스가 이 새 프로젝트에 적절한가? 이 조직의 가치가 이 사업에 필요한 우선순위를 제공하는가? 기존 기업들이 직능 지향적인 중량급 팀을 적절한 곳에 활용한다면, 그리고 존속적 혁신을 핵심 조직에서 상업화하는 한편 파괴적 혁신을 자율적 조직에서 실행한다면 파괴적 혁신의 성공 가능성을 높일 수 있을 것이다.

성공적 혁신이 까다롭고 예측 불가능해 보이는 주된 이유는 견실한 회사의 문제점들에 대처하는 경영 기술을 갖춘 인재들을 기업들이 소진하기 때문이다. 경영자들은 종종 새로운 과업을 위해 준비되지 않은 프로세스와 가치 속에서 작업을 시작한다. 만약 경영자들이 모든 상황에 적합한 범용 정책을 받아들이는 대신 능력 있는 인재들이 과업에 맞는 프로세스와 가치로 조직에서 작업할 수 있도록 보장한다면, 성공적인 신성장 창출의 지렛대 역할을 하는 요소를 끌어낼 수 있을 것이다.

주석

1. 이 주제에 관한 가장 중요한 연구 중 하나인 도로시 레오나드 바턴Dorothy Leonard-Barton의 "핵심역량과 핵심강도 : 신제품개발 관리의 역설Core Capabilities and Core Rigidities : A Paradox in Managing New Product Development", 〈전략적 경영 저널Strategic Management Journal〉(13호, 1999 : 111~125쪽)에 요약되어 있다.

2. 이 장의 개념들은 조직역량에 관해 높이 평가받는 한 학설을 토대로 하고 있다. 그것은 학계에 기업의 '자원 기반 관점(RBV)'으로 알려져 있다. 이 학설은 자원을 기업의 자산으로 보며, 자원 보완물의 차이라는 관점에서 성과와 성장 기업간의 차이를 설명하려고 시도한다.

   예를 들어 코너K. R. Conner, "자원 기반의 이론과 IO경제학 테두리 안의 5개 학교에 대한 비교A Historical Comparison of Resource-Based Theory and Five Schools of Thought Within IO Economics : Do We Have a New Theory of the Firm", 〈경영 저널Journal of Management 17〉, no. 1(1991년), 121~154쪽을 참조하라.

   이런 흐름의 독창적인 저서로는 다음을 참조하라.

   - 펜로즈E. T. Penrose, 《기업 성장 이론The Theory of the Growth of the Firm》, London : Basil Blackwell, 1959.
   - 워너펠트B. Wernerfelt, "기업의 자원 기반 관점A Resource-Based View of the Firm" 〈전략적 경영 저널 Strategic Management of Journal 5〉, 1984년, 171~180쪽.

   좀 더 최근 저서로는 다음을 참조하라.

   - 피터러프M. Peteraf, "경쟁우위의 초석 : 자원기반 관점 The Cornerstones of Competitive Advantage : A Resource-Based View", 〈전략적 경영 저널 Strategic Management Journal 14〉,

no. 3(1993년), 179~192쪽.
- J. 바니, "기업의 자원 기반 이론The Resource-Based Theory of the Firm", 〈조직과학 Organization Science 7〉 no. 5(1996년), 469쪽.

우리가 정의한 '자원'은, 부가적인 개념들—즉 프로세스와 가치—을 사용하여 기업 역량(일부에서는 자원 범주에 포함시킨다)의 다른 중요한 구성요소들을 표현하는 많은 RBV 연구가들의 견해보다 훨씬 좁은 의미를 갖는다.

다음을 참조하라.
- 티스D. Teece와 피사노G. Pisano, "기업의 역동적 능력 : 도입The Dynamic Capabilities of Firms : An Introduction", 〈산업과 기업 변화Industrial and Corporate Change 3〉, no. 3(1994년), 537~556쪽.
- 그랜트R. M. Grant, "자원 기반의 경쟁우위 이론The Resource-Based Theory of Competitive Advantage", 〈캘리포니아 경영 리뷰California Management Review 33〉, no. 3(1991년), 114~135쪽.
- J. 바니, "조직문화 : 경쟁우위를 지속시킬 자원이 있는가?Organization Culture : Can It Be a Source of Sustained Competitive Advantage?", 〈경영 아카데미 리뷰Academy of Management Review 11〉, no. 3(1986년), 656~665쪽.

많은 경우에 현상의 정의에 관해 논의되는 것들이 실제로 범주화의 실패라고 우리는 생각한다. 이 장에서 제시한 분석틀과 이론은 《성공기업의 딜레마》 제2판에 추가된 장에 서문 형식으로 요약되어 있다. 클레이턴 크리스텐슨과 마이클 오버도프의 이 모델은 "파괴적 변화의 도전에 직면해서Meeting the Challenge of Disruptive Change"라는 제목으로 〈하버드 비즈니스 리뷰〉, 2000년 3~4월호에 발표되었다.

3. RHR 국제협력 경영 심리학자들이 보고한 사실에서 이런 추론이 나왔다. RHR은 새로 임용한 최고 경영자의 40퍼센트가 새 직책을 맡은 지 2년 내에 성과가 크게 못 미처 그만두거나 해고된다고 최근에 보고했다.(〈글로브앤메일Globe & Mail〉 2003년 4월 1일, B1)

4. 톰 울프Tom Wolfe의 《The Right Stuff》(New York : Farrar, Straus, and Giroux, 1979)을 참조하라.

5. 확고한 이론이 어떻게 노력에 대해 예측 가능하게 하는지에 대한 1장의 설명은 적임 자를 적소에 배치하는 방법이 장래의 관리자들을 그들의 속성에 의해 범주화했다는 초기의 연구와 일치한다. 초기 연구가들이 비행에서 날개와 깃털 같은 소유 속성들과 하늘을 나는 능력 간의 높은 상관관계를 발견했다는 점을 명심해야 한다.

하지만 그들은 인과관계가 아닌 상관관계에 관해서만 설명할 수 있었다. 연구가들이 기본적 인과 메커니즘을 확인할 때, 그리고 실행자가 처한 다른 환경을 이해할 때만

이 예측 가능성이 높아지게 된다. 이런 경우에 필요한 자질 속성을 많이 소유하는 것은 과업의 성공과 매우 높은 상관관계를 갖게 되지만, 그것이 성공의 근본적인 인과 메커니즘은 아니다.

6. 모건 맥콜Morgan McCall의 《야심가들 : 차세대 지도자들High Flyers : the Next Generation of Leaders》(Boston : Harvard Business School Press, 1998)은 경영자들이 어떻게 배우고, 어떤 관리자가 앞장서서 도전을 성공적으로 다룰 수 있는지 평가하는 방법에 관해 신선하고 지적이며 근거 있는 사고방식을 제시한다. 적임자를 적시 적소에 투입하는 방법을 더 많이 배우려는 실행자들에게 이 책을 적극 추천한다.

7. 물론 사업개발의 후반에는, 사업의 확대와 관련해, 그리고 나중에 한 조직을 효율적으로 운영하기 위해 경험의 학교에서 이 과목들을 배운 경영자들이 필요하다. 수많은 신규사업이 초기에 단일제품으로 성공한 후에 사라지는 한 가지 이유는 반복적으로 더 나은 제품을 창조하여 생산하고 신뢰성 있게 전달할 수 있는 프로세스를 창조하는 직관과 경험이 창업자에게 없기 때문이다.

8. 우리가 알기로 프로세스에 대한 가장 논리적이고 포괄적인 설명은 데이비드 가빈 David Garvin의 "조직화와 경영 프로세스The Processes of Organization and Management", 〈슬론 경영 리뷰Sloan Management Review〉(1988년 여름호)에 실려 있다. 우리가 프로세스라는 용어를 사용할 때 이 용어는 가빈이 정의한 모든 유형의 프로세스를 포함한다.

9. 다양한 이름 아래서, 많은 학자들은 '프로세스'라는 개념의 깊이를 조직역량과 경쟁우위의 기본적인 구성요소로 탐구해왔다. 그중에서 가장 영향력 있는 저서는 넬슨R. R. Nelson과 윈터S. G. Winter의 《경제변화의 진화론Evolutionary Theory of Economic Change》(Canbrudge, MA : Belknap Press, 1982)일 것이다.

넬슨과 윈터는 프로세스가 아닌 '일과routines'로 언급하지만 근본개념은 같다. 두 학자는 어떤 기업이 다른 기업들보다 더 나은 일과를 개발함으로써 경쟁우위를 확보하며, 더 우수한 일과는 효율적인 행동의 충실한 복제를 통해서만 개발된다고 주장했다. 일단 정립된 훌륭한 일과는 변화하기 어렵다.

다음을 참조하라.

- 해넌M. T. Hannan, 프리먼J. Freeman 공저, "조직화의 개체군 생태학The Population Ecology of Organization", 〈미국 사회학 저널American Journal of Sociology 82〉, no. 5(1977년), 929~964쪽.

다음 저서들은 조직역량, 동태적 능력, 핵심역량 등으로 다양하게 불리는 프로세스 개념의 힘이 경쟁우위의 원천임을 보여주었다.

- 콜리스D. J. Collis, "자원 기반의 글로벌 경쟁력 분석 : 베어링 산업의 사례A Resource-Based Analysis of Global Competition : The Case of the Bearings Industry)", 〈전략적 경영 저

널 12〉(1991년), 49~68쪽.

- D. 티스와 G. 피사노, "기업의 역동적 능력The Dynamic Capabilities of Firms : An Intruduction", 〈산업과 기업 변화Industrial and Corporate Change 3〉, no. 3(1994년), 537~556쪽.
- C. K. 프라할라드와 G. 해밀, "기업의 핵심역량The Core Competence of the Corporation", 〈하버드 비즈니스 리뷰〉, 1990년 5~6월호, 79~91쪽.

우리의 관점은 비록 이런 연구 흐름이 주 3에서 언급한 자원 기반 관점에 관한 저서들처럼 통찰력이 있기 있지만, '프로세스'의 정의를 경쟁우위의 모든 가능한 결정자들로 확대했다든지, 또는 지적 통합의 관점에서 기업역량이라는 중요한 요소를 분석 영역에서 배제했다든지 하는 한계가 있다.

이 점에 대해서는 다음을 참조하라.

- A. 난다A. Nanda, "자원, 능력, 그리고 자산Resources, Capabilities, and Competencies": 모이전B. Moingeon, 에드몬슨A. Edmondson 공저, 《조직학습과 경쟁우위Organizational Learning and Competitive Advantage》(New York : The Free Press, 1996) 93~120쪽에 재인용.

10. 레오나드 바턴Dorothy Leonard-Barton의 "핵심역량과 핵심강도Core Capabilities and Core Rigidities"를 참조하라.

11. 위컴 스키너C. Wickham Skinner의 "관심이 집중된 공장The Focused Factory", 〈하버드 비즈니스 리뷰〉, 1974년 5~6월호를 참조하라.

12. 제너럴 모터스의 온스타 텔레매틱스 서비스를 창시한 쳇 후버Chet Hober는 우리에게 자원(사람)과 프로세스 간의 차이점이 얼마나 중요한지 일깨워주었다. "내가 깨달은 가장 큰 교훈 중 하나는 기업은 기업 내의 개인들이 아니라 기업가가 되어야 한다는 점이다. 개인들은 조직을 잘 운영하기 위해 싱크로나이징 수영선수들처럼 행동해야 한다."

클레이튼 M. 크리스텐슨과 에릭 로스의 "스타 : 제너럴 모터스의 창시자로서가 아니라 성공한 사람으로서OnStar : Not Your Father's General Motors (A)" 9-602-081사례 (Boston : Harvard Business School), 12쪽을 참조하라.

13. 이 책에서 정의하는 가치개념은 자원배분 프로세스에 관한 학술적 업적으로 부상한 '구조적 맥락' 혹은 '전략적 맥락'의 구성개념과 비슷하다. 이 학설의 주요 저서로는 다음을 참조하라.

- J. L. 보어, 《자원 할당 과정 관리Managing the Resource Allocation Process》(Homewood, IL : Richard D. Irwin, 1972)
- 버겔먼R. Burgelman, "기업가 정신과 전략적 경영 : 프로세스 연구를 통한 통찰

Corporate Entrepreneurship and Strategic Management : Insights from a Process Study", 〈경영
과학Management Science 29〉, no. 12(1983년), 1,349~1,364쪽.

14. 8장에서 가치가 자원 할당과 전략 결정에 미치는 영향을 더 심도 있게 검토할 것이
다.

15. 예를 들어 도요타는 시장의 최저가 층을 타깃으로 한 제품인 코로나 모델로 북미 시
장에 진출했다. 이 신규 시장층이 닛산, 혼다, 마즈다의 닮은 꼴 모델들로 혼잡해지
면서 똑같은 저가 경쟁자들 간의 치열한 경쟁으로 수익 마진율이 감소했다. 도요타
는 마진을 개선하기 위해 시장의 보다 높은 층을 타깃으로 한층 더 세련된 자동차를
개발했다. 코롤라, 캠리, 4-런너, 아발론, 렉서스 같은 자동차군群들이 똑같은 경쟁
압력에 대응하여 출시되었다.

도요타는 상위시장으로 이동하면서 건전한 마진을 계속 유지했다. 이 과정에서 도요
타는 이런 품질의 자동차들을 설계하고 생산하고 유지하기 위해 운영비용을 추가해
야 했다. 그에 따라 도요타는 진입단계의 시장층에서 빠져나오기로 했고, 변화된 비
용구조에서 수익을 올릴 수 있었다.

도요타는 최근 14,000달러 가격의 자동차로 신규 시장층에 재진출하기 위해 에코 모
델을 출시했다. 이는 저가시장에서의 위치를 재설정하려는 미국 자동차 메이커들의
주기적인 시도를 연상시킨다. 성공하기 위해 도요타 경영진은 매우 강력한 저항을
거슬러가야 할 것이다. 그것은 도요타 최고 경영진이 이 새 모델을 출시하기로 한 한
가지 이유이기도 하다.

하지만 이 전략을 성공적으로 수행하기 위해 딜러를 포함한 도요타 시스템의 많은
사람들이 더 많은 차를 더 낮은 마진으로 파는 것이 캠리, 아발론, 렉서스를 더 파는
것보다 회사의 수익과 자산가치를 높이는 데 최선의 방법이라는 사실에 동의해야 할
것이다. 도요타가 회사의 변화된 가치로 성공할지 실패할지는 오직 시간만이 알고
있을 뿐이다.

16. 에드가 쉐인Edgar Shcein의 《조직문화와 리더십Organizational Culture and Leadership》
(San Francisco : Jossey-Bass, 1988)을 참조하라. 조직문화의 발달에 대한 우리의 설
명은 쉐인의 연구를 크게 참고한 것이다.

17. 하버드대학의 마이클 투시먼Michael Tushman 교수와 스탠퍼드대학의 찰스 오레일리
Charles O'Reilly 교수는 그들이 '다재다능한 조직'이라 부르는 것을 창조하려면 조직을
이러한 식으로 관리해야 한다는 점을 심도 있게 연구했다.

우리가 이해한 바에 따르면, 두 교수는 주력 조직의 가치에 맞지 않는 조직, 즉 중요
하지만 파괴적 혁신을 추구하기 위해서는 자율적인 조직을 분리하는 것만으로는 충
분하지 않다고 주장한다. 그 이유는 경영자들이 핵심사업의 관리에 중점을 두도록

파괴적 사업을 그들의 의제에서 벗어나게 하려고 조직을 분리하는 경우가 빈번하기 때문이다.

투시만과 오레일리는 진정으로 다재다능한 조직을 만들려면 상이한 두 조직을 한 사업 단위 내에 배치할 필요가 있다고 주장한다. 파괴적 조직과 존속적 조직을 관리하는 책임은 두 조직이 한 포트폴리오 내의 비즈니스들로 취급되지 않는 조직단계에 있어야 한다. 오히려 두 조직은, 통합하고 공유하며 자율적으로 실행하도록 경영진이 관심을 쏟는 하나의 그룹이나 사업 단위로 존재해야 한다.

마이클 L. 투시만과 찰스 A. 오레일리의 《혁신을 통한 승리Winning Through Innovation : 조직의 변화와 재생A Practical Guide to Leading Organizational Change and Renewal》(Boston : Harvard Business School Press, 2002)을 참조하라.

18. 과거에 벤처자본의 후원을 받는 일부 신생기업들은 특히 통신과 의료부문에서 존속적 혁신을 통해 도약적 혁신—존속적 곡선상에서 선두주자로서의 앞선 도약—을 이룩한 다음 그들 뒤에서 궤도의 위쪽으로 이동하고 있는 기존 대기업들에게 재빨리 매각하는 전략에 치중했다.

이런 전략이 통하는 것은 기존 기업의 가치가 똑같은 혁신을 목표로 하도록 기존 기업을 강요하기 때문이 아니라, 기존 기업의 프로세스가 신생기업만큼 빠르지 않기 때문이다. 이것은 수익을 올리는 입증된 방법이지만 새로운 성장사업이 나아갈 수 있는 길은 아니다. 제품을 인수하든가 신생기업을 힘으로 압도함으로써 기존 기업은 결국 개선된 제품을 제공할 것이고, 제품을 최초로 개발한 신생기업은 살아남지 못할 것이다.

신생기업들에게는 중량급 프로젝트팀이 필수적이다. 이 팀은 자율적으로 제품을 개발하고 그 제품이 상업화될 준비가 완료될 때 해체된다. 이것이 만족스런 주식가격을 가진 기존 기업들이 비용이 아닌 자산으로 연구개발에 투자할 수 있는 메커니즘이다.

19. 다우코닝Dow Corning Corporation의 자회사 지아미터Xiameter의 설립은 이런 상황을 정확하게 보여주는 예이다. 지아미터는 높은 의존성과 낮은 간접비를 토대로 하는 판매·유통사업 모델로서 표준 실리콘 제품을 일용품 수준의 가격으로 판매하여 매력적인 수입을 올리고 있다.

자신의 구매결정을 위해 보다 높은 비용의 서비스가 필요한 고객들은 다우코닝의 주류 판매망과 유통구조를 통해 실리콘을 구매할 수 있다.

20. 우리는 오직 사례 제시 목적으로 이런 진술을 하고 있다. 현재 카탈로그와 온라인 소매업은 유통업의 파괴적 물결로 매우 확고하게 자리 잡고 있다. 백화점이 새로운 온라인 성장사업을 창조하려고 시도한다면, 온라인 유통업을 창조한 기업들에 대하여

신입자로서 존속적 전략을 추구해야 할 것이다.

메이시Macy 같은 거대기업조차 이미 파괴적 혁신 궤도의 위쪽을 향해 지속적으로 이동하고 있는 기업들에 패배할 것 같다. 시어스Sears가 랜즈엔드Land'End를 인수한 것처럼 파괴적 혁신 궤도에서 확고한 위치에 자리잡은 기업을 인수하는 것은 백화점들이 파괴적 혁신 물결에 올라탈 수 있는 유일한 방법이다.

21. 메릴린치처럼 골드만삭스 또한 주류의 포괄적 서비스 주식거래 사업 내에 기존 고객을 위해 인터넷을 이용한 거래 시스템을 시행했다. 결과적으로 이 기술은 사업 단위들의 가치나 비용구조를 존속시키는 방식으로 시행되었다.

실제로 인터넷을 이용한 거래의 시행은 아마 비용을 추가시켰을 것이다. 그것은 전통적 주식거래 방법인 중개인을 통한 거래경로의 대체가 아니라 추가적 선택이었기 때문이다.

다음을 참조하라.

- 데니스 캠벨Denis Campbell, 프랜시스 프레이Frances Frei 공저, "전자적 파괴 채널의 가격구조와 고객확보가능성 관계The Cost Structure and Customer Probability Implications of Electronic Distribution Channels : Evidence from Online Banking", 보고서, Harvard Business School, Boston, 2002.

22. 한 흥미로운 연구 흐름은 이와 똑같은 결론에 다가가고 있다. 라케쉬 쿠라나Rakesh Khurana의 《기업의 구세주를 찾아서 : 카리스마형 CEO들을 위한 우문愚問Searching For a Corporate Savior : The Irrational Quest for Charismatic CEOs》(Princeton, NJ : Princeton University Press, 2003)을 참조하라. 쿠라나는 높은 실적을 올린 '슈퍼스타' 경영자들 ─필요한 자질을 풍부히 갖춘 경영자들─이 많은 사람들의 생각보다 훨씬 더 자주 실패에 직면한다는 사실을 발견했다.

23. 킴 클라크와 스티븐 휠라이트Steven C. Wheelwright의 "중량급 개발팀의 조직과 지휘 Organizing and Leading Heavyweight Development Teams", 〈캘리포니아 경영 리뷰California Management Review 34〉(1992년 봄호), 928쪽을 참조하라.

이 논문에서 설명한 개념들은 매우 중요하다. 이런 문제들에 관심을 가진 경영자들이라면 이 논문을 깊이 연구할 것을 추천한다.

클라크와 휠라이트는 중량급 팀이란 팀원들이 전형적으로 헌신적이고 공존하는 팀이라고 정의한다. 팀원들은 각자 팀에 대해 그들의 직능그룹을 대표하지 않고 총괄관리자로 행동한다. 즉, 프로젝트 전체를 성공시킬 책임을 지고 결정에 적극적으로 개입하며 각 직능영역에서 선발된 구성원들과 협력한다. 프로젝트를 완수하기 위해 함께 일하면서 그들은 새로운 프로세스와 새로운 능력을 창조하는, 그리고 새로운 사업에서 성공하는 데 필요한 상호작용, 조정, 의사결정을 새로운 방식으로 해낼 것이다. 이렇게 일하는 방식은 다시 새로운 사업이나 제품 계열의 성장방식으로 제도화될 것이다.

24. 이 문장에서 결론으로 이끌어지는 근본개념은 레베카 헨더슨Rebecca Henderson과 킴 B. 클라크의 매우 독창적인 연구 "조직적 혁신 : 기존 제품 제조기술의 교체와 기존 기업의 실패Architectural Innovation : The Reconfiguration of Existing Systems and the Failure of Established Firms", 〈계간 경영학Administrative Science Quarterly 35〉, 1990년, 930쪽에서 유래했다.

   우리의 견해로, 이 연구는 속성 기반 범주에서 환경 기반 범주까지의 프로세스 연구에서 구축된 이론을 발전시켰다. 이 연구의 기본개념은 한 주기가 지나면 신제품 디자인을 책임진 사람들 간의 상호작용, 의사소통, 조정의 패턴들이 제품구조 내에 상호작용하는 부품들의 패턴을 반영한다는 것이다. 한 세대에서 다음 세대로 나아가며 구조가 변화하지 않는 환경에서 이런 관행적 프로세스는 성공에 필요한 상호작용을 촉진할 것이다.

   하지만 구조를 크게 변화시켜야 하는 개발조직의 환경에서, 다른 사람들이 다른 시기에 다른 주제로 또 다른 사람들과 상호작용해야 한다면, 똑같은 관습적 프로세스가 성공을 방해할 것이다.

   여러 측면에서 프로세스에 대한 진단과 처방은 헨더슨과 클라크의 저작에서 인용한 그림 7-1의 수직축상에서 변화한다. 수평축상에서의 진단과 처방은 우리가 다른 곳에서 인용한 보어 교수와 베겔만 교수의 저서에서 구축된 《성공기업의 딜레마》에서 파생된 조직가치와 관계를 맺고 있다. 이 연구는 또한 속성 기반 범주화에서 환경 기반 이론으로 발전한 것 같다.

25. 경영자들이 도전에 직면하여 그 문제에 적합한 응용해법을 개발하기보다 범용해법을 추구하다가 좌절하는 경우를 우리는 자주 목격했다. 이 특별한 문제에 대해 1990년대에 중량급 팀이 '해답'이라고 결론내린 듯한 일부 경영자들은 모든 조직개발에 프로젝트를 위한 중량급 개발팀들을 이용했다.

   몇 년 후 이들 대부분은 속도와 통합 측면에서 이익을 가져다 준 중량급 팀에 들어가는 비용이 너무 많다고 결론내리고 모든 조직을 경량급 방식으로 되돌렸다. 이 책에서 인용한 일부 기업들은 이런 문제들을 경험하면서도 적절한 유형의 팀을 적절한 환경에서 활용하는 법을 배우지 못했다.

26. 찰스 할러웨이A. Holloway와 스티븐 C. 휠라이트, 니콜 템피스트Nicole Tempest의 "시스코 시스템 : 통합된 제조방법 습득Cisco Systems, Inc. : Acquisition Integration for Manufacturing"(사례 OIT26, Palo Alto and Boston : Stanford University Graduate School of Business and Harvard Business School, 1998)을 참조하라.

27. 이 책을 쓰고 있는 시점에서 온라인 뱅킹에 대한 가시적인 파괴적 전략을 고안할 수 있는 사람은 아무도 없다는 점 때문에 우리는 이것이 위험한 진술이라는 것을 알고 있다. 예를 들어 이트레이드뱅크E*Trade Bank는 저가 파괴적 은행을 성공적으로 구축할 수 있다. 주 21에서 하버드 경영대학원 프랜시스 프레이가 새로운 서비스 경로가 고객들에게 미치는 영향에 관해 여러 공동저자들과 함께 저술한 논문 한 편을 인용했다.

기존 은행들이 고객에 대해 ATM, 전화, 온라인 서비스들을 추가할 때 창구직원이나 여신담당자 같은 예전의 서비스 경로를 계속할 수 없는 것은 아니다. 파레이는 결과적으로 저가 서비스 경로가 대체성 서비스가 아니라 부가성 서비스이기 때문에 실제로는 비용을 추가하는 것임을 보여주었다. 물려받은 인프라도 대인 서비스 비용도 없는 이트레이드뱅크는 실제로 낮은 비용의 비즈니스 모델을 창출할 수 있고, 과잉 서비스 고객 비즈니스에 맞서 승리하는 데 필요한 할인가격으로 만족스런 수익을 올릴 수 있다.

28. 유통업의 상품 회전율은 그냥 상승하지 않는다(2장 주 18 참조). 시장이 상승하고 있을 때 유통업체들은 상대적으로 고정된 제품 회전율 구조를 마진이 더 높은 제품으로 바꾸어 투자수익률(ROI)의 즉각적인 개선을 도모한다. 시장이 하락할 때는 마찬가지로 고정된 상품회전 구조를 저마진 상품으로 바꾸어 투자수익률의 즉각적인 회복을 도모한다. 이것은 세상에서 아주 불균형한 측면이다.

THE INNOVATOR'S SOLUTIO

8장

전략 : **예측**이 아닌
발견을 지향하라

전략 : 예측이 아닌 발견을 지향하라

성공을 위해 올바른 전략이 매우 중요하다는 것은 불문가지다. 그렇다면 효과 있는 전략을 어떻게 고안할 수 있을까? 어떤 전략 고안과정이 성공을 이끄는 전략을 낳을 가능성이 높을까? 신흥시장에서 선도기업이 되는 편이 나을까, 아니면 기존시장에서 후발기업이 되는 편이 나을까? 기업 내부로부터 혁신이 최고조로 끓어오르도록 해야 할 시점은 언제일까? 언제 그리고 왜 고위 경영자들이 전략 개발과정을 지휘해야 할까? 고위 경영자들은 전략의 어떤 측면을 가장 긴밀하게 관리해야 하는 걸까?

새로운 사업 구축에 필요한 전략에 관한 질문들은 대부분 전략의 내용과 관련 있다. 경영자들은 자신들의 전략이 올바른 전략인지 고심한다. 하지만 전략과 관련하여 많은 경영자가 간과하고 있는 훨씬 중요한 질문들이 있다. 수많은 신생기업이 부실한 전략으로 몰락하는 이유가 여기에 있다. 이 중요한 질문은 신생기업 경영진이 승산 있는 계획의 개발과 실행에 이용할 전략의 고안 '과정'과 관련되어 있다. 경영진은 올바른 전략을 찾는 데 심혈을 기울인다. 하지만 실제로 그들이 전략 개발과정을 관리함으로써, 즉 적절한 환경에서 적절한 과정을 사용함으로써 더 많은 영향력을 발휘할 수 있다.

앞에서도 언급했듯이 혁신적인 아이디어들은 항상 불완전한 상태에서 등장한다. 이런 아이디어들은 구체화 과정을 거쳐 자금확보에 필요한 충실한 내용의 사업계획이 된다. 이 장에서는 동시에 진행되면서도 근본적으로 상이한 두 가지 전략 개발과정을 살펴볼 것이다. 또한 이런 과정의 운영이 상이한 사업 개발단계에서의 전략적 통찰에 주로 의존해야 한다는 사실도 검토할 것이다. 또한 기업의 진로에 영향을 미치는 모든 전략적 활동들이 통과해야 할 필터로서 자원 할당 과정도 살펴볼 것이다. 마지막으로 경영자들이 현재 진행 중인 전략 고안과정을 가장 효과적으로 운영할 수 있도록 도움을 주는 몇몇 수단과 개념들도 살펴볼 것이다.

전략수립의 두 가지 과정

모든 기업에는 동시에 진행되면서 전략을 규정하는 두 가지 과정이 존재한다. 그림 8-1은 이 두 가지 전략 형성과정—의도적deliberate 과정과 즉흥적emergent 과정—이 모든 기업에 항상 작용하고 있음을 나타내고 있다.[1] 의도적 전략 형성과정은 의식적이고 분석적이다. 이 것은 종종 시장 성장, 세그먼트 규모, 고객 욕구, 경쟁 기업의 강점과 약점, 기술 성장궤도 등에 대한 엄격한 데이터 분석을 토대로 한다. 일반적으로 이런 과정의 전략은 불연속적인 시작과 끝을 가진 프로젝트로 고안된 다음 '톱다운 방식(하향식)'으로 실행된다. 우리는 경영자와 자문가들이 이 책에서 논의되는 이론을 통해 성장 창출과 존속에 있어서 기존의 데이터 분석 방식보다 한층 나은 의도적 전략을 고안할 수 있기를 바란다.

의도적 전략이 조직 활동에 적절한 수단이 되기 위해서는 다음 세가지 조건들이 충족되어야 한다. 첫째, 전략은 성공에 필요한 모든 주요 세부사항들을 올바로 전달해야 하며, 실행 책임자들은 의도적 전략의 세부사항 각각을 이해하고 있어야 한다. 둘째, 조직이 집단적인 활동을 한다면 최고 경영자와 마찬가지로 모든 직원이 나름의 시각으

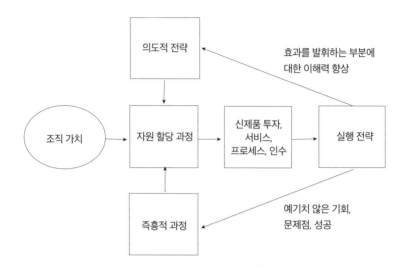

그림 8-1

전략 정의 및 실행 과정

의도적 전략

효과를 발휘하는 부분에 대한 이해력 향상

조직 가치

자원 할당 과정

신제품 투자, 서비스, 프로세스 · 인수

실행 전략

즉흥적 과정

예기치 않은 기회, 문제점, 성공

로 이해할 수 있는 전략이 필요하다. 그 결과 그들은 적절하고 일관성 있게 행동할 수 있을 것이다. 셋째, 외부의 정책적·기술적 요소 또는 시장 요소로부터 예기치 않은 영향을 거의 받지 않은 상태로 집단 의지가 실현되어야 한다. 하지만 이런 세 가지 조건들이 모두 적용되는 상황을 찾기란 쉬운 일이 아니다. 따라서 기업이 실제로 실행하는 전략은 즉흥성 전략 형성과정에 의해 수시로 수정된다.[2]

그림 8-1에 나타나 있는 것처럼 조직 내부에서 생성되는 즉흥적 전략은 중간 관리자, 엔지니어, 영업사원, 경리사원들의 일상적인 우선 사항과 투자 결정들이 축적된 결과다. 이것은 미래에 대한 비전이나 전략을 구상하지 않는 사원들이 내리는 일상적인 작업 결정이다.

월마트의 사례를 들어보자. 월마트는 물류와 관리의 효율을 높이기 위해 첫 번째 매장이 위치한 아칸소 근처의 소도시에 두 번째 매장을 짓기로 결정했다. 그런데 대도시가 아닌 소도시에 할인매장을 건설하는 뛰어난 전략 덕분에 월마트는 경쟁 기업들을 따돌릴 수 있었다. 즉흥적 전략은 의도적 전략 형성과정의 분석 및 계획단계에서 미처 예상하지 못한 문제나 기회에 즉각적으로 대응하는 관리자들의 판단에서 기인한다. 즉흥적 과정을 통해 개발된 전략의 효과가 감지된다면 그것을 고안하고 개선하고 활용한 다음 즉흥적 전략을 의도적 전략으로 탈바꿈시킬 수 있다.

즉흥적 과정은 미래가 불투명한 상황, 올바른 전략이 불분명한 상황에서 강세를 보인다. 기업의 초기 국면이 이에 해당한다. 과거에 효력이 있던 방식이 미래에는 효과적이지 않을 수 있음을 암시하는 상황변화가 발생할 때마다 즉흥적 전략의 필요성이 대두된다. 한편 의도적 전략 과정은 일단 승산 있는 전략이 명확해진 이후에 강세를 보인다. 종종 이런 상황에서의 효과적인 실행이 성공과 실패를 판가름하기 때문이다.[3]

전략 개발과정에서 자원할당의 주요한 역할

표 8-1은 실행 전략을 규정하는 데 있어 의도적·즉흥적 의사결정 과정들을 도식화한 것이다. 의도적이건 즉흥적이건 간에 아이디어와 이니셔티브는 왼쪽 박스에 표시된 것처럼 자원 할당 과정을 통해 구체적인 사업계획으로 걸러지게 된다. 자원 할당 과정은 어떤 의도적·즉흥적 사안들이 자금을 확보하여 실행되는지를 결정한다. 실행 전략은 자금이 할당되는 새로운 제품, 절차, 서비스, 구입 등의 흐름을 통해서만 확인된다.

일반적으로 자원 할당 과정은 복잡하며 모든 단계의 작업으로 확산된다. 만약 자원할당에서 우선 결정사항을 이끄는 가치들이 기업의 의도적 전략과 긴밀한 관련을 맺고 있지 않다면, 그 기업의 의도적 전략과 실행 전략 사이에 상당한 차이가 발생할 수 있다. 조직의 각 단계에서 정해지는 일상적인 자원 할당 과정의 기준에 대한 적극적인 관찰과 이해와 관리는 전략 개발과정에서 경영자들이 감당해야 하는 가장 중요한 과제다.

자원 할당 과정에서 자금과 다른 자원들을 확보할 수 있는 이니셔티브들은 전략적 의도와 상대적 개념으로 '전략적 행동strategic actions'이라 불린다. 인텔의 앤드류 그로버Andrew Grover 회장은 이런 충고를 했다. "기업의 실행 전략을 이해하려면 그들의 말보다 행동을 주시해야 한다."⁴ 우리 식으로 말하자면, 기업전략이란 자원 할당 과정에 투입되는 것이 아니라 산출되는 것을 의미한다.

기업이 이런 과정을 전개하는 동안 경영자들은 예기치 않은 위기나 기회에 직면하며 그들의 경험 사이클은 즉흥 과정으로 되돌아간다. 한편 경쟁시장에서 무엇이 효과가 있는지 익히는 동안 경영자들의 증진된 이해는 의도적 전략 과정으로 돌아간다. 아무리 사소할지라도 각각의 자원 할당 과정은 기업의 실제 활동을 구체화한다. 이것

표 8-1

즉흥적 과정 관리를 위한 발견 지향 방법

존속적 혁신: 의도적 기획	파괴적 혁신: 발견 지향 기획
(주: 이런 프로젝트를 시작하는 결정은 데이터와 규정에 근거를 둘 수 있다.)	(주: 이런 프로젝트를 시작하는 결정은 정형화된 승인에 기반을 둘 것이다.)
1. 미래에 대한 가설을 세운다.	1. 목표가 되는 재정 계획을 세운다.
2. 이런 가설을 기반으로 전략을 정하고, 이런 전략을 기반으로 재정 계획을 마련한다.	2. 이런 계획을 현실화하려면 어떤 가설을 입증해야 하는가?
3. 이런 재정 계획을 기반으로 투자를 결정한다.	3. 중요한 가설이 타당성 있는지 점검하는 계획을 실행한다.
4. 계획된 재정적 결과를 달성하기 위해 전략을 실행한다.	4. 전략 실행을 위해 투자한다.

은 일단의 새로운 기회와 문제점을 이끌어내며, 새로운 의도적·즉흥적 정보를 그 과정 속에 투입시킨다.

그렇다면 이런 중요한 자원 할당 과정은 어떻게 작용하는 걸까? 우선 이것은 조직의 가치로부터 많은 영향을 받는다. 7장에서 언급했듯이 조직의 가치는 경영자와 사원들이 정하는 우선 결정사항들의 기준을 의미한다. 새로운 제품과 서비스와 사업개발을 위한 대부분의 아이디어들은 조직 내부의 사원들에게서 나온다. 하지만 중간 관리자들은 상사의 승인과 자금확보를 위해 이런 아이디어들을 모두 고위 경영진에게 보고할 수 없다. 중간 관리자들이 유용한 아이디어를 결정하기 위해 활용하는 가치 또는 기준은 자원 할당 과정의 결과를 정하는 데 매우 중요한 역할을 한다. 1장에서 언급한 것처럼 일단 중간 관리자들이 어떤 아이디어가 장점이 있다는 결정을 내리면 그들은 혁신자들과 함께 자금을 확보할 수 있는 구체적인 사업계획으로 아이디어를 다듬는다. 따라서 이런 자금확보 결정에서 고위 경영진이 이용하는 가치들은 자원 할당 과정에서 등장할 수 있는 아이디어의 유형에도 상당한 영향을 미친다.[5]

다음은 자원할당 결정을 유도하는 가치들에 부분적으로 중요한 영향을 미치는 두 가지 요소들이다. 첫 번째 요소는 총 수익마진을 결정하는 기업의 비용구조다. 간접비용을 충당하고 이익을 내려면 반드시 마진을 남겨야 하기 때문이다. 혁신적 제안이라 하더라도 조직의 수익을 유지하거나 개선할 수 없는 경우에 경영자들은 자원 할당 과정의 우선권을 부여하는 데 상당한 애로를 겪는다.[6] 두 번째 요소는 자원할당의 여과장치를 통과하기 위해 새로운 기회들이 충족시켜야 하는 규모의 한계다. 기업의 규모가 커짐에 따라 이런 한계도 더 높아진다. 기업의 규모가 작을 때 자원 할당 과정에 활력을 불어넣는 것처럼 보이던 기회들이 규모가 큰 기업에서는 '관심을 끌기에 너무 사소한 것'이라 배제되기 쉽다.

자원할당에서 고위 경영자들의 우선 사항을 끌어내는 이런 강력하고 직접적인 가치의 결정요소들뿐만 아니라, 기업 전반의 다양한 과정들에 알게 모르게 내재되어 있는 다른 기준들 역시 하급 사원들의 우선순위 결정에 영향을 준다. 게다가 이런 결정요소와 기준들이 결합하면 자원할당의 여과장치를 통과하는 사안들에 미치는 영향은 배가된다. 이런 요소들과 관련해 하나의 사례를 들어보자.

이력관리 측면에서 잠재력이 큰 사원들은 한 부서에서 아주 짧은 기간 동안만 근무한다. 대부분의 조직에서 경영진 양성 시스템은 높은 잠재력을 지닌 사원들이 다양한 사업부서에서 경영기법을 익힐 수 있도록 그들을 2~3년마다 새로운 직책으로 이동시킨다. 이런 관행은 경영진 양성에 매우 중요하다. 하지만 이것은 정해진 근무 기간 내에 성과를 올릴 수 있는 프로젝트에 우선권을 부여하는 중간 관리자들에게 영향을 미친다. 그들은 승진에 보탬이 되기 위해 결과가 확실한 일을 원한다.

다른 요소들은 사원들의 인센티브 보상 시스템에 내재되어 있다. 어떤 고객에 초점을 맞추어야 하는지, 어떤 제품을 강조해야 하는지에 대한 영업사원들의 결정은 자원 할당 과정에 결정적인 요소가 될 뿐만 아니라 그들의 보상에도 막대한 영향을 미친다. 고객 역시 자원 할당 과정에서 존속되는 이니셔티브의 종류에 강력한 영향을 미치도록 압력을 가한다. 고객들이 원하지 않는 제품으로는 사업을 구축할 수 없다. 값을 치르는 당사자가 고객이기 때문이다. 경영자들은 자신이 자원 할당 과정을 관리한다고 생각할지도 모른다. 하지만 가끔은 고객들이 자금 사용방식을 훨씬 더 강력하게 조정하곤 한다. 마찬가지로 경쟁 기업들도 강력한 영향을 미친다. 경쟁 기업의 활동이 고객이나 성장 기회를 잠식한다면 경영자들은 자원할당의 여과장치를 통해 대처할 수밖에 없다.

다시 말해, 자원 할당 과정은 널리 확산되어 규칙을 따르지 않으며, 때로는 눈에 보이지 않는 과정이다. 전략 과정을 효과적으로 관리하고자 하는 경영자들은 그 작용에 대한 이해력을 키워야 한다. 자원할당 과정 속에 투입되는 의도나 제안이 아니라 그 과정을 통해 도출되는 것에 의해 전략이 결정되기 때문이다.

전략수립시 자원배분의 사례 : 인텔

인텔은 반도체 메모리 제조업체로 출발했다. 인텔을 창설한 엔지니어들은 세계 최초로 상업성 있는 DRAM 칩을 개발했다.[7] 1971년에 인텔의 엔지니어들은 일본의 계산기 회사인 비지컴Busicom이 발주한 개발 프로젝트를 진행하다가 우연히 마이크로프로세서를 개발했다. 1970년대의 기업 매출에서 DRAM이 여전히 가장 큰 몫을 차지하고 있었지만, 인텔의 마이크로프로세서 매출은 수많은 신규 응용제품군群 중에서 차츰 증가세를 보였다.

매달 인텔의 생산 일정은 DRAM, ERROM, 마이크로프로세서 같은 제품들의 생산력에 맞게 조정되었다.[8] 판매부는 이런 조정을 통해 제품의 출하를 예측했으며, 회계부는 웨이퍼(반도체 기판)당 총 마진을 통해 제품 주문의 우선순위를 결정했다. 그런 뒤에 가장 마진이 높은 제품에 예상 출하를 맞추는 데 필요한 생산시설을 할당했다. 그다음으로 마진이 높은 제품들은 마진 순서대로 생산시설이 할당되었다. 그리고 마진이 가장 낮은 제품들의 생산라인에는 나머지 잔여 설비들이 할당되었다. 다시 말해, 이런 중요한 자원할당 결정에 이용되는 조직의 가치가 바로 웨이퍼당 총 마진이었다.

1980년대 초에 일본의 DRAM 제조업체들이 미국 시장을 공략하기 시작했다. 그로 인해 DRAM 가격은 급격히 하락했으며, 인텔 제품들의 총 마진에서 DRAM은 가장 낮은 수준으로 전락했다. 하지만 치열한 경쟁이 없었던 마이크로프로세서는 인텔의 제품군에서 여전히 가장 높은 수준의 총 마진을 기록하고 있었다. 그 결과 자원 할당 과정은 DRAM에서 마이크로프로세서로 점차 생산시설이 전환되기 시작했다. 이런 상황이 발생하는 동안 전략을 변화시키는 두드러진 경영진의 결정은 없었다. 실제로 자원 할당 과정이 DRAM 생산으로부터 체계적으로 발을 빼는 동안에도 연구개발비의 3분의 2는 DRAM사업에 투자되고 있었다.[9]

결국 1984년 인텔이 재정적 위기에 봉착했을 때 인텔의 매출에서 DRAM이 차지하는 비율은 형편없이 낮아졌다. 그제야 고위 경영진은 인텔이 마이크로프로세서 기업임을 자각했다. 그들은 DRAM의 연구개발 투자를 중단했다. 고든 무어Gorden Moore와 앤디 그로브 Andy Grove는 신新기업의 경영자로 다시 태어났다.[10] 하지만 인텔을 DRAM 기업에서 마이크로프로세서 기업으로 탈바꿈시킨 것은 자원 할당 과정이었다. 인텔의 놀라운 전략이동은 고위 경영진 내에서 계획된 의도적 전략의 결과가 아니라 자원을 할당하는 중간 관리자들의 일상적인 결정에서 비롯된 결과였다.[11]

일단 이러한 새로운 사업 기회가 명확해지자 단정적·의도적 방식으로 전략을 관리하는 시기가 도래했다. 인텔의 경영진은 이를 훌륭히 해냈다. 자원할당의 여과장치를 엄격히 관리함으로써 그들은 마이크로프로세서 사업에 직접적인 도움이 되지 않는 사안들을 폐기 처분했다. 두 가지 전략 과정이 모두 중요했다. 실행 가능한 전략적 방향은 그 과정에서 즉흥적 측면을 끌어들여야 했다. 마이크로프로세서 기반의 데스크탑 컴퓨터의 미래를 어느 누구도 자신 있게 예견할 수 없었기 때문이다. 하지만 전략의 승산이 명확해지자 고위 경영진이 자원 할당 과정을 통제하면서 위로부터 의도적 전략을 추구하는 것이 인텔의 궁극적인 성공에 매우 중요한 요소가 되었다.

전략 수립과정과 사업 개발전략의 조화

인텔의 역사를 보면 전략이 웬만해서는 계획 입안에서부터 실행에 이르기까지 순조롭게 연속되지 않는다는 것을 시사한다. 나아가 전략은 결코 정적이지 않다. 대다수 기업은 초기에 의도적인 방향으로 자신들의 전략 방향을 설정한다. 어디든 첫걸음을 내디뎌야 하기 때문이다. 우리는 과거보다 훨씬 정확한 전략을 의도적으로 실행 가능한 목표로 삼으면서 새로운 사업을 창출하는 사람들에게 이 책의 이론이 도움이 되기를 바란다. 하지만 이런 정보 외에도 찾아서 쓸 만한 유용한 지식이 많이 있다.

연구에 따르면, 성공한 신규사업 중 90퍼센트 이상은 창업자가 의도적으로 추진한 전략이 궁극적으로 사업을 성공으로 이끈 전략이 아니었다.[12] 기업가들이 처음부터 적합한 전략을 구비하는 경우는 극히 드물다. 성공한 기업가들은 초기 전략에 결함이 있다는 사실을 깨달은 이후에 또다시 사업을 시작할 자금이 남아 있었기 때문에 성공할 수 있었다. 반면 실패한 기업가들은 의도적 전략의 실행 가능성이 입증되기 이전에 자원을 다 써버렸기 때문에 실패하고 말았다.

신생기업의 출범 초창기에 고위 경영진의 가장 중요한 역할 중 하나는 즉흥적 과정으로부터 배움을 얻고, 그 배움을 다시 의도적 과정으로 순환시키는 것이다. 민츠버그Mintzberg와 워터스Waters의 조언을 들어보자. "즉흥적 전략을 수용한 덕분에 경영자들은 모든 상황을 충분히 이해하기 전에 행동에 옮길 수 있다. 즉 불변의 환상에 초점을 맞추는 대신 변화무쌍한 현실에 대응하는 것이다 …즉흥적 전략은 그 자체로 효력을 발휘하는 것—실행 가능한 패턴이나 일관성을 찾아 한 번에 하나의 행동을 취하는 것—에 대한 배움을 의미한다."[13]

결국 유능한 경영자들은 성공적 전략을 구성하는 실행 가능한 패턴을 인지한다. 이런 점에서 자원 할당 과정의 여과장치로 사용되는 확고한 기준을 가진 경영자들은 전략을 훨씬 의도적으로 만들 필요가 있다. 시장 진출에만 골몰하는 대신 그들이 익힌 효과적인 전략을 과감히 실행에 옮길 필요가 있다. 인텔과 월마트를 비롯한 다수 기업들은 창업자들의 구상과 달리 실행 가능한 전략이 즉흥적임을 깨달았다. 하지만 일단 모델이 명확해지자 그들은 전략을 적극적으로 실행에 옮겼다.

근본적으로 다른 두 가지 전략 과정의 운영

파괴적 성장의 물결 속에서 많은 기업이 기회를 만들어낸다. 여기서 선도기업으로 등장하지 못한 기업들은 다음 두 가지 이유 중 하나로 몰락한다. 먼저 신생기업들은 대부분 적합한 전략을 알 수 없는 초기 단계에서 의도적 전략 시행에 적극적으로 투자하는 바람에 실패한다. 두 번째 실패는 즉흥 전략을 가장 효율적으로 관리하는 기업이 시장과 응용제품을 명확히 파악한 이후에 발생한다. 경영자들이 자원할당을 꼼꼼하게 관리하지 못하고 치열한 시장경쟁에 모든 투자를 집중하는 기업은 경쟁에서 밀려나게 된다.

즉흥적 전략에서 의도적 전략 방식으로의 전환은 기업의 초기 파괴적 사업 성공에 매우 중요하다. 하지만 이런 과정을 관리하는 CEO의 작업은 여기가 끝이 아니다. 의도적 전략 과정이 종종 성공적인 새로운 파괴적 성장에 착수하려는 기업의 시도를 방해하기 때문이다. 이것은 다음 두 상황으로 나타난다.

첫째, 성공기업의 자원 할당 과정에서 여과장치들을 지나치게 성공전략에 맞춘 나머지 오직 기존 사업을 존속시키는 사안들만 선택된다. 그 결과 성장의 다음 물결을 창출하는 파괴적 혁신을 무시하게 된다. 마찬가지로 일단 의도적 전략 과정이 조직 내부에 자리 잡으면 새로운 사업에 착수할 때 즉흥적 과정을 다시 전개하기 힘들어진다.

파괴적 성장의 새로운 물결을 포착하려는 기업의 시도는 즉흥적 과정을 통해 이루어져야 한다. 하지만 파괴적인 새로운 성장사업이 전개되는 동안에도 대개는 오랜 세월 기존 사업이 수익성을 유지해왔기 때문에 핵심사업은 존속적 혁신을 통한 의도적 전략 과정을 추구할 필요가 있다.

우리의 연구에 의하면, 많은 기업의 경영자들은 너무 늦기 전에 새로운 성장사업을 창출하려면 자원할당이 필요하다는 사실을 인식하고 있었다. 하지만 사업 전반에 걸쳐 단계별로 적절한 전략을 개발하고 운영하는 능력을 일관성 있게 보여준 경영자들은 극히 드물었다. 의도적 전략 양식에 진입한 후에 그들은 즉흥적 과정을 통한 새로운 사업 전개가 매우 힘들다는 사실을 알게 되었다.

예를 들어 시어스와 IBM 합작기업인 프로디지커뮤니케이션Prodigy Communication은 1990년대에 온라인 서비스 분야에서 개척기업이었다. 시어스와 IBM의 경영자들은 자원할당에 지나치게 과감했다. 그들은 가능성은 있지만 매우 불확실한 파괴적 혁신에 10억 달러 이상을 투자했다. 하지만 그들은 전략 과정을 관리하는 데 성공하지 못했다. 비록 모기업은 핵심사업을 의도적 과정으로 경영하더라도 프로디지는 즉흥적 과정을 통해 실행 가능한 전략에 도움을 주어야 했던 것이다.

프로디지의 최초 사업계획은 고객들이 온라인 서비스를 이용해 정보를 얻고 제품을 구매하게 하는 것이었다. 1992년에 경영자들은 프로디지의 200만 가입자들이 정보를 다운로드하거나 온라인 제품을 구매하는 것보다 e메일 전송에 더 많은 시간을 보낸다는 사실을 깨달았다. 프로디지의 컴퓨터 및 커뮤니케이션 인프라 구조는 전자상거래 처리와 정보전달을 최적화하도록 설계되었으므로, 프로디지는 한 달에 30통 이상 e메일을 전송하는 가입자들에게 추가 수수료를 부과하기 시작했다. 그들은 e메일을 즉흥적 전략을 발휘할 신호로 인식하지 못하고 그것을 걸러내려 시도했다. 의도적 과정 양식에서는 경영자가 최초 전략을 실행에 옮기는 것에 집중했기 때문이다.

다행히도 아메리카온라인AOL은 가입자들이 온라인 서비스를 이용하는 주된 이유가 e메일 사용 때문임을 자각한 후에 시장에 뛰어들었다. 그 결과 메시지와 e메일 전송에 초점을 맞춘 기술적 인프라를 통해 눈부신 성공을 거둘 수 있었다.

우리의 관점에서 보자면, 시장에 너무 일찍 뛰어든 것이 프로디지의 실수는 아니었다. 경영자들이 온라인 서비스의 주메뉴로서 온라인 정보검색과 쇼핑을 목표로 삼은 것도 실수는 아니었다. 온라인 서비스가 어떻게 이용될지 처음부터 정확히 아는 사람은 아무도 없었다.[14] 경영진의 실수는 전략의 실용 가능성이 알려지기 전에 의도적 전략 과정을 전개했다는 것이다. 만약 프로디지가 즉흥적 전략 상황에 대응하여 전략적·기술적 유연성을 발휘했다면 그들은 AOL과 컴퓨서브CompuServe(메이저급 온라인 서비스 업계의 3위 업체)를 큰 차이로 따돌릴 수 있었을 것이다.

1990년대 초에 휴대용 통신장비를 위한 거대시장이 막 형성될 즈음 기업들은 유사한 도전에 직면했다. 선도적인 컴퓨터 제조업체들—NCR, 애플, 모토롤라, IBM, 휴렛 팩커드 등—이 이런 시장을 목표로 삼았는데, 그 중에는 팜 같은 몇몇 신생기업들도 포함되어 있었다. 그들은 모두 시장이 핸드헬드 컴퓨터 장치를 원한다는 사실을 알고 있었다. 애플은 이 분야에서 가장 적극적인 혁신기업이었다. 애플은 뉴턴 개발에 3억 5,000만 달러를 투자했다. 제품에 최대한 많은 기능을 담기 위해 필체 인식 같은 정교한 기술을 개발했기 때문이다. 휴렛 팩커드 역시 이 시장에 적극적으로 투자해 초소형 키티호크 디스크 드라이브를 설계하고 제조했다.

하지만 그 제품들은 노트북 컴퓨터를 대체할 만큼 성능이 충분치 않았다. 기업들은 모두 자사 제품을 폐기 처분했다. 유일하게 팜만 예외였다. 팜의 최초 전략은 이런 퍼스널 디지털 보조장치들을 위한 운영체계를 공급하는 것이었다.[15] 이 운영체계를 구매해줄 고객전략이 실패하자 팜은 또 다른 응용제품을 찾아나서 전자수첩의 개념을 구상했던 것이다.

여기서 전략적 실수는 무엇일까? 컴퓨터 기업들은 시종일관 의도적 전략 과정을 전개했다. 그들은 의도적 전략실행에 막대한 투자를 한 뒤에 전략이 잘못된 것으로 판명되자 프로젝트를 바로 청산했다. 최초의 의도적 전략이 실패로 돌아갔을 때 즉흥적 전략 과정으로 이동한 기업은 팜이 유일했다. 그리고 나서 존속 가능한 전략이 등장하자 팜은 의도적 과정으로 다시 돌아가서 상위시장으로 이동했다. 두말할 것도 없이 이것은 결코 쉬운 일이 아니다.

전략수립과정에서 경영진이 영향력을 발휘해야 할 점들

자원 할당 과정은 모든 전략적 활동들이 통과해야 할 여과장치다. 자원 할당 과정은 너무 복잡하고 기업 전반에 널리 퍼져 있기 때문에 고위 경영자들이 새로운 전략을 고안하고 실행하는 것은 결코 쉬운 일이 아니다. 그 대신 전략의 정의와 실행에는 전략과 자원 할당 과정이 전개되는 조건들에 대한 관리가 수반된다. 그래야 각 기업조직이 속해 있는 환경을 감안하여 전략 전개과정이 효율적으로 작용할 수 있기 때문이다. 효율적이고 적절한 이런 과정이 필요한 전략적 통찰을 낳을 것이다. 이 장의 나머지 부분은 전략 전개과정에서 경영진이 영향력을 발휘하는 세 가지 측면에 초점을 맞추고 있다.

1. 경영자들은 새로운 성장사업의 '초기' 비용구조를 관리해야 한

다. 이것이 중요한 자원할당 결정을 유도하는 가치들을 신속하게 결정하기 때문이다.

2. 경영자들은 존속 가능한 전략을 도출하는 과정을 적극적으로 가속화해야 한다.

3. 경영자들은 즉흥적 전략 형성과정을 따라야 하는 환경인지 의도적 전략 형성과정을 따라야 하는 환경인지 판단함으로써 개인적으로, 반복적으로 비즈니스에 개입해야 한다. CEO들은 기업정책이나 관행 또는 문화에 대한 전략 전개과정에서 선택의 여지를 남겨서는 안 된다.

• 고객들의 마음을 끌어당길 수 있는 비용구조 창출

우리가 조직 가치에 영향을 주는 수단으로서 '경영자 사무실의 메모'를 확인하지 않았다는 점을 주목하라. 신생기업의 비용구조가 자원할당 결정을 유도하는 기준으로서 '전략적 중요성'을 압도하기 때문이다.[16] 경영자들은 4장에서 설명했던 온갖 유형의 이상적인 고객들에 대한 비용구조와 사업모델에 처음부터 세심한 주의를 기울여야 한다. 그렇지 않으면 이런 고객들을 기반으로 하는 사업 구축이 애초부터 불가능하기 때문이다.[17]

여기서 클레이튼 크리스텐슨의 경험을 예로 들어보자. 실무에서 은퇴하여 학계로 돌아오기 전인 1980년대 초에 크리스텐슨은 벤처 자금을 지원받아 몇몇 MIT 교수들과 함께 기업을 운영한 적이 있었다. 그 기업의 설립목적은 어드벤스드 세라믹이라 불리는 놀라운 재료를 사용한 제품 제조기술을 개발하는 것이었다. 회사의 이름은 머티리얼테크놀러지Material Technology Corporation(MTC)로 정했다.[18]

MTC의 전략은 첨단 세라믹 재료로 제품을 만드는 주요한 제조업체가 되는 것이었다. 재료사업은 자본 집약적이기 때문에 크리스텐슨과 그의 동료들은 MTC가 손익분기점에 이르려면 많은 자본—그들은 6,000만 달러쯤으로 추산했다─이 필요하다는 것을 진작에 알고 있었다. 1980년대 초에 이런 자본금은 조달하기에 큰 돈이었다. 필요한 자원에는 물리적 시설비용뿐만 아니라 제품개발 사이클이라는 기간도 포함되어 있었다.

가치사슬의 시발점에서 MTC의 위치 때문에 그들은 고객들을 위한 새로운 부품개발 계약을 성사시켜야 했다. 고객들은 자신들의 차세대 제품 생산을 위해 첨단부품을 이용할 것이기 때문이었다. 부품개발과 테스트에만 1~2년이 훌쩍 지나갔다. MTC가 이 과정을 성공해야만 고객들도 MTC의 첨단재료가 포함된 신제품 설계 및 테스트 과정을 시작할 수 있었다. 통상적으로 고객들의 개발과정에 추가로 2~4년이 소요되었다. 다시 말해, MTC의 전략은 본격적인 수익을 올리기 전에 엄청난 비용을 감내해야 하는 구조였다.[19]

크리스텐슨은 주요 협력기업들과 수백만 달러의 합작개발 계약을 맺음으로써 MTC의 연구개발 직원들의 인건비를 충당하기로 결정했다. 이것은 바이오테크놀러지 기업들이 장기간의 개발과정에 필요한 자금을 조달하기 위해 흔히 사용하는 방식이었다. MTC는 제품제조에 필요한 기술창출을 위한 주요 개발계약을 넘겨주는 조건으로 그 작업을 진행할 과학자와 엔지니어들을 고용해야 했다.

그 후 2년 동안 전략은 척척 들어맞았다. MTC의 첫 번째 주요 개발계약이 완료되자 박사학위를 가진 과학자 3명과 엔지니어 5명의 임금을 충당하던 자금이 바닥났다. MTC의 제품개발 사이클에서 대량생산에 착수하기까지 아주 더딘 진전이 불가피했다. 그렇다면 회사는 그들의 임금을 어떻게 충당할 수 있었을까?

전 세계에서 가장 유능한 재료 과학자들인 그들을 해고할 수는 없는 노릇이었다. 그래서 MTC는 그들의 임금과 총경비를 충당하도록 또 다른 개발 계약을 팔아치워야 했다. 그리고 자금을 조달한 프로젝트가 끝나자 MTC는 높은 고정비용을 충당하기 위해 또 다른 지원 프로그램을 매각해야 했다. 그렇게 악순환은 되풀이되었다. MTC는 대량생산 제조업체로 자리매김하는 전략을 가지고 출발했지만 원래 의도와 상관없이 경영자들은 곧바로 하청 연구소 역할을 하는 전략을 실행하기 시작했다. 초기 제품생산을 통한 총 마진으로는 간접비용을 충당할 방도가 없었던 것이다.

MTC는 오랜 개발기간과 막대한 자금조달을 필요로 했던 극단적인 사례일지도 모른다. 하지만 모든 신생기업들은 나름대로 이런 도전을 체험한다. 수익을 올리기에 앞서 장기간 비용이 발생하는 것은 기존 대기업들의 관행이다. 의도적 전략과 존속적 혁신의 세계에서는 이것이 안전한 도박이기 때문이다. 하지만 이런 지출경비는 곧바로 비용구조를 제한한다. 부지불식간에 사업유형을 한정하는 사업모델에 뛰어들게 되는 것이다. 결국 MTC는 첨단 세라믹 재료분야의 제조업체가 되기는 했지만, 그 과정에서 강제해고와 비용구조 재조정이 불가피했다. 새로운 유형의 고객 주문이 매력적이게 되고, 자원할당의 우선순위와 조화가 이루어지는 것은 오직 새로운 비용구조를 창출하는 것에 의해서 가능하다.

이 사례는 왜 경영자들이 초기에 적절한 사업 조건을 만드는 데 세심한 주의를 기울여야 하는지를 시사하고 있다. 신생기업의 경영자들이 단순한 제품을 가지고 비소비와 경쟁할 수 있는 유일한 방법은 그런 고객과 제품들을 재정적으로 만족스럽게 만드는 비용구조를 마련하는 것이다. 즉 주요 비용을 최소화함으로써 신생기업들은 초창기에 파괴적 사업의 생명줄과 같은 자잘한 주문 기회들을 적극적으로 발굴할 수 있는 것이다.

• 즉흥적 전략 과정의 가속화

발견을 통해 신규사업을 진행하는 경영자들은 즉흥적 전략 과정에서 전개되는 상황을 수동적으로 지켜보아서는 안 된다. 그들은 이른바 '발견 지향 기획discovery-driven planning'이라 불리는 주도면밀한 방법을 활용할 수 있다. 이것은 가급적 시행착오를 겪지 않고 존속 가능한 전략이 좀 더 신속하고 의미 있게 등장할 수 있도록 도움을 주는 방식이다.[20]

대부분의 의도적 전략계획 과정은 그림 8-1에서처럼 네 단계를 거친다. 첫 번째 단계로 혁신자들은 새로운 사업 아이디어의 미래와 성공에 대한 가설을 설정한다. 이런 가설은 훌륭한 예측이론에 기반을 둘 수 있다. 때로는 과거의 유효했던 방식에 기반을 두기도 한다. 두 번째 단계에서 혁신자들은 이런 가설을 토대로 재정계획을 세운다. 세 번째 단계에서는 고위 경영자들이 재정계획에 기반을 둔 사안을 승인한다. 네 번째 단계에서는 신규사업을 책임지는 팀이 전략을 실행에 옮긴다. 이런 의도적 과정에서는 두 번째 단계에서 첫 번째 단계로 돌아가는 경우가 종종 발생한다. 혁신자들과 중간 관리자들은 사안에 대한 자금을 확보하려면 투자 금액의 타당성이 있어야 한다는 사실을 잘 알고 있다. 그래서 그들은 종종 단계를 거슬러 가설을 수정한다.

존속적 발전과 의도적 전략의 세계에서는 이런 과정이 별다른 지장을 초래하지 않는다. 하지만 새로운 파괴적 세계를 구축하기 위해 결정을 내려야 하는 상황이라면 이런 과정은 그릇된 결정을 초래할 수 있다. 계획과 결정의 기반이 되는 가설이 종종 잘못 작성되기 때문이다.

발견 지향 기획은 즉흥적 전략 과정을 적극적으로 운영하는 방식이다. 그림 8-1에 나타나 있는 것처럼 발견 지향 기획은 순서가 바뀌어 있다. 첫 번째 단계는 재정적 계획—목표가 되거나 필요한 신규사업의 재정—을 작성하는 것이다. 배경 논리는 제법 그럴듯하다. 계획안에 대한 자금확보를 위해 타당성 있는 금액을 제시해야 한다면 가설을 반복적으로 수정하지 못할 이유가 어디 있겠는가? 따라서 필요한 손익계산서와 투자수익률이 모든 프리젠테이션의 기준이 되어야 한다. 실제 작업이 시작되는 두 번째 단계는 가설 목록을 종합하는 것이다. 목록에 실린 가설들은 가장 중요한 것부터 순서대로 작성되어야 한다. 이 가설 목록은 이 책에서 언급하는 각 이론들과 관련된 다음의 가설들을 반드시 포함해야 한다. 즉, 로우엔드 또는 신시장 파괴가 가능해야 하고, 표적고객들은 업무상 자신들이 원하는 행동을 위해 신제품을 이용하며, 신규사업은 미래에 돈을 벌 수 있는 곳으로 기업의 가치사슬을 이끌어가야 한다는 것 등등이다.

발견 지향 기획의 세 번째와 네 번째 단계 역시 의도적 전략 과정의 순서를 수정하는 것이다. 세 번째 단계는 계획을 실행하는 것이다. 이것은 의도적 전략계획이 아니지만 가장 중요한 가설의 타당성을 시험하는 계획이다. 이 계획은 신속하게, 그리고 최대한 적은 비용으로 가장 중요한 가설에 관한 정보를 만들어내야 한다. 이를 통해 혁신자들은 네 번째 단계—상당한 투자를 수반하는 실행 의사결정—에 앞서 전략을 수정할 수 있다. 다양한 가설의 타당성이 입증된 후 네 번째 단계의 실행이 가능해지는 것이다.

발견 지향 과정을 이용하는 혁신자들은 종종 투자자금 확보계획을 지탱하는 가설이 충분치 않다는 사실을 초기에 감지한다. 이것은 어떤 아이디어가 존속 가능한 전략으로 구체화될 수 없음을 의미할 수 있다. 혹은 그 아이디어가 더 작은 사업 단위에 속해야 함을 의미할 수도 있으며, 이런 사업 단위의 가치는 지나치게 크거나 빠른 것을 요구하지 않는다.

• 즉흥적 전략과 의도적 전략의 혼합 운영

어떤 조직의 많은 과정들은 고위 경영진이 거의 신경 쓰지 않아도 순조롭게 진행될 수 있을 만큼 세련되고 효율적인 과정이 될 수 있다. 하지만 전략 개발과정을 자동으로 굴러가게 하는 것은 자칫 위험할 수 있다. 경영자가 관심을 쏟는 사업을 과감한 의도적 전략 과정으로 운영해야 하는 특정 시기가 있는가 하면, 즉흥적 과정으로 운영해야 하는 시기도 있기 때문이다.

경영자들은 밸브를 사용하듯 의도적·즉흥적 방향으로부터 기회나 문제의 흐름을 열었다 잠갔다 할 수 없다. 이런 흐름은 멈추지 않는다. 따라서 CEO가 할 일은 어떤 방향이 전략적 사고思考에 주된 영향을 미치는지 꾸준히 관리하는 것이다. 사실 자원 할당 과정으로 비유할 수 있는 밸브는 꼼짝도 하지 않을 수 있다. CEO들의 신중하고 지속적인 관리가 필요한 것도 바로 이 때문이다. 존속 가능한 전략이 등장해서 그것을 실행에 옮길 시기가 되면 CEO는 의도적 전략 방식으로 과감히 전환하여 즉흥적 기회에 대한 자금지원을 중단해야 한다. 그래야 승산 있는 계획으로부터 기업의 초점이 벗어나는 것을 막을 수 있다.

하지만 일단 이런 과정이 진행되면 경영자들은 종종 건망증에 걸린 듯 의도적 전략실행의 성공만을 기억에 담곤 한다. 그들은 성공전략을 발견하는 계기가 되었던 즉흥적 과정을 까맣게 잊는다. 그 때문에 다음 성장사업을 시도하는 새로운 조직에서 즉흥적 전략 과정으로의 재조정이 필요하다는 사실도 망각한다. 그 결과 거의 모든 기업들은 한 가지 잣대로 모든 것을 재단하려는 의도적 전략 시스템을 전개한다. 대개는 이런 이유로 기존 기업들과 많은 벤처자본 기업들이 신규사업 착수에 실패하고 있다.[21] 따라서 환경에 적합한 방식으로 전략 과정을 운영하는 것이 신규사업의 성공 가능성을 크게 향상시킬 수 있다.

단순히 올바른 전략 소유를 모색하는 것만으로는 충분치 않다. 핵심은 전략이 개발되는 과정을 운영하는 것이다. 전략적 사안들은 두 가지 상황─의도적 상황과 즉흥적 상황─을 통해 자원 할당 과정으로 진입한다. 존속적 혁신과 로우엔드 파괴 환경에서는 의도적으로 고안되어 실행되는 전략이 경쟁력을 갖는다. 반면 신시장 파괴의 초기 단계에서는 전략의 세부사항들을 올바르게 정하는 것이 거의 불가능에 가깝다. 이런 환경에서 경영자들은 전략을 집행하는 대신 존속 가능한 전략이 도출될 수 있는 과정을 실행에 옮겨야 한다.

전략 형성과정에서 경영자들은 세 가지 측면에서 영향력을 발휘한다. 첫 번째는 비용구조 또는 조직의 가치를 관리하는 것이다. 그럼으로써 이상적 고객들이 주문하는 파괴적 제품에 우선권을 부여할 수 있다. 두 번째는 발견지향 기획, 즉 효과 있는 것에 대한 배움을 촉진하는 학습과정이다. 세 번째는 의도적·즉흥적 전략 과정이 기업 내 각각의 사업이 처한 적절한 환경을 따라야 한다는 것을 명확히 밝히는 것이다. 이것은 대부분의 경영자들이 극복하기 어려운 도전이자 기존 기업들의 혁신을 실패로 몰아가는 가장 중요한 요소 중 하나다.

주석

1. 두 가지 상이한 과정이 공존한다는 개념은 헨리 민츠버그Henry Mintzberg와 제임스 워터스James Waters의 고전적 논문, "전략 : 심사숙고한 경우와 긴급한 경우Of Strategies, Deliberate and Emergent", 〈전략적 경영 저널 6Strategic Management Journal 6〉(1985년), 257쪽에서 명확히 밝히고 있다.

   스탠포드 대학의 로버트 버겔먼 교수는 이 분야의 저명한 학자다. 다음 두 논문에는 상당히 많은 그의 연구 결과가 요약되어 있다.

   • "전략수립과 조직개조를 위한 내부조직 환경 : 이론과 사례 연구Intraorganizational Ecology of Strategy Making and Organizational Adaptation : Theory and Field Research", 〈조직 과학Organization Science 2〉, no. 3(1991년 8월호), 239~262쪽.

   • "발전방향과 공동진화共同進化의 제약으로서의 전략Strategy as Vector and the Inertia of Coevolutionary Lock-in", 〈계간 행정과학Administrative Science Quarterly 47〉(2002년), 325~357쪽.

   콜롬비아와 왓튼 경영대학원의 리다 맥그래스Rita McGrath 교수와 이안 맥밀런Ian McMillan 교수도 이 문제를 연구했다. 그들의 논문 "발견지향 기획Discovery-Driven Planning"(Harvard Business Review, 1995년 7~8월호)은 어떤 전략 개발과정이 어떤 환경에 적합한지 이해하는 데 특히 도움이 되었다. 마지막으로 우리는 아마 바이드 Amar Bhide 교수의 《새로운 사업의 기원과 발전The Origin and Evolution of New Business》 (Oxford and New York : Oxford University Press, 2000)에서도 많은 도움을 받았다.

2. 민츠버그Henry Mintzberg와 워터스James Waters, "전략에 대해Of Strategies", 258쪽을 참조하라.

3. 이것 역시 전략을 정하는 '올바른' 방식에 관한 전통적인 접근법에서 출발하고 있다. 일반적으로 비즈니스 학자들은 전략 형성과정에 대해 'A 아니면 B' 식의 접근법을 선택하고 있다. 〈전략적 경영 저널〉(1990년 11호와 1991년 12호)에 실린 헨리 민츠버그Henry Mintzberg('하향식 방법bottom-up')과 이고르 앤소프Igor Ansoff('상향식 방법 top-down') 간의 논쟁을 참조하라.

4. 앤드류 그로브Andrew Grove, 《승자의 법칙Only the Paranoid Survive》(New York : Doubleday, 1996), 146쪽을 참조하라.

5. 하버드 경영대학원의 조지프 L. 보어 교수와 스탠포드대학의 버겔먼 교수는 조직 전반의 자원 할당방식에 관한 저명한 학자들이다.
   다음을 참조하라.
   - 조지프 L. 보어, 《자원 할당 과정 관리Managing the Resource Allocation Procession》, Boston : Harvard Business Press, 1970.
   - 로버트 A. 버겔먼, 레오나드 세일스Leonard Sayles 공저, 《기업혁신 내부Inside Corporate Innovation》, New York : Free Press 1986.

6. 이런 여과 메커니즘이 기업이 전략 가능성에 상당한 영향을 미칠 수 있다. 예를 들어 3M은 핵심기술 플랫폼을 시장에 적용시키는 능력을 기준으로 하면 현대 역사에서 가장 혁신적인 기업들 중 하나다. 하지만 모든 신제품들이 비교적 높은 총 마진 목표를 고집하다 보니 소수 우량 제품군에 집중하게 되었다. 그 결과 신제품들 중 극히 일부만 대형시장에 진출할 수 있었다.

7. 인텔의 역사에 대해서는 다음을 참조하라.
   - 로버트 A. 버겔먼, '메모리 반도체의 페이딩 현상 : 역동적 환경에서 전략사업 퇴출의 과정연구Fading Memories : A Process Study of Strategic Business Exit in Dynamic Environment', 〈계간 행정과학Administrative Science Quarterly 29〉(1994년), 24~56쪽.
   - 그로브, 《승자의 법칙》

8. EPROM은 지울 수 있고, 프로그램이 가능한 읽기 전용 메모리 회로다. 마이크로프로세서와 마찬가지로 인텔의 EPROM 생산라인은 즉흥적 전략 과정이 아닌 의도적 전략 과정에서 유래했다. 버겔먼의 '메모리 반도체의 페이딩현상Fading Memories'을 참조하라.

9. 고위 경영자들이 DRAM에 지속적으로 투자하는 데에는 중대한 이유가 있다. 예를 들어 경영자들은 DRAM이 '기술동력'이며, DRAM에서의 경쟁력 유지가 다른 생산라인에서의 경쟁력을 위해 필수적이라고 확신했다.

10. 그로브의 《승자의 법칙》을 참조하라.

11. 마이크로프로세서는 과거에 실용성이 없던 응용제품에 타당한 논리를 가져왔다는

점에서 신시장 파괴적 기술이었다. 하지만 인텔의 사업모델과 비교하면 마이크로프로세서는 존속적 혁신이었다. 인텔은 수익을 올릴 수 있는 구조를 구축했기 때문에 그 제품에서 더 많은 수익을 올릴 수 있었다. 따라서 자원은 손쉽게 제품에 할당되었다. 이 사례는 매우 중요한 원칙, 즉 파괴가 어떤 기업과 경쟁 기업의 사업모델에서 상대적으로 표출될 수 있다는 사실을 시사한다.

12. 이에 대한 명백한 증거는 아마 바이드Amar Bhide의 《새로운 사업의 기원과 발전》(Oxford and New York : Oxford University Press, 2000)에서 논의되고 있다.

13. 민츠버그와 워터스, '전략에 대해Of Strategies', 271쪽을 참조하라.

14. 존 실리 브라운John Seeley Brown 박사는 많은 연설과 기사에서 우리의 생활과 작업을 변화시킬 파괴적 기술을 사람들이 사용할 것인지 미리 예측하는 것은 대단히 어렵다는 점을 지적하고 있다. 우리는 독자들에게 브라운 박사의 모든 글을 추천한다. 그는 우리의 생각에 심대한 영향을 미쳤다.

다음을 참조하라.

- J. C. 브라운 편집, 《다른 시각으로 보기Seeing Differently : Insights on Innovation》, Boston : Harvard Business School Publishing, 1997.

- J. C. 브라운, '기업탐구 게임의 변화 : 실체의 불확실성에서 성공을 배우기Changing the Game of Corporate Research : Learning to Thrive in the Fog of Reality" in Technological Innovation : Over-sights and Foresight', 래구 개러드Raghu Garud, 프래빈 래턴 나야르Praveen Rattan Nayyar, 주어 바루흐 샤피라Zur Baruch Shapira 편집(New York : Cambridge University Press, 1997), 95~110쪽.

- J. S. 브라운과 폴 두기드Paul Duguid, 《정보의 사회적 생활The Social Life of Information》, Boston : Harvard Business School Press, 2000.

15. 4장의 경우와 유사하게 이런 기업들은 대부분 파괴적 혁신—핸드헬드 장치들—을 확실한 대형 주류시장—노트북 컴퓨터—에 억지로 밀어넣으려고 애쓰고 있다. 이런 전략들은 막대한 자금을 필요로 하는 것으로 판명되었다. 그리고 그들은 모두 실패했다.

16. '자원 의존성'이라 불리는 중요한 이론적 관점은 조직 활동 가능성의 유무를 관장하는 것이 조직 외부의 실체들이라고 주장한다. 이런 실체들—고객과 투자자들—은 번영에 필요한 자원을 조직에 제공한다. 이런 외부 자원 공급자들과 이해관계를 맺지 않는다면 경영자들은 일을 할 수 없다. 그렇지 않으면 그들은 자원 사용을 억제하게 될 것이고, 회사는 무너질 것이다.

다음을 참조하라.

- 제프리 페퍼Jeffrey Pfeffer, 제럴드 샐런칙Gerald R. Salancik 공저, 《조직의 외부 관리The

External Control of Organizations : A Resource Dependence Perspective》(New York; Harper & Row, 1978).

17. 저명한 사회학자 아더 스틴치콤은 결정과 결과의 연결관계를 정하는 데 있어서 초기 조건들의 중요성에 대해 많은 글을 쓰고 있다.

18. 다음 사례들을 참조하라.

   • 클레이튼 크리스텐슨, "매티리얼테크롤러지의 사례Material Technology Corp.", 사례 9-694-075(Boston : Havard Business School, 1994).

   • 클레이튼 크리스텐슨, "전략과 혁신의 결합 : 매티리얼테크롤러지의 사례Linking Strategy and Innovation : Material Technology Corp", 사례 9-696-082(Boston : Harvard Business School, 1996).

19. 학자로서 이 문제를 연구하면서 크리스텐슨은 MTC의 기술이 획기적인 존속적 기술임을 분명히 못 박았다. MTC는 기존 시장에 더 나은 성능의 제품을 도입하려고 애썼으며, 그들의 획기적 기술은 개발과 설계에서 광범위한 상호의존성을 수반하고 있었다. MTC는 이 책에서 언급된 많은 정보들을 부적절하게 선택했다. 그 결과, 비록 그들은 생존하여 수익성을 유지하고 있지만 그 과정은 그야말로 험난했다.

20. 리타 건터 맥그래스와 이안 C. 맥밀런의 "발견지향 기획Discovery-Driven Planning", 〈하버드 비즈니스 리뷰〉, 1995년 7~8월호, 44~56쪽을 참조하라.

   맥그래스와 맥밀런 교수는 새로운 사업 창출 관리에 관해 유익한 글을 많이 쓰고 있다. 좀 더 좋은 아이디어를 찾는다면 컬럼비아와 와튼 경영대학원에서 일하고 있는 그들을 조르라고 권유하고 싶다. 논문에서 그들은 '플랫폼 기반 기획'이라는 용어를 사용하고 있는데, 우리는 이 장에서 사용하는 용어와 일치시키기 위해 그것을 '의도적 전략기획'으로 부르고 있다.

21. 우리는 MBA과정에서 오직 의도적 전략에 관해서만 배운 미숙한 분석가들이 벤처자본 기업들을 속속 채우고 있는 현실을 우려하고 있다. 그들은 갈수록 더 많은 엄밀성과 데이터와 올바른 사업전략의 증거를 요구한다.

   그러고 나서 그들은 자신들이 관리하는 기업의 경영팀에 '실행'을 강요한다. 초기투자가 낭비되고 창업 경영자들이 해고될 때면 그들은 즉흥적 양식으로 돌아갈 뿐이다. 즉흥적 과정을 통해 실행 가능한 전략을 모색하는 것 외에 달리 대안이 없는 것이다.

THE INNOVATOR'S SOLUTIO

9장

투자 : 작게 신속히 추진해 성과를 가시화하라

투자 : 작게 신속히 추진해 성과를 가시화하라

내가 성장시키고 싶은 사업에 어떤 돈을 투자받는 게 중요할까? 자본 제공자의 기대치는 어떻게 내가 내릴 결정을 제약할까? 벤처자본은 기업자본보다 파괴적 사업을 육성하는 데 더 나은 것일까? 기업 경영자들이 투자자의 기대치에 맞게 올바른 결정을 내리려면 어떻게 해야 할까?

자금조달은 아이디어를 가진 혁신기업 대부분에게 따라다니는 강박관념이라 할 수 있다. 그 결과 자본조달에 관한 대부분의 연구는 자본을 확보하는 방법에 초점을 두어왔다. 저술가들은 흔히 기업가들의 자본예산 과정을 성가신 관료적 절차로 묘사하며, 혁신기업들에게 자금조달을 위한 수치 시스템과 정책을 만들 수 있는 믿을 만한 '최고 권위자'를 찾도록 권한다. 벤처자본을 찾는 신생기업에 대한 수많은 조언은 벤처자본 회사가 제공하는 네트워크와 통찰로부터 이익을 얻는 동시에 통제권을 지나치게 많이 포기하지 않으면서 거래하도록 하는 것에 초점을 두고 있다.[1]

비록 이런 조언들이 유용하기는 하지만, 우리가 잠재적으로 더 중요하다고 생각하는 문제를 외면하는 것에 지나지 않는다. 즉 기업 경영자들은 새로운 성장사업에 착수하면서 이런 사업의 경영자들이 기본적인 선택으로 받아들이는 자본의 유형을 비켜가게 된다. 이것은 중요한 갈림길을 결정하는 것이다. 받아들인 자금의 유형과 규모가 사업 경영자들이 충족시켜야 하는 투자자의 기대치를 결정하기 때문이다. 그런 기대치는 다시 그 신규사업이 목표로 할 수 있는, 그리고 목표로 삼을 수 없는 시장과 유통채널의 유형들에 상당한 영향을 미친다. 자금을 확보하는 과정에서 잠재적으로 파괴적인 많은 아이디어가 오히려 크고 분명한 시장을 목표로 하는 존속적 혁신으로 구체화된다. 때문에 신규사업을 시작하기 위한 자금조달 과정이 실제로 그 사업을 실패로 몰고 간다.

우리는 사업 초창기에 가장 바람직한 자금이 '성장을 위해서는 인내하지만 수익을 위해서는 인내하지 못하는 자금'이라는 결론을 내렸다. 이 장의 목적은 왜 이런 유형의 자금이 성공을 촉진하는지, 반대로 이와 다른 성격의 자본, 즉 성장을 위해서는 인내하지 못하지만 수익을 위해서는 인내하는 자금이 초기 단계 사업에 투자되면 왜 혁신기업들을 죽음으로 몰아가는 선고가 되는지를 기업 경영자들이 이해하도록 하는 것이다. 또한 우리는 이 장을 통해 신규사업에 자금을 지원하는 사람들이 자금의 힘을 이해하는 데 도움을 얻기를 바란다.

새로운 성장사업을 위한 양화와 악화에 관해 가장 널리 사용되는 이론들은 환경보다는 속성에 기초하고 있다. 아마도 가장 일반적인 속성에 따른 분류는 벤처자본 대 기업자본으로 나누는 것이다. 다른 분류로 공적公的 자본 대 사적私的 자본, 친구와 가족의 돈 대 전문적 관리자금이 있다. 하지만 이런 분류법 중 그 어떤 자금도 신규사업의 성공을 보장하지는 않는다. 이런 범주에 속하는 자금은 때로는 큰 혜택이 되기도 하지만 때로는 죽음의 키스가 된다.

우리는 앞에서 새로운 성장사업에 제공되는 자금이 왜 성장을 위해 인내해야 하는지 설명했다. 비소비층을 극복하고 파괴적 상위시장으로 이동하는 것은 새로운 성장사업의 성공에 중요하다. 하지만 당연히 이런 파괴적 시장은 한동안 작은 규모로 남아 있을 것이다. 신규사업이 신속하게 규모를 키울 수 있는 유일한 방법은 고성능 제품을 이용하는 기존 고객들을 부추겨 새로운 제품을 이용하는 고객으로 전환시키는 것이다. 하지만 이것은 존속적 혁신의 영역이라 신생기업들은 경쟁에서 좀처럼 승리할 수 없다. 아무튼 새로운 사업을 위한 승리전략이 등장한 후에 의도적 전략환경이 조성된다면 자금은 성장을 위해 인내하지 말아야 한다.

반면 파괴적 사업의 초기 즉흥적 전략 과정을 촉진하려면 자금은 수익에 인내하지 말아야 한다. 신규사업이 상대적으로 빠르게 수익을 창출할 것으로 기대될 때, 경영진은 가능한 한 빨리 고객이 기꺼이 제품에 대한 수익성 있는 가격을 지불할 것이라는 가정을 시험하려고 한다. 즉 고객이 실제로 돈을 지불할 만큼 상품이 실질 가치를 창출하는지 알아보려고 한다.

그런데 신규사업의 경영진이 지속적인 손실에 충당할 기업자금을 확보할 수 있다면, 그 기업의 경영진은 이런 중요한 테스트를 연기한 채 오랫동안 잘못된 전략을 추구할 수 있다. 초기수익에 대한 기대치는 또한 벤처사업 경영자들이 고정비용을 낮게 유지하는 데 도움이 된다. 단위당 낮은 비용으로 돈을 벌 수 있는 사업모델은 신시장 및 로우엔드 파괴적 전략 모두에게 중요한 전략 자산이다. 비용구조가 만족스러운 고객 유형을 결정하기 때문이다. 더 낮은 하위시장에서 출발할수록 더 높은 상위시장으로 진출할 수 있다. 마지막으로 초기수익은 기업의 실적이 악화되었을 때 성장사업의 중단을 막아준다.[2]

다음 장에서 양화가 어떻게 악화로 변하는지 좀 더 자세히 논의할 것이다. 우리는 기업 투자자의 관점에서 이 과정을 다시 설명하고자 한다. 이를 통해 자금을 찾고 있는 경영자들이 양화와 악화를 판단하고 각 유형의 자금을 받아들인 결과를 올바로 이해하길 바란다. 또한 우리는 벤처자본 투자가들과 자금을 제공받는 기업가들이 자신들의 운영방식에 주는 시사점을 깨닫게 되기를 바란다. 악화도 양화처럼 벤처 투자가들과 기업 투자가들에게서 나올 수 있다.

부적절한 성장으로 인한 '죽음의 소용돌이'

양화가 성장궤도에서 하향 나선을 그리며 악화로 변하면, 가장 유능한 경영자들이라 하더라도 기업의 사망선고를 내리는 것 외에 달리 뾰족한 방안이 없을 것이다. 이런 나선에는 다섯 단계가 있다. 일단 한 기업이 이런 소용돌이에 빠지면 중간에 빠져나오는 것은 거의 불가능하다.

• 1단계 : 기업의 성공

성공 공식을 찾기 위해 즉흥적 전략 과정을 이용한 후 신생기업은 다른 경쟁 기업들에 비해 고객이 원하는 제품으로 한층 더 가까이 접근한다. 전략의 성공이 분명해지면 경영진은 전략 형성과정의 통제에 매진하게 되며, 이런 기회를 활용할 수 있는 모든 기회를 의도적으로 따르게 된다.[3] 그리고 이런 핵심사업의 성장에 의도적으로 초점을 맞추고 그 초점에서 벗어나는 자원은 무엇이든 용도 폐기된다. 이런 집중은 이 단계의 성공에 꼭 필요하다.[4] 하지만 이것은 핵심사업이 번창하고 있는 동안에는 어떠한 신규 성장사업도 착수되지 않음을 의미한다.

이런 집중을 통해 경쟁 기업을 앞질러 존속적 궤도의 상위로 올라갈 수 있다. 기업은 하이엔드 시장의 마진이 만족스럽기 때문에 가격에 예민한 로우엔드 시장이 잠식되는 것에는 그다지 신경 쓰지 않는다. 기존의 최저마진 제품을 퇴출하고 그 수익을 존속적 궤도의 정점에 있는 더 높은 마진의 제품으로 대체하는 것이 기분 나쁠 이유는 없다. 총수익 마진율이 개선되기 때문이다.

• 2단계 : 성장 격차에 직면한 기업

기업의 성공에도 불구하고 경영자들은 곧 자신이 성장 격차growth gap에 직면하고 있음을 깨닫는다. 이것은 성장 기대치를 현재의 주가와 일치시키려는 월스트리트 투자가들의 조급함에서 기인한다. 그래서 이러한 성장 기대치를 충족시키기 위해 시장 평균율에 의한 주식 가치 평가가 이루어지게 된다. 경영자들이 그들 기업의 주가를 시장 평균보다 더 빠르게 높일 수 있는 유일한 방법은 투자자들이 이미 현재의 주가 수준에 맞추어놓은 성장률을 '초과'하는 것이다. 따라서 주주가치를 창조하려는 경영자는 늘 성장 격차—경영진의 기대 성장률과 주주 수익을 위해 시장 평균 이상의 수익률을 달성하기 위해 필요한 성장률 사이의 격차—에 직면하게 마련이다.[5]

그 결과 경영자들은 존속적 혁신을 통해 투자자의 기대치를 충족시킨다. 투자자들은 기업이 현재 경쟁하는 사업과 그 사업의 존속적 궤도상에 위치한 성장 잠재력을 이해하여 주가의 현재 가치에 반영한다. 그러므로 존속적 혁신은 기업의 주가를 유지하는 데 매우 중요하다.[6]

기업이 투자자의 기대치를 초과하고, 따라서 예외적인 주주가치를 창조하게 하는 것은 새로운 파괴적 사업을 창출하는 것이다. 정확하게 말하자면, 기존 기업들이 파괴적 사업의 성장 잠재력을 과소평가하게 되는 이유는 투자자들이 일관되게 파괴적 사업의 성장 잠재력을 과소평가하는 이유이기도 하다. 새로운 파괴적 사업의 창출은 장기적으로 주주가치를 계속해서 창출하는 유일한 방법이다.

어떤 기업의 수익이 수백만 달러에 이를 때, 경영자들이 성장 격차를 메우기 위해 필요로 하는 신규사업의 규모, 즉 미지의 아직 반영되지 않은 새로운 수익 또한 수백만 달러이다. 하지만 기업의 수익이 수십억 달러로 늘어나면 그 성장률을 유지하는 데 필요한 신규사업의 규모는 투자자의 기대치를 초과해야 함은 물론 눈덩이처럼 점점 불어날 것이다. 그러다가 어느 시점에 이르러 투자자들의 평가보다 훨씬 느린 성장을 보고할 것이다. 그리고 기업 성장을 과대평가했다는 사실을 투자자들이 깨달을 때 주가는 타격을 입을 것이다.

주가를 다시 회복시키기 위해 최고 경영진은 핵심사업의 현실적인 기본 성장률보다 훨씬 높은 목표 성장률을 발표할 것이다. 이것은 기업이 예전에 직면했던 것보다 더 큰 성장 격차—기업이 아직 생각하지도 않은 신규 성장제품과 사업이 충족시켜야 하는 격차—를 만든다. 비현실적인 성장률 발표만이 유일하게 실행 가능한 행동이다. 이런 게임을 거부한 경영자들은 그것을 마다하지 않는 경영자들로 대체될 것이다. 그리고 성장을 시도하지 않는 기업들은 게임에 몰두하는 기업들에게 인수될 때까지 그들의 시가 총액이 감소하는 것을 지켜볼 수밖에 없을 것이다.

• 3단계 : 성장을 위해 인내하지 못하게 되는 양화

커다란 성장 격차에 직면했을 때 기업 가치나 자원 할당 과정에서 프로젝트를 승인하는 데 이용되는 기준은 변화할 것이다. 매우 빠른 속도로 규모를 키워 성장 격차를 메우는 데 도움이 되지 않는 것은 무엇이든 전략 과정의 자원할당이라는 관문을 통과할 수 없다. 이곳이 새로운 성장사업의 창출과정이 궤도에서 벗어나는 지점이다. 기업의 투자자본이 성장을 위해 인내하지 못하게 될 때 양화는 악화가 된다. 그 자금이 부수적으로 돌이킬 수 없는 잘못된 결정을 유발하기 때문이다.

높은 성장 가능성 때문에 궁극적으로 기업 성장을 촉진할 수 있는 파괴적 혁신에 자금을 제공하려는 혁신기업들은 이제 빠른 속도로 규모를 키울 수 없어서 투자를 포기한다. 대부분의 파괴적 사업의 경영자들은 사업이 아주 빠른 속도로 규모를 키울 수 있다고 확실하게 예측할 수 없다. 파괴적인 신규시장은 비소비층을 대상으로 경쟁해야 하며 즉흥적 전략 과정을 따라야 하기 때문이다. 높은 수치의 실적을 내도록 강요당하면 그들은 그 규모를 통계적으로 증명할 수 있는 크고 확실한 기존 시장으로 혁신사업을 대담하게 밀어 넣는 전략을 선언하게 된다. 이것은 소비층을 대상으로 경쟁하는 것을 의미한다.

이처럼 부풀려진 성장 프로젝트를 위한 자금을 최고 경영진이 승인하고 나면 그 기업 경영자들은 다시 물러설 수도 없고, 비소비층을 대상으로 경쟁하려는 즉흥적 전략을 따를 수도 없다. 그들은 자신들이 계획한 성장치를 달성하려는 덫에 걸려 있다. 따라서 계획한 대로 비용을 늘릴 수밖에 없다.

• 4단계 : 일시적 손실을 감내하는 경영자들

대규모의 분명한 시장에서 소비층을 놓고 경쟁하는 것은 값비싼 도전임이 분명해진다. 고객은 이미 사용하고 있는 제품보다 성능이 분명히 더 나은 제품을 구매할 것이기 때문이다. 실무진은 최고 경영진에게 막대한 손실을 감수하는 것이 황금단지를 차지하는 전제조건이라고 경고한다. 기업이 구상한 장기적 이익이라는 꿈에 젖어 있는 경영진은 그 사업이 당분간 상당한 손실을 입으리라는 현실을 받아들인다. 후퇴는 없다. 경영진은 성장을 위한 투자가 성장을 가져올 거라고 확신한다. 마치 둘 사이에 1차원적 직선 관계가 존재한다는 듯, 즉 신규사업을 구축하는 데 더 적극적으로 투자할수록 더 빨리 성장한다는 듯이 말이다.[7]

착수rollout와 본격진행ramp-up의 예정 시간표를 맞추기 위해 프로젝트 매니저들은 비용구조를 수익보다 우선시한다. 그리고 수익의 급상승세를 유지해야 하기 때문에 이러한 비용은 액수가 상당하다. 하지만 과도한 자금투입은 신규사업의 건전성에 위험하다. 과도한 비용은 차례로 그러한 비용을 보전하는 적절한 수입을 제공하는 고객과 그렇지 못한 고객으로 시장의 분화를 가져오기 때문이다. 이런 일이 일어나면 새로운 응용제품의 비소비층으로서 단순한 제품에 열광하는 소비자들—간단히 말해 파괴적 사업에 이상적인 소비자들—은 필연적으로 이 사업에 매력적이지 않게 된다. 이상적인 유통채널 경쟁자에 맞서 상위시장으로의 파괴적 이동을 촉진하는 데 필요한 채널 또한 매력적이지 않게 된다. 단지 최대 인구층에 도달하는 가장 큰 유통채널들만 빠르게 충분한 수익을 올릴 수 있을 것 같다.

이것은 기업자금의 특성을 완전히 변모시킨다. 이 자금은 파괴적 신시장에 대해 악화가 된다. 즉 성장에는 인내하지 않지만 수익에는 인내하는 자금이 되는 것이다.

• 5단계 : 긴축을 압박하는 치솟는 손실

소비층을 대상으로 경쟁해서 성공하려고 하면서 벤처사업의 경영자들은 소비자들이 늘 믿어온 기업들로부터 항상 사용해온 제품을 구매하는 것을 선호하는 현상에 대해 갖가지 이유를 발견하게 된다. 흔히 이런 이유들은 5장에서 논의한 일종의 상호의존성을 유발한다. 발전적인 존속적 혁신은 기존의 시스템을 사용해 쉽게 성취할 수 없다. 일반적으로, 고객들이 그 신제품을 사용해 이익을 얻게 만들려면 예상치 않은 다른 많은 일이 변화해야 한다. 수익이 급감하는 반면 비용은 고정되고 손실은 늘어난다. 주가는 다시 하락하고 투자자들은 성장에 대한 기대치가 충족될 수 없음을 새삼 깨닫는다.

주가 회복을 위해 새로운 경영팀이 투입된다. 새로운 팀은 출혈을 멈추게 하려고 핵심사업을 강화하는 데 필요한 지출을 빼고 모두 중단시킨다. 핵심사업에 다시 집중한다는 것은 좋은 소식이다. 그것이야말로 실적개선을 위해 신뢰할 만한 공식이다. 회사의 자원, 프로세스, 가치는 바로 이런 과제를 위해 잘 다듬어져 있기 때문이다. 주가는 그에 대응하여 올라가지만, 새로운 주가가 핵심사업에 존재하는 성장 잠재력을 완전히 반영하자마자 새로운 경영진은 성장을 위해 투자해야 한다는 사실을 깨닫는다. 하지만 이제 회사는 훨씬 더 큰 성장 격차에 직면하여 상황은 빠른 속도로 규모를 키우는 새로운 성장사업이 필요한 3단계로 되돌아간다. 이런 압력은 경영자들의 잘못된 결정으로 인한 비극의 악순환을 반복하는 결과를 초래한다.

성장을 위한 투자 딜레마의 관리법

'성장을 위한 투자 딜레마'란 기업자금이 성장에 도움이 될 때는 기업이 건전하게 성장하고 있는 때뿐이라는 사실이다. 여전히 성장하고 있는 핵심사업은 신규 성장사업의 보호막을 제공한다. 기존 사업에서 새로운 존속적 혁신의 경로가 투자자들의 기대치를 충족시키거나 초과하리라는 느낌에 고무된 최고 경영진은 비소비층을 상대로 경쟁하고 있는 동안 신규사업에 즉흥적 전략 과정을 따를 시간을 허용할 수 있다. 성장이 느려질 때, 즉 존속적 혁신의 경로가 투자자의 기대치를 충족시키기에 부적절하다고 최고 경영진이 볼 때, 성장을 위한 투자는 어려워진다. 신규사업이 매우 빨리 매우 커져야 하고, 그 때문에 혁신기업들이 성장에 필요한 일을 하지 못할 때 투자한 자금의 성격이 변화한다. 기업 경영자라면 기업 차원에서 일어나고 있는 이런 변화를 느낄 때 더욱 조심해야 한다.

이런 딜레마는 거의 모든 회사에서 나타나며, 1장에서 인용한 기업전략위원회 연구서 〈스톨 포인트Stall Point〉의 연구성과에서 밝혀졌듯이 주된 인과관계 메커니즘을 구성하는 요소이다.[8] 이 연구서에 따르면, 1955년과 1999년 사이에 〈포춘〉 선정 50대 기업에 오른 172개

기업 중 95퍼센트가 성장률이 정체했거나 GNP 성장률 이하였고, 단지 4퍼센트만이 GNP 성장률보다 1퍼센트 정도 높은 성장을 할 수 있었다. 성장이 정체되면 기업자금은 성장에 목매게 되며, 이는 성공적인 성장사업을 시작하는 데 필요한 여러 가지 일들을 불가능하게 만든다.

최근 이 딜레마는 훨씬 더 복잡해졌다. 기업은 성장이 정체되면 신규 성장사업을 출범시킬 길을 찾는데, 월스트리트 분석가들은 새로운 기회가 서서히 성장하는 더 큰 기업에 묻혀 있어 가치를 적절하게 평가할 수 없다고 불평한다. 그들은 주주가치를 위한다는 명분 아래 주주들에게 스핀오프spin off(주식회사 조직 재편성 방법으로 모회사에서 분리·독립한 자회사 주식을 모회사 주주들에게 배분하는 것)를 함으로써 새로운 성장사업의 모든 가치가 독자적인 주가에 반영되도록 기업에게 신규사업부문을 분리하라고 요구한다. 이에 대응하여 경영자들이 새로운 성장사업을 분리한다면 실제로 주주가치가 '반영'될지 모른다. 하지만 주주가치가 반영된 후에 경영자들은 다시 저성장사업에 매달려 주주가치를 증가시키라는 요구에 직면한다.

이러한 엄연한 증거에 직면하여 주주가치의 창출이 임무인 최고경영자들은 적절한 방식으로 성장사업을 육성하기 위해 그들의 자본능력을 보존해야 한다. 경영자들이 핵심사업의 성장을 완전히 활력이 소진될 정도로 가라앉히면 새로운 성장을 위한 신규사업은 기업 전체 성장률 변화에 대한 모든 부담을 떠맡을 수밖에 없다. 이것은 새로운 사업의 규모를 빠른 속도로 키울 것을 기업에 요구한다. 결과적으로 이런 자본은 성장사업에 독이 된다. 투자자본이 망가지지 않도록 막을 수 있는 유일한 방안은 그 자본이 아직 건전할 때 사용하는 것이다. 즉 성장을 위해 인내할 수 있을 정도로 자금이 아직 건전한 상황일 때 투자하는 것이다.

여러 가지 측면에서 상장기업들은 자기강화自己强化를 위한 바이스

(작은 물체를 물어서 고정하는 도구)와 같다고 할 수 있다. 지배 주주들은 연금이라 할 수 있다. 기업들은 자신들의 연금 관리자들에게 높고 일관성 있는 수익률을 전달하라고 압박한다. 높은 투자성과는 연금 의무금으로 전환되어야 할 수익을 줄여주기 때문이다. 그 결과 투자 관리자들은 그들이 주식을 소유한 기업들에게 일관성 있는 수익을 전달하라고 압박한다. 개인소유 기업들은 이런 압력에서 자유롭다. 그러므로 그들의 자본에 수반된 기대치는 흔히 새로운 성장사업 구축에 더 적합할 수 있다.

재정적 성과가 아닌 패턴 인식으로
잠재적 정체시점 신호를 찾아라

외부인들은 일반적으로 기업의 성공을 재정 성과로 측정하기 때문에 경영자들은 재정 성과의 변화에 의존해 안주하거나 행동에 나설 신호를 포착하려는 경향을 보인다. 하지만 이런 행동은 어리석은 짓이다. 최근의 재정 성과는 실제로 프로세스를 개선하고 신제품과 사업을 창출하기 위한 수년 전의 투자성과를 반영한 것이기 때문이다. 재정 성과는 그 사업이 얼마나 건전한지가 아니라 얼마나 건전했는지 측정하는 것이다.[9] 재정 성과는 파괴적 사업을 다루는 데 특히 나쁜 도구이다. 앞에서 언급했듯이 상위시장으로의 이동은 재정적으로 바람직하게 느껴지기 때문이다.

경영자들은 미래를 내다볼 때 어떤 종류의 자료든 아주 신중하게 사용해야 한다. 믿을 만한 자료라도 보통 과거에 관한 것만 유용하며, 미래가 과거와 닮아야만 정확한 지침이 될 것이기 때문이다.[10]

파괴적 의사결정에서 자료의 한계를 설명하기 위해 클레이 크리스

텐슨이 최근 MBA 강의에서 겪었던 경험을 다시 언급해보자. 크리스
텐슨은 선도적인 경영대학원의 전통적인 2년제 MBA 과정이 두 가
지 파괴성에 위협받고 있다고 우려하는 논문을 쓴 적이 있다. 가장
최근의 흐름은 저가의 파괴적인 야간 및 주말 경영자 MBA 프로그
램들로서 이 프로그램을 통해 경영자들은 1년 만에 MBA 학위를 딸
수 있다. 가장 심각한 흐름은 파괴적 신규시장으로서 GE의 크로톤
빌 같은 기업형 교육기관들에서 실시하는 직장 내 교육훈련on-the-job
management training이다.

크리스텐슨은 수업을 시작하며 학생들에게 선택하게 했다.

"논문은 읽어보았겠지요? 선도적인 MBA 프로그램들이 파괴적이
라고 생각하는 사람은 손을 들어 보겠습니까?"

102명의 학생 중 3명이 손을 들었다. 나머지 학생 99명은 이러한
프로그램들이 유서 깊은 교육기관들의 운명과 무관하다는 입장을 취
했다.

크리스텐슨은 다시 우려하는 쪽의 세 학생 중 한 명에게 그 이유를
설명하라고 했다. 그 학생은 "실질적인 패턴이 있습니다."라며 패턴
의 여섯 가지 요소들을 열거했다. 그 요소들에는 기업이 제공할 수 있
는 수준을 넘어선 MBA의 봉급, 파괴적 기업들의 비소비층을 대상으
로 한 경쟁, 종업원들이 직장 내 교육을 통해 전혀 다른 직무를 해내
는 것, 속도와 편의성, 맞춤형 생산에서의 경쟁 기반의 변화, 상호의
존 커리큘럼 대 모듈 커리큘럼이 포함되었다. 그 학생은 이 패턴이 부
합한다고 결론 내렸다. 다른 기업들에서 파괴되며 일어났던 모든 일
이 경영교육에서도 실제로 진행 중이었던 것이다.

"그 때문에 저는 심각하게 받아들였습니다."

다시 크리스텐슨은 우려하지 않은 학생들에게 그 이유를 물었다.
학생들은 선도적인 경영대학원에 입학하기 위한 치열한 경쟁, 졸업생
들의 매력적인 초봉, 프로그램들의 브랜드 명성, 충실한 동창생들과

동창회 인맥의 기회 등의 데이터를 지적했다. 어떤 파괴적 프로그램도 이런 차원에서 경쟁할 수 없었다.

다시 크리스텐슨은 선도적 경영대학원의 우월성에 대한 열렬한 옹호 학생 중 한 명에게 물었다.

"학생이 이들 경영대학원의 학장이라면 어떻게 하겠습니까? 자네가 꼭 말해야겠다고 확신할 만한 데이터는 무엇인가요?"

학생이 대답했다.

"저는 세계 1,000대 기업들의 CEO들 가운데 우리 학교 출신의 점유율에 주목하겠습니다. 점유율이 떨어지기 시작하면 그때 걱정하겠어요."

크리스텐슨은 다시 그 데이터가 문제점이 나타나기 시작한다는 신호인지 또는 게임이 끝났다는 신호인지 물었다.

학생은 "오, 그때는 게임이 끝났다고 생각합니다."라고 인정했다.

크리스텐슨이 압박했다.

"대답할 다른 학생은 없습니까? 자신이 학장이라고 상상해 보십시오. 자신 있게 조치를 취할 수 있게 해주는 데이터가 무엇입니까?"

몇몇 학생이 나름대로 확신하고 있는 증거를 제시했다. 하지만 학생은 대부분 명백한 자료를 이용할 수 있게 되었을 때는 고품질의 MBA 프로그램에 대한 게임이 끝난 시점이라는 결론을 내렸다.

크리스텐슨이 "경영대학원들은 이것을 위협으로 볼까요, 혹은 기회로 볼까요?"라고 질문했을 때는 흥미로운 반응이 나왔다. 직장 내 교육훈련을 선도적인 경영대학원들에게 선사한 성장 기회로 보는 학생들은 거의 없었다. 우리는 학생들이 중립적 입장을 취한 이유가 3장에서 강조한 위협 대 기회 역설과 관련 있다고 생각한다.

이 책을 쓰고 있는 현재, 선도적인 경영대학원들은 재정적·학술적·경쟁적 능력의 잣대로 게임의 정점에 있다. 이들 경영대학원은 건강하게 느끼기 위한 성장을 필요로 하지 않는다. 아직 이들 프로그램

들을 향유하는 세계가 변할 것 같다는 것을 보여주는 힘과 유기적 활력의 측정치는 없다.[11]

양화가 악화로 변하기 전에 투자하는 정책을 창출하라

자동차를 운전하고 있을 때 연료 게이지가 0으로 떨어질 때까지 기다렸다가 연료를 탱크에 채울 수 있고, 탱크가 다시 차면 차를 전속력으로 몰 수 있다.

하지만 똑같은 방식, 즉 성장 게이지가 0으로 떨어질 때까지 기다렸다가 새로운 성장사업을 충전하는 방식으로 기업의 성장을 관리하는 것은 불가능하다. 성장 엔진은 성장 게이지가 0을 가리킬 때 대처하는 것보다 프로세스와 정책에 의해 지속적으로 가동해야 하는 훨씬 더 정교한 기계이다. 우리는 성장 엔진을 계속 돌리기 위한 세 가지 특별한 정책을 제안한다. 이 정책들은 조직 즉, 기업에 대해 일찍 시작하고, 작게 시작하고, 빨리 성공하라고 조언하고 있다.

- 핵심사업이 아직 건전할 때, 즉 성장을 위해 인내할 수 있고 재정 성과의 신호가 필요하지 않을 때 정기적으로 새로운 성장사업을 출범시켜라.
- 기업이 점점 커지면서, 조직단위들 내에서 계속해서 성장사업을 출범시키는 결정을 내리도록 사업 단위들을 분할하라. 이런 조직단위들은 작은 기회들에 투자하여 이익을 얻을 만큼 작기 때문에 성장을 위해 인내할 수 있다.
- 기존 사업의 수익을 이용하여 새로운 성장사업의 손실을 보전하는 것을 최소화하라. 수익을 위해 인내하지 말라. 기업의 핵심사업들이 어려워질 때에도 높은 잠재력을 가진 사업이 계속 필요

한 자금을 확보할 수 있도록 보장하는 데에는 수익성만한 것이 없다.

• 일찍 시작하라 : 핵심사업이 여전히 건전할 때 정기적으로 새로운 성장사업을 출범시켜라

미리 계산한 리듬으로 새로운 파괴적 성장사업을 출범시키는 정책을 수립하는 것은 실제로 성장 엔진이 정지한 후에 대처하는 것을 피할 수 있는 유일한 방법이다. 경영자들은 핵심사업이 여전히 건전하게 성장하고 있는 동안 정기적으로 새로운 성장사업을 출범시키거나 인수해야 한다. 성장이 늦어질 때 기업 가치의 극적 변화는 성장을 불가능하게 만들기 때문이다.

경영자들이 그렇게 하면서 파괴적 사업들에 대한 전략을 꾸준히 수립한다면, 곧 새로운 사업들은 매년 주요 수익원이 되어 전체 기업 성장을 유지하게 할 것이다. 성장을 위해 인내하지 못할 때 경영자들이 기업의 투자자본을 이용한다면 자금은 악화되지 않을 것이다. 그리고 자금이 양화로 유지된다면 새로운 성장사업에 투자할 수 있을 것이다.

• 미리 계산한 리듬으로 새로운 성장사업을 인수하라

일부 대기업의 경영자들은 파괴적 성장사업을 위해 잠재력이 높은 아이디어와 사업계획을 개발하더라도 그것들을 육성하는 데 필요한 프로세스와 가치를 창조할 수 없다. 그러므로 그들은 파괴적 성장사업을 내부적으로 창조하기보다 인수하려고 한다. 인수는 좋은 이론의 조언을 따른다면 아주 성공적인 전략이 될 수 있다.

수많은 기업인수는 한 사업을 매각하려는 투자 은행가로부터 시작된다. 인수하겠다는 결정이나 인수하지 않겠다는 결정은 흔히 할인된 현금흐름의 반영, 그 사업이 과소평가되었는지 또는 기존 사업과의 시너지를 통해 고정비나 생산비를 절감할 수 있는지 하는 평가에 의해 촉진된다. 이런 인수를 정당화하는 데 사용되는 일부 이론들은 그 정확성을 입증받게 되고, 몇몇 인수는 큰 가치를 창조한다. 하지만 대부분의 인수는 그렇지 않다.[12]

기업의 사업개발팀들은 손쉽게 파괴적 사업을 인수할 수 있다. 파괴적 기업들의 성장궤도가 모든 사람에게 분명해질 때까지 기다린다면 파괴적 기업들은 인수하기에 너무 비싼 기업이 될 것이다. 하지만 사업개발팀이 확실한 증거를 기다리기보다 2장부터 6장까지 논의한 이론을 통해 후보를 확인한다면, 정기적인 리듬으로 초기 단계의 파괴적 사업을 인수하는 것은 기업 성장을 창조하고 유지하는 데 좋은 전략이 될 수 있다. 수익성 궤도에서 높게 나타나는 성숙한 사업의 인수와 대조적으로 여전히 수익성 궤도에 낮게 나타나지만 초기 단계에 머물러 있는 파괴적 기업의 인수는 수익 궤도의 기울기를 변화시킬 수 있다.

파괴적 사업을 인수해서 크게 성장한 행운의 회사가 존슨 앤 존슨이다. 거의 1990년대 내내 존슨 앤 존슨은 3개의 주요 사업그룹—제약, 의료진단 장비(MDD), 소비자 제품—으로 조직되었다. 그림 9-1은 1993년에 소비자 제품 그룹과 MDD 그룹이 크기가 비슷했고 각각 50억 달러 이하의 매출을 올리고 있음을 보여준다. 두 그룹의 성장 속도는 아주 달랐다. 소비자 사업 고유의 성장궤도는 당연히 낮았는데, 역시 성장궤도가 서로 비슷하게 낮았던 뉴트로제나Neutrogena와 아비노Aveeno 같은 크고 새로운 수익 플랫폼을 인수해 성장했다. 비록 이러한 인수가 소비자 그룹의 수익을 보다 높은 플랫폼에 올려놓았지만 플랫폼의 기울기를 변화시키지는 못했다. 평균 성장률 이상으로 주주가치를 창조하는 것은 플랫폼의 수준이 아니라 플랫폼 기울기의 변화임을 명심해야 한다. 기업들을 인수했음에도 소비자 그룹의 총수익은 지난 10년 동안 연평균 4퍼센트씩 늘어났을 뿐이다.

이와 대조적으로 MDD 사업 그룹은 같은 기간에 매년 11퍼센트 이상 성장했다. 이런 성장은 이 기업이 인수한 네 가지 파괴적 사업에 의해 촉진되었다. 존슨 앤 존슨의 자회사인 에티콘엔도서저리Ethicon Endo-Surgery는 침습성侵襲性 수술에 비해 파괴적인 내시경 수술기구를 생산한다. 이 회사의 코디스 사업부는 심장절개 우회 조정술에 비해 파괴적인 풍선확장술 기구를 생산한다. 이 회사의 라이프스팬 사업부는 당뇨병 환자들이 병원에 갈 필요 없이 자신의 혈당을 측정할 수 있는 휴대용 혈당 측정기를 생산한다. 또한 존슨 앤 존슨의 비스타콘 일회용 콘택트렌즈는 바슈롬Bausch & Lomb 같은 기업들이 만드는 기존 렌즈에 대해 파괴적 제품이다.

이 세 사업 분야의 각 전략은 2장에서 설명한 파괴적 신규시장에 대한 리트머스 시험과 정확히 부합한다. 세 사업 분야는 1993년 이래

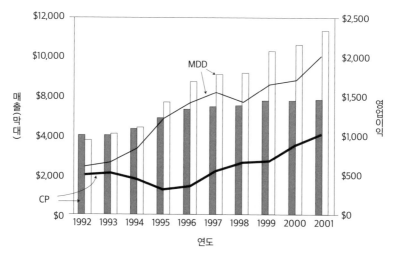

그림 9-1

존슨 앤 존슨 소비자 제품(CP) 대 의료 진단장비(MDD)의 수익 및 영업 이익(1992~2001년)

출처: 존슨 앤 존슨 재무제표; 딜로이트 컨설팅 분석

매년 43퍼센트씩 성장했고 이제 매출은 약 100억 달러에 달한다. 이 그룹의 전체 성장률은 다른 MDD 그룹 기업들—파괴적 궤도에 있지 않은 기업들—이 전체적으로 연 3퍼센트 성장했기 때문에 11퍼센트였다. 소비자 그룹과 MDD 그룹은 인수를 통해 성장했다. MDD가 파괴적 잠재력을 가진 사업들을 인수한 반면, 소비자 그룹은 프리미엄 사업들을 인수했기 때문에 두 그룹의 성장률은 달랐다.[13]

휴렛 팩커드 또한 핵심 사업라인이 성숙한 후에 파괴적 사업을 찾는 혼합전략을 사용하여 근 20년 동안 성장을 유지했다. 선도적인 워크스테이션 제조업체인 아폴로컴퓨터의 인수는 디지털이큅먼트 같은 미니컴퓨터 제조업체를 파괴한 마이크로프로세서 기반의 컴퓨터 사업 구축을 위한 휴렛 팩커드의 플랫폼이었다. 오늘날 휴렛 팩커드의 총수익에서 상당 부분을 차지하고 있는 잉크젯 프린터 사업은 조직 내의 자율적인 사업 단위에서 고안되어 착수한 파괴적 사업이었다.

1990년대 GE 주주들을 위한 가치 창출의 주요 원동력이었던 GE 캐피탈은 금융서비스 산업에서 규모가 큰 파괴적 기업이었다. GE캐피탈은 산업의 어떤 부문에서 파괴적 사업을 육성함과 동시에 다른 것은 인수하는 혼합전략을 통해 성장했다.

• **작게 시작하라 : 성장을 위해 인내할 수 있게 사업 단위를 분할하라**

두 번째 정책의 관점은 경영 단위들을 비교적 작게 유지하는 것이다. 분권화한 기업은 인수한 가치를 유지할 수 있고, 중앙집권화한 단일기업보다 훨씬 오랫동안 파괴적 혁신을 적극적으로 추구할 수 있다. 왜냐하면 새로운 파괴적 사업이 소규모 사업 단위에서 성과를 거두기 위해 도달해야 하는 규모가 새로운 파괴적 사업의 수익곡선과 더 일치하기 때문이다.

매년 15퍼센트를 성장해야 한다는 관점에서 매출 200억 달러인 단일기업과 20개의 사업 단위로 매출 200억 달러를 달성하는 기업을 비교해보자. 단일기업의 경영자들은 전년도에 달성한 성과를 뛰어넘는 새로운 수익으로 매출 30억 달러를 모색하는 관점에서 제안된 혁신을 찾아야 할 것이다. 이와 대조적으로 분권화된 기업에서 20개 사업 단위 관리자들의 관점은 다음 해에 새로운 사업에서 1억 5,000만 달러의 수익을 올리는 것이다. 복합 사업 단위 기업에는 파괴적 성장 기회를 추구하는 관리자들이 더 많이 존재하며, 파괴적 사업을 매력적으로 바라볼 수 있는 기회도 더 많다.

실제로, 지난 30여 년 사이에 스스로를 변화시킨 듯 보이는 기업들—예를 들어 휴렛 팩커드, 존슨 앤 존슨, 제너럴 일렉트릭 같은—은 보다 작고 상대적으로 자율적인 많은 사업 단위들을 구성해왔다. 이러한 기업들이 기존의 사업모델을 파괴적 성장사업으로 전환시킴으로써 스스로를 변화시킨 것은 아니다. 이러한 변화는 새로운 파괴적 사업 단위들을 창조하고, 존속적 기술 궤도에서 실행 가능한 목표까지 도달한 성숙 사업들을 그만두거나 매각함으로써 성취되었다.[14]

《성공기업의 딜레마》에서 측정한 독립적인 디스크 드라이브 기업들의 실패율이 매우 높았던 한 가지 이유는 그들 모두가 단일사업 기업들이었기 때문이다. 이 단일조직들은 심지어 상대적으로 더 작은 단일조직들도 성숙한 더 큰 사업과 나란히 새로운 파괴적 성장사업을 경영하는 방법을 결코 배우지 못했다. 그렇게 하는 프로세스가 없었다.

우리가 권장하는 방식을 따르기 위해서는, 경영자는 숫자가 아니라 이론에 의해 움직여야 한다. 회계사들은 사업 단위들이 더 큰 실체에 통합될 때 과도한 총비용이 제거될 수 있다고 주장할 것이다. 그러한 분석가들은 새로 출범한 신규사업이 아주 빨리 아주 커져야 하는 거대한 단위에서의 필연적인 요구에 통합이 미치는 영향을 제대로 평가하지 못한다.[15]

• 초기에 성공하라 : 신규 성장사업에 대한 지원을 최소화하라

신규 성장사업에서 비교적 빨리 수익을 창출할 것으로 기대되는 이 세 번째 정책은 두 가지 중요한 일을 한다. 첫째, 이 정책은 신규 사업의 제품에 매력적인 가격을 지불할 고객들이 있다는 가정을 가능한 한 빨리 시험하도록 강요함으로써 비상 전략 프로세스를 촉진하도록 돕는다. 갓 시작된 신생 사업은 다시 이런 피드백에 기초한 방향을 재촉하거나 변화시킬 수 있다. 둘째, 실행하자마자 수익성을 올리도록 강요하여 핵심사업이 어려울 때 신규사업을 그만두는 것을 막아준다.[16]

혼다 : 강요된 몸부림의 사례

예를 들어 혼다에게는 미국 모터사이클 시장을 공략하면서 많은 자본을 갖지 못한 것이 큰 축복임이 증명되었다.[17] 모터사이클 경주 애호가인 혼다 소이치로가 2차대전 후 일본에 설립한 혼다는 1950년대 중반에 50cc 슈퍼커브로 잘 알려지게 되었다. 슈퍼커브는 더 강력하지만 조작하기 쉬운 모페드(초경량) 오토바이로 설계되어 일본의 혼잡한 거리에서 배달차량 용도로 대대적인 바람을 일으킬 수 있었다.

혼다가 1958년 미국 모터사이클 시장에 진출할 때, 경영진은 미국 시장의 1퍼센트를 점유하는 연간 6,000대 판매라는 직감적 매출목표를 설정했다. 미국 사업을 위한 지원확보는 단순히 혼다 소이치로만 해당되는 문제가 아니었다. 그래서 일본의 대장성 장관은 미국 현지 영업소 설립에 필요한 외화반출을 승인했다. 하지만 도요타의 도요펫 자동차가 실패한 뒤였기 때문에 대장성 장관은 외화반출을 꺼려했다. 결국 25만 달러만 반출되었는데, 그것도 11만 달러만이 현금이었고 나머지는 현물로 충당해야 했다.

혼다는 50cc, 125cc, 250cc, 305cc 모델로 미국 영업소들을 출범시켰다. 하지만 장래성이 있는 시장은 용량이 큰 모터사이클이었다. 미국 시장은 오로지 대형 오토바이로만 구성되어 있었기 때문이다. 혼다는 기존 시장의 가격에 가장 민감한 고객들을 저가의 보통 크기 모터사이클로 공략할 생각으로 파괴적 저가시장에 진출했다.

1960년에 혼다는 비교적 대형인 몇 가지 모델을 판매했는데, 엔진에서 기름이 새어나왔고 클러치가 닳아 없어지기까지 했다. 혼잡한 거리에서 금방 출발했다가 얼마 안 가서 멈추기 좋도록 만든 제품개발을 통해 기술을 연마한 혼다의 최고 기술자들은 미국의 오토바이 사용자들이 공통적으로 빠른 속도와 장거리 도로여행에 적합한 제품을 원한다는 사실을 모르고 있었다. 혼다는 불량 오토바이들을 항공편으로 일본으로 보내는 데 금쪽같은 외화를 쓸 수밖에 없었다. 이 문제로 혼다는 거의 파산할 뻔했다.

자금조달이 유리하고 이미 시장에서 성공한 기존 업체에 대항해서 혼다의 거의 모든 자원은 어려움을 겪고 있는 대형 오토바이 지원과 판촉에 투입되었다. 50cc 슈퍼커브는 미국 혼다 직원들의 운송수단으로 사용될 뿐이었다. 슈퍼커브는 믿을 만하고 저렴했지만 혼다는 결국 그 제품을 판매할 수 없다는 사실을 이해했다. 소형 오토바이 시장이 존재하지 않았기 때문이다. 그렇다면 그들의 판단이 옳았을까?

슈퍼커브는 로스앤젤레스에서 혼다의 관리팀이 평상시에 사용하면서 대중에게 노출되기 시작했다. 그러자 개인과 유통업자들—모터사이클 유통업자들이 아니라 스포츠용품점—에서 놀라운 수익이 생겨났다. 대형 오토바이 판매의 난항으로 자금이 바닥났던 혼다는 슈퍼커브를 판매하기로 결정했다.

슈퍼커브 판매가 꾸준한 호조를 보인 반면, 대형 오토바이 판매는 계속 저조한 양상을 보이자 결국 혼다는 완전히 새롭게 분화된 시장—오프로드용 오토바이 시장—을 창출하는 쪽으로 선회했다. 이 오토바이는 커다란 할리 오토바이의 4분의 1 가격이었는데, 가죽 재킷이 없고 기존의 미국이나 유럽 메이커로부터 대형 오토바이를 구매해본 경험이 없는 고객들에게 판매되었다. 그들은 장거리 도로여행의 운송 수단이 아니라 그냥 재미로 슈퍼커브를 이용했다. 할리, 트라이엄프, BMW 등의 브랜드와 크기에 심취한 장거리 여행 오토바이족은 많지 않았기 때문에 분명히 파괴적 저가시장은 실행 가능한 전략이 아니었다. 파괴적 신규시장이 부상하자 혼다는 뒤이어 신중하게 판촉활동을 펼쳤다.

이 시장을 발견하도록 혼다를 밀어붙인 것은 금융자원의 '부족'이었다. 그것은 혼다 경영자들로 하여금 중대한 손실에 조급해지도록 만듦으로써 사업 관리자들이 예기치 않은 성공에 대응해야 하는 환경을 창출하게 했다. 이것이 바로 즉흥적 전략 과정의 본질이다.[18]

이런 즉흥적 전략 과정을 촉진하기 위해 비용을 제한하고 초기수익을 추구하는 것은 하나의 잣대로 모든 것을 재단하는 만능적인 수단이 아님을 기억하는 것이 중요하다. 파괴적 신시장 같은 실행 가능한 전략을 부상시켜야 하는 환경에서 이것은 도움이 되는 수단이다. 파괴적 로우엔드 시장에서 올바른 전략은 흔히 더 이른 시기에 훨씬 더 분명해진다. 시장 적용이 명확해지고, 사업모델이 실행 가능해지고, 수익성 있는 시장이 부상한다면 바로 공격적 투자에 나서는 것이 적절할 것이다.

기업이 핵심사업에 재집중할 시기를 위한 보험

초기수익이 신규사업의 성공에 중요한 또 다른 이유는 신규사업의 계획이 부적절해서가 아니라, 핵심사업이 병들어 있는 탓에 새로운 사업에 대한 자금이 중단되기 때문이다. 침체기에 들어서면 기업의 재정적인 건강을 회복시키는 데 즉각적인 중요 역할을 할 수 없는 새로운 성장사업은 그저 희생될 뿐이다. 성장보다 생존이 더 절박한 것이다.[19]

하버드 경영대학원의 닉 피오레Nick Fiore 박사는 자신의 경험을 통해 이 원칙을 설명하는 노련한 기업 혁신자다. 피오레는 견실한 성장 궤도에서 새로운 성장사업에 착수했던 두 기업의 CEO들에게 고용된 적이 있었다.[20] 두 경우 모두에서 CEO들—자신의 자리를 확보한 강력하고 명성 있는 경영자들—은 새로운 성장사업 창출을 위한 사안이 기업 이사회의 적극적인 지원을 받고 있다고 피오레에게 단언했다.

그런데 피오레는 학생들에게 소속 기업의 가장 강력하고 명망 있는 경영자들로부터 이런 보장을 받는다면 조심해야 한다고 경고했다.

> 신규 성장사업을 시작한다면 당신 뒤에 시계가 있다고 생각해야 한다. 문제는 이 시계가 당신의 사업이 계획대로 진행되느냐에 따라서가 아니라, 기업의 최종 성과가 건전한지에 따라 불규칙하게 똑딱거린다는 것이다. 수익이 건전할 때면 시계는 느긋하게 똑딱거린다. 하지만 수익이 악화되면 시계는 즉시 빠른 속도로 똑딱거리기 시작한다. 시계가 갑자기 12시를 친다면 당신의 신규사업은 확연히 눈에 보일 정도의 수익을 올려야 한다. 당신은 기업이 당면한 수익 문제의 일부를 해결해야 한다. 아니면 단두대의 칼날이 떨어질 것이다. 이런 상황이 벌어지는 이유는 이사회와 회장이 핵심사업에 다시 초점을 맞추는 것 외에 달리 대안이 없기 때문이다.[21]

수익을 위해 인내하지 않는 것이 기업자본의 바람직한 특성으로 바뀌는 이유가 바로 이것이다. 이를 통해 새로운 성장사업은 가장 유망한 파괴적 기회를 재빨리 찾아낼 수 있으며, 더 큰 조직의 건강이 위험해져서 신규사업이 무용지물로 그치게 되는 것에 대한 일종의 보험 준비이다.

그림 9-2는 정책 지향 성장의 장점들을 요약한 것이다. 이 그림은, 적절한 정책이 이 장의 서두에서 언급한 부적절한 성장에 의한 죽음의 소용돌이를 대신하여 상승곡선을 그릴 수 있음을 보여주고 있다. 이런 상황이 벌어지면 기업들은 지속적인 성장환경 속에 자리 잡을

그림 9-2

적절한 성장과 부적절한 성장을 통한 자기 강화 소용돌이

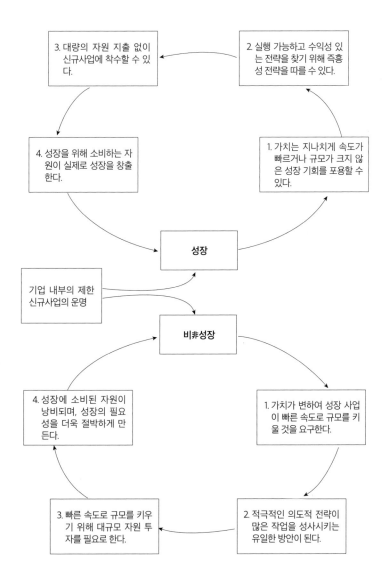

수 있다. 이것이 바로 성장 엔진이 멈추는 것을 피하고, 부적절한 성장에 의한 죽음의 소용돌이에서 벗어날 수 있는 유일한 방법이다.

좋은 벤처자본도 나빠질 수 있다

기존 기업 내에서 파괴적 성장사업을 구축하고 있는 경영자들은 때로는 기업 담장 너머의 푸른 초원을 갈망한다. 그곳에서 혁신자들은 기업 관료주의의 속박에서 벗어날 수 있을 뿐 아니라, 그들의 아이디어로 벤처자본을 확보하는 자유를 누릴 수 있다. 벤처 자본가들이 기업 자본가들보다 훨씬 더 효과적으로 신생기업들에 자금을 제공할 수 있다는 것이 일반적인 상식이다. 실제로 독립적인 벤처자본 기업이 공동 투자하지 않을 경우 많은 기업의 벤처자본 투자자들은 거래에 참여하는 것조차 거부당하게 된다.

그러나 기업 대 벤처의 구분은 성장을 위해 인내하는 것과 인내하지 않는 것만큼 중요하지 않다. 혼다의 사례처럼 성공한 대부분의 벤처자본 기업들은 소중한 소자본을 초기 단계에 투자했다. 자금 부족에 대해 그들은 즉흥적 전략 과정에서의 탁월한 능력으로 대처했다. 하지만 벤처 자본가들이 막대한 자금부담을 지게 되었을 때 그들은 대부분 성장 격차 소용돌이의 3 · 4 · 5단계에 이른 기업 자본가들처럼 행동했다.

1990년대 말 벤처 투자가들은 초기 단계의 기업들을 높이 평가하면서 그들에게 막대한 자본을 투자했다. 그렇다면 경험이 풍부한 그들이 왜 제품과 고객을 아직 확보하지도 못한 기업에 모든 자금을 투자하는 어리석은 짓을 범했던 걸까? 대답은 그들이 이런 식의 투자를 할 수밖에 없었다는 것이다. 과거에 사업 초기 단계에서 그들의 소규모 투자는 눈부신 성공을 거두었다. 그래서 투자자들은 훨씬 더 많은 자금을 투자하면 더 높은 수익을 거둘 수 있다는 기대로 새로운 펀드에 막대한 자본을 밀어 넣었다.

하지만 신생기업들은 투자자산의 증가에 비례하여 협력자들의 수를 증가시키지 않았다. 그 결과 협력자들은 초창기 성공을 이끌었던 200만 달러에서 500만 달러에 이르는 초기 단계의 투자를 할 마음이 내키지 않았다. 그들의 가치는 변했다. 그들은 자신들이 투자한 신생기업이 일반기업처럼 빠른 속도로 규모를 키울 것을 요구했다.[22]

그러자 이런 자금은 일반기업의 자금처럼 이 장의 서두에서 설명한 3 · 4 · 5단계를 거치기 시작했다. 이런 벤처 자금은 버블—2000년과 2002년 사이에 발생한 가치 붕괴—의 희생자가 아니었다. 여러 가지 면에서 벤처 자금이 오히려 이런 상황을 유발했다. 일반적으로 벤처 자금은 상위시장으로 이동하여 차후에 의도적 전략에 속하는 자본 규모가 되었다. 하지만 그 자금을 지속적으로 투자하는 초기 단계의 기업들은 다른 유형의 자본과 다른 전략 과정을 필요로 하는 환경에 속해 있었다.[23] 기업가의 지속적인 파괴적 혁신 시도에 걸림돌이 되는 초기 단계의 자본부족은 대부분의 벤처자본이 5단계에 걸친 죽음의 소용돌이를 거치기 때문에 발생한 결과다.

우리는 종종 새로운 성장사업의 자금확보를 위해 사내 벤처자본을 설정하는 것이 좋은 아이디어인지 나쁜 아이디어인지 질문을 받곤 한다. 그러면 우리는 범주를 잘못 정했기 때문에 잘못된 질문이라고 대답한다. 성공하거나 장수하는 기업의 벤처자본은 매우 드물다. 하지만 그 이유는 그들이 '기업'이나 '신규사업'이기 때문이 아니다. 만약 이런 자금이 성공적인 성장사업 육성에 실패한다면 그 주된 이유는 파괴적 혁신보다 존속적 혁신에, 혹은 상호의존성이 필요한 시기에 모듈 해결책Modular solutions에 그 자금이 투자되었기 때문이다. 또한 빈번한 투자 실패가 발생하는 이유는 자본이 형성되는 기업환경이 성장을 위해서는 인내하지 못하는 반면 수익성에는 인내하기 때문이다.

국내외 성장사업의 구축에 투자하는 사람들의 경험과 지혜는 모든 상황에서 늘 중요하다. 하지만 그 밖에도 자본이 투자된 환경도 신규 투자자본이 성장을 위해 바람직한지 여부에 영향을 미친다. 투자자들이 기업 자본가이든 벤처 자본가이든, 그들의 신규사업이 빠른 속도로 규모를 키울 것을 요구하는 투자환경으로 이동한다면 그 사업의 성공 가능성은 현저히 낮아질 것이다. 반면 기업 자본가이든 벤처 자본가이든 그들이 건전한 이론을 따른다면 성공 가능성은 훨씬 높아질 것이다.

투자하는 사람과 투자받는 사람들을 위한 이 장의 핵심 메시지는 하나의 금언으로 요약할 수 있다. '수익이 아닌 성장을 위해 인내하라'는 것이다. 부적절한 성장은 죽음의 소용돌이에 빠져드는 근본적으로 잘못된 원인이므로 필수 불가결한 성장이 아닐 때는 마치 선승禪僧처럼 과감히 성장세를 줄여야 한다. 파괴적 혁신의 발판을 찾는 비결은 초기에 작고 불분명한 시장 세그먼트—이상적으로 말하자면, 비소비의 특성을 가진 시장 세그먼트—와 연결되는 것이다.

투자자들은 초기수익으로 판단하여 성장에 필요한 현금의 지속적인 투자에 나선다. 초기수익에 대한 요구는 바람직한 태도일 뿐 아니라 지속적인 성장을 위해서도 매우 중요하다. 이를 기반으로 잠재적 경쟁 기업들이 기꺼이 포기하는 시장에 연결될 수 있기 때문이다. 초기에 존속적 혁신을 모색하면서 수익성을 유지하려면 이런 연결이 필요하다. 그리고 이렇게 수익성을 유지한다면 이사회 및 주주의 지원과 열정을 지속시킬 수 있을 것이다. 내부적으로는 지속적인 수익성을 통해 성공의 명성과 경력을 쌓아 올린 최고 경영진과 사원들의 지속적인 지원과 열정을 확보할 수 있을 것이다. 대안은 없다. 수익성 확보를 미루는 신규사업은 절대 성공하지 못한다.

주석

1. 적절한 자금과 기회의 조화를 꾀하는 도전에 관한 많은 책이 있다. 다음은 우리가 유용하게 이용한 저서들이다.
    - 마크 반 오스나브루게Mark Van Osnabrugge, 로버트 로빈슨Robert J. Robinson 공저, 《엔젤 투자 : 신생기업의 초기 출발 자본Angel Investing : Matching Startup Funds with Startup Companies : The Guide for Entrepreneurs, Individual Investors, and Venture Capitalists》(San Francisco : Jissey-Bass, 2000)
    - 데이비드 아미스David Amis, 하워드 스티븐슨Howard Stevenson 공저, 《승리의 천사들 : 초기 단계 투자의 7가지 원칙Winning Angels : The Seven Fundamentals of Early-Stage Investing》, London : Financial Times Prentice Hall, 2001.
    - 헨리 체스브루Henry Chesbrough, 《열린 혁신 : 기술로부터 창조하고 수익을 내야 하는 새로운 필요성Open Innovation : The New Imperative for Creating and Profiting from Technology》(Boston : Harvard Business School Pres, 2003)
2. 학술 연구의 한 흐름은 '선발자 이익first-mover benefit'의 본질을 탐구한다. 예를 들어 리버먼M.B. Lieberman과 몽고메리D.B. Montgomery가 같이 쓴 "선발자 이익First-Mover Advantages"(《전략적 경영 저널Strategic Management Journal 9》, 1988년, 41～58쪽)이 있다.
    이것은 '경주 행동racing behavior'(에이젠만T.R. Eisenmann의 "고객 확보를 위한 경쟁에 대한 주해A Note on Racing to Acquire Customers", 하버드 경영대학원 논문, Boston, 2002)에서, 그리고 '최단기간에 큰 실적 올리기get big fast' 전략(에이젠만의 《인터넷 사업모델 : 텍스트와 실제 사례Internet Business Models : Text and Cases》(New York :

McGraw-Hill, 2001)의 맥락에서 명백히 드러난다.

이런 방면의 생각은 어떤 환경에서 심지어 차선의 전략을 추구하는 위험에도 특별한 전략을 매우 적극적으로 추구하는 것을 선호한다. 중요한 시장 위치를 재빨리 선점하는 이익 때문이다. '겟 빅 패스트 전략'에서 이익을 가져오는 요인은 소비자 사용에서의 강력한 네트워크 효과(N. 이코미데스의 "네트워크 경제학The Economics of Networks", 〈국제 산업조직 저널International Journal of Industrial Organization〉 14호, 1966, p 673~699쪽)이거나 또는 고급 소비자 전환비용의 형태이다. 이 학파의 논증은 잘 설명되어 있는데, 성장에 인내하는 것이 장기적으로 잠재력을 약화시킬 수 있음을 강하게 암시하고 있다.

이 문제를 광범위하게 연구해온, 하버드 경영대학원의 윌리엄 살먼William Sahlman 교수는, '범주'가 커질 거라는 벤처자본 투자자들의 결론에 관한 우리의 대화에 주목했다. 이것은 신생산업으로 자본의 대량 유입을 가져오는데, 불합리한 평가로 인해 신생기업들에게 생존할 수 있는 이상의 자금이 공급된다. 윌리엄 살먼은 투자자들과 기업가들이 이런 소용돌이에 휘말릴 때 거의 대안도 없이 경쟁자보다 훨씬 더 투자에 열을 올린다는 점에 주목하고 있다. 거품이 꺼질 때 이 투자자들과 기업가들 대부분은 손실을 입을 것이다. 실제로 벤처자본 업계는 이 소용돌이에서 손실을 입었다. 모든 것을 잃지 않는 유일한 방법은 투자와 실행에서 타인보다 한 걸음 앞서 나가는 것이다.

그런 상황에서 어쨌든 한쪽을 택한다는 것은 도전이다. 다음 두 학자의 흥미로운 작업은 다른 성공 결정 요소들을 압도할 정도로 강력한 네트워크 효과와 전환비용이 일반적인 주장보다 훨씬 적게 발생한다는 사실을 암시한다.

스탠 리보위츠Stan J. Liebowitz와 스티븐 마골리스Steven E. Margolis의 《QWERTY 경제학The Economics of QWERTY : History, Theory, Policy》(New York : New York University Press, 2002)을 참조하라.

일례로 오하시Ohashi("1976년부터 1986년 사이의 미국 VCR 시장에서 네트워크 외부의 역할The Role of Network Externalities in the U.S. VCR Market 1976-1986" University of British Columbia hvsibs, SSDN에서 입수)는 VCR 시장에서 고객 확보에 투자를 소홀히 한 소니가 더 치열하게 '경쟁'했다면 성공할 수 있었다고 주장한다. 경제 모델링은 실제로 제품 품질이 통제되며, 네트워크 효과가 존재하지 않을 때보다 존재할 때 고객 확보에 더 적극적으로 투자해야 함을 보여준다.

그러나 제품 품질에 관한 이런 가정은 약간 과장되었는데, 경쟁을 회피하는 이유와 동떨어진 가정이기 때문이다. 리보위츠와 동료들(《QWERTY 경제학》)이 보여주었듯이, 베타맥스/VHS 싸움의 경우에 고객의 선택을 촉진한 결정적인 요소는 녹화 시간이었다. 베타맥스는 시장에 먼저 나오고 비디오 화질도 더 나았지만 2시간 녹화—보통 텔레비전에서 방영되는 영화를 녹화하는 데 필요한 최소한의 시간—를 할 수 없었다. 이것은 소비자 선택의 결정적 요인이 되었다. JVC의 VHS 방식은 2시간 녹화를 할 수 있었고, 비디오 화질은 뒤떨어졌지만 고객들이 수용할 수 있는 수준을 충족시켰다. 그 결과 VHS 방식은 고객들이 원하는 행동과 잘 일치했으며, 이런 탁월한 일치성으로 베타맥스의 선발자 이익을 극복할 수 있었다. 소니가 좀 더 적극적인 마케팅으로 시장점유율을 높였더라도 베타맥스 방식이 탁월한 VHS 방식을 물리쳤을지는 의문이다.

이런 적절한 경고로 최적의 경주競走 행동에 대한 강력한 변수의 가능성을 인식하는 것이 중요하다. 즉 그것은 주어진 제품이나 서비스를 통해 고객행동의 특별한 측면을 공략하는 것이다. 네트워크 효과의 경우에 이것은 고객들이 원하는 행동과 잘 부합하는 제품이라는 개념에 의해 포착된다. 경쟁사의 유사품이 수익성을 훼손하여 경주 행동이 요구되는 경우 수익에 안내할 필요성이 줄어들 수 있다.

3. 저술가이자 벤처 자본가인 제프리 무어가 사용한 용어로 이때는 '토네이도(대혼란)'가 일어날 때이다. 제프리 A. 무어의 《토네이도 마케팅 Inside the Tornado》(New York : HarperBusiness, 1995)과 《폴트라인에서의 삶 Living on the Fault Law》(New York : HarperBusiness, 2000)을 참조하라.

4. 우리는 독자에게 다시 스탠퍼드대학 로버트 버겔만 교수의 《전략은 운명이다 Strategy Is Destiny》(New York : Free Press, 2002)를 언급한다. 이 책은 인텔의 전략개발 및 실행에 관한 뛰어난 사례 연구집이다. 이 책에서 버겔만은 마이크로프로세서 전략이 승리하자 앤디 그로브와 고든 무어가 적극적으로 기업의 모든 투자를 이 전략에 집중한 것이 얼마나 중요한 역할을 했는지 강조하고 있다.

5. 앨프레드 래퍼포트와 마이클 모브상의 《기대 투자 Expectations Investing : Reading Stock Prices for Better Returns》(Boston : Harvard Business School Press, 2001)를 참조하라. 우리는 1장에서 이 견해를 설명했지만 여기서 다시 반복한다.
시장은 예상 성장치를 현재 주가에 반영하기 때문에 투자자들이 예상하고 반영한 것을 전달하는 기업들은 주주들에게 단지 시장 평균 수익만을 벌게 해준다. 일반적으로 더 빨리 성장하는 기업들이 더 천천히 성장하는 기업들보다 주주들에게 더 많은 수익을 준다. 하지만 여기에서 평균 이상의 수익률을 실현한 특별한 주주들은 과거에 기업 성장에 대한 예측이 너무 낮았다는 사실을 시장이 깨닫게 된 시점에 주식을 보유한 사람들이다.

6. 비용감소는 기업에게 투자자들의 기대 이상의 더 강한 현금흐름을 창출하고 또한 주주가치를 창조할 수 있게 한다. 우리는 이것을 존속적 혁신으로 분류한다. 이렇게 구

조화된 방식을 통해 선도기업들이 수익을 올릴 수 있기 때문이다.

일반적으로 투자자들은 모든 기업의 지속적인 효율성 향상을 기대할 수 있다. 그 때문에 투자자들의 이런 기대보다 더 높은 수준의 효율성 향상이 이루어질 때만 주식가격이 조금이나마 상승할 수 있다. 따라서 주식가격이 급격히 상승하려면 파괴적 혁신이 필요하다.

7. 이것은 존속적 혁신에서는 흔한 일이다. 적극적인 투자로 제품 출시를 앞당겨서 유통경로와 예상수요를 충족시키는 것이 중요하다. 하지만 파괴적 상황인 경우는 그렇지 않다.

8. 기업전략위원회의 〈스톨 포인트〉(Washington, DC : The Corporate Strategy Board, 1998)를 참조하라.

9. 이것은 로버트 캐플런 교수와 그의 동료들이 진행한 작업의 주요 주제다. 그들은 조직의 장기전략 건전성의 척도로서 재무제표보다는 '균형성과 기록표Balanced Scorecard' 라는 도구의 사용을 주창했다. 로버트 S. 캐플런과 데이비드 N. 노튼의 《전략집중 조직 The Strategy-Focused Organization》(Boston : Harvard Business School Press, 2001)을 참조하라.

10. 우리의 주장은 경영자들이 이론을 통해 행동해야 하며, 확실한 자료 이용이 가능해질 때까지 미루지 말라는 것이다. 기존 사업의 경영실적을 면밀히 평가하고 그런 데이터에 기초해 결정을 내리는 것은 존속적 궤도에서 수익성 있는 방향으로 이동하는 데 매우 중요하다.

    새로운 파괴적 사업을 위해 발견지향 기획discovery-driven planning에 참여할 때 예측 가능한 결과물에 대한 가격적을 재무 모델링해 보는 것은 어떤 가설이 가장 중요한지 이해하는 데 도움을 준다. 한편 이론지향 결정theory-driven decisions은 건전한 이론의 도움으로 경영자들이 수치에 전략적 의미를 부여할 수 있다는 믿음을 근거로 하고 있다.

11. 6장에서 살펴보았듯이, 우리는 파괴적 신규시장으로서 직장 내 교육훈련은 설계와 조립과정에 있을 것 같지 않은 만족스런 수익을 올릴 수 있는 모듈방식의 비통합형 산업이 되리라고 기대한다. 그러나 대부분의 경영대학원들은 이 시장에서 대기업을 위한 관행적인 경영자 교육과정을 계획하고 전달함으로써 경쟁을 시도하고 있다.

    우리의 관점에서 보자면, 경영대학원들은 많은 이론이 필요하다. 경영대학원 입장에서 단순히 사례와 논문을 판매하는 대신 그보다 더 나은 전략은 부가가치 커리큘럼 모듈을 창조하는 것이다. 가령 이 모듈을 통해 수만 명에 달하는 기업의 교육 담당자들은 신속하게 흥미로운 콘텐츠를 만들 수 있다. 또한 교육 담당자들이 흥미로운 방식으로 직장 내 교육 훈련생들을 가르치는 것도 매우 중요하다. 만약 역사가 어떤 지침이 된다면, 또 경영대학원 출판부가 이런 식의 시도를 한다면 궁극적으로 그들은 기존의 대학 교육기관보다 훨씬 더 광범위한 영향력을 발휘할 뿐 아니라 수익성도 훨씬 더 높아질 것이다.

12. 합병과 인수활동의 시사점을 평가하는 서적은 엄청나게 많으며 놀라우리만큼 내용이 명백하다. 많은 연구는 수많은 합병이 피인수 기업의 가치를 파괴한다고 밝혔다. 다음을 참조하라.

- 마이클 포터, "경쟁우위에서부터 경쟁전략까지From Competitive Advantage to Competitive Strategy", 〈하버드 비즈니스 저널 65〉, no. 3(1987년), 43~59쪽.

- 영J. B. Young, "기업 인수와 합병에서 실패 원인이 되는 요소의 결정적 연구A Conclusive Investigation into the Causative Elements of Failure in Acquisitions and Mergers", 《기업 합병, 인수, 매수 핸드북Handbook of Mergers, Acquisitions, and Buyouts》, Englewood Cliffs, NJ : Prentice-Hall, 1981, 605~628쪽.

- 재럴G. A. Jarrell, 브릭클리J. A. Brickly와 네터J. M. Netter 공저, "기업통제 시장 : 1980년 이후 경험적 증거The Market for Corporate Control : The Empirical Evidence Since 1980", 〈경제적 관점 저널Journal of Economic Perspectives 2〉, 1988년, 21~48쪽.

- 젠슨J. M. Jensen, 러백R. S. Ruback 공저, "기업통제의 표적 : 과학적 증거The Marker for Corporate Control : The Scientific Evidence", 〈금융 경제 저널Journal of Financial Economics 11〉, 1983년, 550쪽.

인수 대상이 일반적 전략 관점에서 '잘 선택한 것'이더라도 어떤 예상이익의 실현을 무산시킬 수 있는 실행의 어려움을 암시하는 중요한 증거가 있다.

다음을 참조하라.

- 앤소니 부오노Anthony B. Buono, 제임스 보우디치James L. Bowditch 공저, 《합병과 인수의 인간적 측면The Human Side of Mergers and Acquisitions : Managing Collisions Between People, Cultures, and Organizations》, San Francisco : Jossey-Bass, 1988.

- 래번스크래프트D. J. Ravenscraft, 쉐어러F. M. Sherer 공저, "기업합병의 수익성The Profitability of Mergers", 〈산업 조직 국제 저널International Journal of Industrial Organization 7〉, 1989년, 101~116쪽.

13. 우리가 강조하고 싶은 메시지는 인수를 통해 기업의 성장 문제들을 해결할 수 있는 것이 아니라는 점이다. 성숙 사업에 대한 성공적인 인수도 한 기업의 성장궤도—기업 수익이 더 높은 상태로 평행하게 유지되는 모양—를 바꾸지 못한다. 1990년대 말에 시스코는 존슨 앤 존슨의 MDD 사업에서 설명한 것과 전혀 다른 인수전략을 따랐다.

시스코의 패킷 교환방식 라우터는 음성전화용 회선 교환장비를 만드는 루센트Lucent

와 노텔Nortel에 대해 강력한 파괴적 혁신의 물결을 창조했다. 시스코가 인수한 대부분의 기업체들은 그 사업모델과 시장 위치에 비해 존속적이었다. 그래서 시스코는 인수한 기업들을 도와서 더 향상되고 더 빠르게 상위시장으로 이동시켰다. 시스코는 새로운 파괴적 성장사업들을 위한 플랫폼을 두지 않았다.

14. 이것은 도널드 설Donald N. Sull 교수의 최근 저서 《기업혁신의 법칙Revival of the Fittest》(Boston : Harvard Business School Press, 2003)의 결론 중 하나이다.

15. 우리는 사실 이런 추론이 휴렛 팩커드의 최고 경영진에게 기업의 사업 단위들을 소수의 대규모 조직들에 통합하도록 유도했는지 우려한다. 조직 재편성은 분명 비용절감을 촉진한다. 하지만 우리의 견해로 그것은 다시 불붙은 성장이 매우 중요한 때에 기업가치에 대한 갈등을 더욱 악화시킬 뿐이다.

    그와 동시에, 훌륭한 이론이 매우 중요한 이유로 '소규모' 대 '대규모'는 이런 종류의 합병 이익, 또는 조직 분리나 분사分社에 의해 성취되는 소규모의 이익을 생각할 때 적절한 분류가 아니다. 합병은 중요한 비용 절감을 가져오지만 이 장에서 지적한 대로, 잠재적인 파괴적 기회를 추구하는데 필요한 가치를 오염시킬 수 있다. 작은 조직—또는 일련의 작은 조직들로 분리한 큰 조직—은 파괴적 우호 가치를 껴안는 도전을 쉽게 다루겠지만, 5장과 6장에서 지적한 것처럼 조직은 구조적 상호의존성—흔히 더 큰 규모의 더 통합된 조직을 요구하는 상호의존성—의 요구에 잘 대처해야 한다. 우리의 관점에서 보자면, 그것은 거래 형성 즉 피할 수 없는 타협을 받아들이는 것과 관련이 있다기보다 오히려 자신이 속해 있는 환경을 인식하고 가장 절박한 문제에 대해 적절한 해법을 채택하는 것과 더 깊은 관련이 있다.

16. 우리는 종종 사업에서 얼마나 많은 돈을 손실로 허용해야 하는지, 그리고 수익을 기대할 때까지 얼마나 많은 시간이 걸리는지에 대한 질문을 받는다. 물론 정해진 법칙은 없다. 각 사업의 고정비용 규모가 다르기 때문이다. 이동전화는 대규모 고정비용 투자를 수반하는 파괴적 성장사업이었고, 따라서 손실이 다른 많은 것보다 더 중요했다. 우리는 이런 충고가 경영자들에게 손실을 줄이는 유용한 지침이 되었으면 한다.

17. 혼다의 경험은 《성공기업의 딜레마》153~156쪽에 요약되어 있다. 이 설명은 에벌린 태텀 크리스텐슨Evelyn Tatum Christensen과 리처드 태너 파스칼Richard Tanner Pascale의 사례연구 "Honda(B)" 사례 9-384-050(Boston : Harvard Business School, 1983)에서 요약한 것이다.

18. 계획에서의 이탈을 바로잡는 것보다 예기치 않은 성공을 찾는 것은 피터 F. 드러커가 고전적인 저서 《혁신과 기업가 정신Innovation and Entrepreneurship》(New York : Harper & Row, 1985)에서 가르친 가장 중요한 원칙의 하나이다.

19. 상황이 나빠질 때 즉각 핵심사업에 다시 집중하는 경향은 핵심사업을 병들게 하

는 문제들에 대한 장기 해결책을 희생시키므로 행동 심리학자들 사이에 '위협 경직 threat rigidity'으로 알려져 있다. 자세한 내용은 4장을 참조하라.

20. 피오레Fiore의 경험은 클레이튼 M. 크리스텐슨과 태라 도노반Tara Donovan의 "닉 피오레 : 주술적 의사인가 혹은 암살자인가?Nick Fiore : Healer or Hitman?(A)"사례 9-601-062(Boston : Harvard Business School, 2000)에 자세히 나와 있다.

21. 닉 피오레 박사의 하버드 경영대학원 학생들에 대한 발표(2003년 2월 26일)를 참조하라.

22. 하버드 경영대학원의 윌리엄 살먼 교수는 20년 동안 벤처자본의 '거품'투자 현상을 연구했다. 그는 많은 벤처 투자가들이 한 '범주'에 중점적으로 투자해야 한다고 결정할 때 투자가들이 '자본시장 근시안'—다른 투자회사들의 투자가 그들의 개인 투자 성공 가능성에 미치는 영향을 고려하지 않는 관점—에 걸리는 것을 관찰했다.

이용 가능한 막대한 벤처자본은 투자자들이 가파른 성장세를 보이는 규모 경제와 강력한 네트워크 효과로 인식하는 산업에 집중될 때 투자자금과 기업들은 '경주競走' 행동에 가담하지 않을 수 없게 된다. 기업들은 경쟁자보다 더 많은 투자를 모색한다. 한 기업의 상대적 투자율과 상대적 실행능력이 성공의 견인차 역할을 하기 때문이다.

살먼은 이런 경주가 시작되면 벤처자본은 그런 투자 범주에 참여하고자 그런 행동에 가담할 수밖에 없다는 점에 주목했다. 살먼은 1980년대 중반과 1990년대 초반 사이—이런 투자 거품을 최초로 추구했던 기간—에 벤처자본의 수익률이 제로로 떨어진 것을 목격했다. 우리는 뒤이어 닷컴과 통신 투자의 거품 시기인 1990년대 말에도 벤처 수익률이 비슷한 하락세를 보인 것을 목격했다.

23. 수익과 성장에 인내하지 않는 투자는 기업이 승리하는 전략에 집중해야 할 때인, 나선의 1단계의 나중 단계에서 매우 적절하다. 흥미롭게도, 지난 10년간 가장 성공한 투자회사 중 하나였던 베인캐피털Bain Capital은 이런 변신을 아주 효과적으로 해냈다.

베인캐피털은 소규모 벤처 투자로 시작했다. 예를 들어 사무 체인점인 스테이플에 신규 자금을 제공했던 것이다. 첫 투자는 매우 성공적이었고, 투자자들은 베인캐피털이 선도한 투자를 따라 많은 돈을 쏟아부었다. 이것은 베인캐피털의 가치가 변했다는 의미였다. 그리고 베인캐피털은 더 이상 작은 투자에 우선순위를 둘 수 없었다.

그러나 버블기의 다른 벤처자본의 행동과 대조적으로 베인캐피털은 초기 단계에 대한 투자를 멈추었다. 베인캐피털은 후기단계의 개인 자산 투자자가 되어 꾸준히 훌륭한 성과를 거두었다. 도입부에서 우리가 제시했던 이론구축 모델에 따라 이런 투자자금이 증가하자 베인캐피털은 자신이 다른 환경에 처해 있음을 깨달았다. 어떤 환경에서 성공으로 이끈 전략이 또 다른 환경에서는 재난으로 이끌 수 있다. 베인캐피털은 환경이 바뀌자 전략을 바꾸었다. 하지만 많은 벤처 자본은 그렇게 하지 않았다.

THE INNOVATOR'S SOLUTIO

10장

리더십 : 신성장의 혁신은
CEO에서 시작된다

리더십 : 신성장의 혁신은 CEO에서 시작된다

최고 경영진은 어떻게 그들의 주의를 필요로 하는 사업과 전략과제들에 시간과 에너지를 분배해야 할까? 최고 경영진이 존속적 혁신을 감독하는 방식은 파괴적 상황에서의 경영방식과 어떻게 달라져야 할까? 새로운 성장사업을 창조하는 것은 본래 유별나고 일시적인 것인가? 반대로 파괴적 성장의 물결을 꾸준하고 성공적인 프로세스로 만들 수는 없는가?

반복적으로 파괴적 성장의 새 물결을 창조하려는 기업의 최고 경영자들에게는 세 가지 과업이 따른다.

첫 번째는 가까운 장래의 과제로, 어떤 자원과 프로세스를 새로운 성장사업에 투입해야 하는지 판단하기 위해 파괴적 성장사업과 핵심사업의 중간 접합지점interface에 직접 서 있는 것이다. 두 번째는 장기적인 책무로, 반복적으로 성장사업을 출범시킬 수 있는, 이른바 '파괴적 성장 엔진'이라는 과정을 창출하는 것이다. 세 번째는 지속적인 책무로, 환경이 변화하는 시점을 감지하고 타인에게 이런 신호들을 인식하도록 가르치는 것이다. 어떤 전략의 유효성 여부는 환경에 의존하기 때문에 최고 경영진은 경쟁 기반이 변하고 있는 증거를 찾기 위해 먼 지평선(로우엔드 시장층이나 비소비층)을 내다봐야 한다. 그런 다음 기업이 변화하는 환경을 위협이 아닌 성장의 기회로서 대

처하기 위한 프로젝트와 인수작업을 시작해야 한다.[1]

존속적-파괴적 혁신의 중간지점에서

프로세스는 반복적으로 똑같은 과업을 시행해야 하는 그룹 내에서 통합되기 때문에 우량기업들에서 성과를 촉진하는 엔진은 개인의 능력에 의존하는 대신, 7장에서 설명했듯이 프로세스에 점점 더 비중을 두게 된다.

우량기업들이 초기의 파괴적 혁신의 발판을 구축한 후에 반복되는 과업은 파괴적 혁신이 아니라 존속적 혁신이다. 따라서 존속적 혁신 기회에 성공적으로 대처하기 위한 능률적인 프로세스들은 이미 대부분의 기업에 통합되어 존재한다. 하지만 파괴에 대응하기 위한 프로세스를 구축한 기업은 아직 존재하지 않는 것으로 알려져 있다. 파괴적 사업에 착수하는 것이 아직은 반복적인 과업이 되지 못했기 때문이다.[2]

따라서 현재 파괴적 기회를 통해 성장사업을 창출하는 능력은 (귀중한)기업의 자원에 속해 있다. 이런 자원 중에서 가장 중요한 것은 CEO 혹은 동등한 영향력을 가진 다른 최고위급의 경영자다. 항상 그런 것은 아니기 때문에 여기서 우리는 '현재'라고 표현하는 것이다. 어떤 기업이 파괴적 성장을 창출하는 과업에 반복적으로 매달린다면 성공적인 파괴적 성장사업을 창출하는 능력 역시 프로세스화될 수 있을 것이다.(여기서 말하는 프로세스는 이 장에서 '파괴적 성장 엔진'이라고 부르는 프로세스를 가리킨다.)

비록 이런 성장 엔진을 개발한 기업이 아직 존재하지 않는 것으로 알려져 있다. 하지만 우리는 그것이 가능하다고 생각하며, 고위 경영자가 밟아야 할 네 가지 중요한 단계들을 제시하고자 한다. 파괴적 성장 엔진 창출에 성공한 기업은 수익성 있고 예측 가능한 성장경로에 위치할 것이고, 일관성 있게 미래의 부를 창출할 수 있는 기회로 나아 갈 것이다.

최고 경영자 개입 이론

파괴적 혁신을 유능하게 관리할 수 있는 프로세스들이 통합될 때 까지 최고 경영자의 직접적인 감독은 파괴적 사업의 성공에 필요한 가장 중요한 자원 중 하나이다. 많은 경영서적에 약방의 감초처럼 등 장하는 것으로 최고 경영자들의 사기를 꺾어놓는 대표적인 구절은 무 슨 문제건 그들이 개입해서 해결해야 한다는 것이다. 기업윤리, 주주 가치, 사업 및 제품개발, 인수, 기업 시민, 기업문화, 경영개발, 프로 세스 개선 프로그램 등은 모두 경영자의 윤활유 같은 역할을 필요로 하는 삐걱거리는 수레바퀴라 할 수 있다. 최고 경영자들은 상부와 하 부, 그리고 중간의 모든 부분을 관리하는 데 세심한 주의를 기울여야 한다. 이런 문제에 직면한 경영자들에게 필요한 것은 그들이 개입하 는 유용한 환경 기반 이론—그들의 직접 참여가 성공을 위해 실제로 매우 중요한 환경과 타인에게 역할을 위임해야 하는 환경을 판별하는 방법—이다.

최고 경영자들이 결정에 개입해야 하는 시점에 대한 가장 흔한 이 론 중 하나는 결정의 속성, 즉 관련 자금의 규모에 기초한 이론이다. 이 이론에 따르면, 작은 변화와 관련된 사소한 결정은 하위 관리자들 이 내릴 수 있지만 중대한 결정을 올바르게 내릴 수 있는 당사자는 최 고 경영자들뿐이다. 대부분의 기업은 소규모 투자를 위한 승인 결정 은 하위 관리자들에게 넘겨주고 중대 사안들은 최고 경영진에게 정밀 한 검토를 맡기는 정책을 통해 이 이론을 실행에 옮긴다.

때로는 이 이론이 결정의 질적 수준을 정확히 예견하지만 또 때로는 그렇지 않다.[3] 그런데 중요한 결정을 내려야 할 사안일수록 더 중요한 인물에게 맡겨야 한다는 이 이론이 반영된 시스템의 한 가지 문제점은 자료가 각 부서에 흩어져 있다는 것이다. 즉 어느 조직을 막론하고 모든 조직의 수직 체계에는 정보의 불균형이 존재한다는 것이다. 보고 시스템이 최고 경영자들이 원하는 정보를 제대로 전달하는 경우도 있지만, 때로는 최고 경영진이 무엇을 요구해야 할지 모른다는 점이 문제이다.[4]

그 결과 대기업의 최고 경영자들은 흔히 관리자들이 선택적으로 보고하는 내용 이상을 알 수 없다. 설상가상으로 중간 관리자들은 최고 경영진의 결정 과정을 두어 차례 경험한 뒤에 최고 경영자들의 승인을 얻으려면 어떤 태도를 보여야 하는지, 그들에게 '혼란'을 주지 않으려면 어떤 정보를 제공하지 말아야 하는지 저절로 터득하게 된다. 따라서 중간 관리자들은 그들이 이미 중요하다고 결정한 프로젝트의 상부 승인을 얻기 위해 많은 정보 중에서 필요한 특정 부분만을 선별하는 데 상당한 노력을 기울인다. 중간 관리자들에게 별 의미 없는 사업은 최고 경영진의 관심을 거의 끌지 못한다. 최고 경영진은 흔히 자신들이 중대한 결정을 내린다고 생각하지만 사실은 그렇지 않다.

이처럼 존속적 혁신 환경에서는 사실상 최고 경영자들이 실제 결정이 이루어지는 시기와 장소에 참여할 수 없다. 때문에 세심한 주의를 기울이지 않아도 알아서 잘 돌아가는 의사결정 과정이 성공을 위해 매우 중요하다. 존속적 환경에서 능률적인 프로세스가 존재한다면, 최고 경영자들이 개입한다고 해봐야 결정의 질적 수준이 딱히 향상되거나 하지 않는다. 정보의 불균형이 존재하기 때문이다.[5] 사실 이것은 '결정을 가장 낮은 단계로 위임하는 것'과 '가장 낮은 단계의 직원을 유능하게 만드는 것'이 절대 진리일 때 가장 좋은 소식이다.

또 다른 버전의 '규모 이론'에서는, 대규모 사업이 최고 경영진의 적극적인 개입을 필요로 하는 반면, 하위 관리자들은 소규모 조직단위들의 요구에 대처할 수 있다는 주장을 펼친다. 이 이론에 따르면, 인원과 자원이 적을수록 경영 기술도 더 단순해진다. 때로는 이것이 잘 들어 맞지만 또 때로는 그렇지 않다. 잠재적인 파괴적 사업은 규모가 작다. 하지만 불분명한 전략과 수익목표를 가지고 성패를 좌우하는 결정을 빈번하게 내려야 하므로 이런 사업에는 정확한 의사결정과정이 존재하지 않는다.

이와 대조적으로 성공적인 조직의 대규모 사업에는 확실한 수요를 가진 기존 고객들이 있으며, 이런 수요에 기여하는 정교한 자원할당 및 생산과정이 있다. 통상적으로 이런 조직의 의사결정 요구사항들은 특정 개인의 개입을 뛰어넘으며, 기존 프로세스의 질서정연한 기능에 의해 충족된다.

그러나 이 두 가지 이론은 모두 범주를 잘못 설정하고 있다. 환경기반 이론은 어떤 단계에 어떤 결정을 내려야 하는지에 대해 경영자들에게 도움을 줄 수 있다. 핵심 프로세스와 가치(원래 존속적 혁신)의 효율적 운영을 위해 계획된 결정일 경우, 실제로는 최고 경영자들의 개입을 덜 필요로 한다. 따라서 핵심 조직의 프로세스와 가치가 조직의 중요한 결정을 처리하도록 계획되지 않았다는 사실(대개 파괴적 환경의 경우)을 최고 경영자들이 깨닫게 될 때 그들의 참여가 필요하다.

파괴적 사업을 위한 계획은 당연히 다른 기준으로 형성되어야 하며, 핵심사업의 가치는 파괴적 잠재력을 가진 아이디어들을 제거하는 경향을 보이기 때문에, 파괴적 혁신은 강력한 최고 경영자가 직접 개입해야 하는 환경이다. 그런가 하면 존속적 혁신은 위임이 효과적으로 작용하는 환경이다. 결국 최고 경영자는 기업 프로세스가 적절한 시기에 그것의 사용을 승인할 수 있지만, 그렇지 않을 경우 프로세스와 의사결정 규칙을 과감히 깨뜨릴 수 있는 유일한 당사자이다.

최고 경영자가 존속적 혁신과 파괴적 혁신의 중간에 있어야 하는 또 다른 이유는 핵심 사업 단위의 관리자들이 새로운 파괴적 사업에서 개발된 기술적 · 비즈니스적 모델 혁신에 대한 정보를 충분히 전달받아야 하기 때문이다. 만약 최고 경영자들이 전략과 경영에 관한 견실한 이론들을 충분히 익혔다면, 존속적 혁신과 파괴적 혁신 측면에서 환경에 따라 적합한 행동을 취할 수 있도록 주요 성장사업을 담당하는 관리자들을 가르칠 수 있을 것이다. 존속적 혁신과 파괴적 혁신을 막론하고, 의도적 전략 과정과 즉흥적 전략 과정을 알맞게 적용하고 현안 문제에 적합한 경험을 가진 관리자들을 고용하는 것은 지속적인 도전과제라고 할 수 있다.

간섭의 중요성

다음은 언제, 그리고 왜 최고 경영자가 파괴적 성장사업의 창출을 직접 이끌어야 하는지를 보여주는 사례다.[6] 나이프로는 정밀 플라스틱 부품의 사출기로 크게 성공한 기업이다. 나이프로의 혁신적 문화와 재정적 성공은 대부분 이 회사의 소유자이자 최근에 은퇴한 CEO 고든 랭크튼Gordon Lankton 덕분이다.

나이프로의 고객은 전 세계 의료기기 및 마이크로 전자제품 제조업체들이다. 그들은 세계 곳곳에서 가장 정교한 주조공정 능력이 요구되는 플라스틱 부품의 공급시스템을 필요로 하고 있다. 나이프로는 북미, 푸에르토리코, 아일랜드, 멕시코, 싱가포르, 중국 등 28곳의 공장 어디서든 '나이프로는 세계적인 당신의 지역 공급업체입니다'라는 모토 아래 동일 표준제품을 제공하려고 애쓰고 있다. 만약 나이프로가 어떤 공장이 표준공정에서 벗어나는 것을 막기 위해 이런 동일 표준을 제공하려 했다면, 이것은 최적의 혁신이 발생하는 곳—공장—

에서 오히려 혁신을 죽이는 셈이다.

나이프로가 더 나은 제품을 생산할 수 있도록 도움을 주는 중요한 프로세스 혁신은 대부분 최고 경영진의 시야에서 멀리 떨어진 개별 공장에서 고객 문제들을 해결하는 엔지니어링팀에 의해 개발되고 있다. 이런 상황은 대부분의 기업이 직면하는 전형적인 딜레마이다. 기업은 동일 표준 제공 능력뿐만 아니라 변화의 유연성도 필요로 한다. 최고 경영자들은 어떤 혁신에 투자할 만한 메리트가 있는지 결정하기는커녕 혁신이 개발되고 있는지조차 모르는 경우가 많다.

이런 도전에 대응하여 랭크튼은 가장 중요하고 성공적인 혁신을 표면화할 수 있는 시스템을 창출했다. 이를 통해 그는 모든 공장들이 채택하는 개선점들을 평가할 수 있었으며, 나이프로라는 회사가 일방적으로 제공하는 동일 표준이 아니라 점점 더 향상되는 글로벌 생산능력을 확보할 수 있게 만들었다.

이 시스템의 핵심은, 회사의 단기적 재정 성과와 장기적 전략 성공의 원동력이라고 판단되는 많은 중요한 특성들과 함께 순위화한 월간 재무보고 시스템이었다. 이 보고서는 어떤 공장의 실적이 좋은지, 무엇을 개선해야 하는지를 보여주었다. 공장 관리자들은 이 보고서의 실적을 통해 평가되었으며, 서로에 대한 평가는 자신이 속한 공장의 상대적 순위에 영향을 받았다. 다시 말해 이 시스템의 역할은 그들의 실적과 상대적 순위를 높이는 혁신을 추구하도록 관리자들에게 충분한 동기를 부여하는 것이었다.

랭크튼은 여러 공장의 관리자들과 엔지니어들로 이사회를 구성했다. 이것은 공장 간의 지속적인 정보교류를 가능케 했다. 나이프로는 이를 공장 관리자들과 엔지니어들의 연례 모임들로 확대했다. 이 모임에서 공장 관리자와 엔지니어들은 각자 어떤 프로세스 및 제품혁신을 이행했는지, 그 결과는 어떠했는지에 대한 정보를 주고받았다. 어느 정도 시간이 지나자 관리자들이 서로 앞질러 가려고 치열한 경쟁을 하는 동시에 각자가 개발한 프로세스 혁신을 공유하는 문화가 생겨났다.

랭크튼은 한 공장에서 성공한 혁신이 다른 공장의 관리자들에 의해 채택될 때마다 이를 유심히 관찰했다. 이것은 그 아이디어가 장점이 있다는 것을 의미했다. 몇몇 공장 관리자들이 다른 공장의 프로세스 혁신을 모방하면 랭크튼은 일단 그 혁신은 실행 가치가 있다고 판단할 증거가 충분하다고 보고, 전 세계에 걸친 실행을 명령했다. 이것은 존속적 혁신을 먼저 시험하고 확인한 다음 중요하다고 판명된 혁신을 촉진하는 방법이었다.

1990년대 중반에 이르러 랭크튼은 나이프로의 변화를 확실히 감지할 수 있었다. 엔지니어들은 아주 복잡한 초미세 플라스틱 부품들을 매달 수백만 개씩 생산할 수 있었다. 비록 이보다 더 높은 정밀도를 요구하는 몇몇 응용제품이 있었지만, 나이프로의 능력은 시장의 대다수 고객을 충분히 만족시켰다. 다른 경쟁업체들도 나이프로의 비용과 품질에 맞서 경쟁하기 위해 자신의 능력을 개선했다. 랭크튼은 시장에서 경쟁 기반이 변화하고 있음을 감지했다. 그는 나이프로를 성공으로 이끈 사업유형—초미세 부품의 초대량생산—이 더 다양한 부품들의 소량 생산에 대한 요구만큼 빠르게 성장하지 않는다는 점에 주목했다. 이런 부품들의 일부는 높은 정밀도를 요구했지만, 성공의 열쇠가 되었던 것은 그런 정밀도에 최대한 빨리 대응하는 능력이었다.

환경변화를 감지하여 대응하는 것은 CEO만이 가능한 역할이다. 랭크튼은 이런 변화를 기민하게 알아차렸다. 하지만 필요한 변화의 실행을 조직에 맡겼을 때 조직은 그것을 감당할 수 없었다. 대체 무슨 일이 있었던 걸까?

나이프로를 경쟁 기반 변화에 대비하게 하면서 랭크튼은 1분 이내로 설치할 수 있는 '노바플래스트'라는 기계개발 프로젝트를 본사에 위임했다.[7] 그 프로젝트는 단기간에 정밀부품들을 경제적으로, 그리고 저압력으로 주조할 수 있게 하는 독특한 주형 설계 기술이었다.

기업의 관행을 존중했던 랭크튼은 모든 공장이 새로운 기계를 사용하도록 강요하는 방식을 선택하지 않았다. 그는 관리자들이 그 기술이 어떻게 작용하는지, 그 기술의 전략적 목적이 무엇인지 충분히 이해하도록 했다. 랭크튼은 공장 관리자들에게 기계를 임대하여 사용하게 했다. 이런 접근법이 실험과 선택의 장벽을 최소화하리라는 바람에서였다. 그는 여느 때처럼 자신이 존중하는 판단력을 가진 관리자들이 그 기술에 대해 지지했는지 또는 반대했는지 알고 싶었다. 그런데 기계를 임대한 여섯 곳의 공장 중 네 곳에서 채 넉 달도 되지 않아 기계를 본사로 반환했다. 기계를 경제적으로 사용할 수 있는 사업이 없다는 것이 그들의 이유였다.

한편 나머지 두 공장은 AA사이즈 배터리의 주요 제조업체로부터 배터리의 금속 케이스 내부를 채우는 얇은 플라스틱 라이너를 공급해 달라는 장기 주문을 받았다. 두 공장은 매달 수백만 개의 라이너를 주조했고, 노바플래스트가 나이프로의 기존 고용량·고압력 기계에 비해 생산성이 더 높은 반면 비용은 더 적게 든다는 것이 입증되었다.

랭크튼은 이런 결과에 혼란을 느꼈다. 다양한 소모성 정밀부품들의 조속한 납품에 대한 요구가 명확했음에도 불구하고 왜 공장들은 노바플래스트 기계에 맞는 사업을 정착시킬 수 없었을까? 고정밀 표준부품의 대량생산에서 거두어들인 노바플래스트의 성공은 과연 게임에서 승리한 것일까 아니면 패배한 것일까?

대답은 기존 사업모델을 지탱하는 프로세스와 가치로부터 우리가 기대했던 결과와 정확히 일치한다. 나이프로의 정교한 혁신 엔진은 노바플래스트를 존속적 기술로 구체화했다. 수익을 위해 투자하는 회사의 시스템이 바로 존속적 기술이었기 때문이다. 조직은 스스로 파괴할 수 없다. 단지 수익이나 사업모델을 존속시키는 방식으로 기술을 실행할 수 있을 뿐이다. 나이프로는 표준 프로세스를 여전히 관리하고 있었다. 그리고 그 결과 그들은 새로운 파괴적 성장사업을 창출할 수 있는 기회를 놓치고 말았다.

이런 파괴적 사업에서 성공하고자 했다면, 랭크튼은 이런 다양한 소량 생산 부품사업에 영업사원들이 적극적으로 매달릴 수 있도록 적절한 보상구조를 가진 영업조직을 창출해야 했다. 또한 이런 작업과 일치하는 프로세스를 가진 운영조직을 구축하고, 핵심사업과 완전히 다른 성과관리 시스템도 창출해야 했다. 나이프로의 핵심사업에 속한 그 어떤 프로세스도 이런 판단을 올바르게 내릴 수는 없었다. CEO가 핵심 사업 단위와 새로운 파괴적 성장사업 간의 중간 지점에 있어야 하는 이유가 바로 이것이다.[8]

어떤 경영자가 파괴적 성장을 이끌 수 있을까?

핵심사업의 프로세스와 가치는 본질적으로 존속적 혁신을 관리하는 데 적합하므로 파괴적 성장의 초기에는 CEO나 다른 최고 경영자들이 그 책임을 떠맡는 수밖에 달리 대안이 없다.

그렇다면 특정 최고 경영자들만이 이런 관리를 효과적으로 실행할 수 있는 걸까? 아니면 상위 관리자라면 누구나 이런 일을 해낼 수 있는 걸까? 우리는 2장에서 우리가 원하는 주식을 가진 기업들이 대부분 과거 50년 동안 파괴적 전략으로 뿌리내렸다고 언급했다. 하지만 그들 중 소수만이 모기업의 지속적인 성장을 가능케 하는 파괴의 물결을 다시 포착하거나 창출했다.

여기서 한 가지 놀라운 사실은 파괴적 혁신의 물결을 성공적으로 포착했던 기업 중 대다수가 파괴에 대처한 시기에도 여전히 창업자에 의해 경영되고 있었다는 것이다. 표 10-1은 비록 전부는 아니지만 우

표 10-1

새로운 파괴적 사업을 출범시킨 창업자 직접 경영체제의 기업들

기업	파괴적 성장 사업	CEO/창업자
뱅크 원	신용카드 사업(퍼스트 USA에게 매각)	존 맥코이[a]
찰스 슈왑	온라인 주식거래	찰스 슈왑[b]
데이튼 허드슨	할인 판매점(타겟스토어즈)	데이튼 가
IBM	미니컴퓨터	토머스 왓슨 2세[c]
인텔	로우엔드 마이크로프로세서(셀러론 칩)	앤드루 그로브
인튜이트	퀵북스 소기업 재무회계 소프트웨어	스콧 쿡
	터보택스 개인 세금관리 소프트웨어	
	퀵큰 개인 재무관리 소프트웨어	
마이크로소프트	인터넷 기반 컴퓨터	빌 게이츠
	SQL과 액세스 데이터베이스 소프트웨어	
	그레이트 플레인스 비즈니스 솔루션 소프트웨어	
오라클	중앙 서비스 소프트웨어(응용 서비스 제공자(ASP))	래리 엘리슨
퀀텀	3.5인치 디스크 드라이브	데이비드 브라운
		스티브 버클리
소니	트랜지스터 기반의 소비자 가전	아키오 모리타
테라딘	CMOS 프로세서 기반의 집적회로 테스터	알렉스 아베로프
갭	올드 네이비 저가 캐주얼 의류	미키 웩슬러
월마트	샘스 클럽 샘	월튼

a : 맥코이는 설립자는 아니지만 뱅크 원을 두드러지게 한 인수 전략을 진두지휘했다.
b : 찰스슈왑의 공동 CEO 데이비트 포트럭은 이런 시도를 하는 찰스슈왑을 적극적으로 도
    왔다.
c : 왓슨은 창업자의 아들이지만 메인프레임 디지털 컴퓨터에서 거둔 IBM 성공의 일등공신
    이었다.

리가 알아낸 사실을 말해주고 있다.[9]

　이런 창업자 경영조직들이 또한 본질적으로 단일업종 회사들—즉 파괴적 기회에 직면했을 때 상대적으로 경영 다각화가 이루어지지 않은 기업들—이라는 점은 주목할 가치가 있다. 9장에서 설명했듯이, 사실 이런 기업들이 파괴적 사업을 창출하는 것은 훨씬 더 힘든 일이다. 짐작컨대 창업자들은 필요한 전략적 영향력을 행사할 수 있을 뿐만 아니라 파괴적 기회를 추구하면서 기존 프로세스를 무시할 정도의

표 10-2

새로운 파괴적 사업을 출범시킨 전문 경영인 체제의 기업들

기업	파괴적 성장 사업
제너럴 일렉트릭	GE 캐피털
휴렛 팩커드	잉크젯 프린터
IBM	개인용 컴퓨터
존슨 앤 존슨	혈당 측정기, 일회용 콘택트렌즈,
	내시경 수술 및 풍선확장술 장비
프록터 앤 갬블	드라이얼 가정용 드라이클리닝, 저가의 전동 칫솔
	크레스트 브랜드의 치아 미백제

자신감도 가지고 있기 때문에 파괴에 대처하는 데 장점이 있는 듯하다. 반면에 전문 경영인들은 조직 내의 다른 사람들과 상반되는 방향으로 파괴적 혁신을 추진하는 데 어려움이 따르는 듯싶다.

하지만 표 10-2는 창업자만이 파괴적 사업을 촉진할 수 있다는 원칙에 일부 예외가 존재한다는 것을 보여주고 있다. 우리가 알고 있는 대기업 중 다섯 곳에서는 성공적 파괴에 착수할 무렵 전문 경영인이 회사를 운영하고 있었다. 그중에서 존슨 앤 존슨, 프록터 앤 갬블, 제너럴 일렉트릭은 모두 경영 다각화의 상징적 기업들이다. IBM과 휴렛 팩커드는 창업자들이 처음으로 성공적인 파괴적 사업에 착수했을 때 비교적 다각화가 덜 이루어진 상태였다. 따라서 두 기업은 표 10-1에 포함된다. 훗날 전문 경영인이 회사를 운영하게 되었을 때 이 두 기업은 추가로 파괴적 사업에 착수했지만, 그때는 이미 회사가 훨씬 더 광범위하게 다각화되었을 때였다.

표 10-2에 열거한 기업의 전문 경영인들은 다각화된 복합기업의 환경에서 새로운 파괴적 사업에 착수했기 때문에 좀 더 쉽게 성공했는지도 모른다. 비록 경영자원으로서의 그들의 역량이 이런 활동에 중요하다는 것은 의심의 여지가 없지만, 거기에는 파괴적 성장 창출

과정에서 전문 CEO들에게 도움이 되는 선례와 프로세스들이 존재했다.[10]

성장 엔진의 창조 : 프로세스에 파괴적 혁신 능력을 끼워 넣어라

잭 웰치가 경영자로 몸담고 있던 시절의 GE 캐피탈이 모기업을 위해 그랬던 것처럼, 한 차례 성공적인 파괴적 사업에 착수하는 것은 수년간 수익성이 지속되는 성장을 이끌어낼 수 있다. 9장에서 설명했듯이, 존슨 앤 존슨의 의료기 및 진단장비 그룹의 경우 파괴적 혁신이 그들에겐 축복이었다. 휴렛 팩커드의 파괴적 잉크젯 프린터는 이제 기업 전체의 주 수입원이 되었다. 파괴적 사업이 그렇게 좋은 것이라면 왜 그것을 반복하여 실행하지 않는 것일까?

어떤 회사가 연달아 성장사업들을 출범시킨다면, 회사의 경영자들이 아이디어들을 구체화하거나 신생 파괴적 사업을 인수하기 위하여 리트머스 시험지를 반복해서 사용한다면, 그리고 주요한 다른 사업에 대한 구축 결정을 위하여 견고한 이론들을 반복적으로 사용한다면, 성공적인 성장사업을 확인하고 구체화하고 출범시키는 데 있어서 예측 가능하고 반복적인 프로세스를 통합할 수 있다는 것이 우리의 생각이다. 단적으로 이런 능력을 프로세스에 끼워 넣을 수 있는 기업이 가치 있는 성장 엔진을 소유하게 되는 것이다.

그림 10-1에서 나타난 것처럼 이런 성장 엔진은 네 가지 중요한 구성요소를 가지고 있다. 첫째, 성장 엔진은 재정적인 발전에 대응하기보다 '정책'을 통해 규칙적으로 운영되어야 한다. 이것은 기업이 견실하게 성장하는 동안 새로운 사업에 착수할 수 있게 하며, 새로운 사업이 지나치게 빨리 규모가 커지는 것을 방지한다. 둘째, 필요할 때 위로부터 조직을 이끄는 자신감과 권위를 가진 CEO나 다른 경영자들

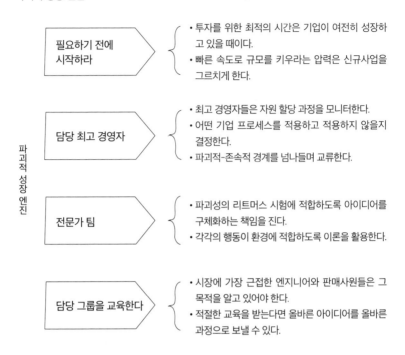

그림 10-1

파괴적 성장 엔진

파괴적 성장 엔진

필요하기 전에 시작하라
- 투자를 위한 최적의 시간은 기업이 여전히 성장하고 있을 때이다.
- 빠른 속도로 규모를 키우라는 압력은 신규사업을 그르치게 한다.

담당 최고 경영자
- 최고 경영자들은 자원 할당 과정을 모니터한다.
- 어떤 기업 프로세스를 적용하고 적용하지 않을지 결정한다.
- 파괴적-존속적 경계를 넘나들며 교류한다.

전문가 팀
- 파괴성의 리트머스 시험에 적합하도록 아이디어를 구체화하는 책임을 진다.
- 각각의 행동이 환경에 적합하도록 이론을 활용한다.

담당 그룹을 교육한다
- 시장에 가장 근접한 엔지니어와 판매사원들은 그 목적을 알고 있어야 한다.
- 적절한 교육을 받는다면 올바른 아이디어를 올바른 과정으로 보낼 수 있다.

이 반드시 그런 시도를 이끌어야 한다. 이것은 특히 성공이 여전히 프로세스보다 자원에 더 의존하는 초기 단계에서 중요하다. 셋째, 성장 엔진은 작은 기업 수준의 그룹—발의자들과 형성자들—을 설립해야 한다. 이 그룹의 구성원들은 자금을 확보할 수 있는 파괴적 사업계획으로 아이디어를 구체화하기 위해 실용적이고 반복적인 시스템을 개발한다. 넷째, 성장 엔진에는 파괴적 기회들을 확인하고 발의하고 구체화할 수 있도록 조직 전체 구성원들을 훈련하고 재훈련하는 시스템이 포함된다.[11]

• 1단계 : 필요하기 전에 시작하라

성장을 위한 투자 최적기는 9장에서 언급한 대로 기업이 성장하고 있을 때이다. 5년 후에 훌륭한 성장사업을 구축하려면 지금 당장 시작해야 한다. 그리고 향후 5년간 기업의 성장수요를 따르는 주기로 성장사업 포트폴리오에 새로운 사업 단위들을 추가해야 한다. 성장하는 동안 성장사업을 시작하는 기업들은 높은 잠재력의 신규사업들을 월스트리트의 압력으로부터 보호하는 방패막이 역할을 할 수 있으며, 각 사업이 실행 가능한 전략을 반복할 수 있는 시간을 제공할 수 있다.

월마트를 예로 들어보자. 2002년 월마트는 거의 2,220억 달러의 매출액을 올렸다. 하지만 첫 번째 할인 판매점을 개점했을 때부터 현재의 달러 가치로 10억 달러 매출 문턱을 넘기까지 10여 년이 걸렸다. 파괴적 사업은 이륙해서 안정궤도로 날아오르기 전에 긴 활주로를 필요로 한다. 따라서 안정화에 접어들었다는 연례 보고서가 등장하기 전에 파괴적 사업을 시작해야 한다.

이런 식으로 파괴적 사업을 시작하는 최선의 방법은 그것의 예산—파괴적 성장사업에 투자하기 위해 따로 챙겨둔 자본의 양이 아니라 해마다 시작되는 새로운 사업의 예산 금액—을 책정하는 것이다.[12] 그렇다고 투자 성공이 불분명하다는 사실을 염두에 두고 있는 기업 벤처자본을 우리가 옹호하는 것은 아니다. 이 점을 명심해야 한다. 우리는 경영자들이 견고한 이론을 사용하여 아이디어들을 적절히 구체화한다면 성공적인 성장을 창출하는 프로세스의 예측 가능성을 훨씬 더 높일 수 있다고 생각한다. 그 결과 해마다 성공하리라는 단순한 희망이 아니라 구체적인 기대를 가지고 많은 새로운 사업들을 시작할 수 있는 것이다.

- **2단계 : 아이디어를 구체화하고 자원 할당 과정을 이끄는 최고 경영
자를 임명하라**

파괴적 성장 엔진을 성공적으로 창출하려면 기존 기업의 프로세스
로부터 신규사업을 분리할 수 있고, 상이한 프로세스가 창출되는 시
기를 결정할 수 있으며, 자원할당에 이용된 기준이 각 신규사업의 환
경과 기업의 필요에 적절하다는 것을 보장할 수 있는 자신감과 영향
력을 가진 CEO나 다른 최고 경영자들의 지도가 필요하다. 이런 경영
자는 파괴적 혁신이론에 정통해야 하며, 파괴적 잠재력을 가진 아이
디어들을 기존의 존속적 궤도에 최적으로 전개되는 아이디어들과 구
별할 수 있어야 한다. 이런 경영자의 주된 임무는 아이디어가 파괴적
사업의 발판을 마련하는 데 가장 유용하게 사용되도록 하고, 그들의
성공 기회를 극대화하는 과정에 투입하는 것이다.

앞에서 언급했듯이, 이런 경영자의 역할은 시간의 경과와 함께 변
화할 것이다. 처음에는 그 역할이 개별 성장사업들에서 각각의 결정
들을 관찰하고 지도하는 것이 될 것이다. 그리고 궁극적으로는 아이
디어들을 종합하고 구체화하고 자금을 확보하는 과정을 관찰하고, 지
속적인 지도와 교육을 실시하며, 기업환경이 변화하는 상황을 관찰하
는 것이 될 것이다.

- **3단계 : 아이디어를 구체화하기 위한 팀과 프로세스를 창출하라**

1장에서 우리는 기업이 성장을 상실하게 되는 위험이 주목을 끄는
성장 아이디어가 부족해서가 아니라고 주장했다. 문제는 이런 아이디
어들이 종종 자금확보를 위해 다듬어지는 과정에서 파괴적 성장 잠재
력을 상실한다는 사실이다. 따라서 성장 엔진의 세 번째 구성요소를
위한 도전은 아이디어들이 높은 잠재력을 가진 파괴적 사업으로 구체
화될 수 있도록 별도의 운영 프로세스를 창출하는 것이다.

이 같은 프로세스들은 상위레벨로 종이에 도식화할 수 있지만, 직

원들로 구성된 일정한 집단이 유사한 문제들을 반복해서 성공적으로 해결할 때만 명백해진다. 따라서 최고 경영진은 파괴적 혁신 아이디어들을 종합하여 계획안으로 만드는 작업을 책임지는 기업 차원의 핵심 팀을 개발해야 한다. 이 팀의 구성원들은 이론을 심층적으로 이해하고 수시로 적용할 수 있어야 한다. 그리고 경험을 통해 그들은 어떤 아이디어들이 파괴적 혁신으로 구체화될 수 있는지 감지하며, 파괴적 아이디어와 존속적 아이디어를 구별하게 될 것이다.

하지만 이 책에서 제공하는 지침에도 불구하고, 궁극적으로 성공적인 성장사업으로 이끄는 전략의 특성들을 처음부터 알 수는 없는 노릇이다. 이것은 곧 이런 핵심 그룹이 파괴적 사업에 착수하면서 기업의 표준 전략기획과 예산편성 프로세스를 이용할 수 없다는 것을 뜻한다. 8장에서 파괴적 환경에서의 사용을 위한 '발견 지향 기획' 과정을 상세히 설명한 바가 있다.[13] 핵심 그룹의 팀원들은 전략기획과 예산편성을 위한 이런 기법들을 신규사업 관리자들에게 지도할 수 있다. 장담하건대, 이런 과정을 통해 아이디어에 대한 그들의 직관과 이해력은 우리가 생각하는 그 이상으로 향상될 것이다.

• 4단계 : 파괴적 아이디어들을 구체화하도록 관련 직원들을 교육하라

기능이 제대로 작동하는 파괴적 성장 엔진의 네 번째 구성요소는 영업, 마케팅, 엔지니어링 분야의 직원교육이다. 그 이유는 그들이 흥미로운 성장 아이디어와 직접적으로 대면하며, 파괴적 잠재력을 포착하는 데 최적 위치에 있기 때문이다. 그들은 존속적 혁신과 파괴적 혁신의 언어로 교육받아야 하며, 심층적인 이해력을 키워야 한다. 기존 사업 단위의 존속적 프로세스로 어떤 종류의 아이디어들을 통과시켜야 하는지, 파괴적 채널로 어떤 종류의 아이디어를 전달해야 하는지, 어떤 아이디어들이 가능성이 없는지 등을 알게 되는 것이 매우 중요하기 때문이다. 바로 이것이 사실상 '최하위직을 유능하게 만드는 것'

이 성과를 거두는 상황이다.

요컨대 시장과 기술에 직접적으로 접촉하는 사람들에게서 새로운 성장사업 아이디어를 포착하는 것이 분석에 치중하는 기업전략과 사업개발 부서에 의존하는 것보다 훨씬 더 생산적일 수 있다.

최고 경영진은 혁신 관리에서 네 가지 역할을 담당해야 한다. 첫째, 조정 기능을 맡는 프로세스가 존재하지 않는다면 적극적으로 조정역할과 결정을 담당해야 한다. 둘째, 팀이 새로운 패턴의 소통, 조정, 의사결정이 필요한 과제에 직면해 있다면 기존 프로세스의 굴레에서 벗어나야 한다. 셋째, 조직 내에서 반복되는 활동과 결정이 발생한다면 경영자는 반드시 관련 직원들의 업무를 포괄해서 지휘하고 조정할 수 있는 프로세스를 개발해야만 한다. 넷째, 파괴적 신성장사업의 반복적인 육성에는 기업 내부에 존재하는 동시복합적인 프로세스와 사업모델들의 구축과 관리가 수반되기 때문에 최고 경영진은 이런 조직들의 중간지점에 서 있어야 한다. 새로운 성장사업에서 배운 유용한 정보가 다시 핵심사업으로 흘러 들어가고, 올바른 자원과 프로세스 및 가치가 항상 올바른 상황에 적용되도록 하기 위함이다.

기존 기업이 새로운 파괴적 성장사업을 처음 시도하고 있다면 최고 경영진은 첫 번째와 두 번째 역할을 담당해야 한다. 파괴적 사업은 새로운 과업이기 때문에 초기 프로젝트와 관련하여 필요한 조정과 의사결정을 다룰 수 있는 적절한 프로세스가 존재하지 않을 것이다. 일부 프로세스들은 대체되거나 제거되어야 한다. 파괴적 팀이 필요로 하는 작업에 도움이 되지 않기 때문이다.

장기간 기업의 성장을 유지시키는 성장 엔진을 창출하려면 최고 경영진은 세 번째 역할을 능숙하게 해내야 한다. 새로운 파괴적 사업의 착수가 주기적으로 반복되는 과업이 되어야 하기 때문이다. 여기에는 관련 직원들에 대한 반복적인 교육이 수반된다. 이런 교육을 통해 직원들은 잠재적인 파괴적 아이디어들을 직감적으로 구체화할 수 있으며, 그것을 성공으로 이끄는 사업계획으로 구체화할 수 있다.

네 번째 과업은 파괴적 사업과 핵심사업의 경계선에 서서 핵심사업으로부터 신규사업으로 흘러들거나 그 반대로 흘러가는 자원, 프로세스, 가치의 적절한 흐름을 모니터하는 것이다. 이것이야말로 영원히 성장하는 기업을 경영하는 데 있어 가장 중요한 정수精髓이다.

주석

1. 이 장에서 최고 경영진senior executives이란 용어는 회장, 부회장, CEO, 총수 같은 직책에 있는 사람들을 언급하는 데 사용할 것이다. 최고 경영진이 이 장에서 설명하는 리더십 역할을 잘 수행하려면 성장사업이 처해 있는 환경에서 어느 기업 규칙을 따라야 하고 어느 규칙을 따르지 말아야 할지 선언할 수 있는 힘과 확신을 지녀야 한다.

2. 8장에서 언급했듯이, 소니는 우리가 알고 있는 연속적인 파괴적 기업의 유일한 사례다. 소니는 1950년부터 1982년 사이에 10여 가지의 파괴적 신규 성장사업들을 연달아 창출해왔다. 휴렛 팩커드는 마이크로프로세서 기반 컴퓨터와 잉크젯 프린터 사업을 출범시키면서 최소한 두 차례 파괴적 혁신을 시도했다. 좀 더 최근에는 인튜이트가 파괴적 혁신을 통해 적극적으로 신규 성장사업들을 창출했다. 하지만 대다수 기업은 단 한 차례 파괴적 혁신을 시도했을 뿐이다.

3. 로버트 버겔먼의 《전략은 운명이다》를 독자들에게 다시 한 번 언급하고자 한다. 이 책은 영향력이 큰 전략 결정의 '사전'·'사후' 특성이 인텔 경영진 전반에 어떻게 파급되었는지를 연대순으로 고찰한 훌륭한 저서다.

4. 토머스 피터스Thomas Peters와 로버트 워터먼Robert Waterman이 그들의 고전적인 경영서 《탁월함을 찾아서In Search of Excellence》(New York : Warner Books, 1982)에서 널리 알린 '다각적으로 검토한 경영' 같은 실행이 이런 도전을 목표로 하고 있다. 다각적 검토를 통해 최고 경영자들은 중요한 문제가 무엇인지 알게 되고, 좋은 결정을 내리는 데 필요한 올바른 정보를 구할 수 있다.

5. 일부에서는 최고 경영자들이 여전히 주요 지출에 대한 결정에 관여해야 한다고 주장한다. 회사가 지출해야 할 한도 이상을 지출하지 않는 것이 위탁받은 사람의 의무이기 때문이다. 하지만 이런 결정도 능률적인 과정을 통해 이루어져야 한다.

6. 이 진술은 클레이튼 크리스텐슨과 레베카 부레이스의 사례 "니프로의 혁신관리(A)Managing Innovation at Nypro Inc. (A)"사례 9-696-061(Boston : Harvard Business School, 1995)와 "니프로의 혁신관리(B)Manageing Innovation at Nypro, Inc. (B)", 사례 9-697-057(Boston : Harvard Business School, 1996)에 요약되어 있다.

7. 이 이론을 설명하면서 우리는 모델이라는 용어를 사용하고 있다. 랭크튼Lankton은 우리 연구를 전혀 모르고 있었다. 따라서 그는 우리의 조언이 아니라 자신의 통찰력을 따랐다. 하지만 그의 통찰력은 우리가 상황을 바라보는 방식과 놀라우리만치 일치했다.

8. 흥미롭게도 높은 다양성과 소량 생산의 제조모델에서 이런 파괴적 혁신 물결을 포착할 수 있는 기회를 놓쳤음에도 불구하고 이 회사는 잘 운영되고 있다. 그들은 부품 제조에서 기술적으로 상호의존적인 하위부품 조립으로, 나아가 최종 제품 조립으로 통합하는 방식으로 6장에서 대략적으로 설명한 패턴을 따르고 있다.

9. 이런 기업들의 와해성 혁신에 대한 특징은 2장의 그림 2-4와 부록에 분석되어 있다.

10. 주목할 만한 또 다른 사실은 창업자가 이끄는 파괴적 사업과 전문 경영인이 이끄는 파괴적 사업 간의 상대적 성공률에 대해 연구하지 않았다는 것이다. 지금까지 우리가 행한 분석을 토대로 우리가 말할 수 있는 것은 창업자가 전문 경영인보다 상대적으로 파괴적 혁신을 더 많이 시도했다는 것뿐이다. 평균 타율이 누가 더 높을지는 아직 말할 단계가 아니다. 유감스러우나 납득이 가는 그런저런 이유로 인해 실패한 사업에 관한 데이터는 입수하기가 여간 어려운 일이 아니다.

11. 클레이튼 M. 크리스텐슨, 마크 존슨Mark Johnson과 대럴 릭비Darrell K. Rigby, "성장의 토대 : 어떤 방법으로 신규 파괴적 사업을 확인하고 구축할 것인가Foundation for Growth : How to Identify and Build Disruptive New Business", 〈MIT 슬로안 매니지먼트 리뷰〉, 2002년 봄호, 22~31쪽을 참조하라. 우리는 성장 엔진의 창출 가능성을 지적해 준 것에 대해 대럴 릭비에게 감사한다.

12. 이런 예산 집행과정에서 사용되는 좋은 도구는 집합적 프로젝트 기획aggregate project planning이라 불린다. 스티븐 C. 휠라이트와 킴 B. 클라크는 자신들의 저서 《제품개발 혁명Revolutionizing Product Development》(New York : Free Press, 1992)에서 이 방법을 설명했다. 이 개념은 기업의 자원 할당 과정까지 확장되고 있다.
   - 클레이튼 크리스텐슨, "전략, 혁신, 그리고 자원 할당 과정을 결합하는 종합 프로젝트의 활용Using Aggregate Project Planning to Link Strategy, Innovation, and the Resource

Allocation Process", Note 9-301-041(Boston : Harvard Business School, 2000)을 참조하라.

13. 다음을 참조하라.

• 리타 G. 맥그래스와 이안 맥밀런Ian MacMillan, "계획의 발견과 실행Discovery-Driven Planning", 〈하버드 비즈니스 리뷰〉, 1995년 7~8월호, 44~54쪽.

에필로그

파괴적 혁신자를 위한
13가지 실행 지침

당신에게 배턴을 넘기며

경영자들은 좀처럼 억제되지 않은 자유로운 힘을 행사할 수 없다. 예측 가능하고 강력한 요소들이 그들에게 영향을 미친다. 이런 요소들에는 한계수익을 유지하기 위한 상위시장으로의 이동, 기존 고객들을 만족시켜야 할 필요성, 범용화와 비범용화의 요소들, 점점 규모가 커지는 매출 기반으로부터의 성장을 위한 위임 결정, 어떤 사업모델의 능력을 규정하는 프로세스와 가치들이 동시에 다른 사업모델에서는 무능력을 규정한다는 사실 등이 포함된다. 엄밀히 따지자면, 이런 요소들이 경영자들로 하여금 특정 행동을 취하도록 하는 것은 아니다. 하지만 이들은 경영자들이 직면한 선택의 유형에 적잖은 영향을 미치며, 경영자들이 처한 상황과 관련하여 색다른 선택을 하게 만든다.

이 책에서 우리는 기업들이 이런 요소들의 잘못된 측면에 직면할 경우 그것들이 예측 가능한 성장을 질병으로 이끈다는 사실을 밝히려고 애썼다. 하지만 기업들이 이런 요소들을 잘 활용하는 일은 상당한 이점으로 작용할 수 있다. 신성장 사업의 기회를 모색하고 이용하고 존속하는 데 있어서 이런 요소들의 예측 가능성이 유리한 방향으로 그들을 이끌 수 있기 때문이다.

만약 이 책이 선원들을 위한 책이었다면 조류潮流를 이용한 항해와 돛을 다는 법에 관한 논의들로 가득했을 것이다. 그랬다면 작업 시작의 시점과 장소 파악이 한결 쉬웠을 것이며, 자신의 목표 지점에 도달하는 일에도 많은 차이가 발생했을 것이다. 모쪼록 당신 기업에 영향을 미치는 경쟁적 요소, 기술적 요소, 이윤 추구 요소들과 관련하여 이 책이 그런 역할을 했으면 하는 바람이다. 이런 관점은 신성장 사업 창출의 도전을 단순화한다. 이것은 곧 새로운 사업을 시작할 때 전략의 세부 사항들을 정확히 구상하거나 앞으로 기술이 어떻게 전개될지 예상할 필요가 없음을 의미한다. 그 대신 당신은 초기의 적절한 조건들에 주안점을 두어야 한다. 만약 당신이 좋은 조건에서 출발한다면 '성공으로 이끄는 선택들이 올바른 선택처럼 보일 것이다'. 그리고 이런 선택을 잘 이용하려면 성공의 길로 향하게 하는 자원과 프로세스와 가치를 갖춘 사업모델을 창출해야 한다.

정확한 조사에 따르면, 많은 성공기업 창립자들—그림 2-4에 실린 대부분의 기업들—이 처음 사업을 시작할 무렵 잘못된 전략을 구상하고 있었다. 하지만 모종의 직감과 행운이 결합하면서 그들은 만족스러운 선택이 가능한 상황에 도달할 수 있었다. 그들이 사업을 시작한 초기 조건과 그들이 창출한 사업구조 덕분에 그들은 성공적인 성장으로 이끄는 흐름과 요소들을 제대로 포착할 수 있었다.

성공적인 성장을 위해 필요한 구조와 초기 조건들은 이 책에서 상세히 설명하고 있다. 저가격대에서 만족스러운 수익을 올리고 상위시장으로 옮겨갈 수 있는 비용구조에서 신규사업을 시작하는 것, 경쟁 기업들이 덤비기보다 회피하게 만드는 파괴적 위치에 서는 것, 수수한 제품에도 만족하는 비소비자층의 고객들로부터 시작하는 것, 고객들이 원하는 행동을 목표로 삼는 것, 과거의 수익이 아니라 미래의 수익이 발생하는 지점으로 나아가는 것, 경험 학교에서 올바른 과목을 이수한 경영자에게 과업을 맡기며 필요한 작업과 조화를 이루는 프로세스 및 조직 가치 내에서 작업할 수 있도록 그들을 배치하는 것, 실행 가능한 전략에 대응하여 탄력성을 갖는 것, 성장을 위한 잠재력이 될 수 있는 자본을 가지고 시작하는 것 등이 그런 설명이다. 만약 이런 조건에서 출발한다면 미래를 심도 깊게 연구할 필요가 없을 것이다. 성공을 이끄는 선택들이 저절로 만들어질 것이기 때문이다. 하지만 이와 상반되는 조건에서 사업을 시작한다면 만족스러운 선택이 나타나지 않을 것이다. 또한 올바른 선택도 힘들어질 수 있다.

우리는 기업이 성장을 멈추고 성장을 재가동할 수 없게 되는 상황이 예상보다 훨씬 더 오래 지속될 것으로 생각하고 있다. 이런 요소들이 성장의 질병을 어떻게 초래하는지 이해한다면 이런 물결이 기회에서 위협으로 이동할 때 경영자들은 잘 대처할 수 있을 것이다.

이 책에서 마지막으로 당부하고 싶은 것은 환경 기반 이론의 지침 없이 성공적인 기업들의 베스트 프랙티스Best practice를 맹목적으로 모방하는 것은 사상누각과 비슷하다는 것이다. 그들의 성공을 대신하려면 그들의 특성을 똑같이 모방할 것이 아니라 그런 장점을 낳게 한 방식을 이해해야 할 것이다. 훌륭한 이론은 환경을 기반으로 한다. 이런 이론은 원하는 결과를 얻기 위해 경영자들이 환경 변화에 따라 어떻게 다른 전략을 전개해야 하는지 설명한다. 역사적으로 모든 기능을 다 갖춘 프로세스와 가치를 이용하는 것은 성장 창출에 오히려 걸림돌이 될 뿐이었다. 따라서 성장 창출 과정에서 매우 중요한 것이 바로 경영환경의 변화를 예의주시하는 것이다. 만약 이런 식의 태도를 갖춘다면 남들보다 한발 앞서 변화가 필요한 시기와 이유를 이해하게 될 것이다.

이론을 이용할 자는 누구인가?

《성공기업의 딜레마》에서는 이론 구축을 다루었다. 반면 이 책을 쓴 목적은 이론의 사용법을 경영자에게 가르쳐주는 것이다. 만약 당신의 반응이 이론이 너무 복잡하다는 것—이론 위주가 아닌 행동 위주의 경영자

—이라면 한 번 더 생각해 보아야 할 것이다. 몰리에르의 희곡 〈부르주아 장티윰Bourgeois Gentleman〉의 구절들을 다시 읽어보자. 주인공 주르댕은 시 쓰기에 두려움을 느낀다. 하지만 그가 다른 선택을 했을 때, 즉 사랑의 편지를 적을 때 얼마나 기뻐했는지 떠올려보라. 어쩌면 당신 자신이 모를 수도 있지만 당신의 모든 의미 있는 생활에서 이론을 사용하고 있다. 어떤 행동을 하거나 계획을 세울 때마다 그 행동이 어떤 결과를 초래할지 구상하면서 마음속의 이론을 사용하고 있는 것이다. 따라서 성공적인 성장사업 창출을 위해 이론을 사용한다고 낯선 느낌을 가질 필요는 없다. 당신은 이미 알게 모르게 이론을 실천하고 있기 때문이다.

이제 우리는 성공기업의 딜레마에 대한 해법을 모색하는 경영자들에게 우리의 조언을 요약하면서 이 책을 마무리하고자 한다.

1. 기존 경쟁 기업에게 매력적으로 보이는 고객과 시장을 표적으로 삼는 전략을 무조건 받아들여서는 안 된다. 기존의 경쟁 기업들이 기꺼이 무시하거나 회피할 수 있는 파괴적 발판을 확인할 때까지 팀을 기획 단계로 계속 돌려보내야 한다. 만약 성공을 위한 다른 동기를 개발한다면 경쟁 기업들은 오히려 당신의 성공에 도움이 될 것이다. 또한 과거에 파괴적 혁신을 해본 적이 없다손 치더라도, 경쟁 기업들과의 존속적 혁신의 치열한 경쟁에 익숙하다면 이런 시도가 더 쉽게 느껴질 것이다.

2. 만약 당신의 실무팀이 이미 훌륭한 성능의 제품을 사용하고 있는 고객들을 표적으로 삼고 있다면, 그들을 원위치시켜 비소비와 경쟁할 수 있는 방법을 찾도록 조치해야 한다. 당신의 고객들이 단순하고 저렴한 제품 소유에 만족한다면 고객의 호감을 사기 위한 모든 기술들—마케팅 101조에서 당신이 배운 기술들—이 쉽고 저렴해질 것이다. 이것은 또한 대안과 비교해서도 훨씬 안도감을 줄 것이다. 일반적으로 고객들이 이미 편안하게 사용하고 있는 기존 제품보다

파괴적 기술을 더 선호하게 만들려면 막대한 투자가 필요하기 때문이다.

3. 만약 비소비자들이 존재하지 않는다면 로우엔드 파괴적 혁신이 실행 가능한지 당신의 실무 팀에게 검토를 부탁해야 한다. 그들은 로우엔드 시장에 속한 고객들을 끌어들이는 데 필요한 할인가격으로 만족스러운 수익을 올릴 수 있는 사업모델을 고안해야 한다. 만약 이런 사업모델이 가능하지 않다면 투자를 포기해야 한다. 주요한 성장사업을 창출할 거라는 막연한 기대감으로 투자해서는 안 되는 것이다.

4. 만약 프로젝트 리더가 "우리가 고객을 이끌 수만 있다면……"이라고 말한다면 대화를 중단해야 한다. 그리고 고객들이 원하는 행동을 더 편하고 저렴하게 할 수 있도록 그들에게 도움이 되는 방안을 찾을 수 있도록 실무팀을 돌려보내야 한다. 한눈에 보이는 고객들의 우선 결정 사항들을 놓고 경쟁하는 것은 유능한 직원들의 임기를 단축시킬 뿐이다.

5. 실무팀의 제품이나 마케팅 계획이 특정한 시장 세그먼트—조직의 경계가 반영된 경계를 가진 시장 세그먼트—에 집중하고 있다면, 혹은 표적 시장이 쉽사리 이용 가능한 자료(제품 유형, 가격대 또는 인구통계학적 범주)를 가진 노선을 따라 분할되어 있다면, 팀을 원위치시켜야 한다.

   그들에게 고객들이 원하는 행동이 반영되는 방식으로 시장 분할을 요구하라. 당신은 일반적인 밀크셰이크를 이용하는 것 외에 달리 대안이 없다는 것을 실무 팀에게 각인시켜야 한다. 밀크셰이크 사업은 정체되어 있다. 퀵서비스 레스토랑이 고객들이 원하는 행동에 주안점을 두는 대신 밀크셰이크의 성분만 계속 향상시키고 있기 때문이다. 하지만 고객행동에 초점을 맞춘다면 밀크셰이크를 이용하여 경쟁시장을 잠식함으로써 시장 범주를 확장할 수 있을 것이다.

6. 만약 당신 팀의 제품향상 목표가 경쟁 기반이 변하지 않는다는 가정—과거에 충분한 마진이 미래에도 지속될 거라는 가정—을 토대로 하고 있다면 로우엔드에 시선을 두어야 한다. 그곳에서 당신은 경쟁 기반을 변화시킬 수 있는 기회를 발견할 수 있을 것이다.

7. 만약 당시의 파괴적 제품이나 서비스가 아직 충분치 않은데 당신의 실무팀이 산업표준과 부수적인 아웃소싱 및 사업 제휴에 몰두해 있는 것처럼 보인다면 붉은 경고등을 켜야 한다. 만약 당신이 조급하게 모듈방식과 개방형 표준을 추구한다면 혹은 경쟁 기반이 변하는 동안에도 폐쇄적 독점구조를 지속한다면 당신은 성공을 위해 악전고투를 해야 할 것이다. 웨인 크레츠키의 사례를 명심하라. 과거에 성공을 안겨준 기술에 집착하기보다 미래에 수익성을 안겨줄 수 있는 역량을 개발하는 편이 더 바람직하다.

8. 당신의 실무팀이 신규사업이 회사의 핵심역량에 적합하기 때문에 성공할 거라고 당신을 납득시킨다면, 애매한 개념을 사용할 수 없다고 그들에게 말해야 한다. 특정한 다음 세 가지 질문에 답할 수 있어야 한다.

'우리가 성공을 위한 자원을 가지고 있는가?'

'우리의 프로세스—기존 사업에서의 성공을 위해 우리가 배운 협력 방식—가 새로운 사업의 성공을 위해 필요한 행동을 촉진할 것인가?'

'현지 직원들이 우선 결정 사항에 이용하는 우리의 가치 또는 기준으로 시간과 자금과 능력으로 경쟁하는 다른 사안과 비교하여 이번 사안에 필요한 우선 결정을 부여할 수 있는가?'

9. 신규사업의 채널을 구성하는 각각의 실체에 대해서도 이 세 가지 질문을 해야 한다. 당신에게만 이런 질문을 해서는 안 된다. 채널 기업들의 프로세스와 가치가 당신이 신규사업에 착수하기도 전에 그 사업을 좌초시킬 수 있기 때문이다.

10. 유감스럽게도 당신이 신뢰했던 관리자들을 불신해야 할지도 모른다. 과거에 변함없는 결과를 전달했던 조직의 관리자들이 신성장 사업의 성공을 전하는 기술에는 맹점을 가지고 있을 수 있다. 당신의 신규사업을 위한 경영팀을 선택하는 데 있어서 신성장 사업에 이용 가능한 직원들의 속성 혹은 과거에 그들의 떠맡은 책임의 규모를 따져서는 안 된다. 그 대신 과거에 그들이 어떤 문제와 씨름했는지 찾아보고, 이번 신규사업이 직면하게 될 문제와 과거 그들이 해결했던 문제를 비교해 보아야 한다.

11. 신규사업에 착수하고 처음 몇 년 동안 제품과 고객과 애플리케이션 기준으로 개발팀이 최상의 전략이 무엇인지 확신하지 못한다는 점을 명심해야 한다. 실용 가능한 전략을 촉진할 수 있는 계획을 실무 팀에게 요구해야 한다. 그리고 어떤 전략이 효과가 있다는 것이 입증된 이후에 전략 실행을 위한 결정적인 계획을 진행해야 한다.

12. 수익을 위해 인내해서는 안 된다. 만약 누군가가 최고 경영자인 당신에게 신규사업이 막대한 수익을 거두기 전까지 상당 기간 손실을 감수해야만 한다고 조언한다면, 이것은 기존 시장에서 파괴적 기술을 존속적 역할을 하도록 억지로 밀어넣는 계획을 말하는 것이다. 가치 사슬 전반에 걸쳐 광범위한 상호의존성을 가진 존속적 기술에 투자하는 것은 사실상 장기간 막대한 투자를 필요로 한다. 이런 문제는 기존 경쟁 기업들이 떠맡도록 내버려 두어야 한다. 존속적 환경에서 수년 동안의 손실을 감내하는 것은 실무팀으로 하여금 장기간 잘못된 전략을 추구하게 하는 것이다.

13. 성장에 인내할 수 있도록 당신 기업의 성장을 조율해야 한다. 파괴적 혁신은 가파른 성장세가 가능해지기 전까지 장기간 성장과 인연이 없다. 만약 기업 성장이 느리다고 해서 빠른 성장을 위한 새로운 사업을 강요한다면, 당신의 강요가 경영팀의 또 다른 치명

적 실수를 유발할 수 있다. 이런 명령의 다른 측면 또한 중요하다. 당신이 새로운 사업을 이끌려고 하는데 경영팀이 빠르게 규모를 키울 필요가 있다고 말한다면, 그것은 곧 그들이 기존 시장에 파괴적 기술을 억지로 밀어 넣으려 한다는 것을 의미한다. 이런 사실이 감지된다면 당장 사업을 중단해야 한다. 실패할 가능성이 매우 높기 때문이다.

위 목록에서 새로운 파괴적 성장사업 구축을 감독하는 경영자들이 탁월한 전략가여야 한다는 요구가 없다는 사실에 주목해야 한다. 이것이 이 책의 전반적인 요지다. 2장의 목록에 실린 파괴적 기업들은 창업자들이 전체 전략을 사전에 확인했기 때문에 성공할 수 있었던 것이 아니다. 만약 창업자들의 탁월한 능력과 전략의 정확성에 의존한다면 사실상 성공은 예측 불가능할 것이다.

성공을 거둔 많은 기업이 한 차례 파괴적 혁신을 시도했다. IBM, 인텔, 마이크로소프트, 휴렛 팩커드, 존슨 앤 존슨, 코닥, 시스코, 인튜이트 같은 기업들은 여러 차례 파괴적 혁신을 시도했다. 소니는 그들의 파괴적 성장 엔진이 가동을 멈출 때까지 1955년부터 1982년까지 반복적으로 파괴적 혁신을 시도했다. 주지하다시피, 파괴적 성장 엔진을 구축하여 쉼 없이 가동했던 기업은 단 한 곳도 없었다. 이런 현실이 우리가 이 책을 집필하는 데 위험 요소로 작용했다. "이 방법을 시도하라. 지금껏 누구도 이것을 시도하지 않았다."라고 말하는 경영서적은 거의 없다. 선택의 여지도 거의 없다. 역사적으로 몇몇 위대한 경영자들도 성공적인 성장을 창출하고 존속시키는 문제로 골머리를 앓았다.

원리는 존재하지만 선례가 없다는 점을 감안하여 우리는 성공적인 성장의 창출 및 존속을 위한 방안을 제시하기 위해 최선을 다했다. 우리는 수백 개 기업의 성공과 실패로부터 통합이론을 제공했다. 이제 우리는 성공기업의 해법을 위한 값진 토대가 되고자 하는 우리의 노력을 발견했으면 하는 바람으로 당신에게 배턴을 넘기고자 한다.

감사의 글

나는 두 가지 문제를 고민하면서 지난 10년을 보냈다. 첫 번째 문제는 이렇다. 부실하게 운영된 기업들이 실패한 이유를 설명하는 것은 어렵지 않지만, 성공적으로 잘 운영되던 기업들마저 선도적 위치를 잃어버린 경우가 많다. 왜 성공을 지속하는 것이 그토록 힘든 것일까? 이 문제에 대해 내가 깨달은 것은 『성공기업의 딜레마』에 요약되어 있다. 기업 실패의 원인은 경영자의 실수만은 아니다. 기업 성공에 필수적인 특정한 관행들—가령 고객들의 니즈를 반영하고 가장 수익성이 높은 곳에 투자를 집중하는 것—역시 실패를 유발할 수 있다.

두 번째 문제는 성공기업이 처하게 될 딜레마 속의 기회에 중점을 둔 것이었다. 내가 성공기업의 딜레마를 날카롭게 파악하고 있다면 유망한 기업을 설립하여 궁극적으로 현재 업계를 선도하는 기업들을 무너뜨리고 싶을 수 있다. 구체적으로 어떻게 그렇게 할 수 있을까? 반면 실제로 기업들의 실패에 대해 예측 가능한 이유가 존재한다면 경영자들이 그런 실패의 원인을 피할 수 있도록, 또한 성공적인 성장을 이끄는 결정을 내릴 수 있도록 그들에게 도움을 줄 수 있을 것이다. 이것인 바로 혁신 기업의 해법이다.

이번 연구는 내 능력만으로는 감당하기 힘든 것이었다. 그래서 나는 능력이 출중한 몇몇 사람들의 도움에 의존했다. 하버드대학교 박사 과정에서 만난 이래 내게 가르침을 주었던 마이클 레이너는 훌륭한 동료이다. 예술, 문학, 철학적 담론과 역사에 대한 마이클의 종합적인 이해는 그의 지성이 범상치 않음을 말해준다. 마이클이 터득한 다양한 학구적 지식의 렌즈를 통해 나의 거친 아이디어를 점검하면서 나는 증거와 논리 간의 차이를 바로잡을 수 있는 자신감을 얻었다. 그래서 나는 공동 저자가 되어줄 것을 그에게 부탁했다. 마이클은 남편이자 아버지로서, 그리고 딜로이트 컨설팅리서치센터를 이끌면서 나와의 작업에 균형을 맞추었다. 그동안 그는 토론토와 보스턴을 연신 오가야 했다. 나는 그의 사심 없는 마음과 겸손함과 부지런함에 깊은 감사를 느낀다. 그는 멋진 친구가 되었다.

스콧 앤소니, 마크 존슨과 맷 이어링은 이런 나의 작업에 동참하기 위해 훨씬 많은 돈을 벌 수 있는 기회를 포기하거나 연기했다. 원래 내 연구소 동료였던 스콧은 연구소 직원을 관리하고, 주요한 사례 연구를 집필하였다. 또한 그는 복잡한 개념을 가르치고 설명할 수 있도록 내게 도움을 주었으며, 이 책의 초안을 검토하고 다듬었다. 우리의 기업 이노사이트에 근무하는 마크와 맷은 경영자들이 성공적인 사업을 구축하는 데 도움이 될 수 있도록 이런 개념들을 실용적인 도구와 프로세스로 변형시켰다. 또한 이런 과정에서 그들은 우리의 연구 결과가 경영 현실과 어떻게 결합할 수 있는지 내게 가르침을 주었다. 내 사무실 관리자인 크리스틴 게이즈와 연구소 동료인 샐리 애런, 믹 배스, 윌 클라크, 제러미 댄, 태러 도노반, 태디 홀, 존 케너지, 마이클과 에이미 오버도르프, 네이크 레드몬드, 에릭 로스, 데이비드 선달도 내게 많은 도움을 주었다. 그들은 다양한 목적을 위해 올바른 자료와 논리와 언어를 사용할 수 있도록 우리에게 수고를 아끼지 않았다.

나는 하버드 경영대학원과 그곳 동료들에게도 많은 신세를 졌다. 클라크 길버트 교수와 스티브 스피어 교수의 통찰력 있는 연구는 우리의 작업에 너무나도 소중한 자료였다. 그곳에서 근무하는 켄트 브라운, 조지프 보어, 행크 체스보로우, 킴 클라크, 톰 에이젠만, 리 플레밍, 프렌시스 프레이, 앨런 맥코맥, 케리 피사노, 리처드 로젠블룸, 빌 샬먼, 돈 설, 리처드 테들로우, 스테판 톰크, 마이클 터쉬먼, 스티브 휠라이트도 우리의 이해를 구체화하는 데 도움을 주었다. 또한 레베카 헨더슨, 폼 칼리, 제임스 어터백, MIT의 에릭 폰 히펠, 스탠포드대학의 로버트 버겔먼, UNC의 스튜어트 하트에게도 감사드린다. 하버드에서 얻을 수 있는 특별한 혜택은 교수들이 자신이 이해할 수 없는 문제들을 수업에 끌어들여 학생들에게 질문을 던지는 방식으로 이 세상에서 가장 총명한 학생들의 견해를 들을 수 있다는 것이다. 나는 하루도 빠짐없이 여러 가지 방식으로 서로에게, 그리고 교수에게 가르침을 전하기 위해 열심히 준비했던 학생들에게 사랑과 감사를 전한다. 이것은 그야말로 유례없는 학습 시스템이다.

그뿐만 아니라 나는 이 세상에서 가장 능력 있는 비즈니스 학자들과 경영자들로부터 조언을 구했다. 인테그럴의 맷 버린든과 스티브 킹, 캐즘그룹의 제프리 무어, 스트레티진의 토미 얼윅, IDC의 크로포드 델 프리트, 인텔의 앤디 그로브, 존슨 앤 존슨의 켄 도블러, 코닥의 댄 카프와 위릴 시, 얼라이드머티어리얼의 데니스 헌터, 시스코의 마이클 퍼츠, 텐실리카의 크리스 로웬, 메드트로닉의 빌 조지, EMC의 메어 웨인스테인, 메릴린치의 마이클 팩커와 켈리 마틴, 사이프레스 반도체의 마크 로스, 가이던트의 론 돌런스, 진저 그레이엄, 로드 내쉬 등이 가르침을 주었다.

나는 내 가족에게 가장 많은 신세를 졌다. 내 아이들인 매큐, 앤, 마이클, 스펜서와 캐티는 각자 자신의 일을 하고 학교에 다니면서 내 연구를 논의하고 활용하며 더 좋게 만들었다. 내 아내 크리스틴은 내가 아는 한 가장 총명한 사람이다. 명확성과 완벽성에 대한 그녀의 기준에는 한 치의 물러섬도 없다. 그녀의 언어와 지성은 이 책의 모든 개념에 녹아들어 있다. 오랜 기간 어머니로서의 의무와 함께 정열적으로 봉사활동을 하면서도 그녀가 내게 이토록 많은 조언을 해주었다는 것에 놀라지 않을 수 없다. 그녀는 남편인 나는 물론이고 매일 마주치는 모든 사람들에게 사랑과 빛을 전했다.

어떤 이들에게 학구적 생활은 외롭게 목표를 추구하는 것일 수 있다. 하지만 사심 없고, 겸손하고, 지적으로 용감한 분들이 한 덩어리가 되어 이 책에 요약된 성과를 이루었다는 점에서 나는 행운아인 셈이다. 이런 시도에서 내 역할을 할 수 있었다는 것에 고마움을 느낀다.

클레이튼 M. 크리스텐슨
매사추세츠, 보스턴

클레이튼과 마찬가지로 나 역시 우리와 함께 자신의 경험과 능력을 공유했던 많은 분들에게 감사를 전한다. 우리의 연구 과정에 동참하려는 그들의 의지가 없었다면 이 책은 물론 우리 각자의 발전도 불가능했을 것이다.

딜로이트 컨설팅 내에서 내가 누리는 자유는 컨설팅 업계에서 유례를 찾기 힘들 정도이다. 딜로이트는 나의 특이한 시도를 감내하는 정도가 아니라 적극적으로 권장했기에 색다른 방식으로 지식을 창출하고 공유하는 것이 가능했다. 특히 이번 작업의 시작을 가능케 해주었던 딜로이트 연구소 책임자인 앤 벡스터와 딜로이트컨설팅의 S&Ostrategy & operation 부문의 글로벌 리더인 래리 스콧, 그리고 작업이 탄력을 얻을 수 있도록 지원을 아끼지 않았던 딜로이트컨설팅과 딜로이트앤투쉬의 많은 직원들에게 깊은 감사를 드린다.

나는 하버드 경영대학원 박사 과정에서 클레이튼의 연구를 처음으로 접하였다. 나는 그의 글에서 이론적 기품, 지적 활력, 창조적 자료 분석, 적절한 관리 능력의 절묘한 결합을 발견했다. 많은 다른 사람들처럼 나 역시 《성공기업의 딜레마》를 읽으면서 나의 허물이 사라지고 예전에 희미하게 알고 있던 것이 한순간에 명확해지는 것을 느꼈다. 클레이튼의 작업은 내가 항상 염원하던 기준이 되었다. 따라서 이런 작업의 일원이 되었다는 것은 진정한 특권이 아닐 수 없다. 박사 과정을 이수하는 동안 클레이튼을 스승으로 모실 수 있었다는 것이 내게는 크나큰 행운이었다. 이 책의 공동 작업을 하면서 그는 나의 스승이자 동료이자 친구가 되었다.

마지막으로 내가 가장 많은 신세를 진 사람은 내 아내 애너벨이다. 내가 수년 동안 박사 과정을 이수하고, 그 때문에 컨설팅 경력에 불가피한 공백이 생기고, 이런저런 프로젝트에 온통 정신을 팔고, 내가 선택한 다소 불확실한 진로로 인해 여러 가지 난관에 부딪쳤음에도 불구하고 그녀는 내게 조건 없는 사랑과 지지를 보냈다. 그녀가 없었다면 나는 꿈을 추구할 수 없었을 것이다. 또 그녀와 우리의 딸 샬롯이 없었다면 나는 그 어떤 가치 있는 일도 추구할 수 없었을 것이다.

마이클 E. 레이너
온타리오, 미시소거

성장과 혁신

초판 1쇄 발행 2005년 7월 4일
개정판 1쇄 발행 2015년 1월 15일
2쇄 발행 2024년 1월 2일

지은이 클레이튼 M. 크리스텐슨 · 마이클 E. 레이너
옮긴이 딜로이트 컨설팅 코리아
펴낸이 오세인 | **펴낸곳** 세종서적(주)

주간 정소연
편집 류영훈 장웅진 박주희 이승희 이승민 | **디자인** 박정민 박은진 김진희
마케팅 임종호 | **경영지원** 홍성우
인쇄 탑 프린팅 | **종이** 화인페이퍼

출판등록 1992년 3월 4일 제4-172호
주소 서울시 광진구 천호대로132길 15, 세종 SMS 빌딩 3층
전화 (02)775-7012 | 마케팅 (02)775-7011 | 팩스 (02)319-9014

홈페이지 www.sejongbooks.co.kr | 네이버 포스트 post.naver.com/sejongbooks
페이스북 www.facebook.com/sejongbooks | 원고 모집 sejong.edit@gmail.com

ISBN 978-89-8407-809-3